**초판 발행일** | 2024년 01월 10일
**저자** | 해람북스 기획팀
**발행인** | 최용섭
**책임편집** | 이준우
**기획진행** | 김미경

㈜해람북스
**주소** | 서울시 용산구 한남대로 11길 12, 6층
**문의전화** | 02-6337-5419
**팩스** | 02-6337-5429
**홈페이지** | https://class.edupartner.co.kr

**발행처** | (주)미래엔에듀파트너  **출판등록번호** | 제2020-000101호

**ISBN** 979-11-6571-191-7 (13000)

이 책은 저작권법에 따라 보호받는 저작물이므로 무단전재와 무단복제를 금지하며,
이 책 내용의 전부 또는 일부를 이용하려면 반드시 저작권자와 (주)미래엔에듀파트너의 서면동의를 받아야 합니다.

※ 잘못된 책은 바꾸어 드립니다.
※ 책 가격은 뒷면에 있습니다.

# 정보기술자격(ITQ) 시험 안내

## 정보기술자격(ITQ) 시험이란?

정보화 시대의 기업, 기관, 단체 구성원들에 대한 정보기술능력 또는 정보기술 활용능력을 객관적으로 평가하는 시험입니다. 정보기술 관리 및 실무능력 수준을 지수화, 등급화하여 객관성을 높였으며, 과학기술정보통신부에서 공식 인증하는 국가공인자격 시험입니다. 또한, 산업인력의 정보 경쟁력 강화를 통한 국가 정보화 촉진을 목적으로 시행하고 있으며, 초등학생부터 대학생, 직장인, 노년층에 이르기까지 다양한 계층에서 IT 실력을 검증받고 있습니다.

## 응시 자격 및 시험 과목

- 정보기술자격(ITQ) 시험은 대한민국 국민 누구나 응시가 가능합니다.
- 동일 회차에 아래한글/MS, 한글엑셀/엑셀, 한글액세스, 한글파워포인트/한쇼, 인터넷의 5개 과목 중 최대 3과목까지 응시가 가능합니다. 단, 한글엑셀/한셀, 한글파워포인트/한쇼, 아래한글/MS 워드는 동일 과목군으로 동일 회차에 응시가 불가능합니다(자격증에는 "한글엑셀(한셀)", "한글파워포인트(한쇼)"로 표기되며, 최상위 등급이 기재됨).

| 자격 종목(과목) | | 프로그램 및 버전 | | 등급 | 시험 방식 | 시험 시간 |
| --- | --- | --- | --- | --- | --- | --- |
| | | S/W | 공식 버전 | | | |
| 정보기술자격 ITQ | 아래한글 | 한컴오피스 | 2020 (NEO 병행) | A등급 B등급 C등급 | PBT | 60분 |
| | 한셀 | | | | | |
| | 한쇼 | | | | | |
| | MS 워드 | MS 오피스 | 2021 (2016 병행) | | | |
| | 한글엑셀 | | | | | |
| | 한글액세스 | | | | | |
| | 한글파워포인트 | | | | | |
| | 인터넷 | 내장 브라우저 IE8.0 이상 | | | | |

## 합격 결정 기준

500점 만점을 기준으로 A등급부터 C등급까지 등급별 자격을 부여하며, 낮은 등급을 받은 응시자가 차기 시험에 다시 응시하여 높은 등급을 받으면 등급을 업그레이드 해주는 방법으로 평가를 합니다.

| 등급 | 점수 | 수준 |
| --- | --- | --- |
| A등급 | 400점 ~ 500점 | 주어진 과제의 80%~100%를 정확히 해결할 수 있는 능력 |
| B등급 | 300점 ~ 399점 | 주어진 과제의 60%~79%를 정확히 해결할 수 있는 능력 |
| C등급 | 200점 ~ 299점 | 주어진 과제의 40%~59%를 정확히 해결할 수 있는 능력 |
| 500점 만점이며 200점 미만은 불합격입니다. | | |

## 시험 배점 및 시험 시간

| 시험 배점 | 문항 및 시험 방법 | 시험 시간 |
|---|---|---|
| 과목당 500점 | 5~10문항 실무 작업형 실기 시험 | 과목당 60분 |

## 시험 출제 기준(한글파워포인트/한쇼)

| 문항 | 배점 | 출제 기준 |
|---|---|---|
| 전체 구성 | 60점 | 전체 슬라이드 구성 내용을 평가<br>• 슬라이드 크기, 슬라이드 개수 및 순서, 슬라이드 번호, 그림 편집, 슬라이드 마스터 등 전체적인 구성 내용을 평가 |
| 표지 디자인 | 40점 | 도형과 그림을 이용한 제목 슬라이드 작성 능력을 평가<br>• 도형 편집 및 그림 삽입, 도형 효과<br>• 워드아트(워드숍)<br>• 로고 삽입(투명한 색 설정 기능 사용) |
| 목차 슬라이드 | 60점 | 목차에 따른 하이퍼링크와 도형, 그림 배치 능력을 평가<br>• 도형 편집 및 효과<br>• 하이퍼링크<br>• 그림 편집 |
| 텍스트/동영상 슬라이드 | 60점 | 텍스트 간의 조화로운 배치 능력을 평가<br>• 텍스트 편집/목록 수준 조절/글머리 기호/내어쓰기<br>• 동영상 삽입 |
| 표 슬라이드 | 80점 | 파워포인트 내에서의 표 작성 능력을 평가<br>• 표 삽입 및 편집<br>• 도형 편집 및 효과 |
| 차트 슬라이드 | 100점 | 프레젠테이션을 위한 차트를 작성할 수 있는 종합 능력을 평가<br>• 차트 삽입 및 편집<br>• 도형 편집 및 효과 |
| 도형 슬라이드 | 100점 | 도형을 이용한 슬라이드 작성 능력을 평가<br>• 도형 및 스마트아트 이용 : 실무에 활용되는 다양한 도형 작성<br>• 그룹화/애니메이션 효과 |

## 기관별 ITQ 시험 활용 분야

| 구분 | 활용 분야 |
|---|---|
| 기업 | 의무 취득, 입사 시 우대, 사원교육제도, 승진가점, 경진대회 등 |
| 대학교/대학 | 학점인정, 교양필수, 개설과목적용, 졸업인증제, 정보화능력배양, 신입생특별전형 등 |
| 정부부처/지자체 | 의무 취득, 공무원 채용가점, 공무원 승진가점, 경진대회, 이벤트, 주민정보화교육 등 |

# ITQ 답안 작성 요령

## ❖ 시험 절차

- 수험자 시험 시작 20분전 입실
- 답안 파일 작성 교육
- 수험자 등록(수험번호)
- 시험 시작(응시 과목 답안 작성)
- 답안 파일 저장(수험자 PC에 저장)
- 답안 파일 전송(감독관 PC로 전송)
- 시험 종료(수험자 퇴실)

## ❖ 수험자 로그인

❶ 바탕 화면에서 [KOAS 수험자용] 아이콘을 더블 클릭하여 실행한 후 시험 과목(한글파워포인트)을 선택합니다.

❷ [수험자 등록] 대화 상자가 나타나면 수험번호를 입력하고, [확인] 버튼을 클릭합니다.

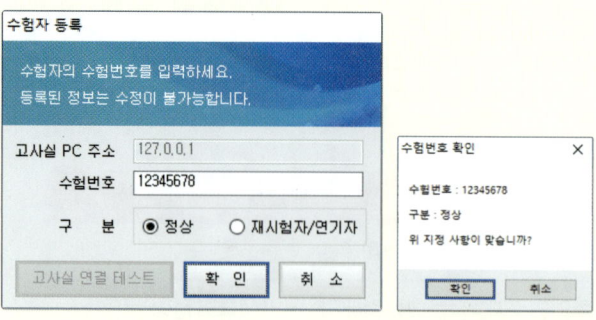

❸ [수험자 버전 선택] 대화 상자에서 'MS 오피스 2007 이상'을 선택하고, [확인] 버튼을 클릭합니다.

❹ 다시 [수험자 버전 선택] 대화 상자에서 수험자 정보를 확인하고, [확인] 버튼을 클릭합니다(수험자 정보가 다른 경우 [취소] 버튼을 클릭한 후 감독위원에게 문의).

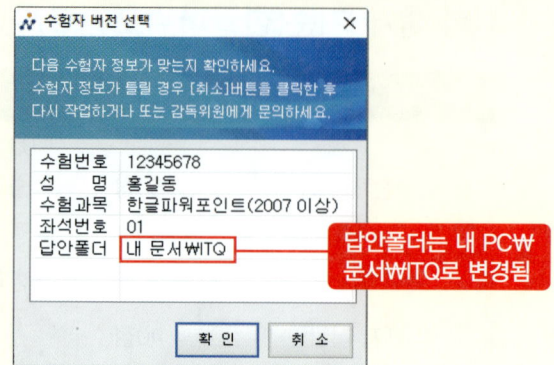

## ❖ 답안 파일 저장(수험자 PC에 저장)

❶ PowerPoint 2021을 실행한 후 [파일]-[저장]-[찾아보기]를 선택합니다.

❷ [다른 이름으로 저장] 대화 상자에서 저장 위치(내 PC₩문서₩ITQ)와 파일 이름(12345678-홍길동)을 지정하고, [저장] 버튼을 클릭합니다.

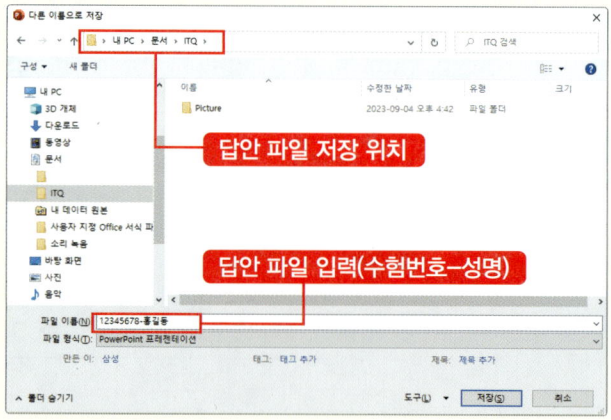

❸ 제목 표시줄에서 저장된 파일 이름(수험번호-성명)을 확인합니다.

❹ 답안 파일을 작성하는 중간에도 주기적으로 저장(Ctrl+S)합니다.

### ❖ 답안 파일 전송(감독관 PC로 전송)

① 답안 파일을 전송하기 위해 [답안 전송] 버튼을 클릭합니다.

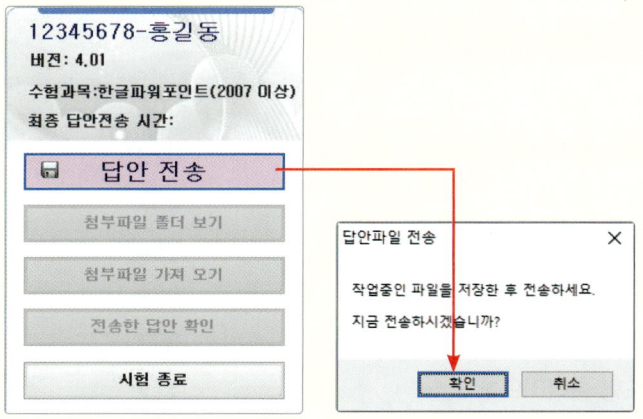

② [고사실 PC로 답안 파일 보내기] 대화 상자에서 답안 파일을 확인하고, [답안전송] 버튼을 클릭합니다(이전 파일 용량과 동일하다는 창이 나타나면 파일을 재저장한 후 [전송] 버튼을 클릭).

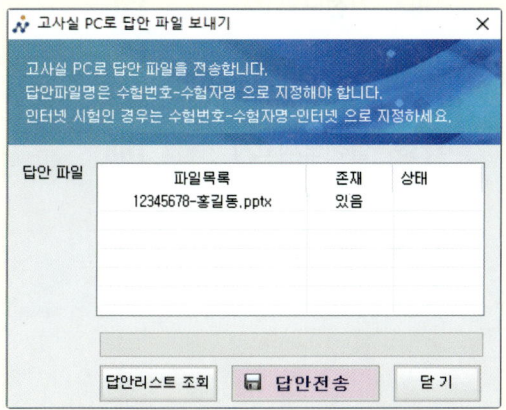

③ 계속해서 답안 파일의 전송 상태(성공)를 확인하고, [닫기] 버튼을 클릭합니다(전송 상태가 '실패'로 표시될 경우 [답안전송] 버튼을 다시 클릭).

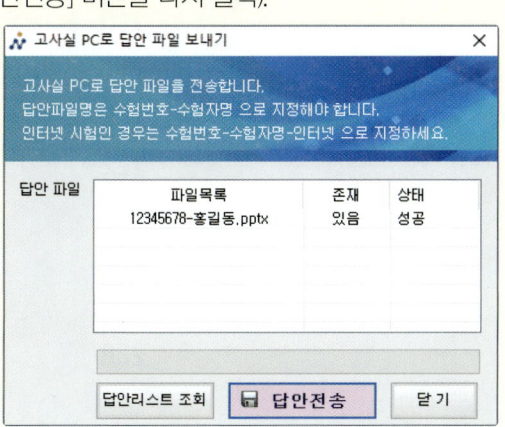

### ❖ 시험 종료 전 주의사항

- 파일명은 본인의 "수험번호-성명"으로 입력하여 답안 폴더(내 PC\문서\ITQ)에 하나의 파일로 저장하고, 답안 문서 파일명이 "수험번호-성명"과 일치하지 않거나 답안 파일을 전송하지 않아 미제출로 처리될 경우 실격 처리합니다(예 : 12345678-홍길동.pptx).
- 답안 작성을 마치면 파일을 저장하고, [답안전송] 버튼을 클릭하여 감독위원 PC로 답안을 전송하되 수험생 정보와 저장한 파일명이 다를 경우는 전송되지 않습니다.
- 답안 작성 중에도 주기적으로 저장하면서 [답안전송]을 해야 문제 발생을 줄일 수 있으며, 작업한 내용을 저장하지 않고 전송할 경우 이전에 저장된 내용이 전송됩니다.
- 시험을 완료한 수험자는 답안 파일이 전송되었는지를 확인한 후 감독위원의 지시에 따라 문제지를 제출하고 퇴실합니다.

### ❖ 교재의 [ITQ답안폴더] 설치하기

① ITQ 시험에서는 [내 PC\문서\ITQ] 폴더가 자동으로 생성되어 있으므로 별도로 폴더를 작성할 필요가 없습니다.

② 본 교재에서는 부록으로 제공된 'ITQ답안폴더.exe' 파일을 이용하여 폴더를 생성합니다.

③ 미래엔에듀파트너(https://class.edupartner.co.kr)의 [자료실]-[IT수험서]에서 'ITQ답안폴더.exe' 파일을 다운로드한 후 파일을 더블 클릭하면 [내 PC\문서\ITQ] 폴더가 자동으로 생성됩니다.

④ 그림 문제의 경우는 반드시 [내 PC\문서\ITQ\Picture] 폴더에서 정확한 파일을 선택하여 삽입합니다.

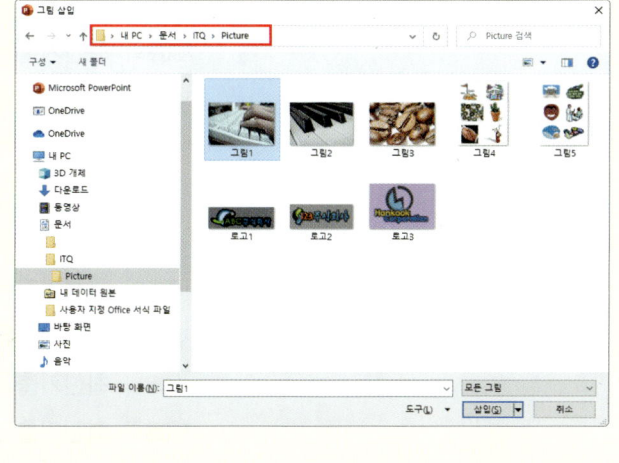

# CONTENTS
# 이 책의 차례

## PART 01 출제 유형 완전 분석

| 유형 분석 01 | [전체 구성] | 008 |
| 유형 분석 02 | [슬라이드 1] ≪표지 디자인≫ | 023 |
| 유형 분석 03 | [슬라이드 2] ≪목차 슬라이드≫ | 037 |
| 유형 분석 04 | [슬라이드 3] ≪텍스트/동영상 슬라이드≫ | 054 |
| 유형 분석 05 | [슬라이드 4] ≪표 슬라이드≫ | 068 |
| 유형 분석 06 | [슬라이드 5] ≪차트 슬라이드≫ | 087 |
| 유형 분석 07 | [슬라이드 6] ≪도형 슬라이드≫ | 112 |

## PART 02 실전모의고사

| 제01회 실전모의고사 | 140 | 제09회 실전모의고사 | 172 |
| 제02회 실전모의고사 | 144 | 제10회 실전모의고사 | 176 |
| 제03회 실전모의고사 | 148 | 제11회 실전모의고사 | 180 |
| 제04회 실전모의고사 | 152 | 제12회 실전모의고사 | 184 |
| 제05회 실전모의고사 | 156 | 제13회 실전모의고사 | 188 |
| 제06회 실전모의고사 | 160 | 제14회 실전모의고사 | 192 |
| 제07회 실전모의고사 | 164 | 제15회 실전모의고사 | 196 |
| 제08회 실전모의고사 | 168 | | |

## PART 03 최신기출유형

| 제01회 최신기출유형 | 202 |
| 제02회 최신기출유형 | 206 |
| 제03회 최신기출유형 | 210 |
| 제04회 최신기출유형 | 214 |
| 제05회 최신기출유형 | 218 |
| 제06회 최신기출유형 | 222 |
| 제07회 최신기출유형 | 226 |
| 제08회 최신기출유형 | 230 |
| 제09회 최신기출유형 | 234 |
| 제10회 최신기출유형 | 238 |

# PART 01

# 출제 유형 완전 분석

**유형 분석 01** [전체 구성]

**유형 분석 02** [슬라이드 1] ≪표지 디자인≫

**유형 분석 03** [슬라이드 2] ≪목차 슬라이드≫

**유형 분석 04** [슬라이드 3] ≪텍스트/동영상 슬라이드≫

**유형 분석 05** [슬라이드 4] ≪표 슬라이드≫

**유형 분석 06** [슬라이드 5] ≪차트 슬라이드≫

**유형 분석 07** [슬라이드 6] ≪도형 슬라이드≫

Information Technology Qualification

## 유형 분석 01

# [전체 구성]

전체 구성에서는 슬라이드의 크기 및 순서와 슬라이드 마스터에 적용되는 제목, 하단 로고, 슬라이드 번호 등을 적용하는 방법에 대하여 알아봅니다.

### 시험 유형 미리 보기

• 예제 파일 : 없음 / • 완성 파일 : 유형 분석 01\유형 01_완성.pptx    60점

[전체 구성]

(1) 슬라이드 크기 및 순서 : 크기를 A4 용지로 설정하고, 슬라이드 순서에 맞게 작성한다.
(2) 슬라이드 마스터 : 2~6 슬라이드의 제목, 하단 로고, 슬라이드 번호는 슬라이드 마스터를 이용하여 작성한다.
  − 제목 글꼴(돋움, 40pt, 흰색), 가운데 맞춤, 도형(선 없음)
  − 하단 로고(「내 PC\문서\ITQ\Picture\로고2.jpg」 배경(회색) 투명색으로 설정)

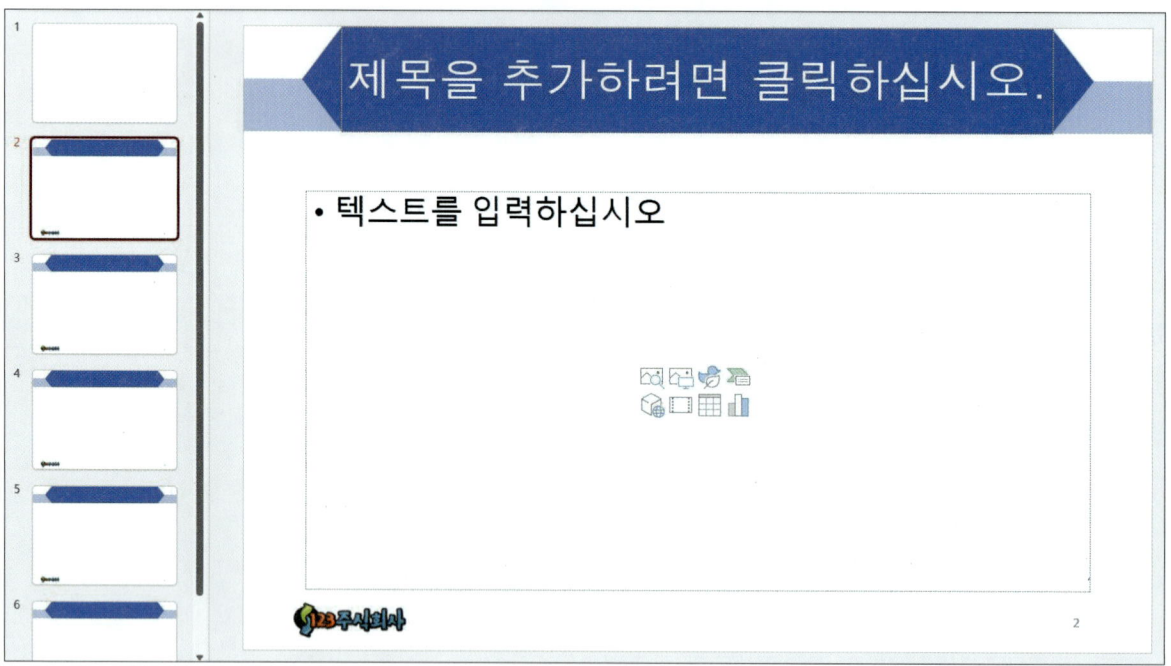

## 유형잡기 01 페이지 설정과 슬라이드 추가하기

**1** PowerPoint 2021 초기 화면에서 슬라이드 크기를 지정하기 위하여 [디자인] 탭의 [사용자 지정] 그룹에서 슬라이드 크기( ) 단추를 클릭하고, [사용자 지정 슬라이드 크기]를 선택합니다.

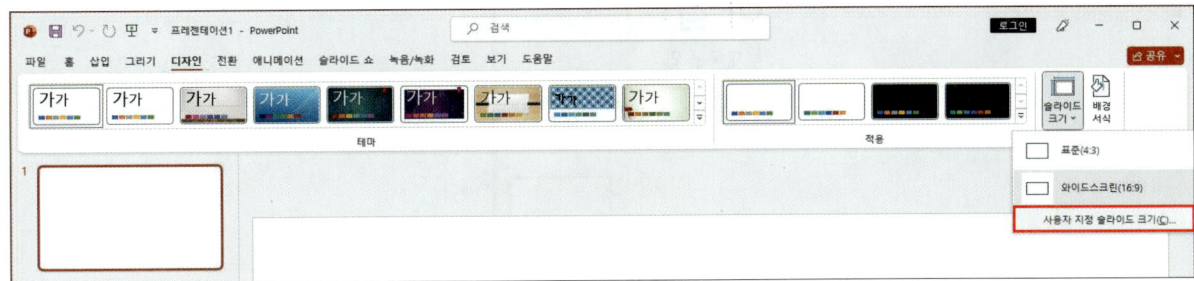

**2** 슬라이드 크기] 대화 상자에서 슬라이드 크기의 목록( ) 단추를 클릭한 후 'A4 용지(210×297mm)'를 선택하고, [확인] 버튼을 클릭합니다.

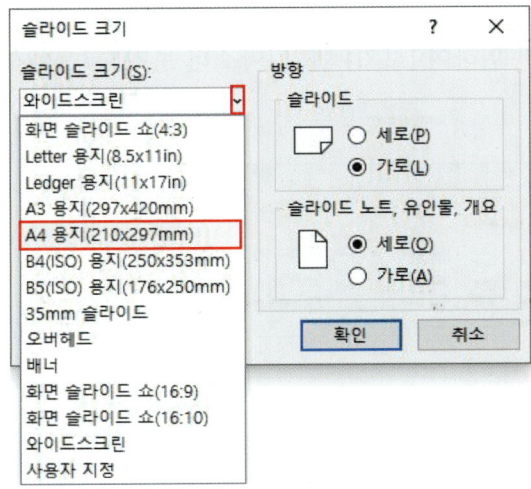

**3** 슬라이드에 맞게 크기를 조정하는 대화 상자가 나타나면 [최대화] 버튼을 클릭합니다.

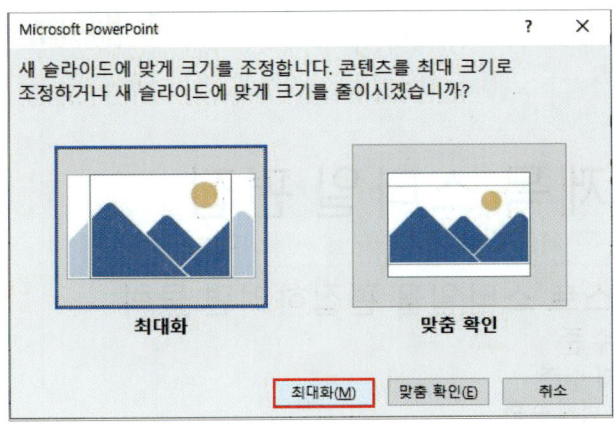

**4** 문제에 맞게 총 6개의 슬라이드를 구성하기 위하여 첫 번째 슬라이드를 선택한 후 Enter 키를 5번 누릅니다.

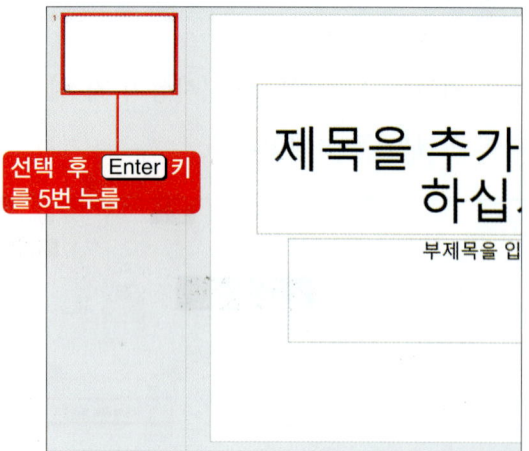
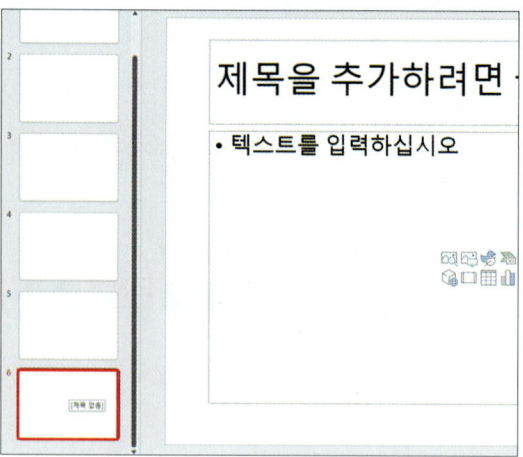

## 유형잡기 02 슬라이드 마스터에 제목 도형 작성하기

**1** 2~6 슬라이드에 동일한 슬라이드 마스터를 적용하기 위하여 [보기] 탭의 [마스터 보기] 그룹에서 슬라이드 마스터(슬라이드 마스터) 단추를 클릭합니다.

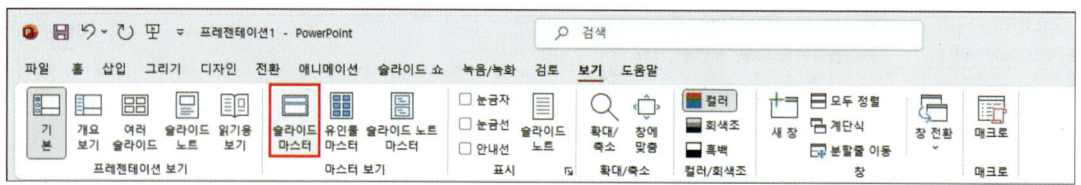

**2** 슬라이드 마스터 화면이 나타나면 미리 보기에서 세 번째 슬라이드 마스터(제목 및 내용 레이아웃: 슬라이드 2-6에서 사용)를 선택합니다.

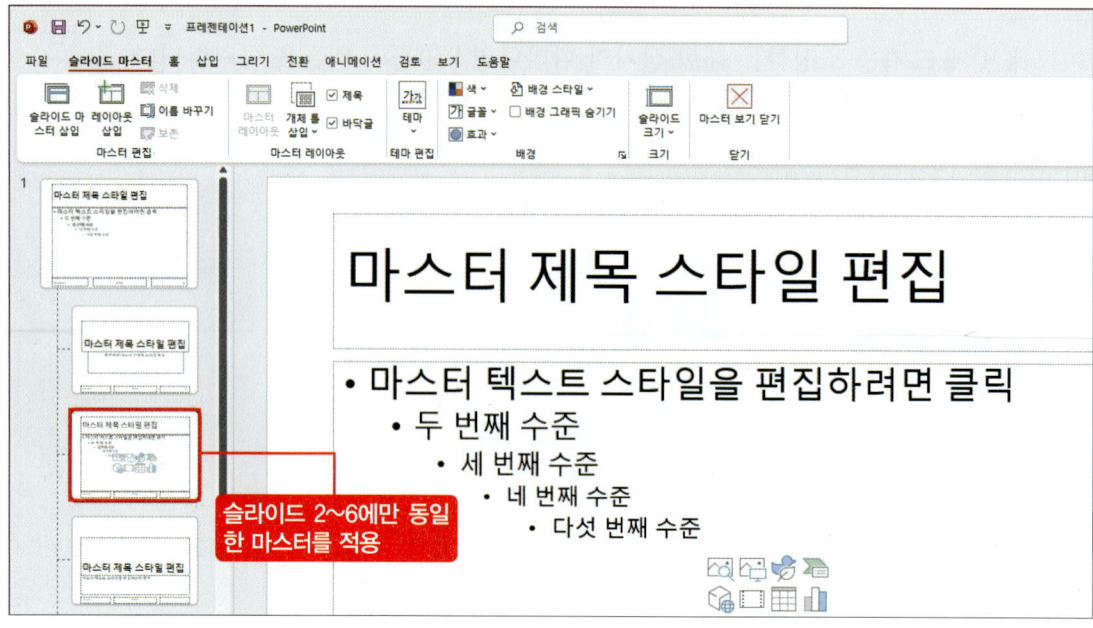

**3** 제목 도형을 삽입하기 전에 '마스터 제목 스타일 편집' 개체 상자를 선택한 후 아래쪽으로 드래그하여 이동합니다.

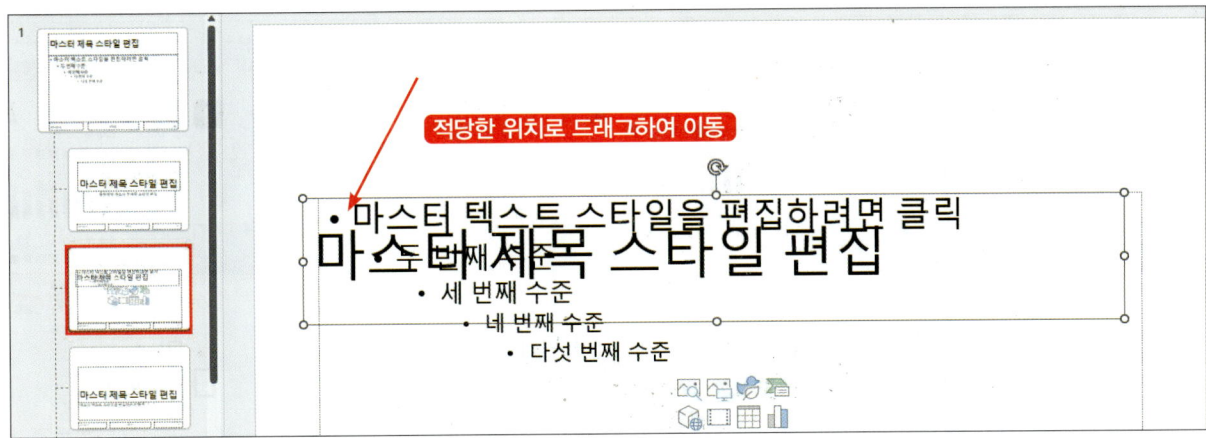

**4** [삽입] 탭의 [일러스트레이션] 그룹에서 도형( 도형 ) 단추를 클릭하고, 사각형의 직사각형(□)을 선택합니다.

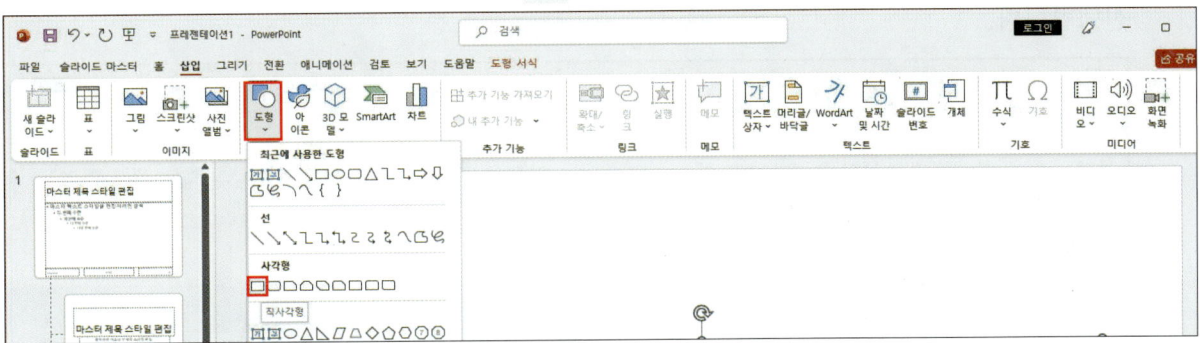

**5** 마우스 포인터가 '+' 모양으로 변경되면 슬라이드 상단에 적당한 크기로 드래그하여 삽입합니다.

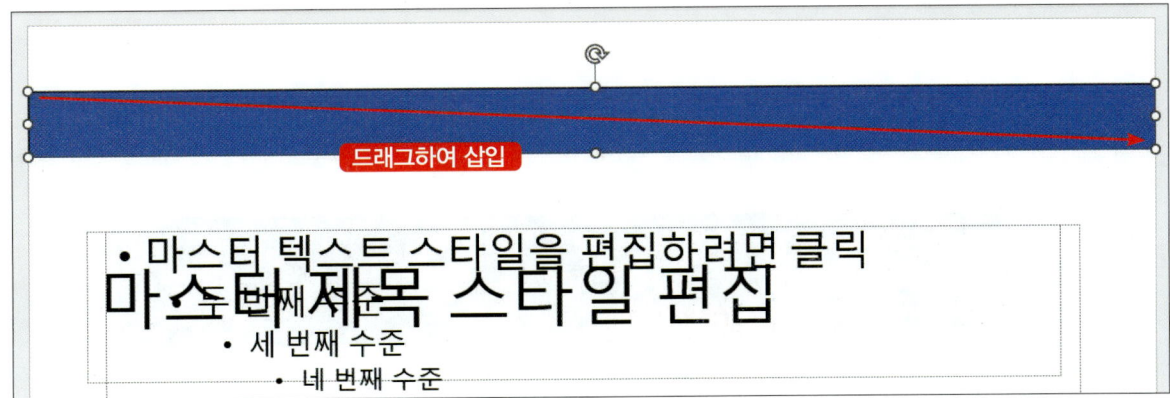

| TIP | **슬라이드 마스터 도형의 크기와 위치**
- 슬라이드 마스터의 상단 도형은 문제지에서 슬라이드 2~6의 공통 사항이므로 이를 참조하여 작업합니다.
- 도형의 크기와 위치는 문제지의 《출력형태》를 참조하여 비슷하게 조절하면 됩니다.

**6** [도형 서식] 탭의 [도형 스타일] 그룹에서 도형 채우기(도형 채우기) 단추를 클릭하고, '파랑, 강조 1, 60% 더 밝게'를, 도형 윤곽선(도형 윤곽선) 단추를 클릭하고, '윤곽선 없음'을 각각 선택합니다.

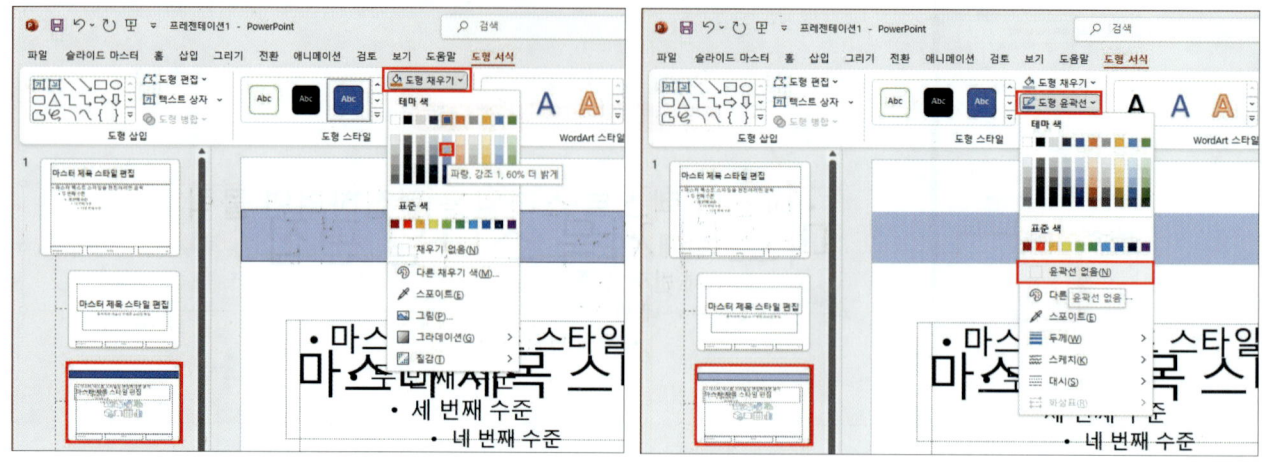

**7** 이번에는 [삽입] 탭의 [일러스트레이션] 그룹에서 도형(도형) 단추를 클릭하고, 기본 도형의 육각형(⬡)을 선택합니다.

**8** 마우스 포인터가 '+' 모양으로 변경되면 슬라이드 상단 중앙에 적당한 크기로 드래그하여 삽입합니다.

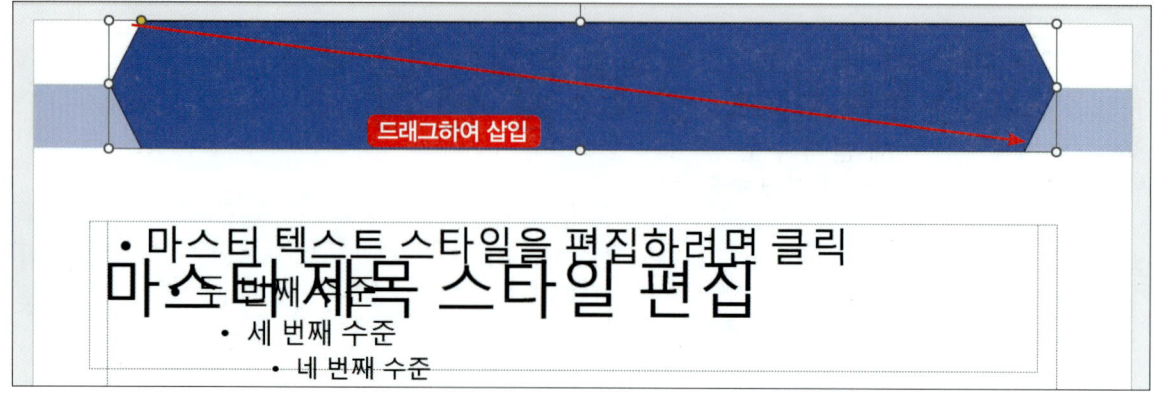

**9** 육각형의 모양을 변경하기 위하여 모양 조절 핸들(⬤)을 도형 안쪽으로 살짝 드래그하여 모양을 변경합니다.

| TIP | 도형의 편집 핸들

- 슬라이드에 도형을 삽입하면 회전 핸들, 모양 조절 핸들, 크기 조절 핸들이 나타납니다.
- 세 가지의 핸들을 이용하면 도형의 방향(각도), 모양, 크기 등을 자유롭게 조절할 수 있습니다.

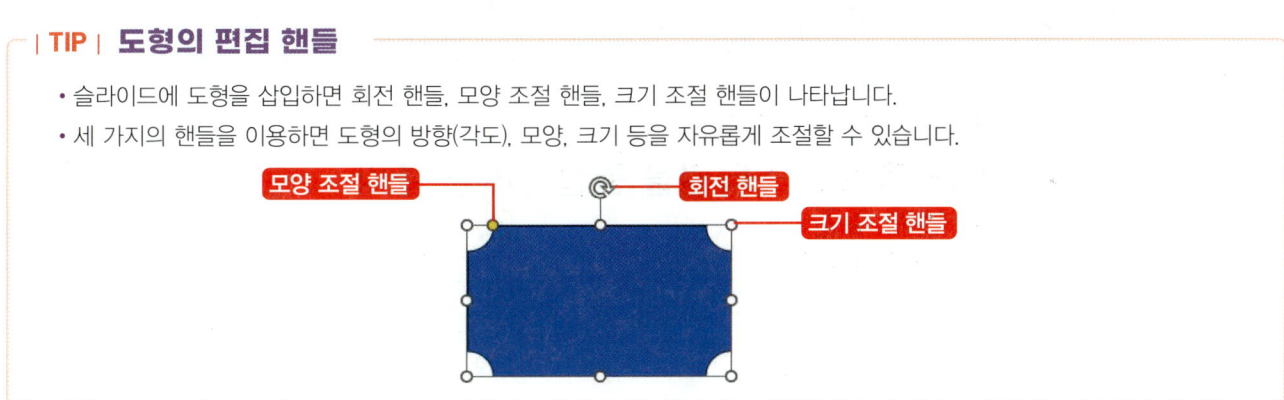

**10** [도형 서식] 탭의 [도형 스타일] 그룹에서 도형 채우기(🎨 도형 채우기 ˅) 단추를 클릭하고, '파랑, 강조 1'을, 도형 윤곽선(✏️ 도형 윤곽선 ˅) 단추를 클릭하고, '윤곽선 없음'을 각각 선택합니다.

| TIP | 도형 스타일(서식)

시험에서 출제되는 도형 스타일은 《출력형태》를 참조하여 비슷하게 작성하되 문제지에서 특별한 지시사항이 없을 경우 도형 색상은 임의의 색으로 지정합니다. 단, 도형의 선(윤곽선)은 주어진 조건대로 '선 없음'을 반드시 설정해야 합니다.

| 유형 잡기 | 03 제목 도형에 글꼴 서식 지정하기 |

**1** 아래쪽으로 이동한 '마스터 제목 스타일 편집' 개체 상자를 원위치하기 위하여 개체 상자를 선택한 후 위쪽으로 드래그하여 이동합니다(현재는 개체 상자가 도형의 맨 뒤에 위치하므로 글자가 보이지 않음).

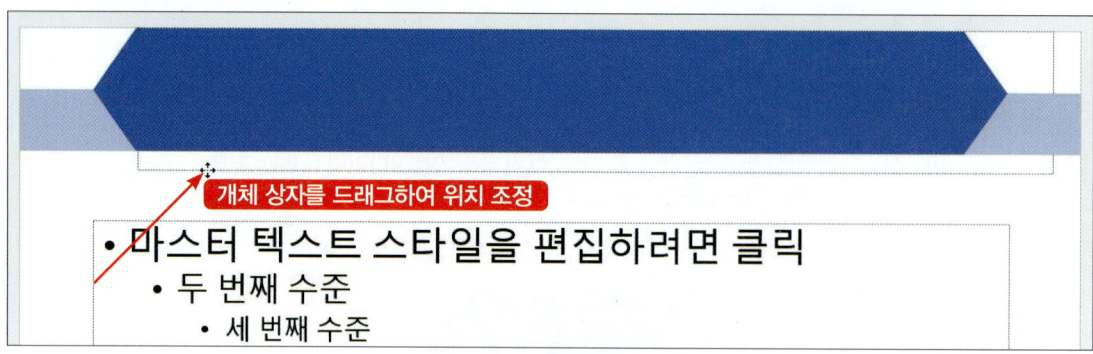

**2** '마스터 제목 스타일 편집' 개체 상자의 크기 조절 핸들을 이용하여 제목 도형의 크기에 맞게 상하좌우를 동일하게 맞춥니다.

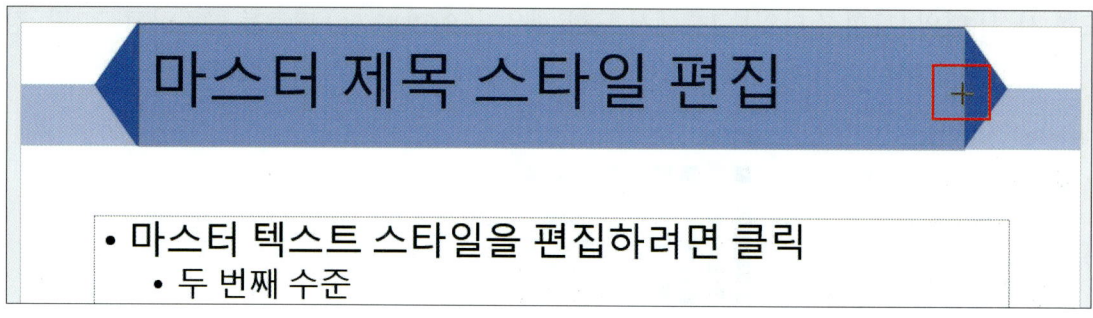

**3** '마스터 제목 스타일 편집' 개체 상자가 선택된 상태에서 [도형 서식] 탭의 [정렬] 그룹에 있는 앞으로 가져오기( 앞으로 가져오기 ) 단추를 클릭하고, [맨 앞으로 가져오기]를 선택합니다.

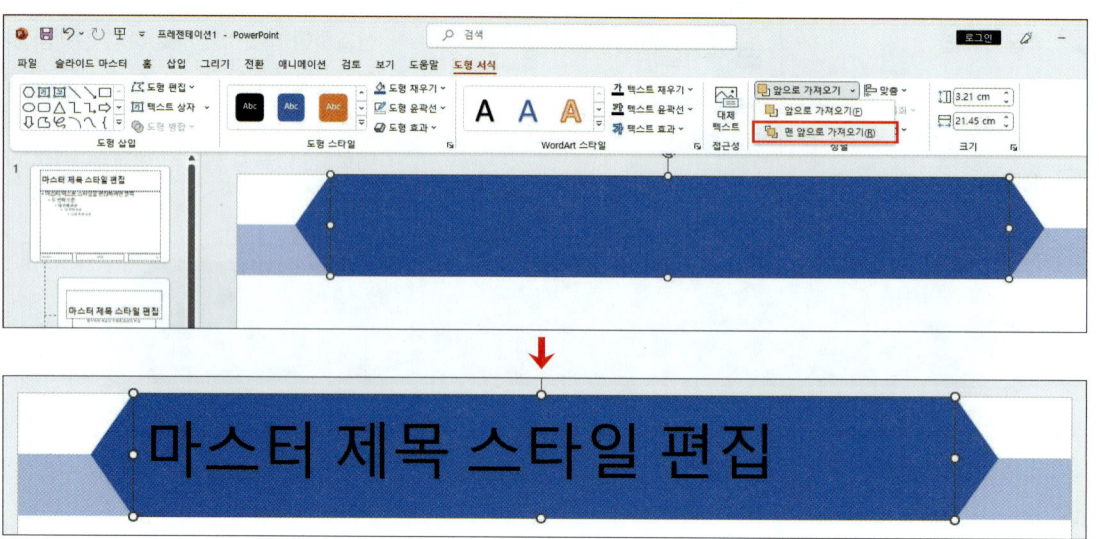

| TIP | 맨 앞으로 가져오기

'마스터 제목 스타일 편집' 개체 상자를 이동하면 제목 도형의 맨 뒤쪽으로 숨겨지므로 반드시 [맨 앞으로 가져오기]를 선택해야 합니다. 이때, 순서는 개체 상자를 이동한 후 [맨 앞으로 가져오기]를 선택해도 되고, 아니면 이동하기 전에 미리 [맨 앞으로 가져오기]를 선택한 다음 개체 상자를 이동해도 됩니다.

**4** 문제지에서 제시한대로 [홈] 탭의 [글꼴] 그룹에서 글꼴은 '돋움', 글꼴 크기는 '40', 글꼴 색은 '흰색, 배경 1'을 각각 지정한 후 [단락] 그룹에서 가운데 맞춤(≡) 단추를 클릭합니다.

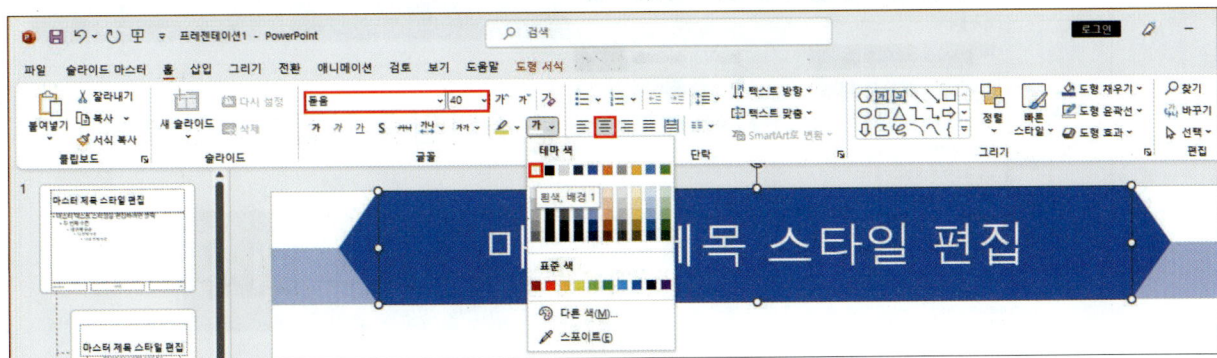

## 유형잡기 / 04 슬라이드 마스터에 로고 삽입하기

**1** [삽입] 탭의 [이미지] 그룹에서 그림( ) 단추를 클릭하고, [이 디바이스]를 선택합니다.

**2** [그림 삽입] 대화 상자에서 찾는 위치(내 PC₩문서₩ITQ₩Picture)와 파일 이름(로고2.jpg)을 선택하고, [삽입] 버튼을 클릭합니다.

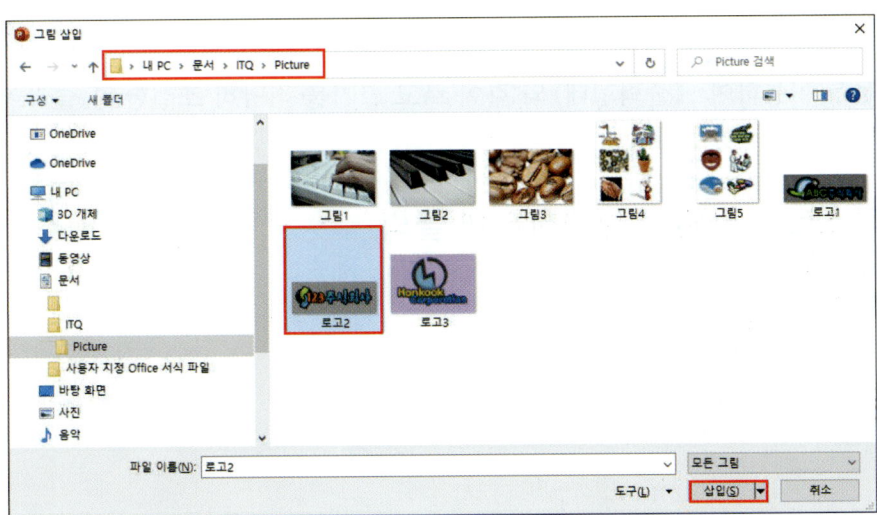

| TIP | 그림 삽입

시험장에서 그림 삽입 문제의 경우는 감독위원의 지시에 따라 반드시 「내 PC₩문서₩ITQ₩Picture」 폴더에서 정확한 파일을 선택하여 삽입합니다.

**3** 그림이 삽입되면 [그림 서식] 탭의 [조정] 그룹에서 색( ) 단추를 클릭하고, [투명한 색 설정]을 선택합니다.

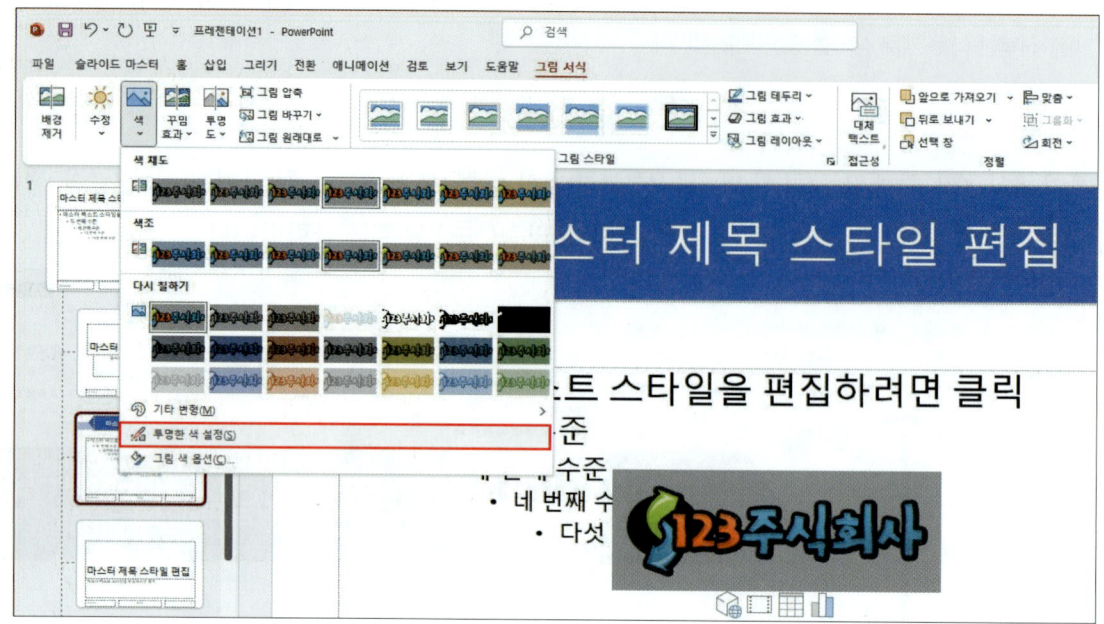

**4** 마우스 포인터가 모양으로 변경되면 그림에서 투명한 색으로 설정할 회색 부분을 클릭합니다.

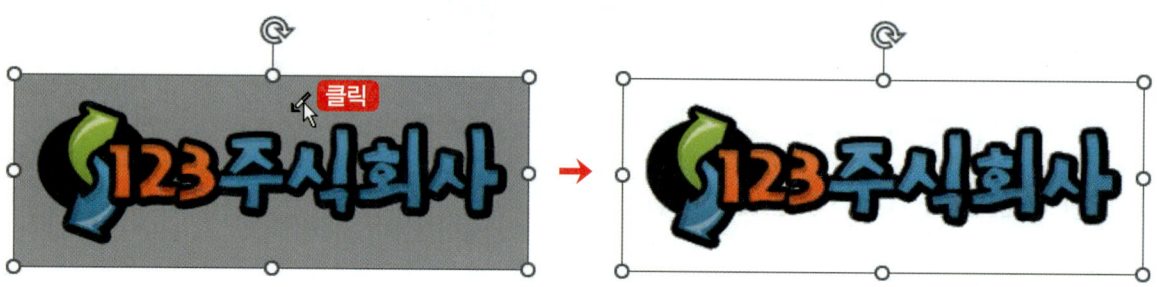

**5** 그림의 크기 조절 핸들을 이용하여 《출력형태》와 같이 로고 크기를 적당히 조절한 후 슬라이드 왼쪽 하단에 배치합니다.

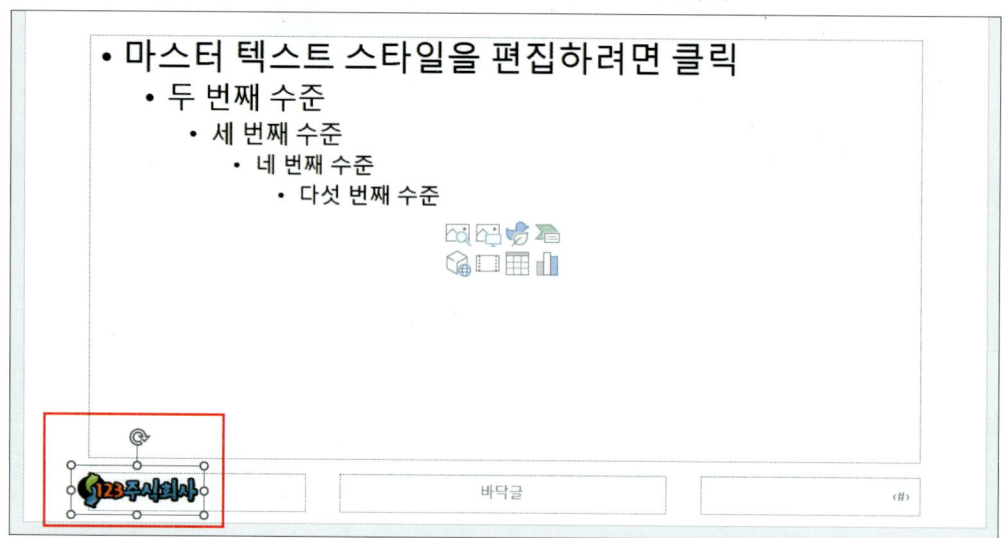

| 유형 잡기 | **05 슬라이드 마스터에 번호 삽입하기** |

**1** [삽입] 탭의 [텍스트] 그룹에서 머리글/바닥글( ) 단추를 클릭합니다.

**2** [머리글/바닥글] 대화 상자의 [슬라이드] 탭에서 '슬라이드 번호'와 '제목 슬라이드에는 표시 안 함'을 각각 체크하고, [모두 적용] 버튼을 클릭합니다.

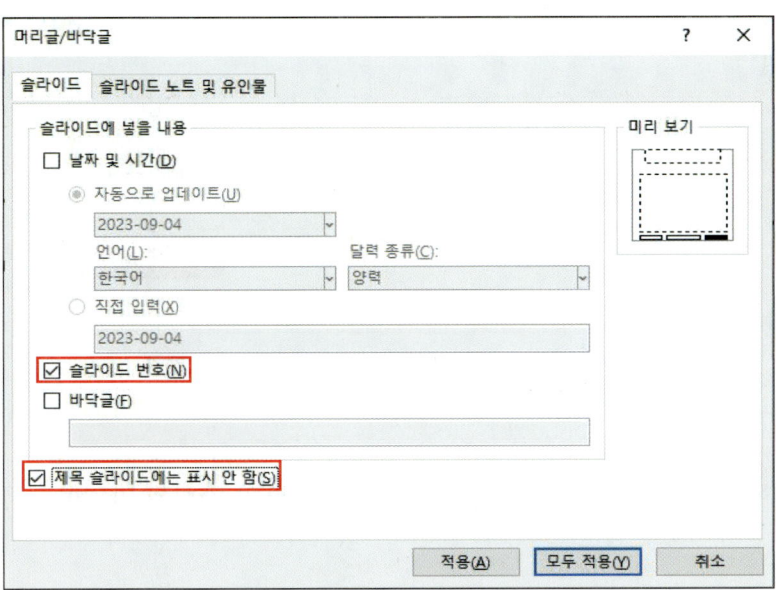

| TIP | **제목 슬라이드에는 표시 안 함**

문제의 조건에서 슬라이드 마스터는 슬라이드 1을 제외한 슬라이드 2~6까지만 적용되므로 슬라이드 번호를 선택한 후 '제목 슬라이드에는 표시 안 함'을 반드시 체크(선택)해야 합니다.

**3** [슬라이드 마스터] 탭의 [닫기] 그룹에서 마스터 보기 닫기( ) 단추를 클릭합니다.

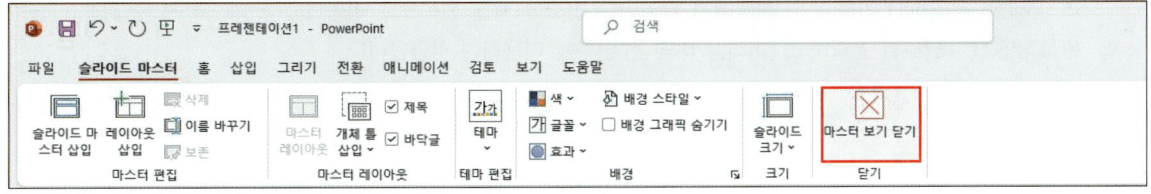

4  그 결과 슬라이드 1을 제외한 슬라이드 2~6까지는 동일한 제목 도형, 로고, 슬라이드 번호가 적용된 것을 확인할 수 있습니다.

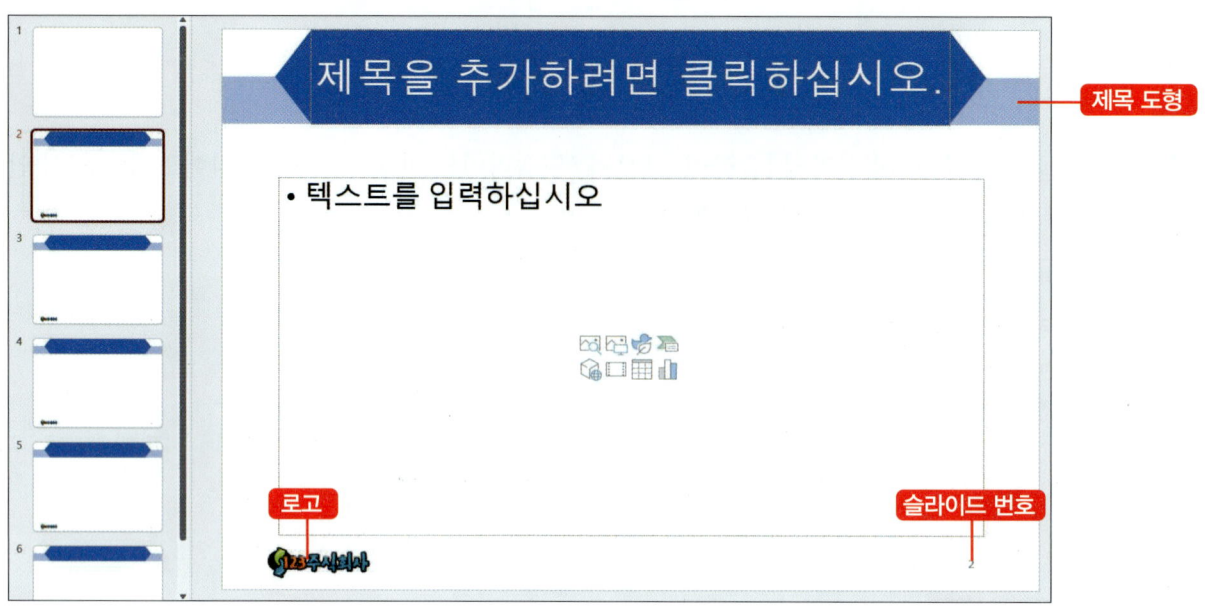

5  모든 작업이 완료되면 빠른 실행 도구 모음에서 저장(🖫) 단추를 클릭하여 완성된 파일을 저장합니다.

| TIP | 슬라이드 번호 기타 유형

- 유형 1 : 시험에서 슬라이드 번호 다음에 '쪽'이나 '페이지'가 입력되어 있는 경우는 〈#〉 다음을 클릭하고, "쪽"이나 "페이지"를 입력한 후 [머리글/바닥글] 단추를 클릭하여 작업합니다.

- 유형 2 : 시험에서 슬라이드 번호 위치가 왼쪽에 있는 경우는 하단에 있는 날짜와 바닥글 상자를 선택하고, Delete 키를 눌러 삭제한 후 Shift 키를 누른 상태에서 슬라이드 번호 상자를 왼쪽으로 이동합니다. 계속해서 [홈] 탭의 [단락] 그룹에서 왼쪽 맞춤(≡) 단추를 클릭하고, [머리글/바닥글] 단추를 이용하여 작업합니다.

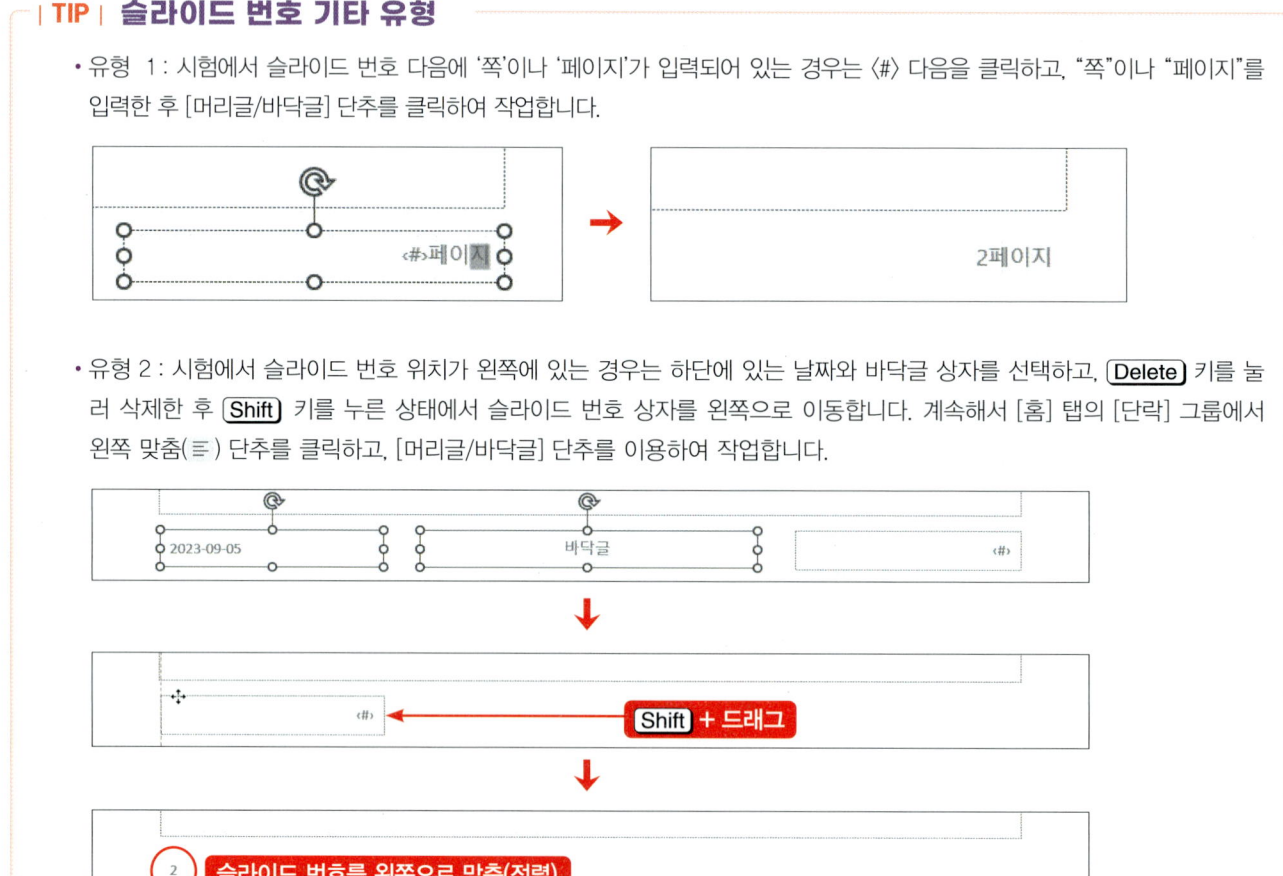

## 출제 유형 문제

• 예제 파일 : 없음  /  • 완성 파일 : 유형 분석 01₩유형 02_완성.pptx

**01** 문제지의 지시사항과 세부조건을 참조하여 《출력형태》에 맞게 작업하시오.

(1) 슬라이드 크기 및 순서 : 크기를 A4 용지로 설정하고, 슬라이드 순서에 맞게 작성한다.

(2) 슬라이드 마스터 : 2~6 슬라이드의 제목, 하단 로고, 슬라이드 번호는 슬라이드 마스터를 이용하여 작성한다.

- 제목 글꼴(돋움, 40pt, 흰색), 왼쪽 맞춤, 도형(선 없음)
- 하단 로고(「내 PC₩문서₩ITQ₩Picture₩로고2.jpg」 배경(회색) 투명색으로 설정)

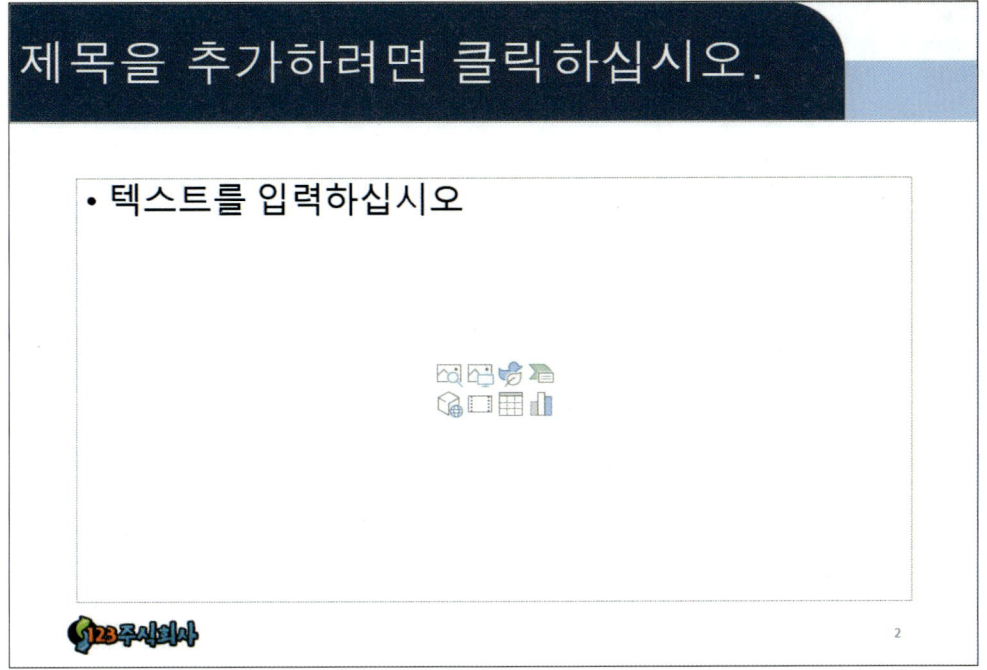

**Hint** [도형]-[사각형]-[직사각형]/[둥근 한쪽 모서리]를 각각 삽입한 후 [둥근 한쪽 모서리]는 모양 조절 핸들을 이용하여 오른쪽 모서리를 변형합니다.

## 출제 유형 문제

• 예제 파일 : 없음 / • 완성 파일 : 유형 분석 01₩유형 03_완성.pptx

**02** 문제지의 지시사항과 세부조건을 참조하여 《출력형태》에 맞게 작업하시오.

(1) 슬라이드 크기 및 순서 : 크기를 A4 용지로 설정하고, 슬라이드 순서에 맞게 작성한다.

(2) 슬라이드 마스터 : 2~6 슬라이드의 제목, 하단 로고, 슬라이드 번호는 슬라이드 마스터를 이용하여 작성한다.

- 제목 글꼴(돋움, 40pt, 흰색), 가운데 맞춤, 도형(선 없음)
- 하단 로고(「내 PC₩문서₩ITQ₩Picture₩로고3.jpg」 배경(연보라) 투명색으로 설정)

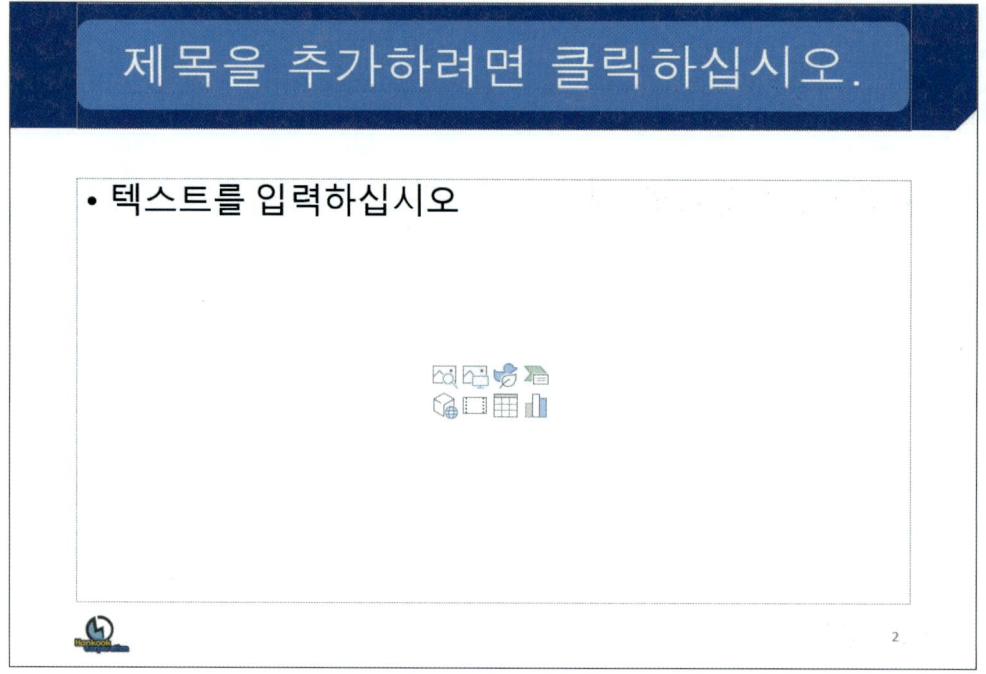

**Hint** [도형]-[사각형]-[잘린 한쪽 모서리]/[둥근 모서리]를 각각 삽입한 후 [잘린 한쪽 모서리]는 [도형 서식] 탭의 [정렬] 그룹에서 [회전]-[상하 대칭]을 선택합니다.

## 출제 유형 문제

• 예제 파일 : 없음 / • 완성 파일 : 유형 분석 01₩유형 04_완성.pptx

**03** 문제지의 지시사항과 세부조건을 참조하여 《출력형태》에 맞게 작업하시오.

(1) 슬라이드 크기 및 순서 : 크기를 A4 용지로 설정하고, 슬라이드 순서에 맞게 작성한다.

(2) 슬라이드 마스터 : 2~6 슬라이드의 제목, 하단 로고, 슬라이드 번호는 슬라이드 마스터를 이용하여 작성한다.

- 제목 글꼴(돋움, 40pt, 흰색), 가운데 맞춤, 도형(선 없음)
- 하단 로고(「내 PC₩문서₩ITQ₩Picture₩로고1.jpg」 배경(회색) 투명색으로 설정)

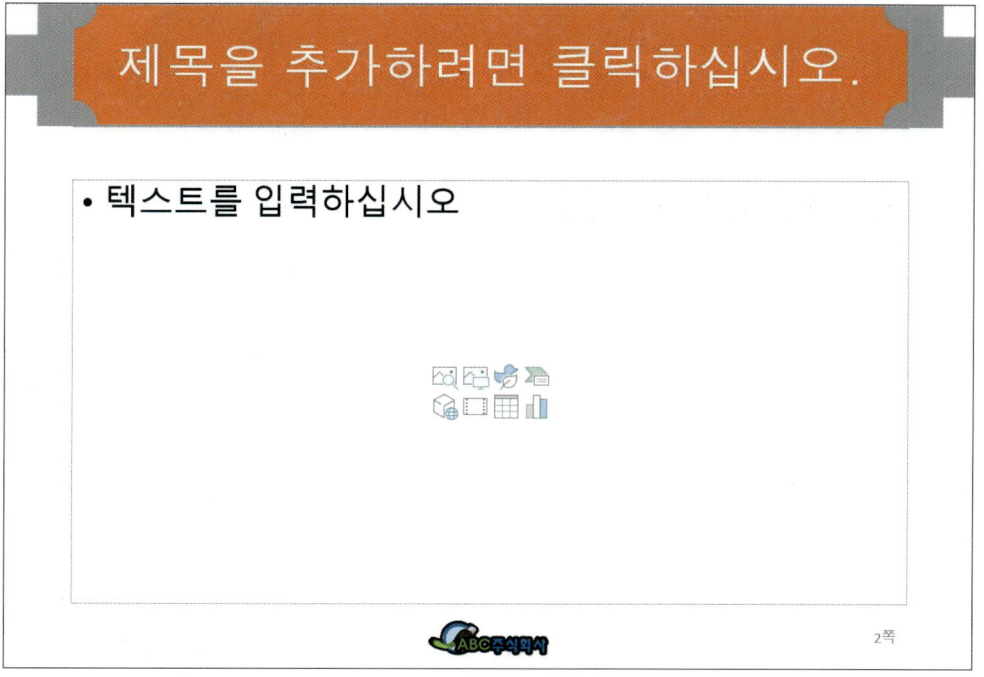

**Hint**
- [도형]-[기본 도형]-[십자형]/[배지]를 각각 삽입한 후 [배지]는 모서리 모양을 살짝 변형합니다.
- 슬라이드 번호는 〈#〉 다음에 "쪽"을 입력한 후 [머리글/바닥글] 단추를 클릭하여 작업합니다.

## 출제 유형 문제

• 예제 파일 : 없음 / • 완성 파일 : 유형 분석 01₩유형 05_완성.pptx

**04** **문제지의 지시사항과 세부조건을 참조하여 《출력형태》에 맞게 작업하시오.**

(1) 슬라이드 크기 및 순서 : 크기를 A4 용지로 설정하고, 슬라이드 순서에 맞게 작성한다.

(2) 슬라이드 마스터 : 2~6 슬라이드의 제목, 하단 로고, 슬라이드 번호는 슬라이드 마스터를 이용하여 작성한다.

- 제목 글꼴(돋움, 40pt, 흰색), 왼쪽 맞춤, 도형(선 없음)
- 하단 로고(「내 PC₩문서₩ITQ₩Picture₩로고2.jpg」 배경(회색) 투명색으로 설정)

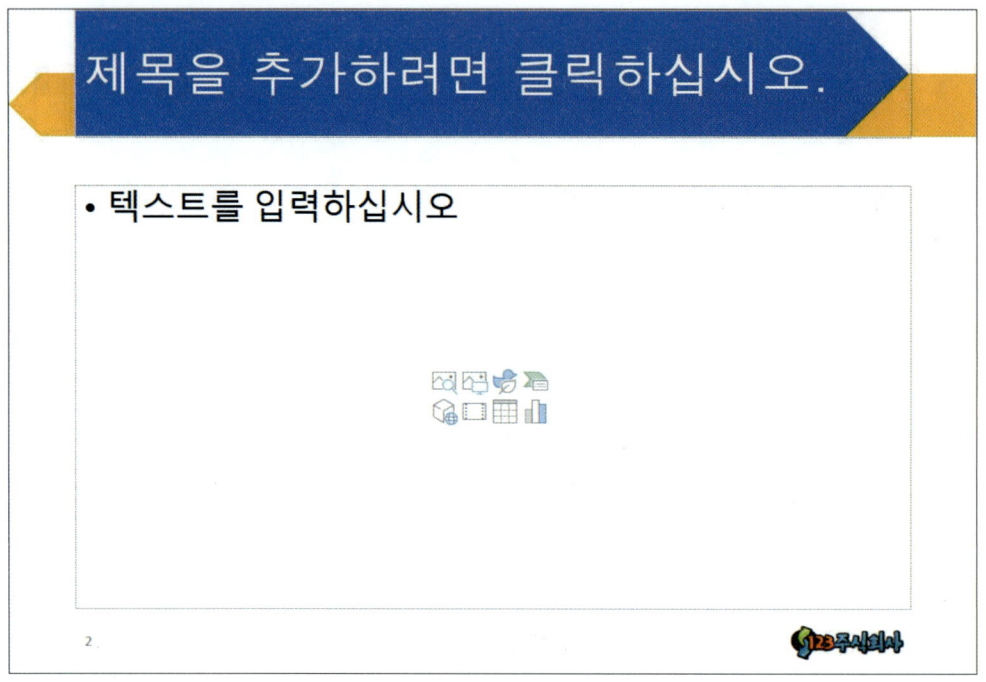

**Hint**
- [도형]-[블록 화살표]-[오각형]을 각각 삽입한 후 하나는 [도형 서식] 탭의 [정렬] 그룹에서 [회전]-[좌우 대칭]을 선택합니다.
- 날짜와 바닥글 상자를 삭제하고, 슬라이드 번호 상자를 왼쪽으로 이동한 후 [홈] 탭의 [단락] 그룹에서 [왼쪽 맞춤] 단추를 클릭합니다.

# 유형 분석 02

## [슬라이드 1]《표지 디자인》

슬라이드 1에서는 표지 디자인을 작성하는 것으로 도형에 그림 채우기와 효과, 워드아트 삽입과 편집, 그림 삽입과 배경 등을 적용하는 방법에 대하여 알아봅니다.

**시험 유형 미리 보기**

• 예제 파일 : 유형 분석 02₩유형 01_문제.pptx / • 완성 파일 : 유형 분석 02₩유형 01_완성.pptx  **40점**

### [슬라이드 1] 《표지 디자인》

(1) 표지 디자인 : 도형, 워드아트 및 그림을 이용하여 작성한다.

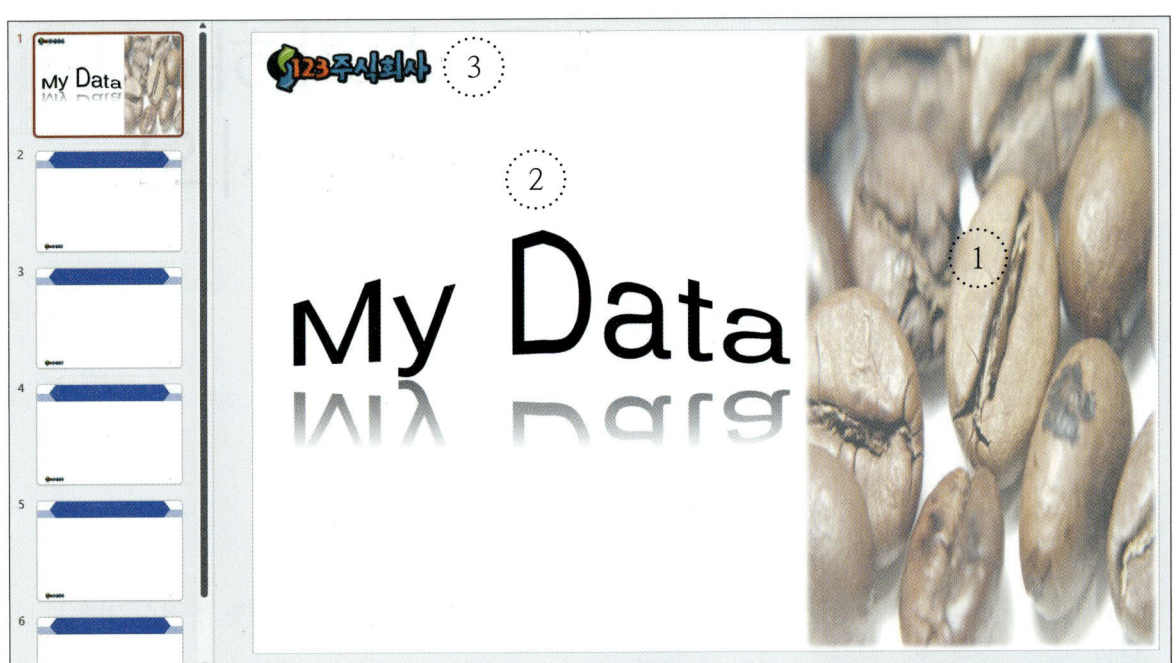

### 세부조건

① **도형 편집**
  - 도형에 그림 채우기 : 「내 PC₩문서₩ITQ₩Picture₩그림3.jpg」, 투명도 50%
  - 도형 효과 : 부드러운 가장자리 5포인트

② **워드아트 삽입**
  - 변환 : 삼각형
  - 글꼴 : 돋움, 굵게
  - 텍스트 반사 : 근접 반사, 4pt 오프셋

③ **그림 삽입**
  - 「내 PC₩문서₩ITQ₩Picture₩로고2.jpg」
  - 배경(회색) 투명색으로 설정

## 유형 잡기 01 도형 삽입과 그림 채우기

**1** [파일]-[열기]-[찾아보기]를 차례로 선택하고, [열기] 대화 상자에서 '유형 분석 02₩유형 01_문제.pptx'를 불러오기 합니다.

**2** '슬라이드 1'을 선택한 후 [홈] 탭의 [슬라이드] 그룹에서 레이아웃( 레이아웃 ▾ ) 단추를 클릭하고, '빈 화면'을 선택합니다.

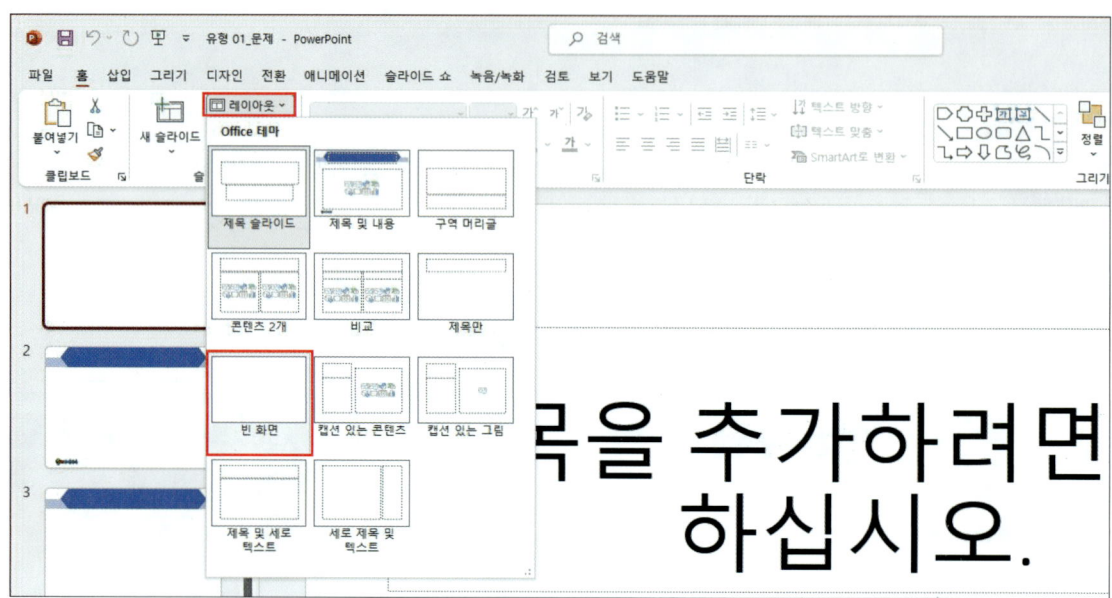

> **TIP** [파일]-[열기]
> - 파일을 불러올 때는 Ctrl+O 키를 눌러도 됩니다.
> - 현재는 실습을 위해서 문제 파일을 불러오지만 실제 시험장에서는 파일을 불러오지 않고, 처음 저장한 슬라이드에서 바로 작업합니다.

**3** [삽입] 탭의 [일러스트레이션] 그룹에서 도형( 도형 ) 단추를 클릭하고, 사각형의 직사각형(□)을 선택합니다.

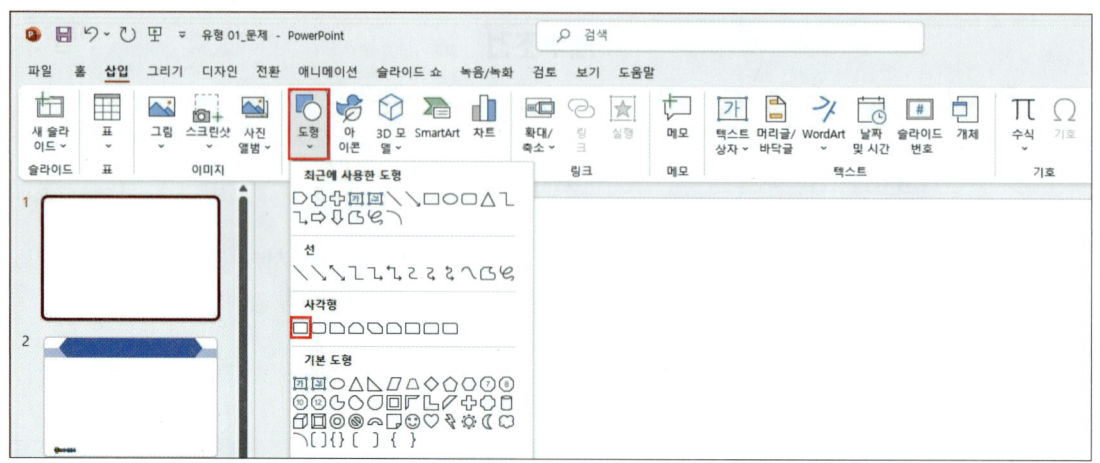

**4** 마우스 포인터가 '+' 모양으로 변경되면 슬라이드에 적당한 크기로 드래그하여 삽입합니다.

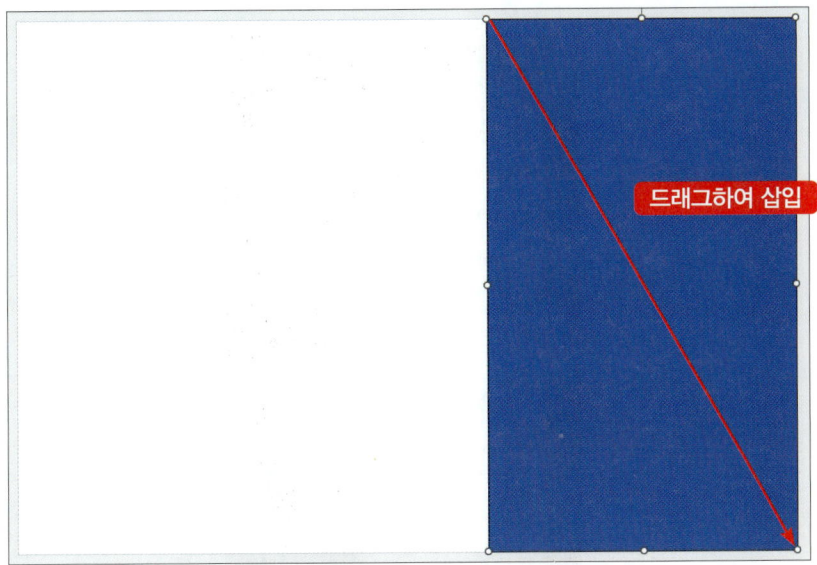

**5** 도형에 그림을 채우기 위하여 직사각형이 선택된 상태에서 [도형 서식] 탭의 [도형 스타일] 그룹에서 도형 채우기( 도형 채우기 ) 단추를 클릭하고, [그림]을 선택합니다.

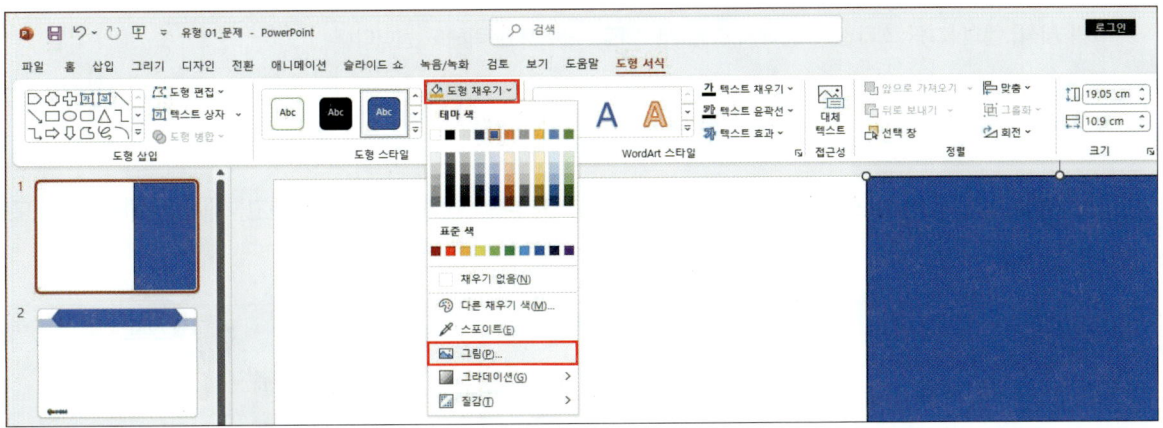

**6** [그림 삽입] 대화 상자에서 [파일에서]를 클릭한 후 찾는 위치(내 PC₩문서₩ITQ₩Picture)와 파일 이름 (그림3.jpg)을 선택하고, [삽입] 버튼을 클릭합니다.

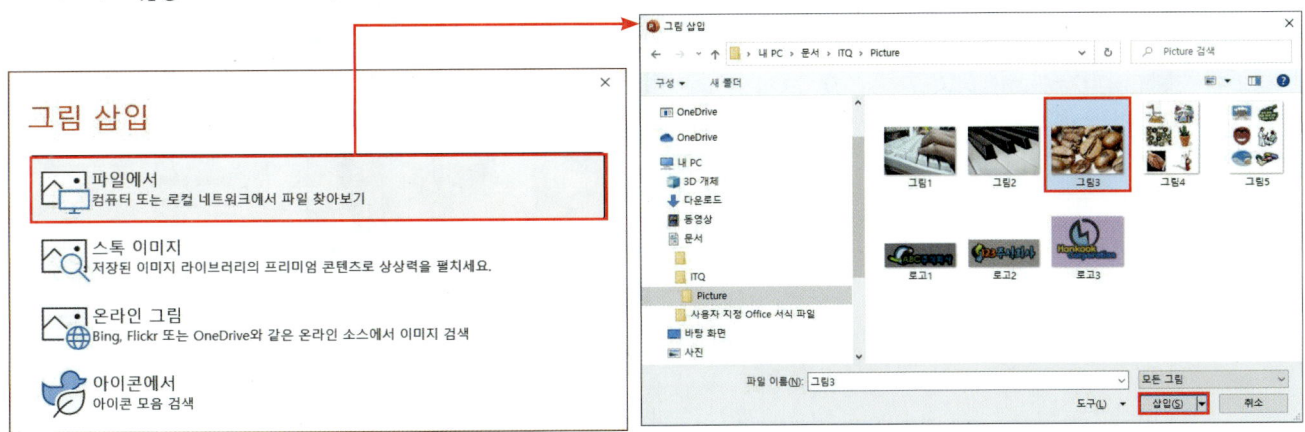

**7** 직사각형에 그림이 삽입되면 그림 위에서 마우스 오른쪽 버튼을 클릭하고, [그림 서식]을 선택합니다.

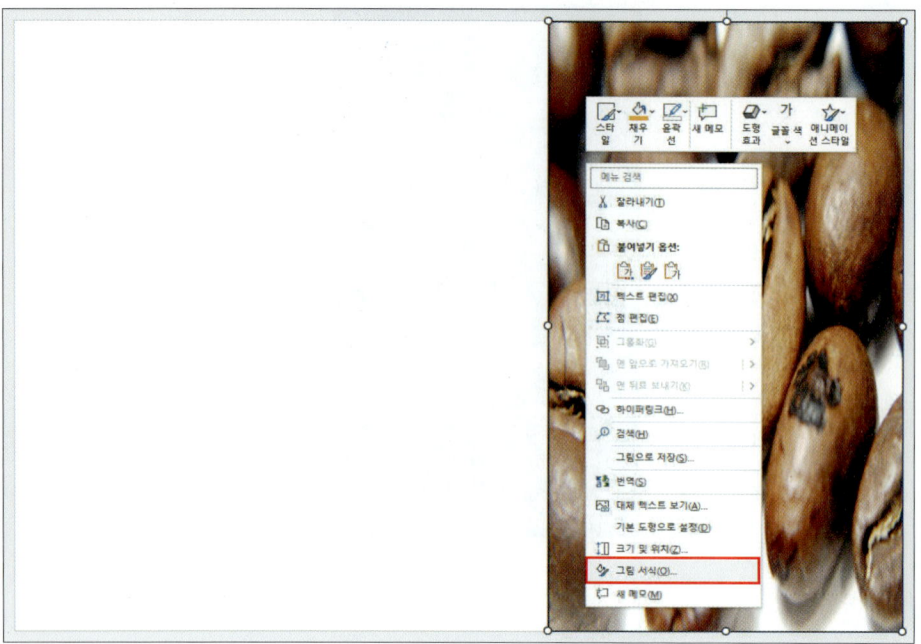

| TIP | **그림 서식**

[그림 서식] 탭의 [그림 스타일] 그룹에서 그림 서식( ) 단추를 클릭해도 됩니다.

**8** 그림 서식 작업창에서 도형 옵션에 있는 채우기 및 선( ) 단추를 클릭하고, 채우기에서 투명도를 '50%'로 설정합니다.

**9** 계속해서 도형 옵션에 있는 효과( ) 단추를 클릭하고, 부드러운 가장자리에서 크기를 '5 pt'로 설정합니다.

| TIP | **도형 효과**

[그림 서식] 탭의 [그림 스타일] 그룹에서 그림 효과( 그림 효과 ▾ ) 단추를 클릭하고, [부드러운 가장자리]–[부드러운 가장자리 변형]–[5 포인트]를 선택해도 됩니다.

**10** 도형 편집 작업이 완료되면 그림 서식 작업창에서 닫기( × ) 단추를 클릭합니다.

| 유형 잡기 | 02 워드아트 삽입과 편집하기 |

**1** [삽입] 탭의 [텍스트] 그룹에서 WordArt( ) 단추를 클릭하고, 임의의 WordArt를 선택합니다.

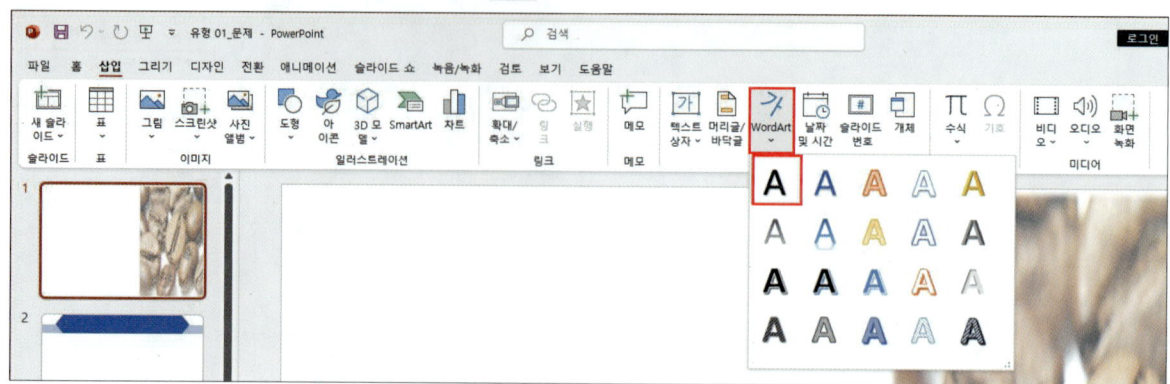

| TIP | **WordArt 종류**

실제 시험장에서는 WordArt 종류가 따로 주어지지 않기 때문에 임의의 WordArt(주로 첫 번째 WordArt를 선택)를 선택하여 삽입한 후 해당 WordArt 서식을 해제하고, 주어진 조건으로 글꼴 서식을 지정합니다.

**2** 슬라이드에 WordArt가 삽입되면 [도형 서식] 탭의 [WordArt 스타일] 그룹에서 빠른 스타일( ) 단추를 클릭하고, [WordArt 서식 지우기]를 선택합니다.

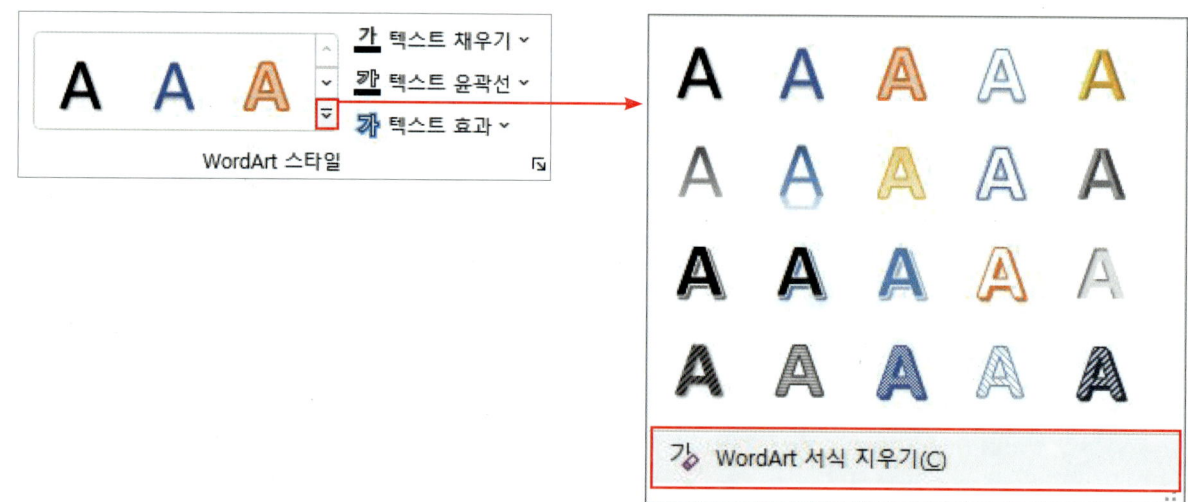

**3** WordArt가 블록으로 지정된 상태에서 문제지의 내용(My Data)을 입력합니다(만일, 블록이 해제된 경우에는 WordArt 안쪽을 클릭하여 기존 내용을 Delete 키로 지우고 새롭게 입력).

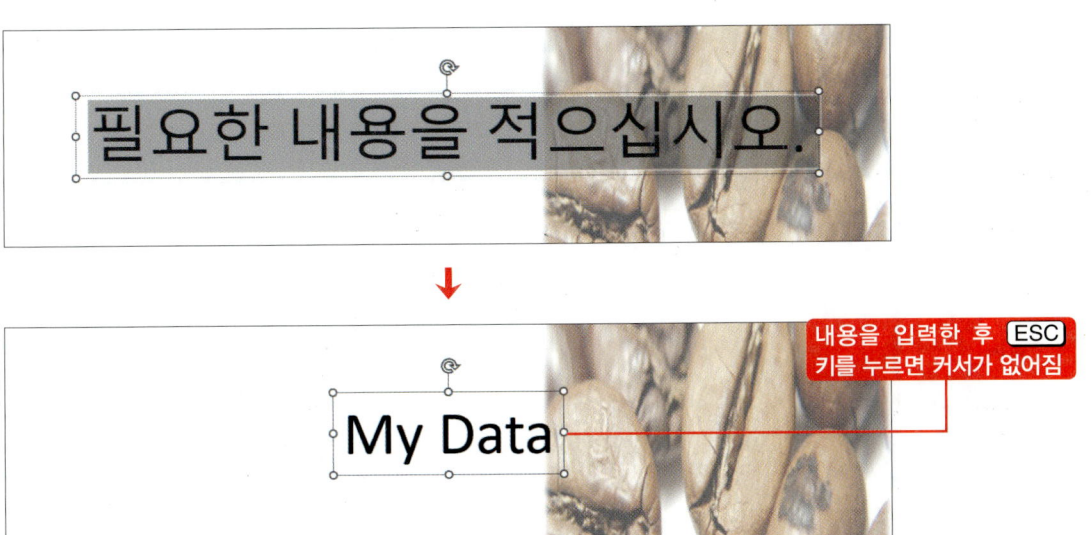

**4** WordArt의 글꼴을 변경하기 위해서 [홈] 탭의 [글꼴] 그룹에서 글꼴은 '돋움', 글꼴 스타일은 '굵게'를 각각 지정합니다.

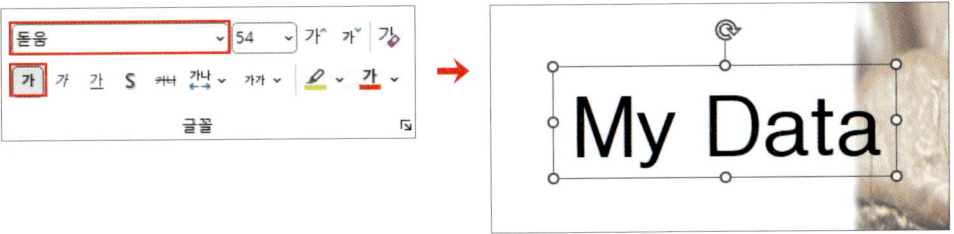

**5** 이번에는 [도형 서식] 탭의 [WordArt 스타일] 그룹에서 텍스트 효과( 텍스트 효과 ) 단추를 클릭하고, [반사]-[반사 변형]-[근접 반사: 4pt 오프셋]을 선택합니다.

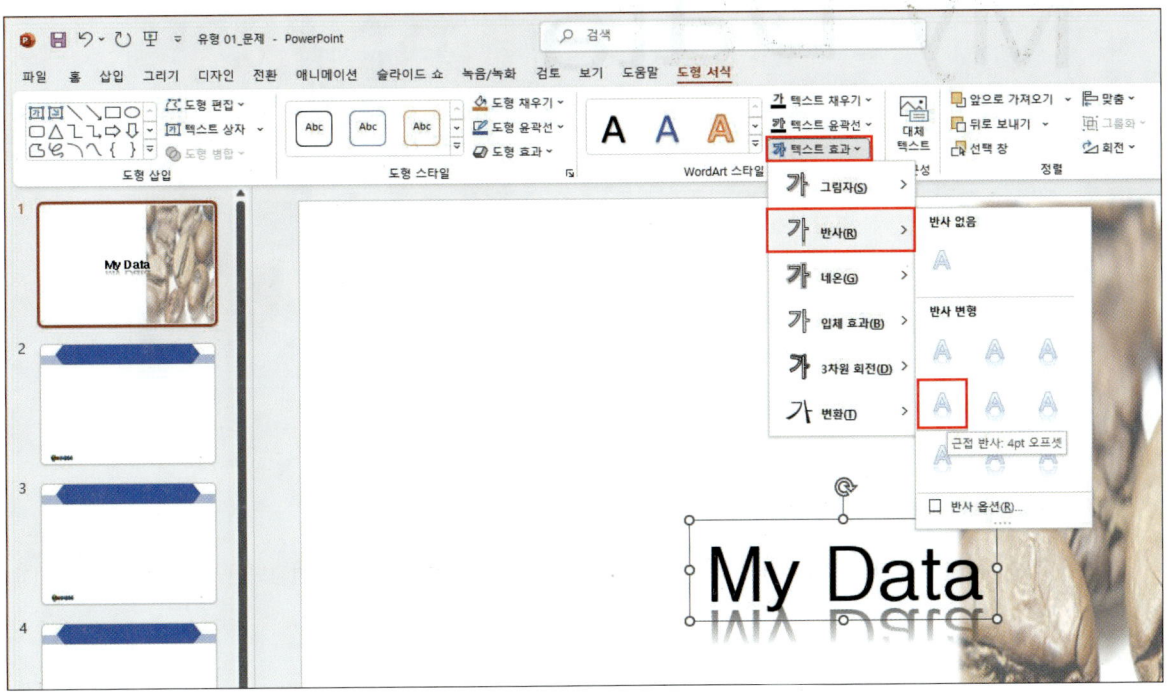

**6** 다시 한 번 [WordArt 스타일] 그룹에서 텍스트 효과( 텍스트 효과 ) 단추를 클릭하고, [변환]-[휘기]-[삼각형: 위로]를 선택합니다.

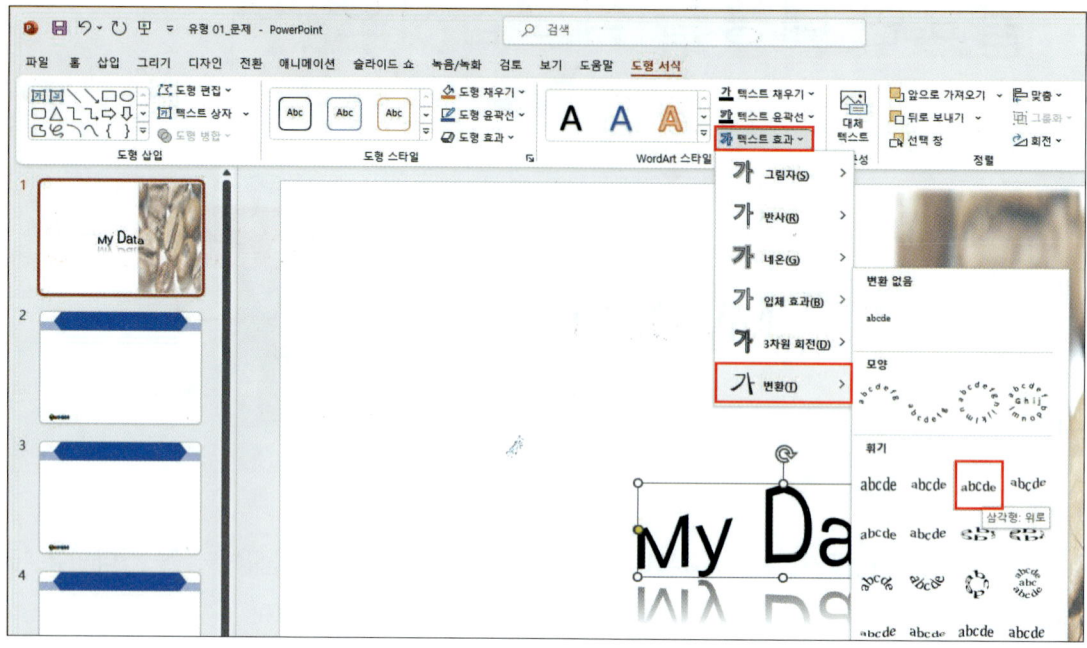

**7** 크기 조절 핸들을 이용하여 WordArt의 크기를 《출력형태》와 비슷하게 조절한 후 위치를 변경합니다.

| TIP | **WordArt의 위치 이동**

WordArt의 위치를 이동할 경우 WordArt 테두리에서 마우스 포인터가 모양으로 변경되면 원하는 위치로 드래그하여 이동합니다.

## 유형잡기 03 그림 삽입과 편집하기

**1** [삽입] 탭의 [이미지] 그룹에서 그림( ) 단추를 클릭하고, [이 디바이스]를 선택합니다.

**2** [그림 삽입] 대화 상자에서 찾는 위치(내 PC₩문서₩ITQ₩Picture)와 파일 이름(로고2.jpg)을 선택하고, [삽입] 버튼을 클릭합니다.

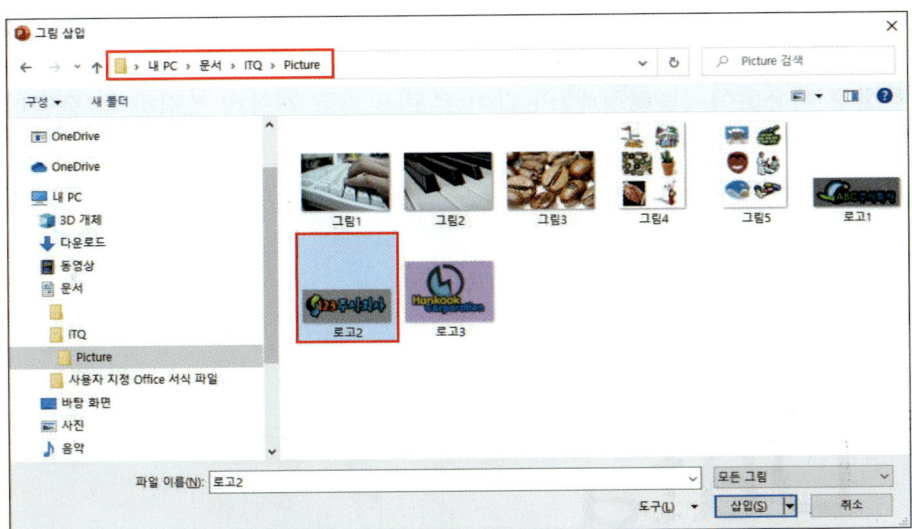

> | TIP | 그림 삽입
> 
> 시험장에서 그림 삽입 문제의 경우는 감독위원의 지시에 따라 반드시 「내 PC₩문서₩ITQ₩Picture」 폴더에서 정확한 파일을 선택하여 삽입합니다.

**3** 그림이 삽입되면 [그림 서식] 탭의 [조정] 그룹에서 색( ) 단추를 클릭하고, [투명한 색 설정]을 선택합니다.

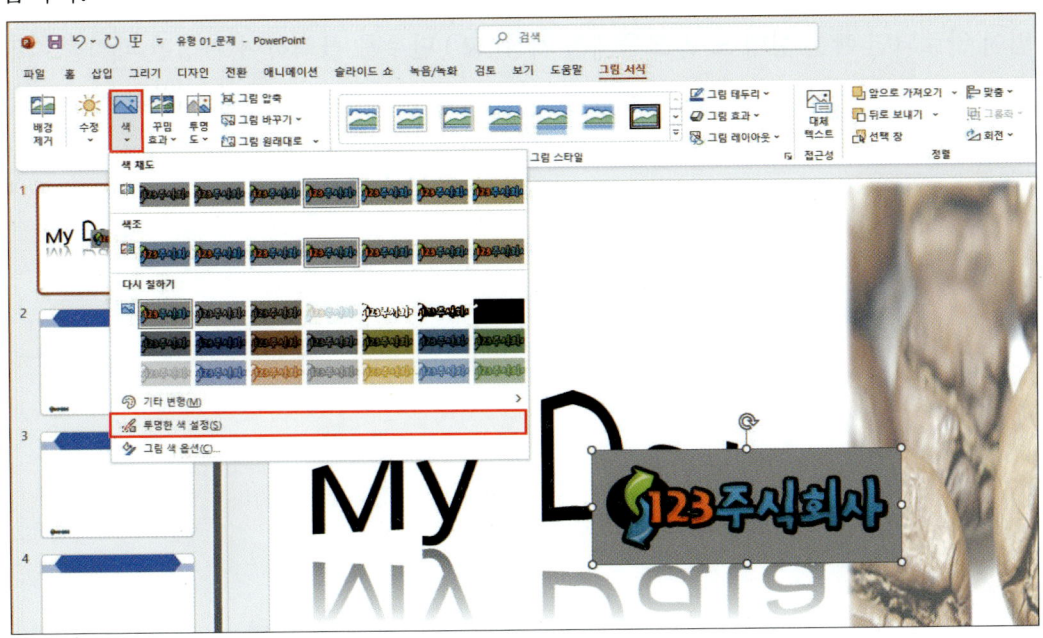

**4** 마우스 포인터가 모양으로 변경되면 그림에서 투명한 색으로 설정할 회색 부분을 클릭합니다.

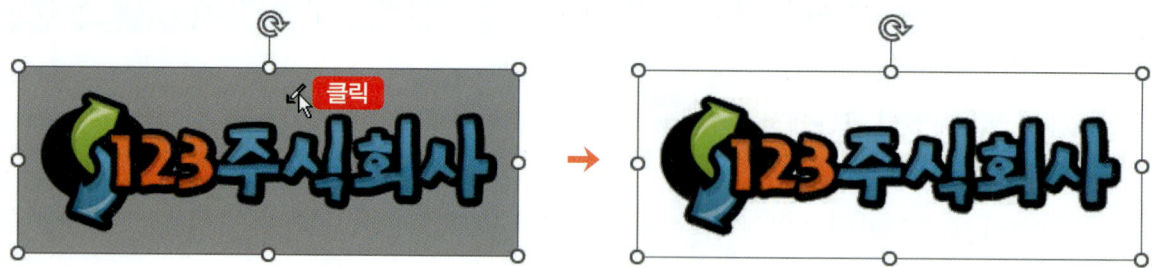

**5** 그림의 크기 조절 핸들을 이용하여 《출력형태》와 같이 로고 크기를 적당히 조절한 후 슬라이드 왼쪽 상단에 배치합니다.

**6** 모든 작업이 완료되면 빠른 실행 도구 모음에서 저장( ) 단추를 클릭하여 완성된 파일을 저장합니다.

## 출제 유형 문제

• 예제 파일 : 유형 분석 02₩유형 02_문제.pptx / • 완성 파일 : 유형 분석 02₩유형 02_완성.pptx

**01** 문제지의 지시사항과 세부조건을 참조하여 《출력형태》에 맞게 작업하시오.

(1) 표지 디자인 : 도형, 워드아트 및 그림을 이용하여 작성한다.

### 세부조건

① 도형 편집
 - 도형에 그림 채우기 : 「내 PC ₩문서₩ITQ₩Picture₩그림 1.jpg」, 투명도 50%
 - 도형 효과 : 부드러운 가장자리 5포인트

② 워드아트 삽입
 - 변환 : 중지
 - 글꼴 : 돋움, 굵게
 - 텍스트 반사 : 근접 반사, 4pt 오프셋

③ 그림 삽입
 - 「내 PC₩문서₩ITQ₩Picture₩로고2.jpg」
 - 배경(회색) 투명색으로 설정

**Hint**
• 그림 채우기에 필요한 도형으로 [사각형]-[직사각형]을 적당한 크기로 삽입합니다.
• 임의의 WordArt를 삽입한 후 WordArt 서식을 삭제하고, 주어진 글꼴과 텍스트 효과를 적용합니다.

• 예제 파일 : 유형 분석 02₩유형 03_문제.pptx / • 완성 파일 : 유형 분석 02₩유형 03_완성.pptx

**02** 문제지의 지시사항과 세부조건을 참조하여 《출력형태》에 맞게 작업하시오.

(1) 표지 디자인 : 도형, 워드아트 및 그림을 이용하여 작성한다.

### 세부조건

① 도형 편집
 - 도형에 그림 채우기 : 「내 PC ₩문서₩ITQ₩Picture₩그림 2.jpg」, 투명도 50%
 - 도형 효과 : 부드러운 가장자리 5포인트

② 워드아트 삽입
 - 변환 : 갈매기형 수장
 - 글꼴 : 굴림, 굵게
 - 텍스트 반사 : 근접 반사, 8pt 오프셋

③ 그림 삽입
 - 「내 PC₩문서₩ITQ₩Picture₩로고3.jpg」
 - 배경(연보라) 투명색으로 설정

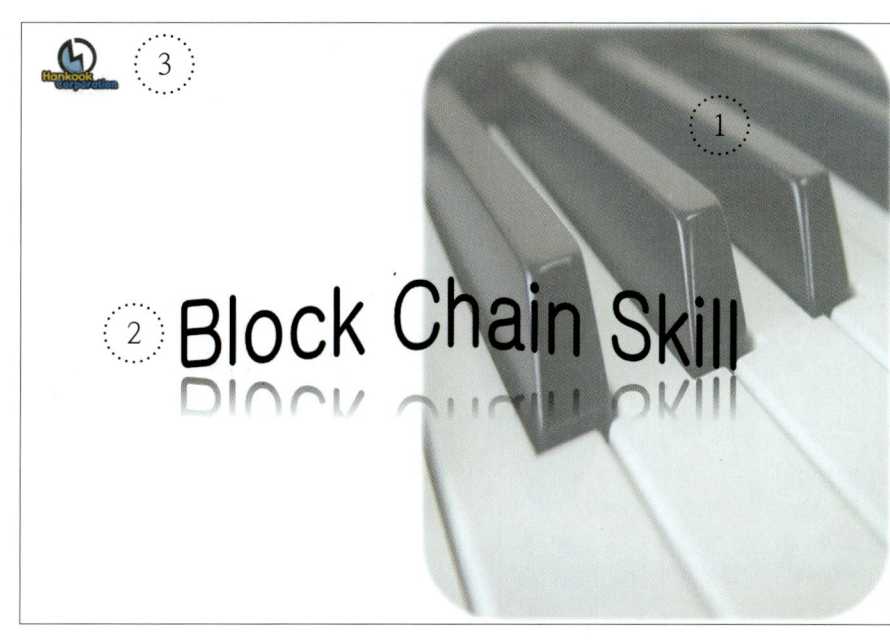

**Hint**
• 그림 채우기에 필요한 도형으로 [사각형]-[둥근 모서리]를 적당한 크기로 삽입합니다.
• WordArt의 텍스트 효과에서 [변환]-[휘기]-[갈매기형 수장: 위로]를 선택합니다.

## 출제 유형 문제

• 예제 파일 : 유형 분석 02₩유형 04_문제.pptx / • 완성 파일 : 유형 분석 02₩유형 04_완성.pptx

**03** 문제지의 지시사항과 세부조건을 참조하여 《출력형태》에 맞게 작업하시오.

(1) 표지 디자인 : 도형, 워드아트 및 그림을 이용하여 작성한다.

### 세부조건

① 도형 편집
 - 도형에 그림 채우기 : 「내 PC₩문서₩ITQ₩Picture₩그림3.jpg」, 투명도 50%
 - 도형 효과 : 부드러운 가장자리 5포인트

② 워드아트 삽입
 - 변환 : 수축
 - 글꼴 : 돋움, 굵게
 - 텍스트 반사 : 근접 반사, 터치

③ 그림 삽입
 - 「내 PC₩문서₩ITQ₩Picture₩로고1.jpg」
 - 배경(회색) 투명색으로 설정

**Hint**
• 그림 채우기에 필요한 도형으로 [사각형]-[직사각형]을 적당한 크기로 삽입합니다.
• WordArt의 텍스트 효과에서 [반사]-[반사 변형]-[근접 반사: 터치]를 선택합니다.

• 예제 파일 : 유형 분석 02₩유형 05_문제.pptx / • 완성 파일 : 유형 분석 02₩유형 05_완성.pptx

**04** 문제지의 지시사항과 세부조건을 참조하여 《출력형태》에 맞게 작업하시오.

(1) 표지 디자인 : 도형, 워드아트 및 그림을 이용하여 작성한다.

### 세부조건

① 도형 편집
 - 도형에 그림 채우기 : 「내 PC₩문서₩ITQ₩Picture₩그림2.jpg」, 투명도 60%
 - 도형 효과 : 부드러운 가장자리 5포인트

② 워드아트 삽입
 - 변환 : 물결
 - 글꼴 : 돋움, 굵게
 - 텍스트 반사 : 근접 반사, 4pt 오프셋

③ 그림 삽입
 - 「내 PC₩문서₩ITQ₩Picture₩로고2.jpg」
 - 배경(회색) 투명색으로 설정

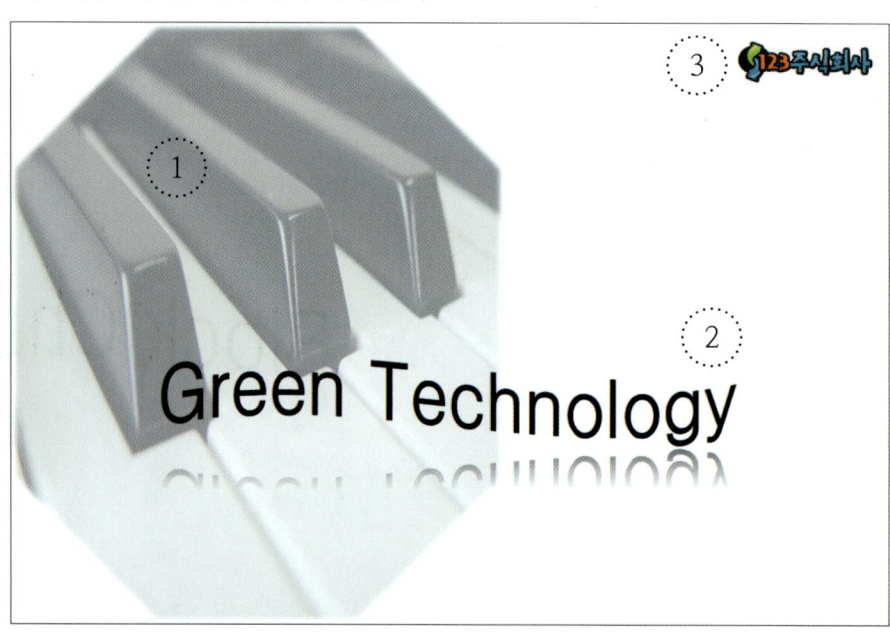

**Hint**
• 그림 채우기에 필요한 도형으로 [기본 도형]-[팔각형]을 적당한 크기로 삽입합니다.
• WordArt의 텍스트 효과에서 [변환]-[휘기]-[물결: 아래로]를 선택합니다.

## 출제 유형 문제

• 예제 파일 : 유형 분석 02\유형 06_문제.pptx / • 완성 파일 : 유형 분석 02\유형 06_완성.pptx

**05** 문제지의 지시사항과 세부조건을 참조하여 《출력형태》에 맞게 작업하시오.

(1) 표지 디자인 : 도형, 워드아트 및 그림을 이용하여 작성한다.

### 세부조건

① 도형 편집
- 도형에 그림 채우기 : 「내 PC\문서\ITQ\Picture\그림 1.jpg」, 투명도 50%
- 도형 효과 : 부드러운 가장자리 5포인트

② 워드아트 삽입
- 변환 : 원호
- 글꼴 : 돋움, 굵게
- 텍스트 반사 : 전체 반사, 8pt 오프셋

③ 그림 삽입
- 「내 PC\문서\ITQ\Picture\로고1.jpg」
- 배경(회색) 투명색으로 설정

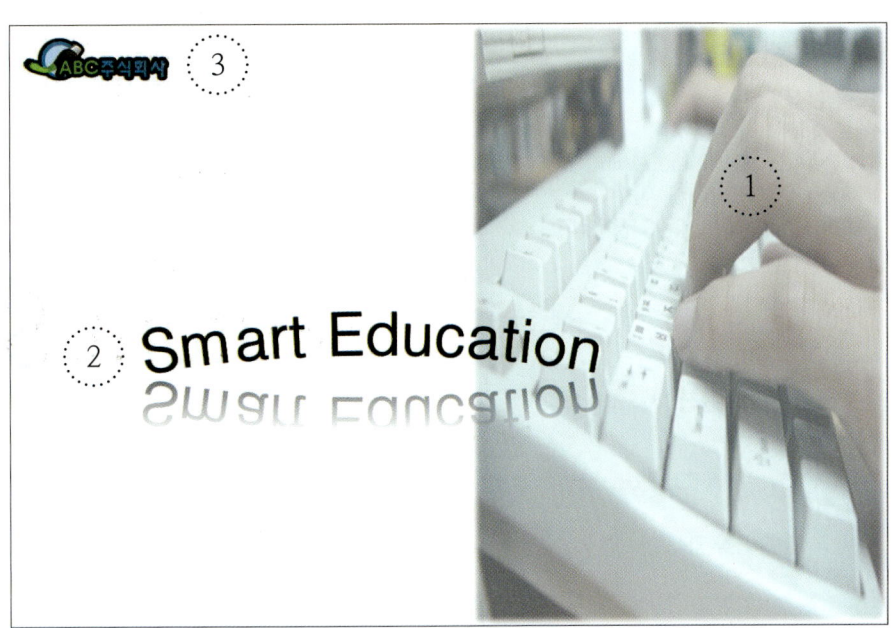

**Hint**
- 그림 채우기에 필요한 도형으로 [사각형]-[직사각형]을 적당한 크기로 삽입합니다.
- WordArt의 텍스트 효과에서 [변환]-[모양]-[원호]를 선택합니다.

• 예제 파일 : 유형 분석 02\유형 07_문제.pptx / • 완성 파일 : 유형 분석 02\유형 07_완성.pptx

**06** 문제지의 지시사항과 세부조건을 참조하여 《출력형태》에 맞게 작업하시오.

(1) 표지 디자인 : 도형, 워드아트 및 그림을 이용하여 작성한다.

### 세부조건

① 도형 편집
- 도형에 그림 채우기 : 「내 PC\문서\ITQ\Picture\그림 2.jpg」, 투명도 50%
- 도형 효과 : 부드러운 가장자리 5포인트

② 워드아트 삽입
- 변환 : 아래로 구부리기
- 글꼴 : 굴림, 굵게
- 텍스트 반사 : 근접 반사, 4pt 오프셋

③ 그림 삽입
- 「내 PC\문서\ITQ\Picture\로고2.jpg」
- 배경(회색) 투명색으로 설정

**Hint**
- 그림 채우기에 필요한 도형으로 [사각형]-[잘린 대각선 방향 모서리]를 적당한 크기로 삽입합니다.
- WordArt의 텍스트 효과에서 [변환]-[휘기]-[아래로 구부리기]를 선택합니다.

## 출제 유형 문제

• 예제 파일 : 유형 분석 02₩유형 08_문제.pptx • 완성 파일 : 유형 분석 02₩유형 08_완성.pptx

**07** 문제지의 지시사항과 세부조건을 참조하여 《출력형태》에 맞게 작업하시오.

(1) 표지 디자인 : 도형, 워드아트 및 그림을 이용하여 작성한다.

**세부조건**

① 도형 편집
- 도형에 그림 채우기 : 「내 PC ₩문서₩ITQ₩Picture₩그림3.jpg」, 투명도 50%
- 도형 효과 : 부드러운 가장자리 5포인트

② 워드아트 삽입
- 변환 : 팽창
- 글꼴 : 돋움, 굵게
- 텍스트 반사 : 근접 반사, 터치

③ 그림 삽입
- 「내 PC₩문서₩ITQ₩Picture₩로고3.jpg」
- 배경(연보라) 투명색으로 설정

**Hint**
• 그림 채우기에 필요한 도형으로 [사각형]-[둥근 한쪽 모서리]를 적당한 크기로 삽입합니다.
• WordArt의 텍스트 효과에서 [변환]-[휘기]-[팽창]을 선택합니다.

• 예제 파일 : 유형 분석 02₩유형 09_문제.pptx • 완성 파일 : 유형 분석 02₩유형 09_완성.pptx

**08** 문제지의 지시사항과 세부조건을 참조하여 《출력형태》에 맞게 작업하시오.

(1) 표지 디자인 : 도형, 워드아트 및 그림을 이용하여 작성한다.

**세부조건**

① 도형 편집
- 도형에 그림 채우기 : 「내 PC ₩문서₩ITQ₩Picture₩그림1.jpg」, 투명도 60%
- 도형 효과 : 부드러운 가장자리 5포인트

② 워드아트 삽입
- 변환 : 계단식
- 글꼴 : 돋움, 굵게
- 텍스트 반사 : 전체 반사, 터치

③ 그림 삽입
- 「내 PC₩문서₩ITQ₩Picture₩로고2.jpg」
- 배경(회색) 투명색으로 설정

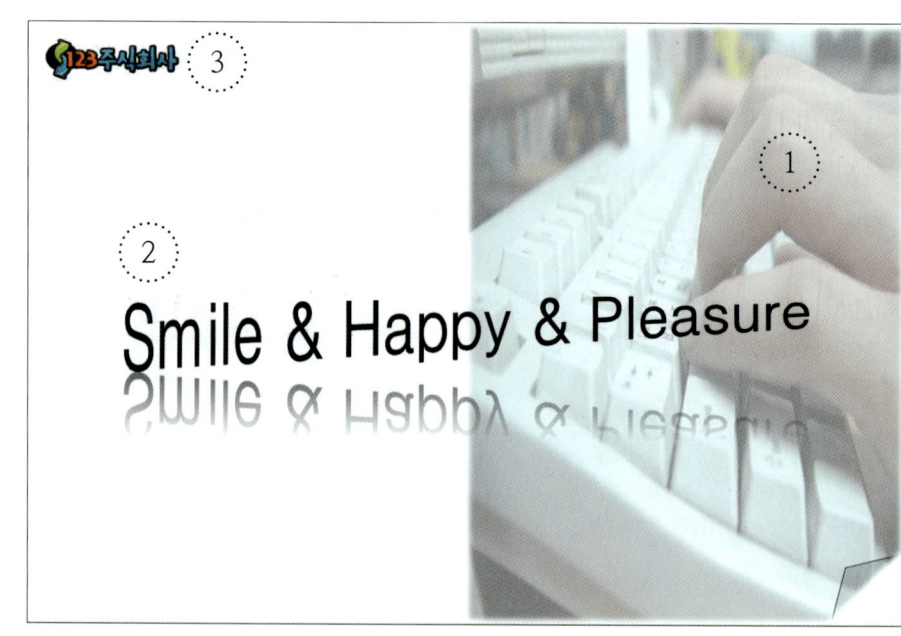

**Hint**
• 그림 채우기에 필요한 도형으로 [기본 도형]-[모서리가 접힌 도형]을 적당한 크기로 삽입합니다.
• WordArt의 텍스트 효과에서 [변환]-[휘기]-[계단식: 위로]를 선택합니다.

## 유형 분석 03

# [슬라이드 2] 《목차 슬라이드》

슬라이드 2에서는 목차 슬라이드를 작성하는 것으로 여러 가지 도형을 이용하여 목차를 작성하고, 주어진 텍스트에 하이퍼링크를 적용하는 방법에 대하여 알아봅니다.

**시험 유형 미리 보기**

• 예제 파일 : 유형 분석 03₩유형 01_문제.pptx   /   • 완성 파일 : 유형 분석 03₩유형 01_완성.pptx   **60점**

[슬라이드 2] 《목차 슬라이드》

(1) 출력형태와 같이 도형을 이용하여 목차를 작성한다(글꼴 : 굴림, 24pt).
(2) 도형 : 선 없음

### 세부조건

① 텍스트에 하이퍼링크 적용
   → '슬라이드 5'

② 그림 삽입
   - 「내 PC₩문서₩ITQ₩Picture₩그림5.jpg」
   - 자르기 기능 이용

## 유형 잡기 / 01 목차 도형 작성하기

**1** [파일]-[열기]-[찾아보기]를 차례로 선택하고, [열기] 대화 상자에서 '유형 분석 03₩유형 01_문제.pptx'를 불러오기 합니다.

**2** '슬라이드 2'를 선택한 후 슬라이드 상단의 '제목을 추가하려면 클릭하십시오.' 부분을 클릭하고, 주어진 제목을 입력합니다.

| TIP | **목차 도형의 왼쪽 정렬**

목차 도형이 가운데 정렬이 아니고 왼쪽 정렬인 경우는 '목차' 앞에 커서를 위치시킨 후 SpaceBar 키를 두 번 누릅니다.

**3** 텍스트 내용 개체 틀을 삭제하기 위하여 테두리를 클릭하고, Delete 키를 누릅니다.

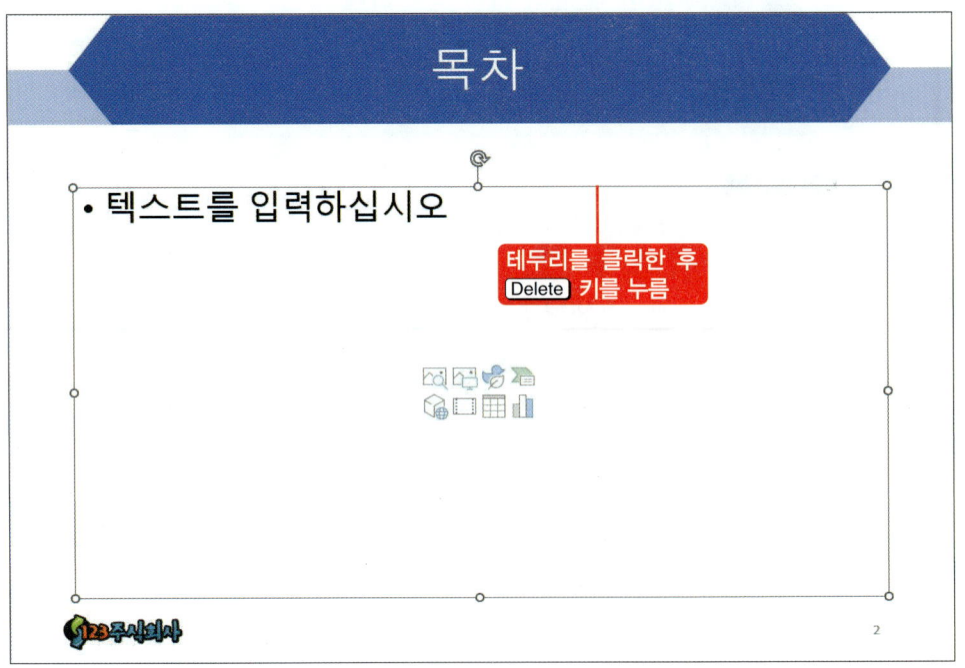

4   [삽입] 탭의 [일러스트레이션] 그룹에서 도형( ) 단추를 클릭하고, 기본 도형의 L 도형( )을 선택합니다.

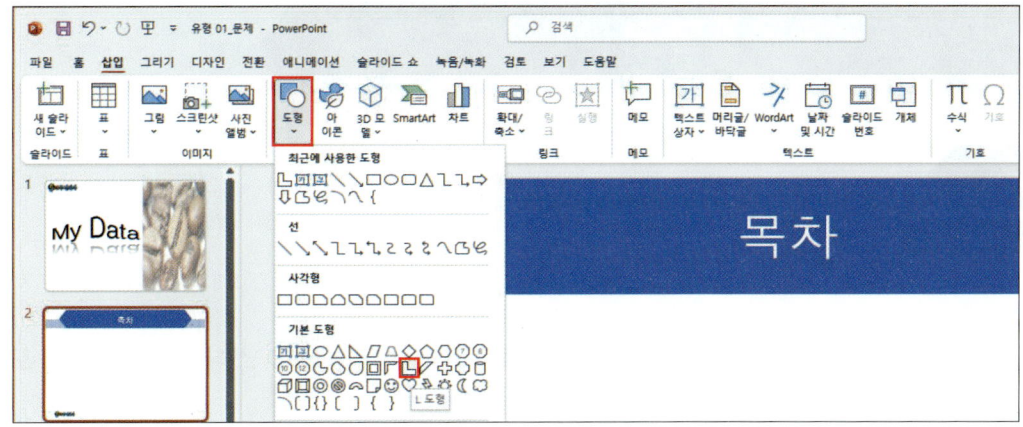

5   마우스 포인터가 '+' 모양으로 변경되면 슬라이드에 적당한 크기로 드래그하여 삽입합니다.

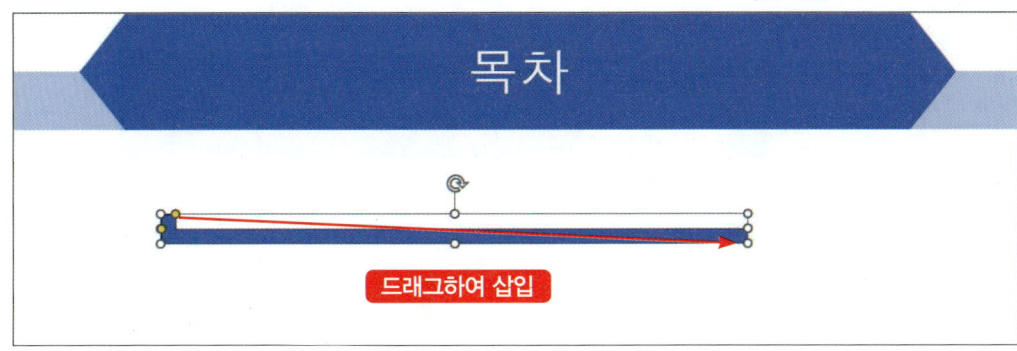

6   도형의 좌우를 회전시키기 위하여 [도형 서식] 탭의 [정렬] 그룹에서 회전( ) 단추를 클릭하고, [좌우 대칭]을 선택합니다.

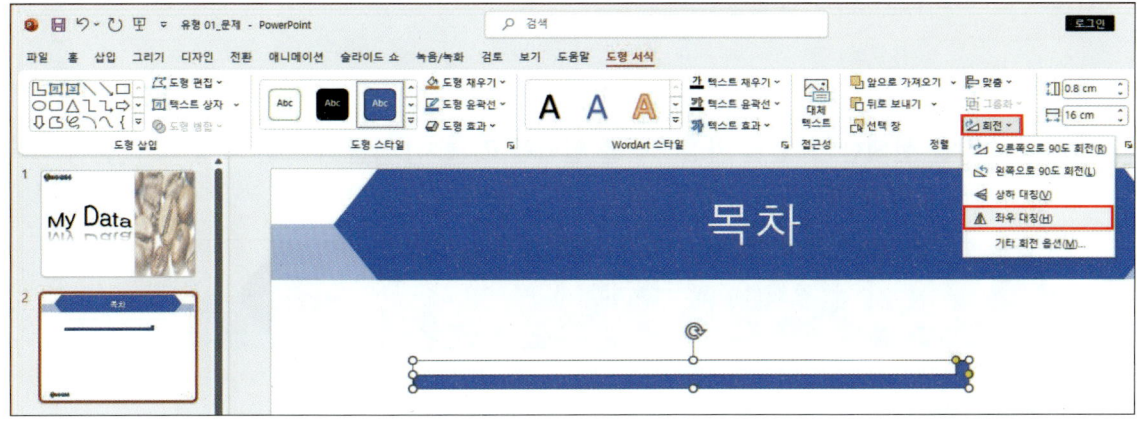

7   이번에는 [삽입] 탭의 [일러스트레이션] 그룹에서 도형( ) 단추를 클릭하고, 블록 화살표의 갈매기형 수장( )을 선택합니다.

**8** 마우스 포인터가 '+' 모양으로 변경되면 슬라이드에 적당한 크기로 드래그하여 삽입한 후 각각의 도형에 임의의 색을 적용합니다.

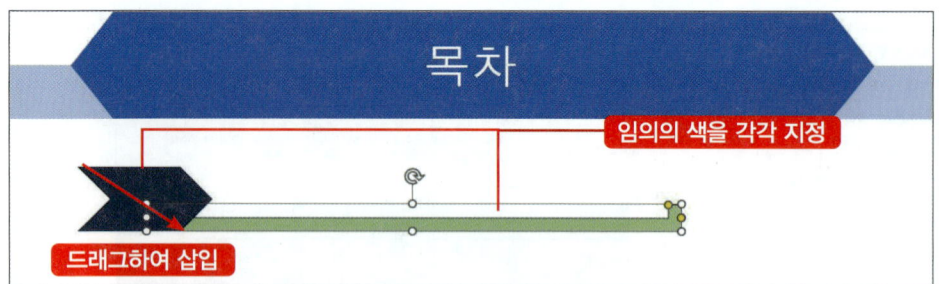

**9** Ctrl 키를 이용하여 두 개의 도형을 선택한 후 [도형 서식] 탭의 [도형 스타일] 그룹에서 도형 윤곽선 ( 도형 윤곽선 ▾ ) 단추를 클릭하고, '윤곽선 없음'을 선택합니다.

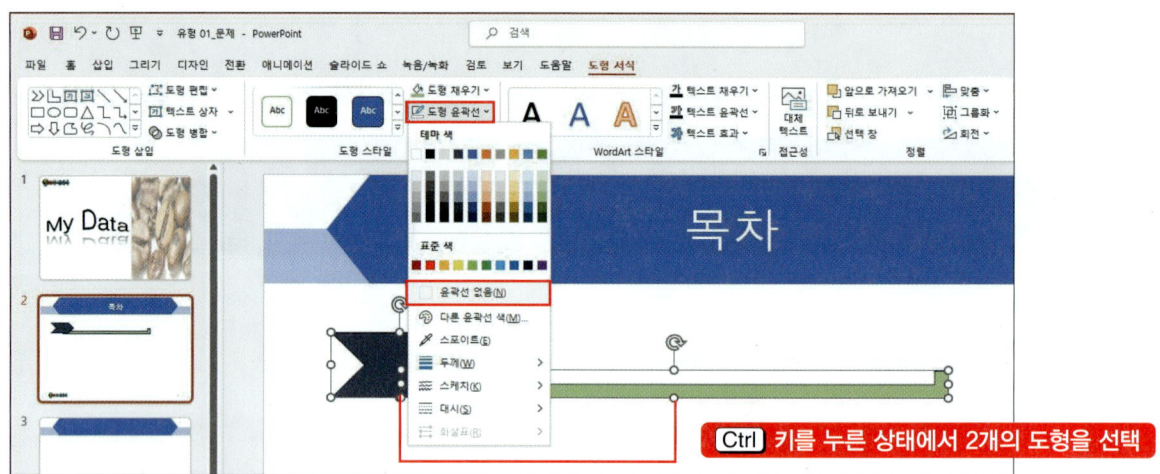

| TIP | **도형 선택**

여러 개의 도형을 동시에 선택하려면 마우스로 해당 도형들이 포함되도록 드래그하여 선택하거나 Ctrl 키 또는 Shift 키를 누른 상태에서 도형을 하나씩 선택합니다.

**10** 갈매기형 수장을 선택한 후 한글 자음 'ㅈ'을 입력하고, 한자 키를 누르면 해당 특수 문자 목록이 나타나는데, 여기에서 로마 숫자(Ⅰ)를 선택합니다.

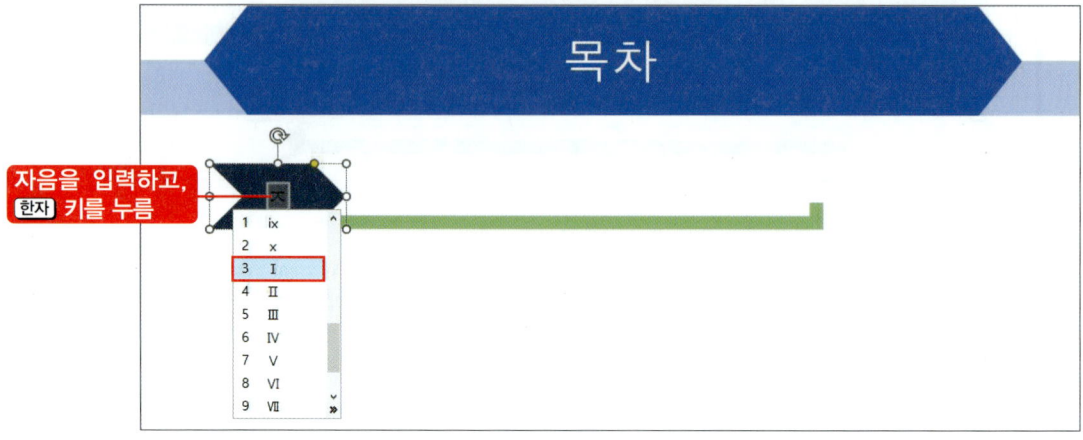

| TIP | 특수 문자 입력

- 한글 자음(ㄱ, ㄴ, ㄷ, …)을 입력한 후 한자 키를 누르면 해당 특수 문자 목록이 나타납니다.
- 특수 문자 목록에서 보기 변경(») 단추를 클릭하면 해당 특수 문자의 전체 목록을 확인할 수 있습니다.

| 자음 | 특수 문자 | 자음 | 특수 문자 |
|---|---|---|---|
| ㄱ | 문장 기호(!, ', ., /, :, ?, ^, _ㅣ 등) | ㅇ | 영문 원/괄호 문자(ⓐ, ⓑ, ⒜, ⒝ 등) |
| ㄴ | 괄호(", (, [, {, 〈, 《, 「, 『, 【 등) | ㅈ | 숫자(0, 1, ⅰ, ⅱ, ⅲ, Ⅰ, Ⅱ, Ⅲ 등) |
| ㄷ | 수학 기호(+, -, <, =, ±, ×, ÷, ≠ 등) | ㅊ | 분수/첨자(½, ⅓, ¹, ², ₁, ₂ 등) |
| ㄹ | 단위($, %, ₩, ㎝, ㎞, ㎟, ㎠, ㎡ 등) | ㅋ | 현대 자음/모음(ㄱ, ㄲ, ㄳ, ㅏ, ㅐ 등) |
| ㅁ | 일반 도형(#, &, *, @, ※, ☆, ◎ 등) | ㅌ | 고어 자음/모음(ㅥ, ㅦ, ㅨ, ㅩ, ㅪ 등) |
| ㅂ | 괘선(─, │, ┌, ┐, ┘, └, ├ 등) | ㅍ | 로마 문자(A, B, C, a, b, c 등) |
| ㅅ | 한글 원/괄호 문자(㉠, ㉡, ㈀, ㈁ 등) | ㅎ | 그리스 문자(Α, Β, Γ, Δ, Ε, Θ 등) |

**11** 계속해서 [홈] 탭의 [글꼴] 그룹에서 글꼴은 '굴림', 글꼴 크기는 '24', 글꼴 색은 '흰색, 배경 1'을 각각 지정합니다.

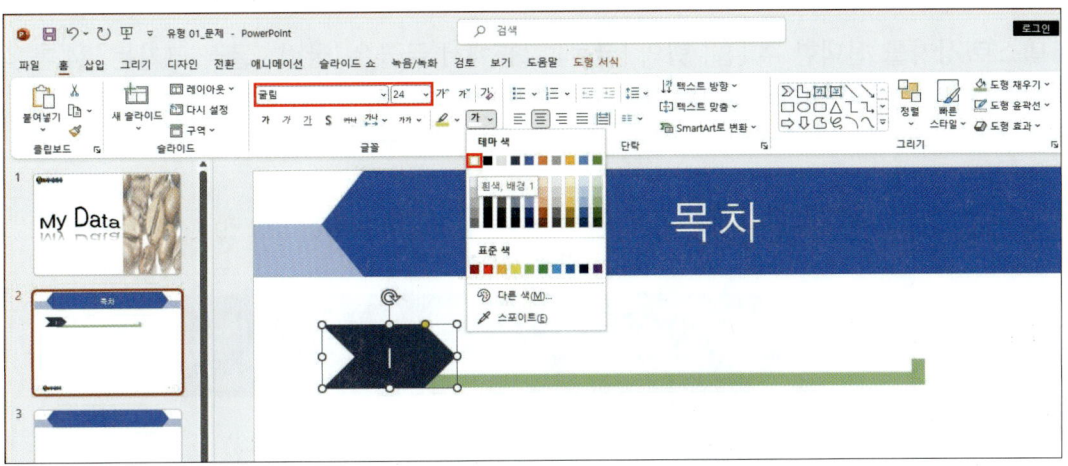

**12** [삽입] 탭의 [텍스트] 그룹에서 가로 텍스트 상자 그리기(가) 단추를 클릭합니다.

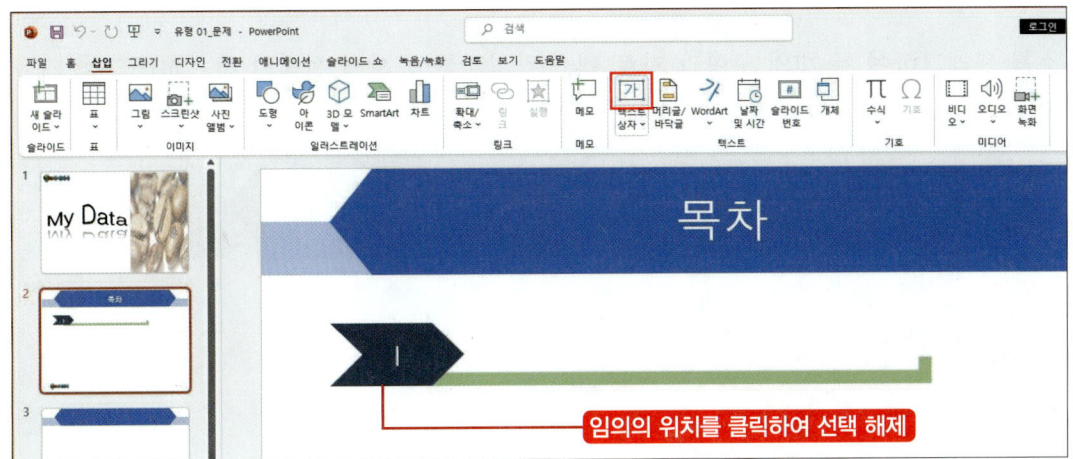

**13** 마우스 포인터가 '↓' 모양으로 변경되면 해당 위치에서 마우스를 드래그하여 가로 텍스트 상자를 삽입한 후 주어진 내용을 입력합니다.

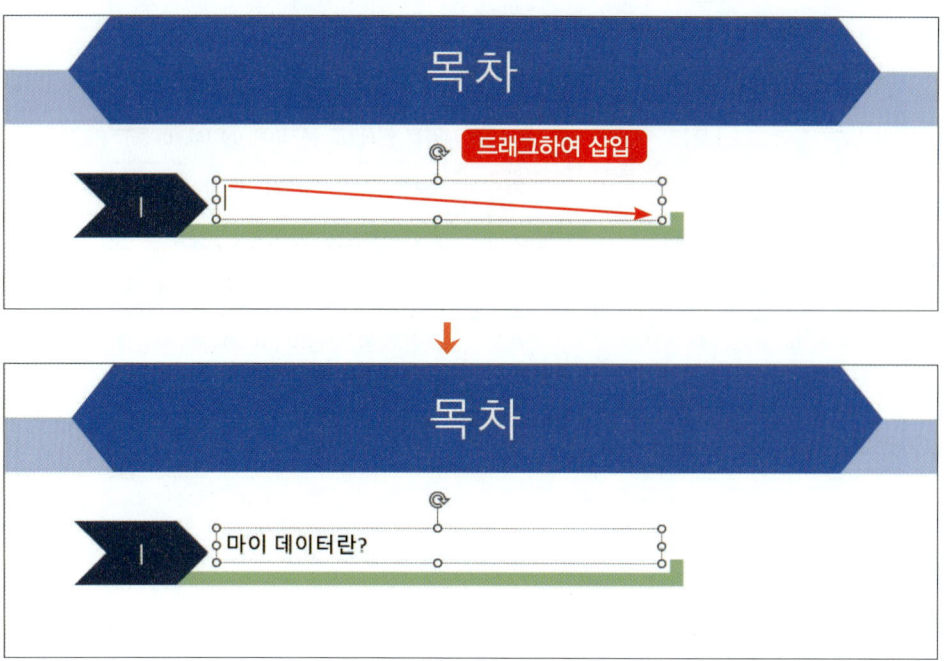

**14** 가로 텍스트 상자를 선택한 후 [홈] 탭의 [글꼴] 그룹에서 글꼴은 '굴림', 글꼴 크기는 '24'를 각각 지정합니다(이때, 텍스트 상자의 위치를 상하좌우로 세밀하게 조정하려면 방향키를 이용).

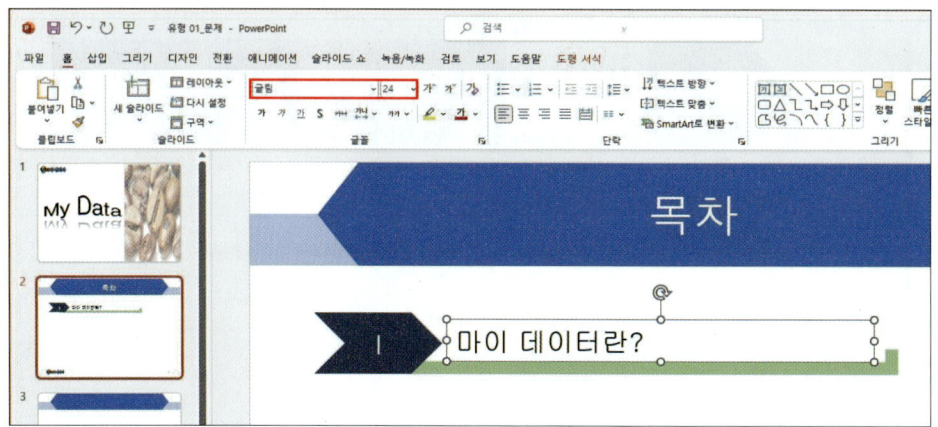

**15** 마우스를 드래그하여 두 개의 도형과 가로 텍스트 상자를 동시에 선택한 후 Ctrl+Shift 키를 누른 상태에서 아래쪽으로 드래그하여 모든 개체를 복사합니다.

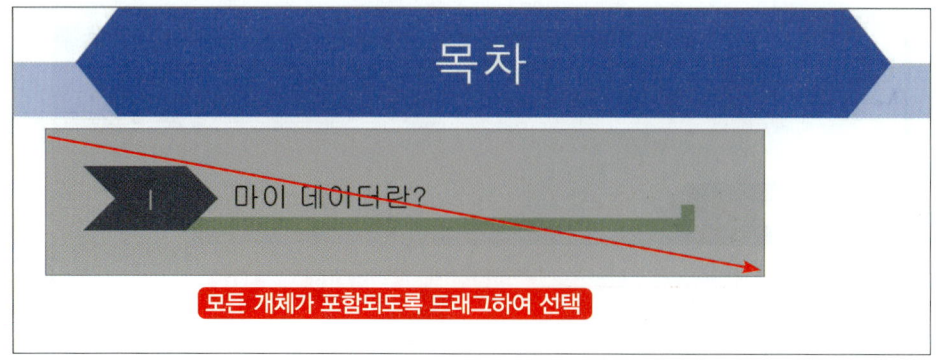

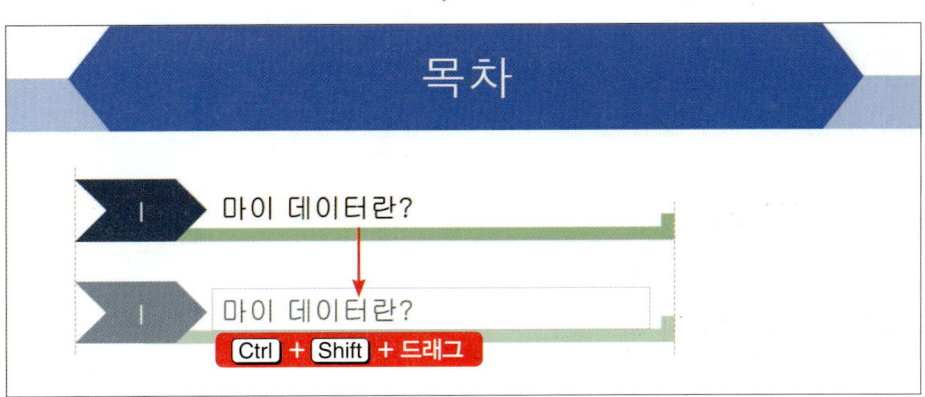

| TIP | **도형의 이동과 복사**

- 드래그 : 도형을 원하는 위치로 이동합니다.
- Shift+드래그 : 도형을 수평 또는 수직으로 이동합니다.
- Ctrl+드래그 : 도형을 원하는 위치로 복사합니다.
- Ctrl+Shift+드래그 : 도형을 수평 또는 수직으로 복사합니다.

**16** 동일한 방법으로 Ctrl+Shift 키를 이용하여 아래쪽으로 2개를 더 복사합니다.

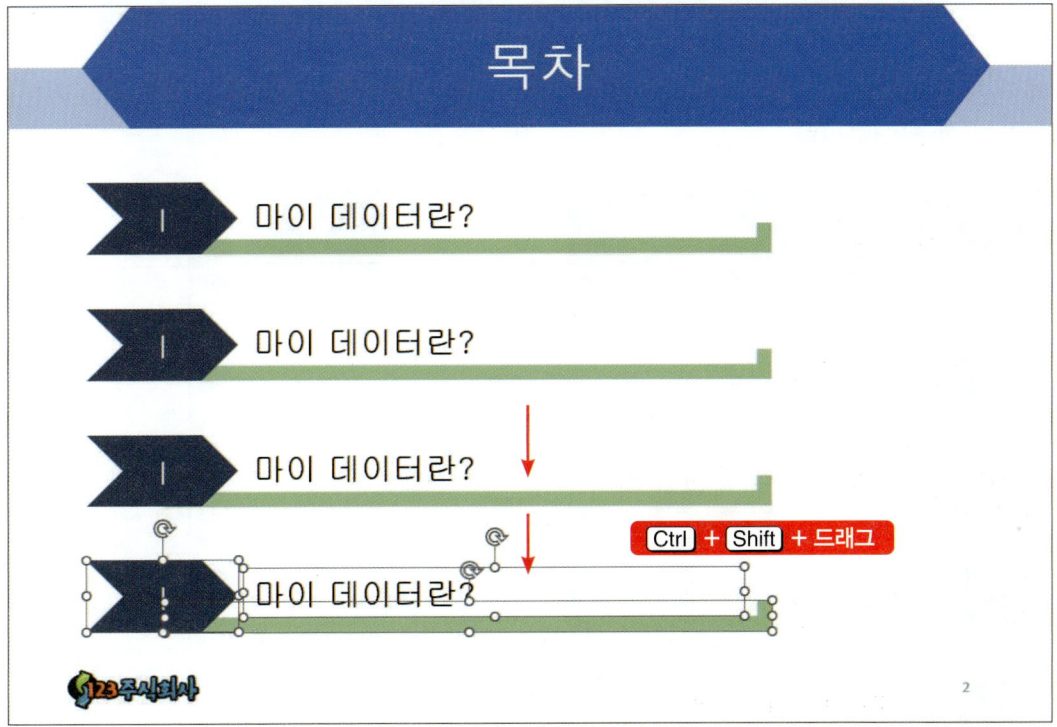

**17** 도형과 가로 텍스트 상자 안쪽을 클릭한 후 문제지와 동일하게 주어진 내용을 각각 수정합니다.

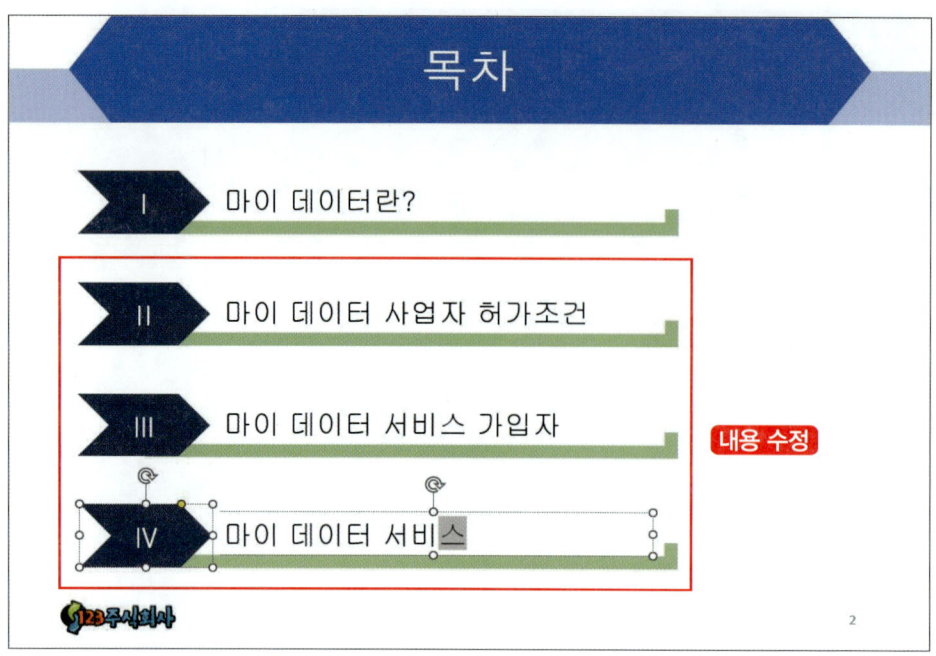

## 유형 잡기 / 02 하이퍼링크 적용하기

**1** 세 번째 목차에 해당하는 '마이 데이터 서비스 가입자'를 블록 지정한 후 마우스 오른쪽 버튼을 클릭하고, [하이퍼링크]를 선택합니다.

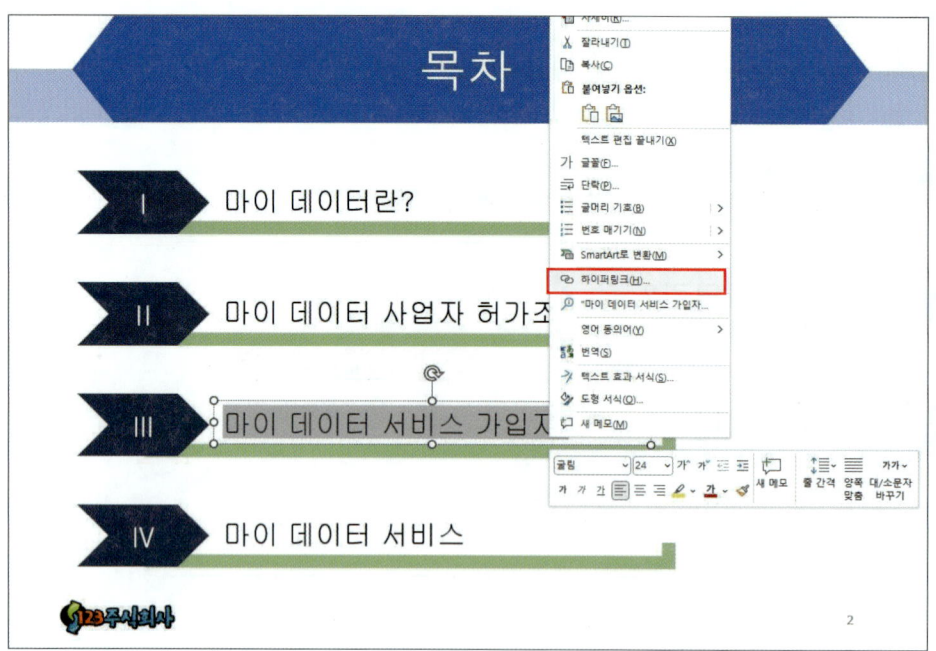

| TIP | 하이퍼링크

하이퍼링크는 웹 페이지와 파일에 빠르게 액세스할 수 있도록 문서에 링크를 설정하는 기능으로 [삽입] 탭의 [링크] 그룹에서 하이퍼링크 추가( ) 단추를 클릭해도 됩니다(= Ctrl + K ).

**2** [하이퍼링크 삽입] 대화 상자에서 연결 대상을 '현재 문서'로 선택하고, 이 문서에서 위치 선택을 '슬라이드 5'로 지정한 후 [확인] 버튼을 클릭합니다.

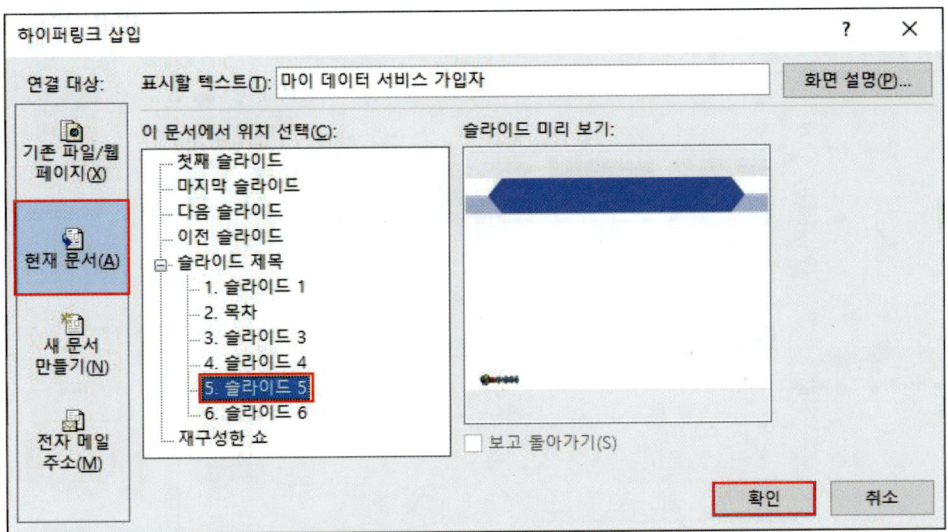

**3** 하이퍼링크가 설정되면 해당 텍스트에는 파란색과 밑줄이 표시됩니다.

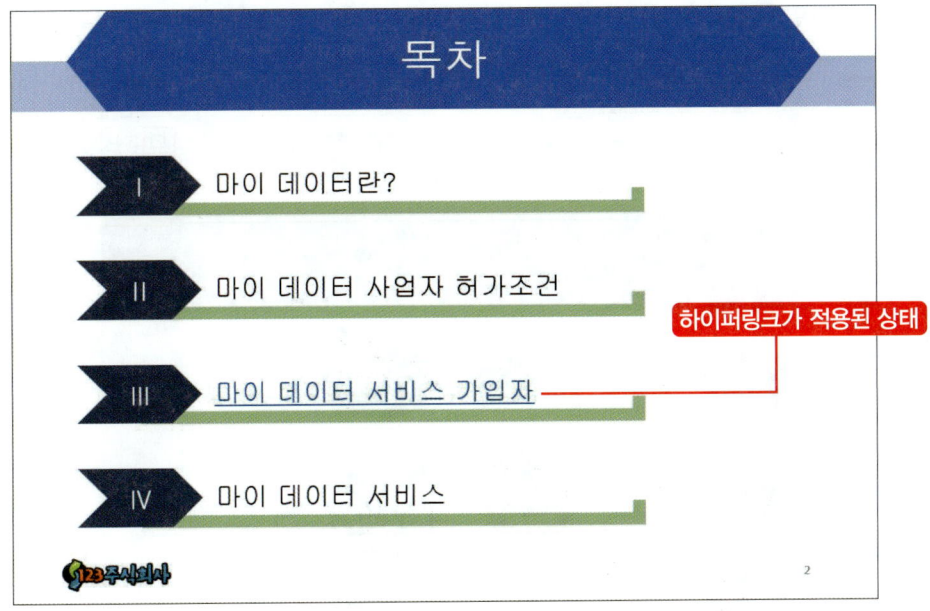

| TIP | 하이퍼링크 제거

하이퍼링크를 제거하려면 하이퍼링크가 적용된 텍스트에서 마우스 오른쪽 버튼을 클릭하고, [링크 제거]를 선택하면 됩니다.

| 유형 잡기 | 03 그림 삽입하기 |

1  [삽입] 탭의 [이미지] 그룹에서 그림( ) 단추를 클릭하고, [이 디바이스]를 선택합니다.

2  [그림 삽입] 대화 상자에서 찾는 위치(내 PC₩문서₩ITQ₩Picture)와 파일 이름(그림5.jpg)을 선택하고, [삽입] 버튼을 클릭합니다.

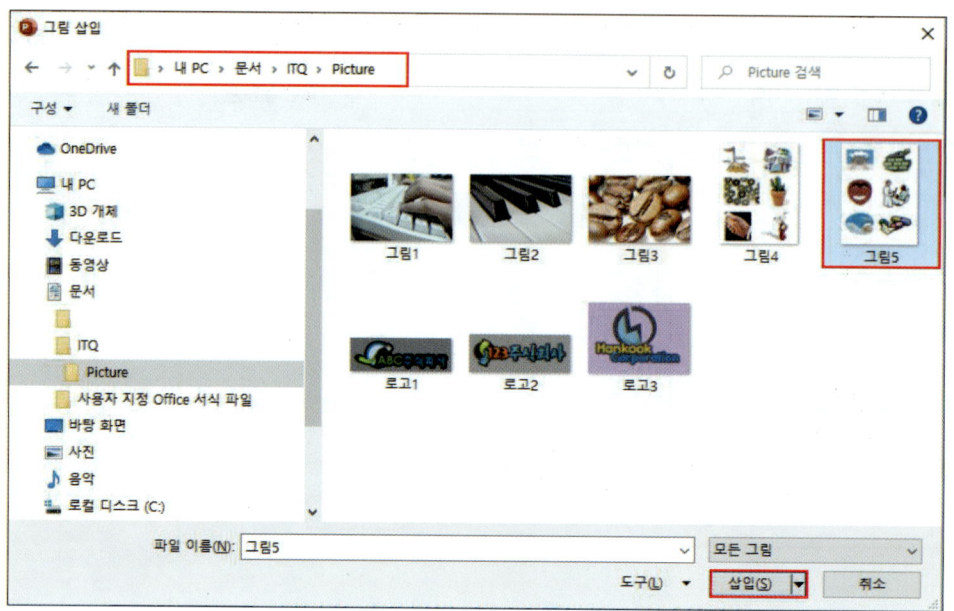

3  슬라이드에 그림이 삽입되면 [그림 서식] 탭의 [크기] 그룹에서 자르기( ) 단추를 클릭합니다.

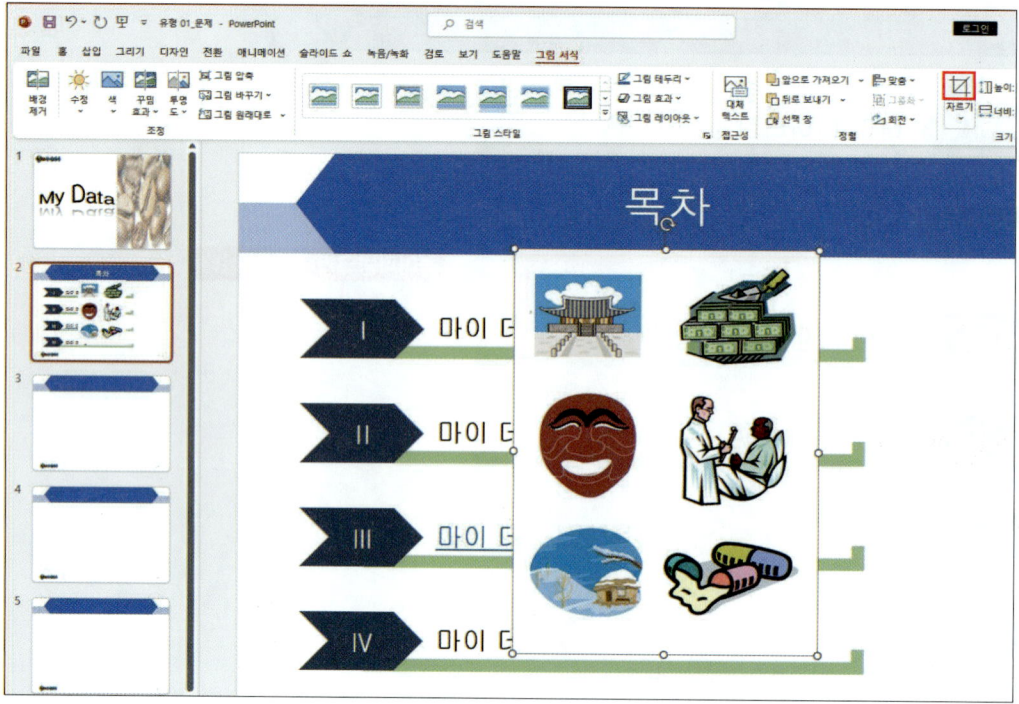

**4** 그림의 오른쪽 하단 모서리에서 마우스 포인터가 '┘' 모양으로 변경되면 그림을 자르기할 부분까지 드래그한 후 ESC 키를 누릅니다.

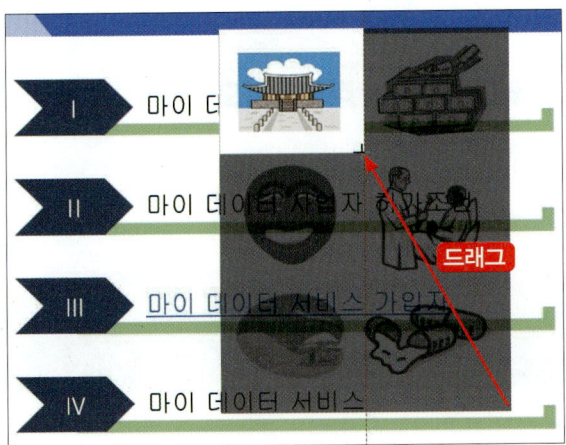
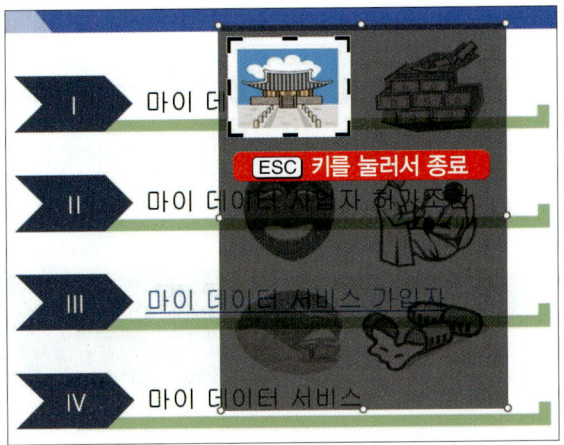

| TIP | 그림 자르기

- 자르기 조절점을 상하좌우에서 하나씩 드래그하면 그림을 정확하게 자르기 할 수 있습니다.
- 자르기 해제는 ESC 키를 누르거나 슬라이드에서 임의의 위치를 클릭하면 됩니다.

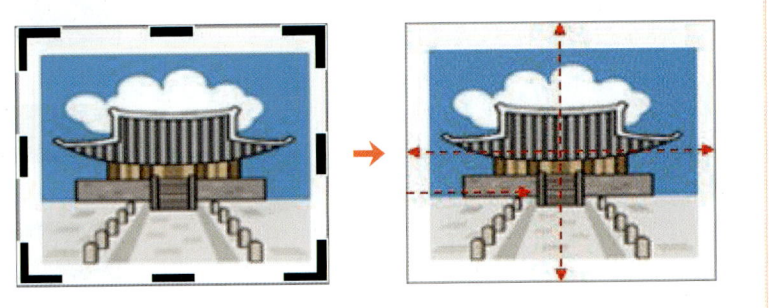

**5** 출력형태에 맞게 그림을 드래그하여 크기와 위치를 적당히 조절합니다.

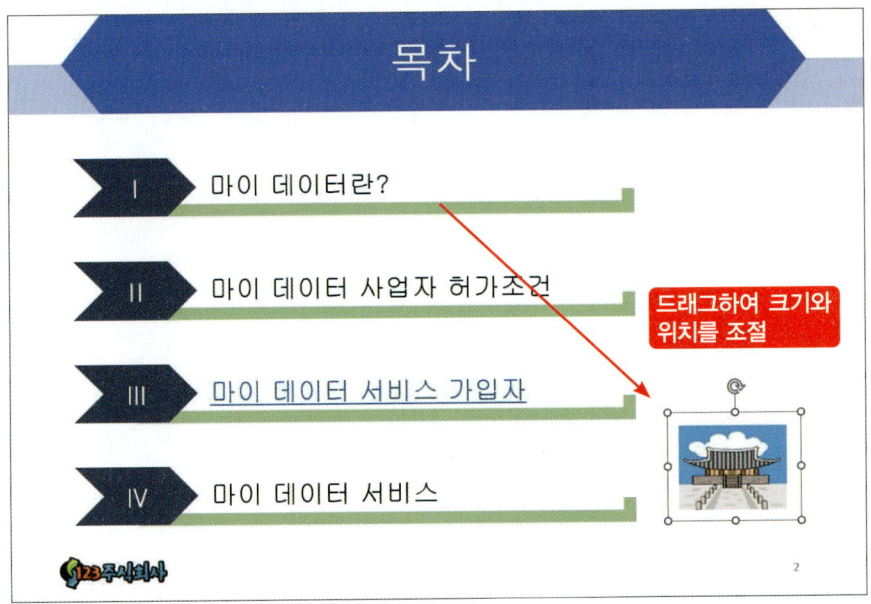

**6** 모든 작업이 완료되면 빠른 실행 도구 모음에서 저장( 💾 ) 단추를 클릭하여 완성된 파일을 저장합니다.

## 출제 유형 문제

• 예제 파일 : 유형 분석 03₩유형 02_문제.pptx / • 완성 파일 : 유형 분석 03₩유형 02_완성.pptx

**01** 문제지의 지시사항과 세부조건을 참조하여 《출력형태》에 맞게 작업하시오.

(1) 출력형태와 같이 도형을 이용하여 목차를 작성한다(글꼴 : 굴림, 24pt).

(2) 도형 : 선 없음

### 세부조건

① 텍스트에 하이퍼링크 적용
 → '슬라이드 6'

② 그림 삽입
 - 「내 PC₩문서₩ITQ₩Picture₩그림5.jpg」
 - 자르기 기능 이용

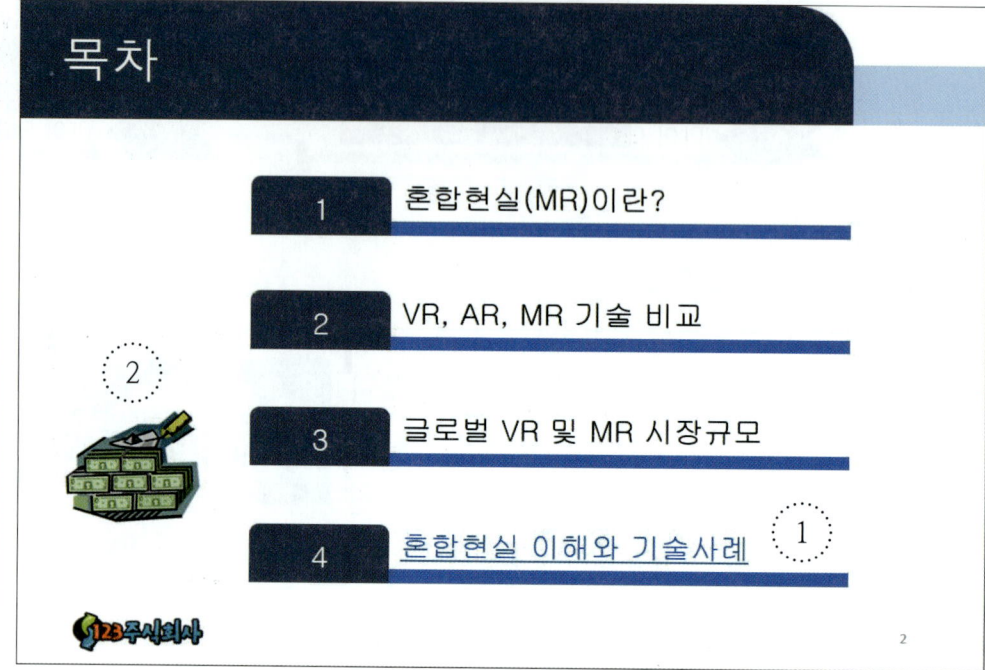

**Hint**
• 제목 앞의 간격을 《출력형태》처럼 맞추기 위하여 '목차' 앞에 커서를 위치시킨 후 SpaceBar 키를 두 번 누릅니다.
• 도형은 [사각형]-[직사각형]/[둥근 위쪽 모서리]를 각각 삽입한 후 둥근 위쪽 모서리에는 임의의 색(청회색, 텍스트 2)을 지정합니다.

## 출제 유형 문제

• **예제 파일** : 유형 분석 03₩유형 03_문제.pptx / • **완성 파일** : 유형 분석 03₩유형 03_완성.pptx

**02** 문제지의 지시사항과 세부조건을 참조하여 《출력형태》에 맞게 작업하시오.

(1) 출력형태와 같이 도형을 이용하여 목차를 작성한다(글꼴 : 굴림, 24pt).

(2) 도형 : 선 없음

**세부조건**

① 텍스트에 하이퍼링크 적용
→ '슬라이드 6'

② 그림 삽입
- 「내 PC₩문서₩ITQ₩Picture₩그림4.jpg」
- 자르기 기능 이용

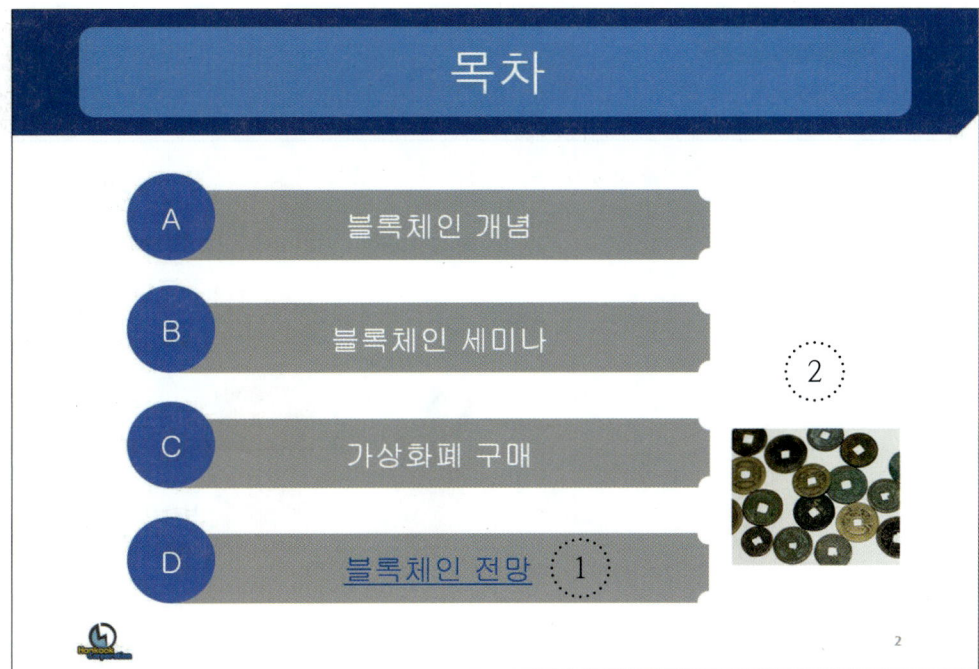

**Hint**
• 도형은 [기본 도형]-[배지]/[타원]을 각각 삽입한 후 배지에는 임의의 색(회색, 강조 3)을 지정합니다.
• [하이퍼링크 삽입] 대화 상자에서 연결 대상을 '현재 문서'로 선택하고, 이 문서에서 위치 선택을 '슬라이드 6'으로 지정합니다.

## 출제 유형 문제

• 예제 파일 : 유형 분석 03₩유형 04_문제.pptx / • 완성 파일 : 유형 분석 03₩유형 04_완성.pptx

**03** 문제지의 지시사항과 세부조건을 참조하여 《출력형태》에 맞게 작업하시오.

(1) 출력형태와 같이 도형을 이용하여 목차를 작성한다(글꼴 : 돋움, 24pt).
(2) 도형 : 선 없음

**세부조건**

① 텍스트에 하이퍼링크 적용
 → '슬라이드 4'

② 그림 삽입
 - 「내 PC₩문서₩ITQ₩Picture₩그림4.jpg」
 - 자르기 기능 이용

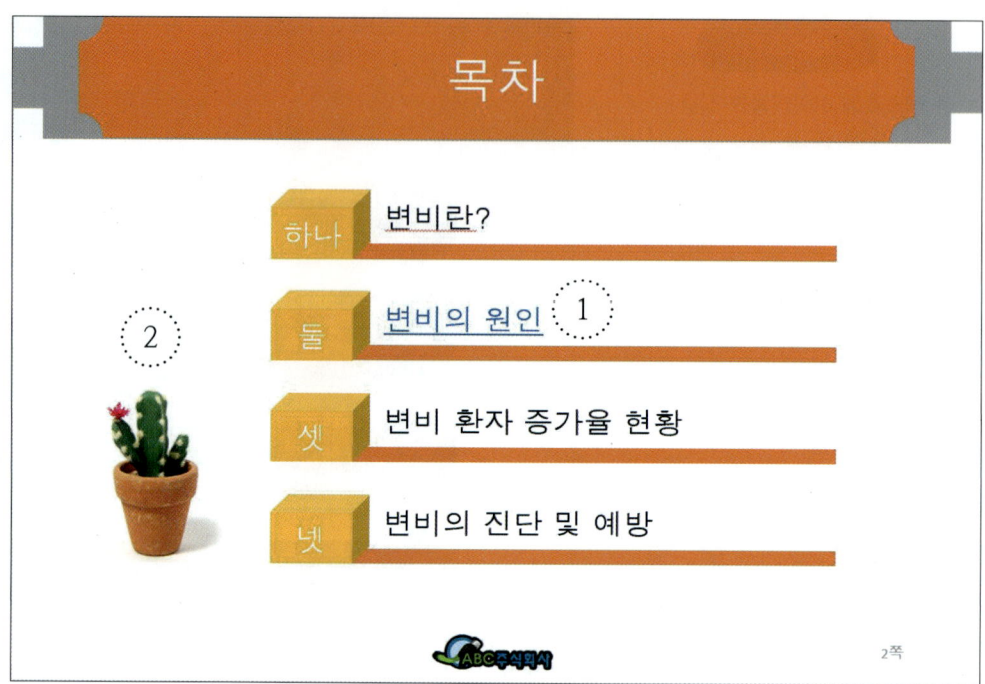

**Hint**
• 도형은 [사각형]-[직사각형]과 [기본 도형]-[정육면체]를 각각 삽입한 후 직사각형과 정육면체에 임의의 색(주황, 강조 2/황금색, 강조 4)을 지정합니다.
• 가로 텍스트 상자를 삽입하여 주어진 내용을 입력한 후 방향키로 상하좌우 위치를 세밀하게 조정합니다.

# 출제 유형 문제

• 예제 파일 : 유형 분석 03₩유형 05_문제.pptx / • 완성 파일 : 유형 분석 03₩유형 05_완성.pptx

## 04 문제지의 지시사항과 세부조건을 참조하여 《출력형태》에 맞게 작업하시오.

(1) 출력형태와 같이 도형을 이용하여 목차를 작성한다(글꼴 : 굴림, 24pt).

(2) 도형 : 선 없음

**세부조건**

① 텍스트에 하이퍼링크 적용
 → '슬라이드 6'

② 그림 삽입
 - 「내 PC₩문서₩ITQ₩Picture₩그림4.jpg」
 - 자르기 기능 이용

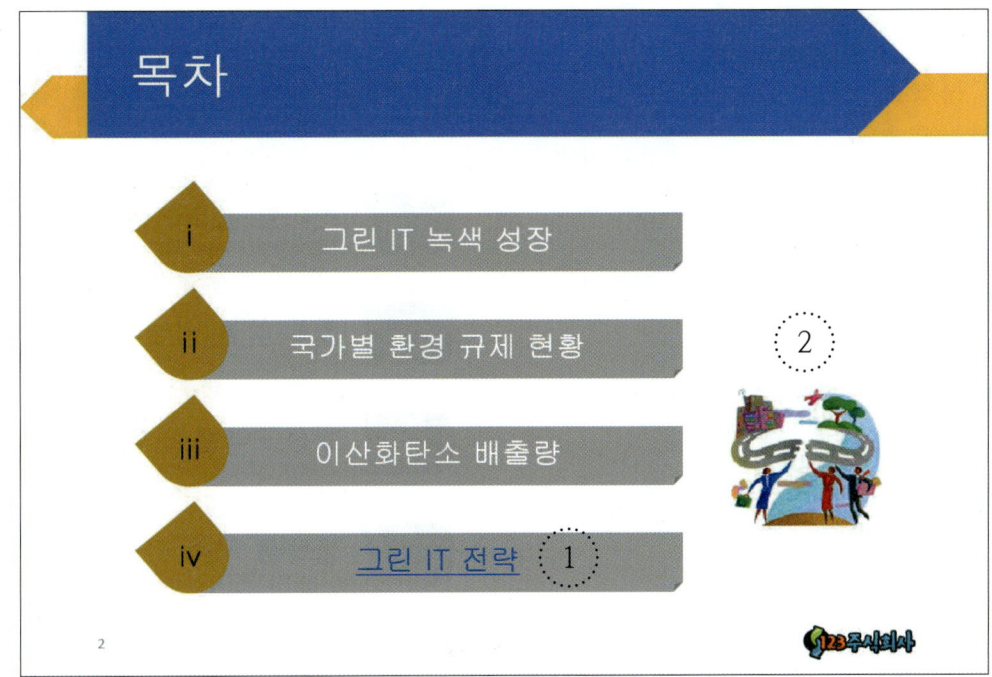

**Hint**
• 도형은 [기본 도형]-[모서리가 접힌 도형]과 [순서도]-[지연]을 각각 삽입한 후 모서리가 접힌 도형과 지연에 임의의 색(회색, 강조 3/황금색, 강조 4, 25% 더 어둡게)을 지정합니다.
• 지연 도형은 회전 핸들을 이용하여 출력형태와 같이 방향을 회전시킵니다.
• 로마 숫자는 가로 텍스트 상자를 이용하여 별도로 작성한 후 지연 도형 가운데에 배치합니다.

## 출제 유형 문제

• 예제 파일 : 유형 분석 03₩유형 06_문제.pptx / • 완성 파일 : 유형 분석 03₩유형 06_완성.pptx

**05** 문제지의 지시사항과 세부조건을 참조하여 《출력형태》에 맞게 작업하시오.

(1) 출력형태와 같이 도형을 이용하여 목차를 작성한다(글꼴 : 돋움, 24pt).

(2) 도형 : 선 없음

### 세부조건

① 텍스트에 하이퍼링크 적용
→ '슬라이드 4'

② 그림 삽입
- 「내 PC₩문서₩ITQ₩Picture₩그림5.jpg」
- 자르기 기능 이용

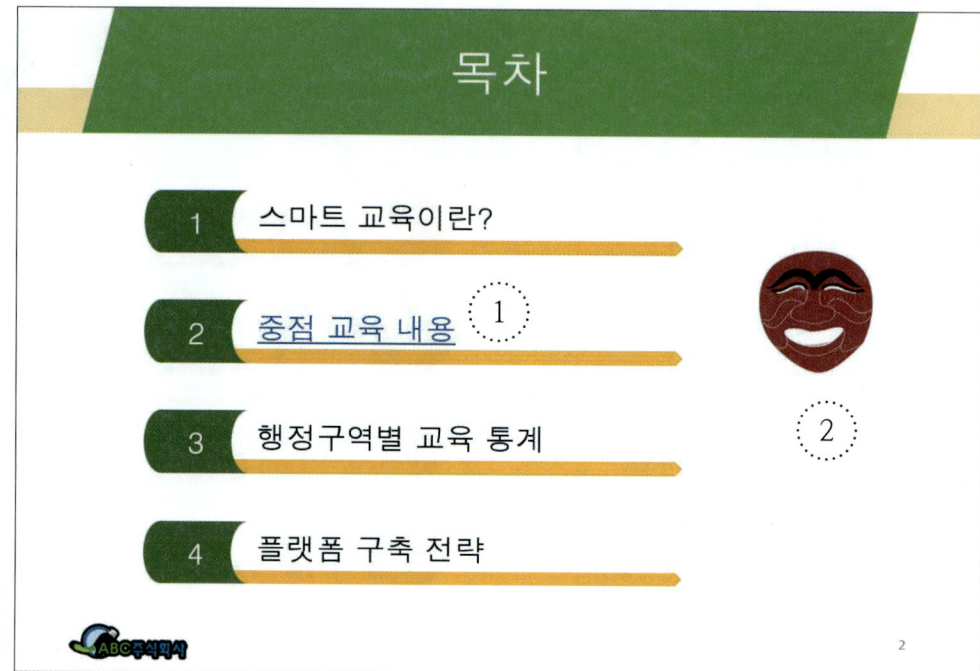

**Hint**
• 도형은 [블록 화살표]-[오각형]과 [순서도]-[저장 데이터]를 각각 삽입한 후 오각형과 저장 데이터에 임의의 색(황금색, 강조 4/녹색, 강조 6, 25% 더 어둡게)을 지정합니다.
• 두 개의 도형과 가로 텍스트 상자를 동시에 선택하고, Ctrl + Shift 키를 누른 상태에서 아래쪽으로 드래그하여 모든 개체를 복사한 후 주어진 내용을 각각 수정합니다.

## 출제 유형 문제

• 예제 파일 : 유형 분석 03₩유형 07_문제.pptx / • 완성 파일 : 유형 분석 03₩유형 07_완성.pptx

**06** 문제지의 지시사항과 세부조건을 참조하여 《출력형태》에 맞게 작업하시오.

(1) 출력형태와 같이 도형을 이용하여 목차를 작성한다(글꼴 : 돋움, 24pt).

(2) 도형 : 선 없음

**세부조건**

① 텍스트에 하이퍼링크 적용
  → '슬라이드 3'

② 그림 삽입
  - 「내 PC₩문서₩ITQ₩Picture₩그림4.jpg」
  - 자르기 기능 이용

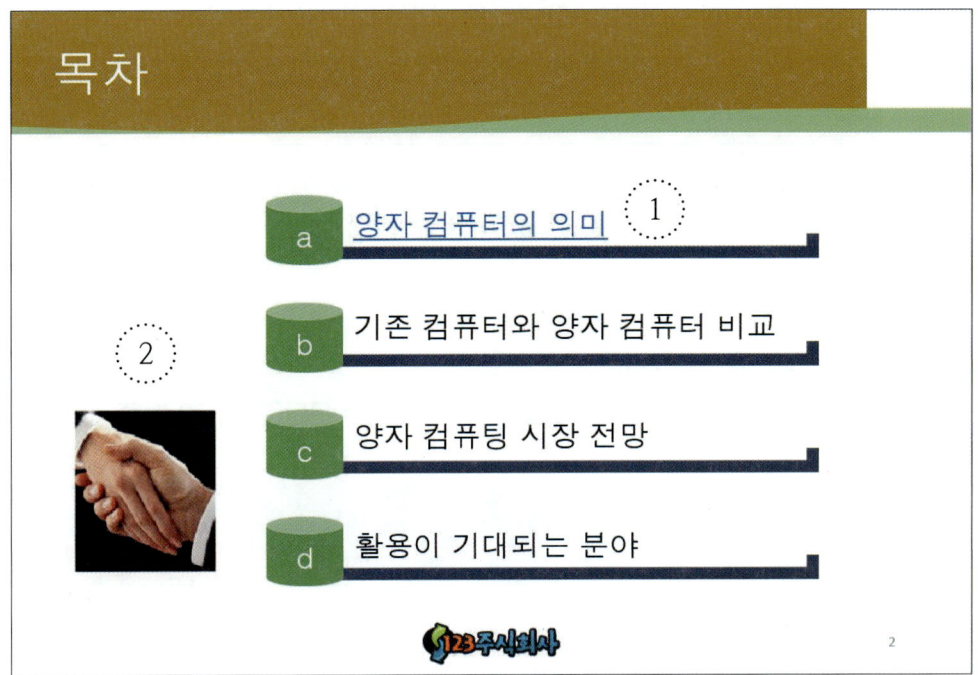

**Hint**
• 도형은 [기본 도형]-[L 도형]/[원통형]을 각각 삽입한 후 L 도형과 원통형에 임의의 색(청회색, 텍스트 2/녹색, 강조 6)을 지정합니다.
• L 도형의 좌우를 회전시키기 위하여 [도형 서식] 탭의 [정렬] 그룹에서 [회전] 단추를 클릭하고, [좌우 대칭]을 선택합니다.

유형 분석

# 04 [슬라이드 3]《텍스트/동영상 슬라이드》

슬라이드 3에서는 텍스트와 동영상 슬라이드를 작성하는 것으로 입력한 텍스트에 글머리 기호와 문단을 적용하고, 주어진 동영상을 삽입한 후 재생하는 방법에 대하여 알아봅니다.

## 시험 유형 미리 보기

• 예제 파일 : 유형 분석 04₩유형 01_문제.pptx  /  • 완성 파일 : 유형 분석 04₩유형 01_완성.pptx    60점

[슬라이드 3] 《텍스트/동영상 슬라이드》

(1) 텍스트 작성 : 글머리 기호 사용(❖, ■)

❖문단(굴림, 24pt, 굵게, 줄 간격 : 1.5줄), ■문단(굴림, 20pt, 줄 간격 : 1.5줄)

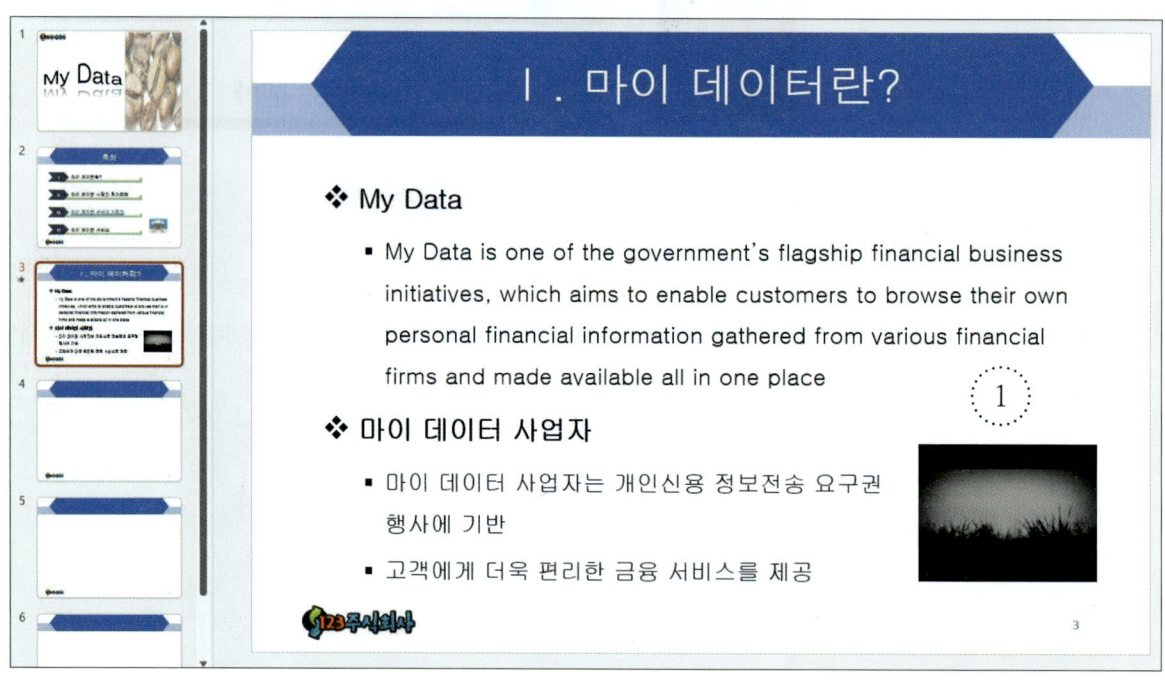

### 세부조건

① 동영상 삽입 :
  - 「내 PC₩문서₩ITQ₩Picture₩동영상.wmv」
  - 자동 실행, 반복 재생 설정

## 유형잡기 01 텍스트에 글머리 기호와 문단 적용하기

**1** [파일]-[열기]-[찾아보기]를 차례로 선택하고, [열기] 대화 상자에서 '유형 분석 04₩유형 01_문제.pptx'를 불러오기 합니다.

**2** '슬라이드 3'을 선택한 후 슬라이드 상단의 '제목을 추가하려면 클릭하십시오.' 부분을 클릭하고, 주어진 제목을 입력합니다.

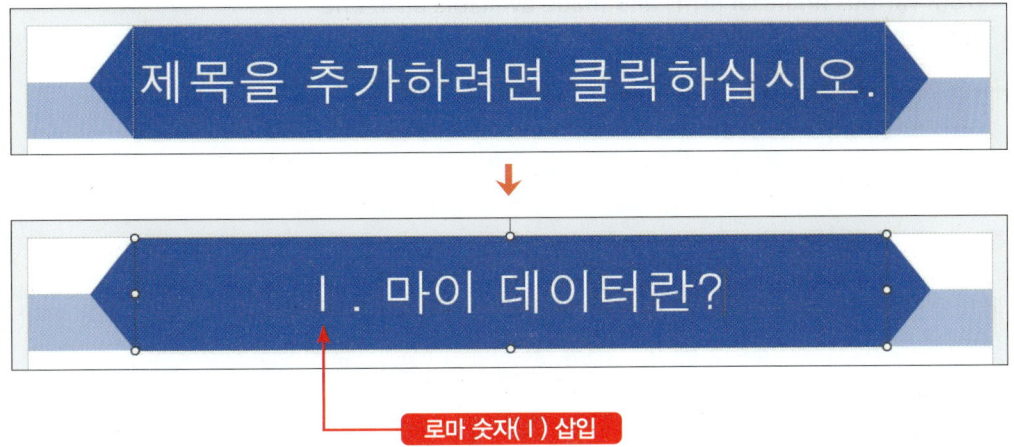

**3** 텍스트 개체 상자 안쪽을 클릭한 후 주어진 내용을 입력하고, Enter 키를 누릅니다.

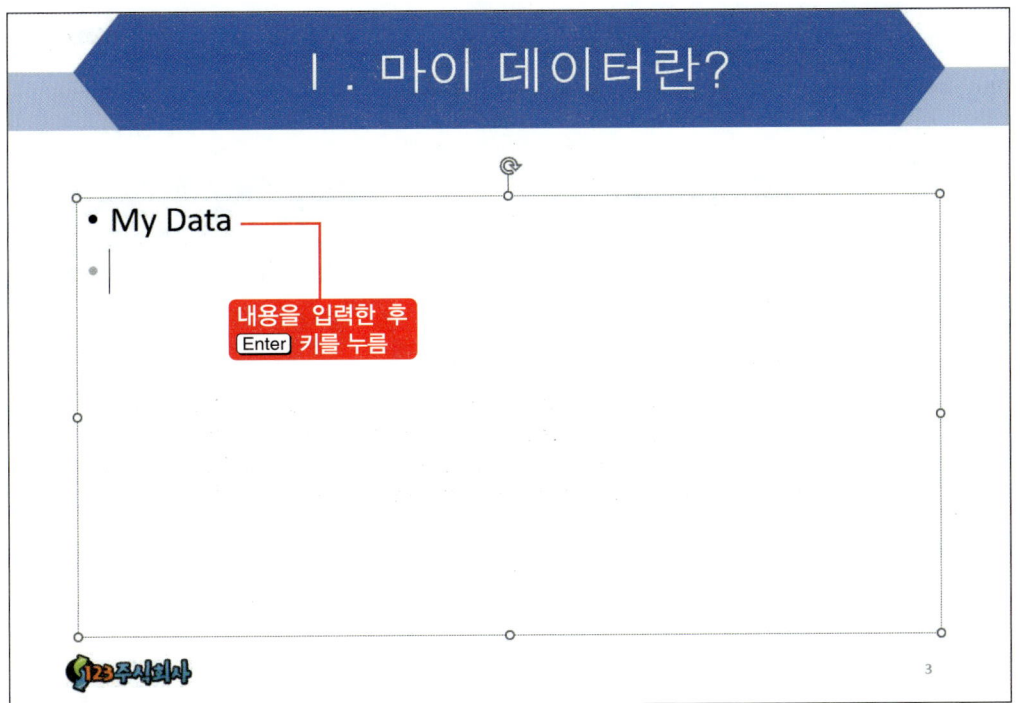

**4** 맨 앞의 커서 위치에서 목록 수준을 한 단계 내리기 위하여 Tab 키를 누른 후 주어진 내용을 입력합니다.

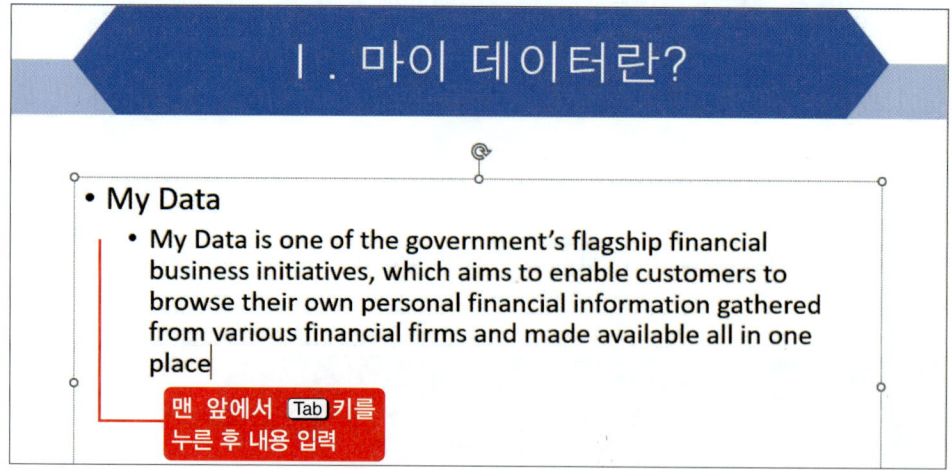

| TIP | **목록 수준 줄임/늘림**

- [홈] 탭의 [단락] 그룹에서 목록 수준 줄임( ) 단추를 클릭하면 들여쓰기 수준을 낮춥니다(= Shift + Tab ).
- [홈] 탭의 [단락] 그룹에서 목록 수준 늘림( ) 단추를 클릭하면 들여쓰기 수준을 높입니다(= Tab ).

**5** 글머리 기호를 변경하기 위하여 첫 번째 단락에 커서를 위치시킨 후 [홈] 탭의 [단락] 그룹에서 글머리 기호 목록( ) 단추를 클릭하고, '별표 글머리 기호'를 선택합니다.

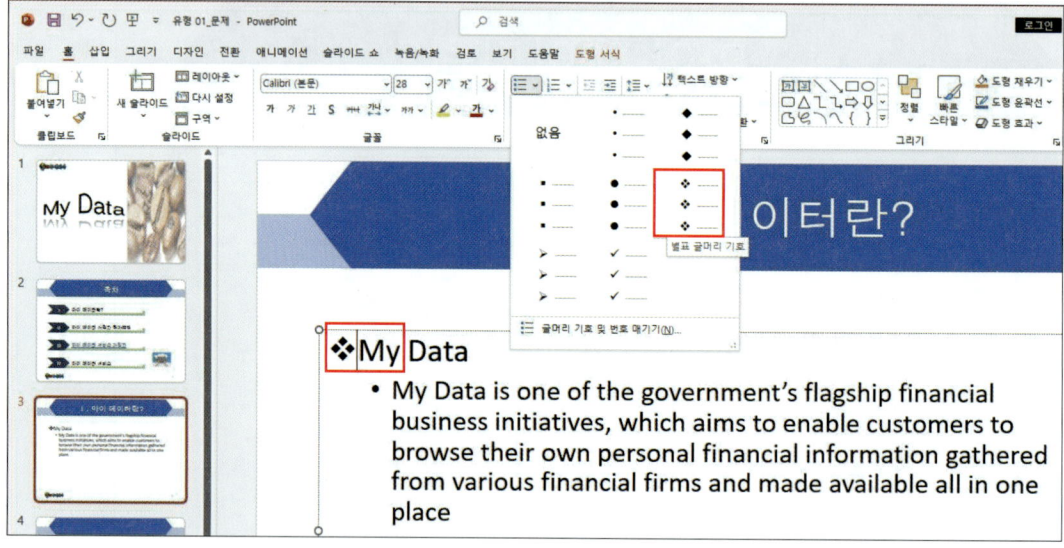

**6** 별표 글머리 기호가 삽입되면 커서 위치에서 SpaceBar 키를 한 번 누릅니다.

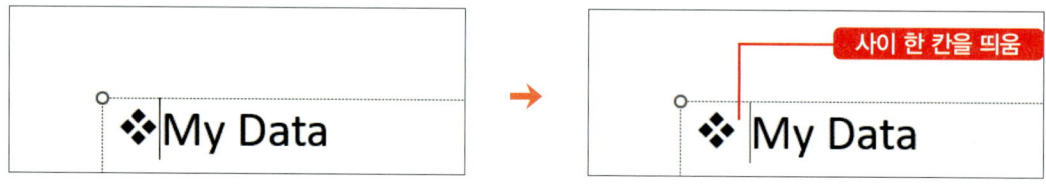

**7** 나머지 단락을 블록 지정한 후 [홈] 탭의 [단락] 그룹에서 글머리 기호 목록(☰▼) 단추를 클릭하고, '속이 찬 정사각형 글머리 기호'를 선택합니다.

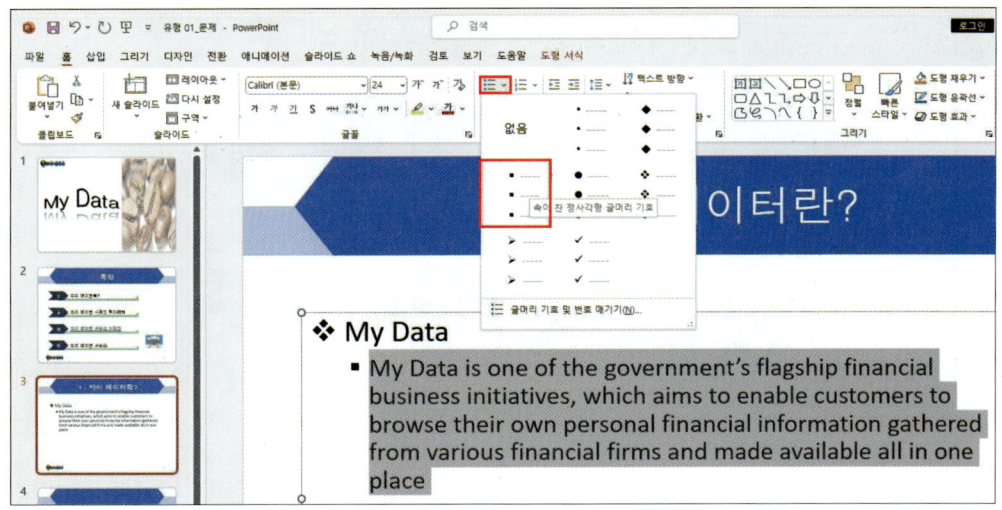

| TIP | **글머리 기호 및 번호 매기기**

① 기본 글머리 기호 외에 다른 글머리 기호를 삽입하려면 [홈] 탭의 [단락] 그룹에서 글머리 기호 목록(☰▼) 단추를 클릭하고, [글머리 기호 및 번호 매기기]를 선택합니다.
② [글머리 기호 및 번호 매기기] 대화 상자의 [글머리 기호] 탭에서 [사용자 지정] 버튼을 클릭합니다.
③ [기호] 대화 상자의 글꼴에서 'Wingdings'를 선택한 후 필요한 글머리 기호를 지정하고, [확인] 버튼을 클릭합니다.

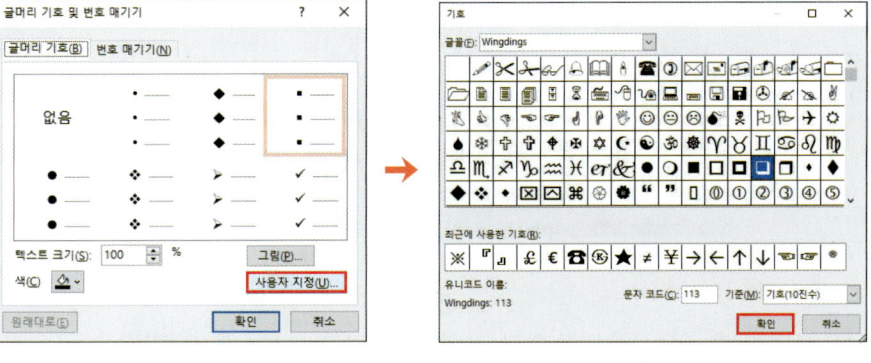

**8** 다시 첫 번째 단락을 블록 지정한 후 [홈] 탭의 [글꼴] 그룹에서 글꼴은 '굴림', 글꼴 크기는 '24', 글꼴 스타일은 '굵게'를 각각 지정합니다.

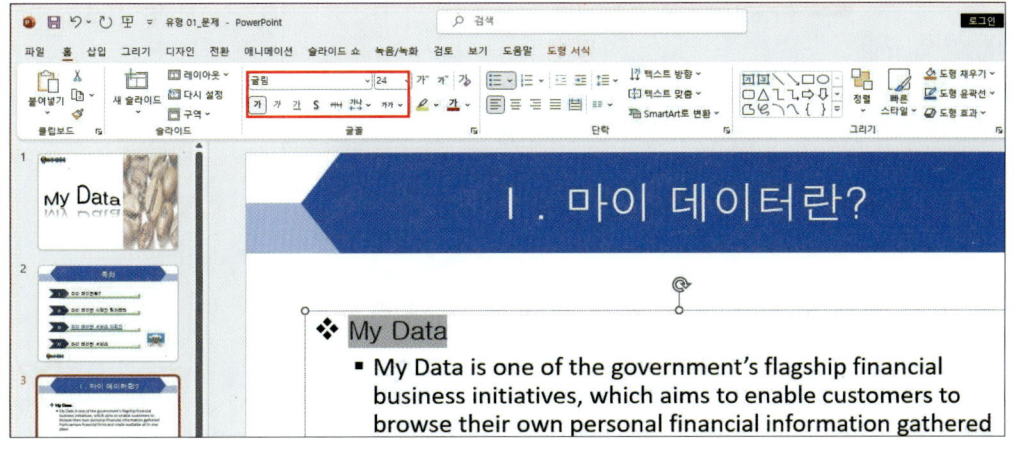

**9** 나머지 단락을 블록 지정한 후 [홈] 탭의 [글꼴] 그룹에서 글꼴은 '굴림', 글꼴 크기는 '20'을 각각 지정합니다.

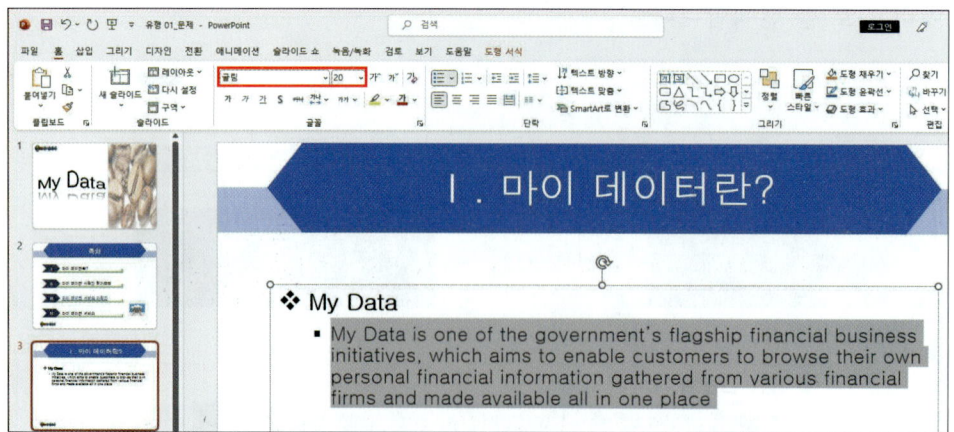

**10** 이번에는 전체 내용을 블록 지정한 후 [홈] 탭의 [단락] 그룹에서 줄 간격( ) 단추를 클릭하고, [1.5]를 선택합니다.

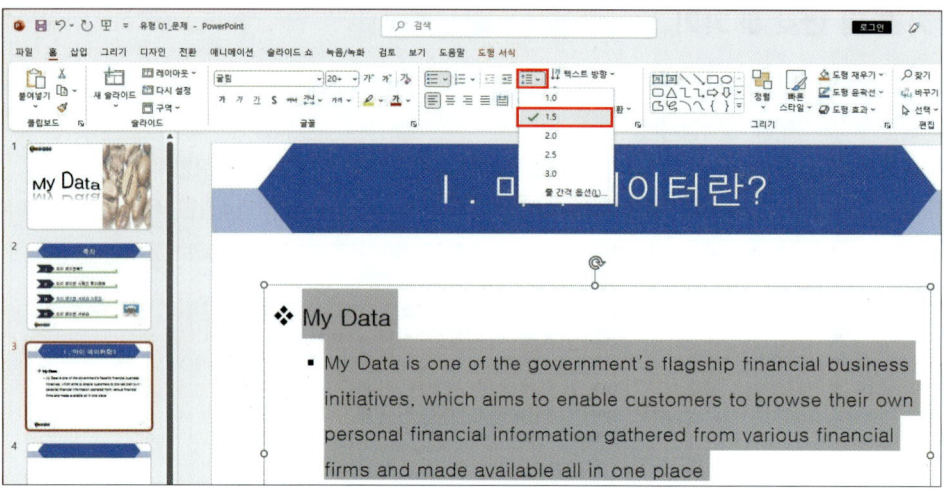

**11** 텍스트 개체 상자를 선택한 후 위치를 위쪽으로 조금 이동하고, 크기 조절 핸들을 이용하여 세로 크기를 적당히 조절합니다.

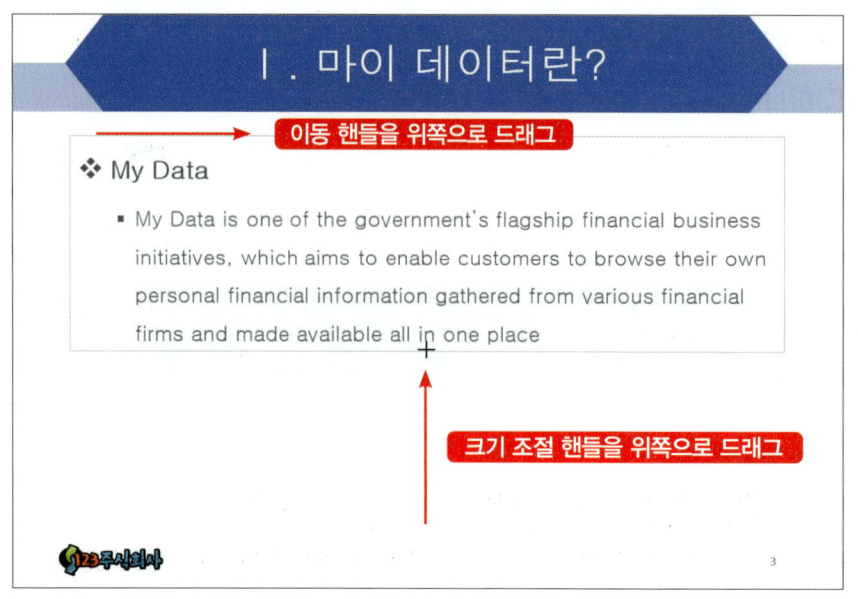

**12** 텍스트 개체 상자를 복사하기 위하여 Ctrl+Shift 키를 누른 상태에서 아래쪽으로 드래그하여 복사합니다.

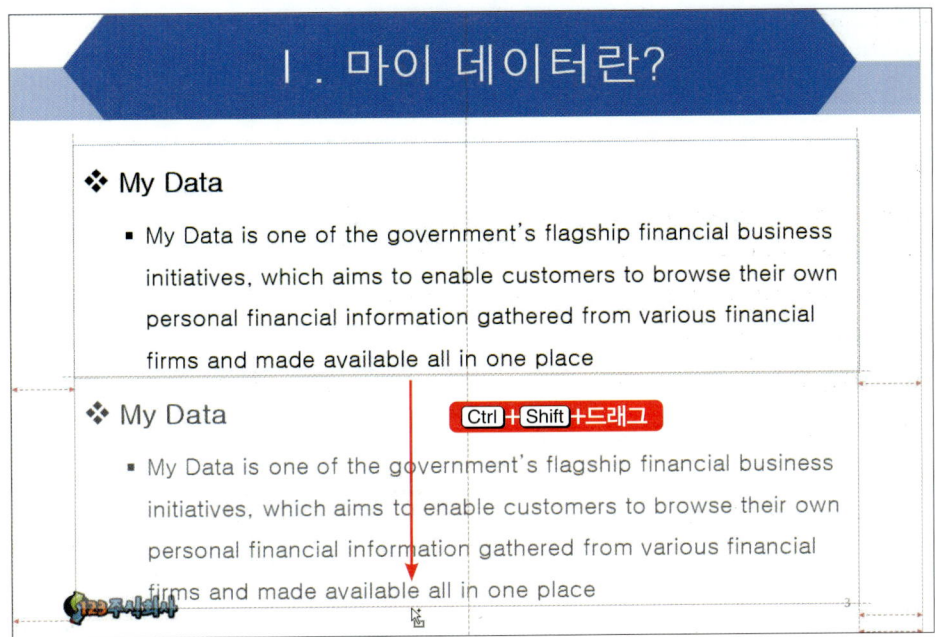

**13** 텍스트 개체 상자가 복사되면 주어진 텍스트 내용을 수정합니다. 이때, 글꼴 서식이 변경되지 않도록 적용된 글꼴 서식을 반드시 확인합니다.

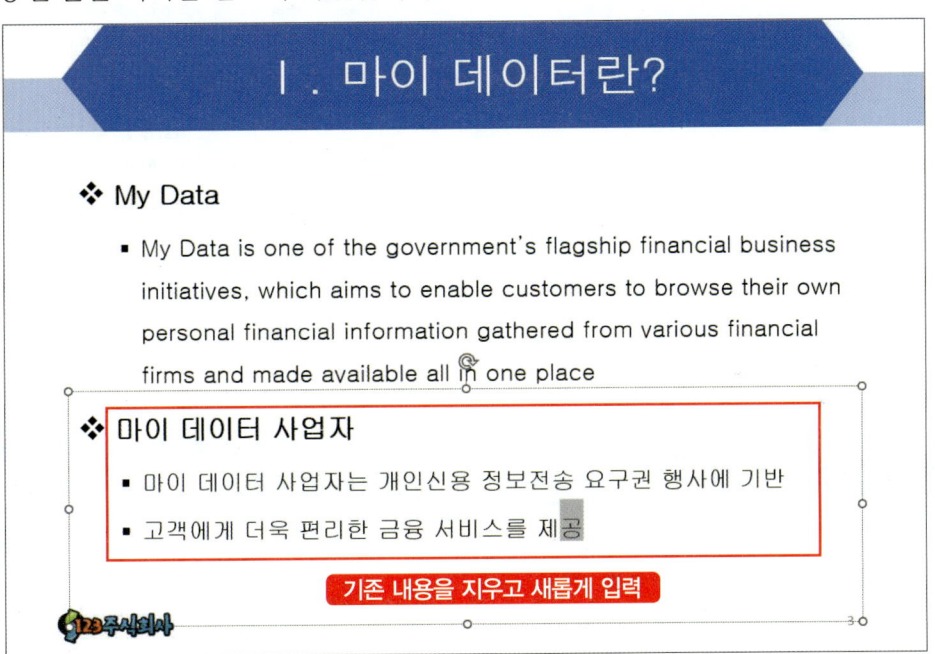

| TIP | 글꼴 서식

첫 번째 내용을 입력할 경우 마우스를 글자 맨 앞에서 클릭하면 지정된 글꼴 서식이 해제되므로 반드시 글자 맨 뒤에서 새로운 내용을 입력하고, 앞의 내용을 삭제하는 것이 효과적입니다.

**14** 텍스트 개체 상자가 선택된 상태에서 크기 조절 핸들을 이용하여 가로/세로 크기를 조절합니다.

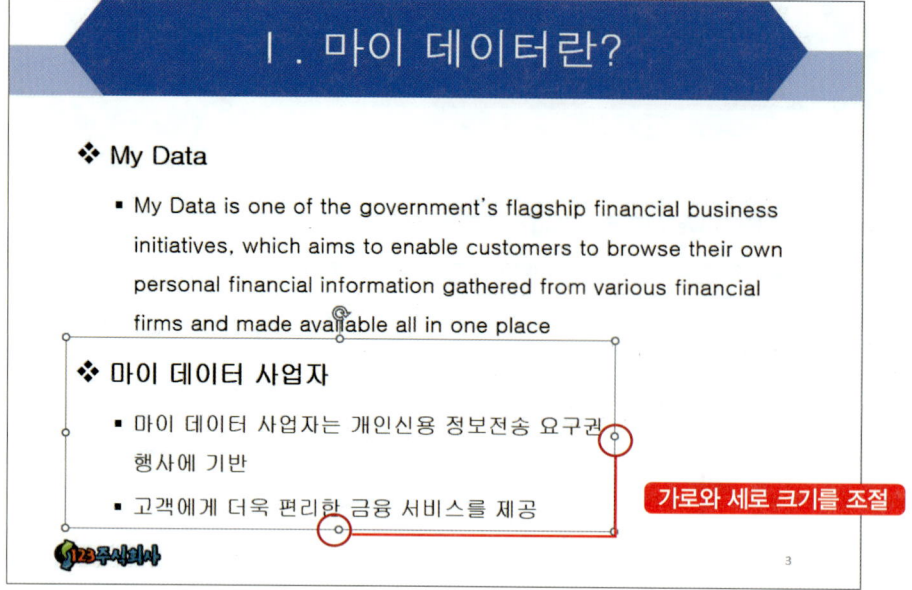

| TIP | **텍스트 상자 서식**

텍스트 개체 상자의 크기를 조절할 때 글꼴 크기가 변경될 수 있으므로 텍스트 상자에서 마우스 오른쪽 버튼을 클릭하고, [도형 서식]을 선택합니다. 도형 서식 작업창의 텍스트 옵션에서 텍스트 상자( ) 단추를 클릭한 후 '자동 맞춤 안 함'을 선택하고, 닫기( × ) 단추를 클릭하면 글꼴 크기가 변경되지 않습니다.

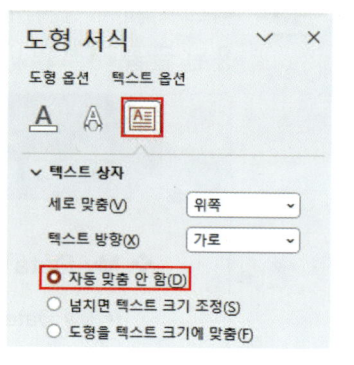

## 유형 잡기 02 동영상 삽입하기

**1** [삽입] 탭의 [미디어] 그룹에서 비디오( ) 단추를 클릭하고, [이 디바이스]를 선택합니다.

**2** [비디오 삽입] 대화 상자에서 찾는 위치(내 PC₩문서₩ITQ₩Picture)와 파일 이름(동영상.wmv)을 선택하고, [삽입] 버튼을 클릭합니다.

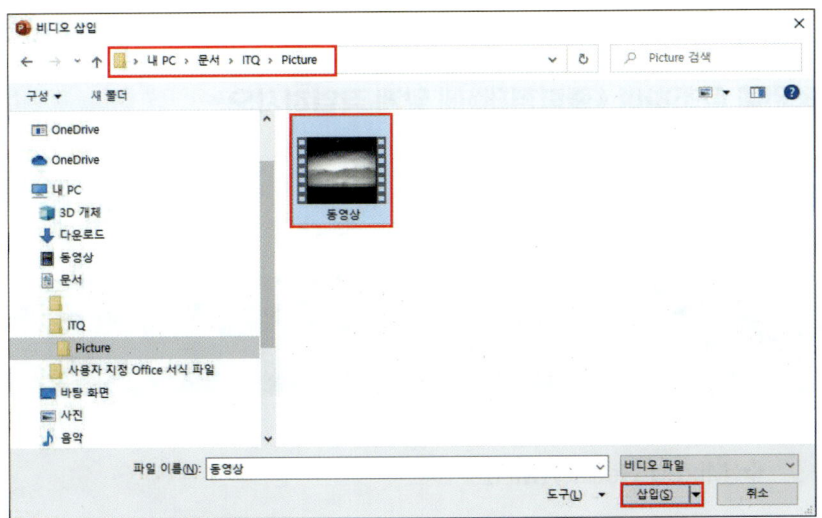

**3** 슬라이드에 동영상 파일이 삽입되면 크기와 위치를 적당히 조절합니다.

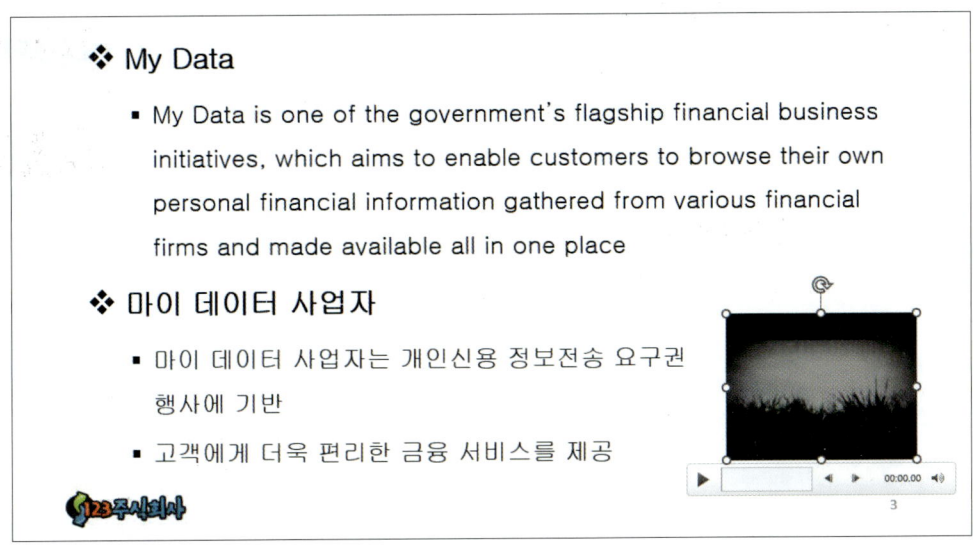

**4** [재생] 탭의 [비디오 옵션] 그룹에서 시작의 '자동 실행'을 선택하고, '반복 재생'을 체크합니다.

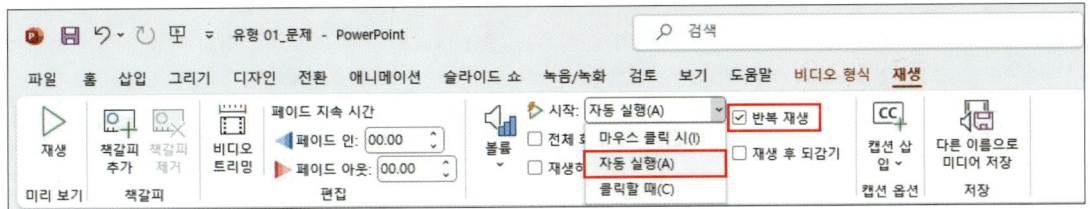

**5** 모든 작업이 완료되면 빠른 실행 도구 모음에서 저장( 🖫 ) 단추를 클릭하여 완성된 파일을 저장합니다.

## 출제 유형 문제

• 예제 파일 : 유형 분석 04₩유형 02_문제.pptx / • 완성 파일 : 유형 분석 04₩유형 02_완성.pptx

**01** 문제지의 지시사항과 세부조건을 참조하여 《출력형태》에 맞게 작업하시오.

(1) 텍스트 작성 : 글머리 기호 사용(❖, ■)

❖문단(굴림, 24pt, 굵게, 줄 간격 : 1.5줄), ■문단(굴림, 20pt, 줄 간격 : 1.5줄)

**세부조건**

① 동영상 삽입 :
- 「내 PC₩문서₩ITQ₩Picture₩동영상.wmv」
- 자동 실행, 반복 재생 설정

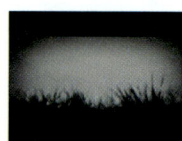

**Hint**
- 두 번째 문단의 목록 수준을 한 단계 내리기 위하여 Tab 키를 누른 후 주어진 내용을 입력합니다.
- 영문이 입력된 텍스트 개체 상자를 위쪽으로 조금 드래그하여 위치를 조정한 후 세로 크기를 적당히 조절합니다.
- 텍스트 개체 상자를 복사하기 위하여 Ctrl + Shift 키를 누른 상태에서 아래쪽으로 드래그하여 복사합니다.

## 출제 유형 문제

• 예제 파일 : 유형 분석 04₩유형 03_문제.pptx • 완성 파일 : 유형 분석 04₩유형 03_완성.pptx

**02** 문제지의 지시사항과 세부조건을 참조하여 《출력형태》에 맞게 작업하시오.

(1) 텍스트 작성 : 글머리 기호 사용(◆, ■)

◆문단(굴림, 24pt, 굵게, 줄 간격 : 1.5줄), ■문단(굴림, 20pt, 줄 간격 : 1.5줄)

**세부조건**

① 동영상 삽입 :
 - 「내 PC₩문서₩ITQ₩Picture₩동영상.wmv」
 - 자동 실행, 반복 재생 설정

### A. 블록체인 개념

◆ Block Chain
  ■ A blockchain, originally block chain, is a growing list of records, called blocks, which are linked using cryptography
  ■ Each block contains a cryptographic hash of the previous block, a timestamp, and transaction data

◆ 블록체인 기술
  ■ 비트코인을 비롯한 대부분의 암호화폐 거래에 사용하며 블록체인 소프트웨어를 실행하는 많은 사용자들의 각 컴퓨터에서 서버가 운영되어 중앙은행 없이 개인간 자유로운 거래 가능

**Hint**
• 첫 번째 단락의 글머리 기호는 [홈] 탭의 [단락] 그룹에서 [글머리 기호 목록] 단추를 클릭하고, '속이 찬 다이아몬드형 글머리 기호'를 선택합니다.
• 속이 찬 다이아몬드형 글머리 기호가 삽입되면 커서 위치에서 SpaceBar 키를 한 번 누릅니다.
• 영문이 입력된 텍스트 개체 상자를 위쪽으로 드래그하여 위치를 조정한 후 세로 크기를 적당히 조절합니다.

## 출제 유형 문제

• 예제 파일 : 유형 분석 04₩유형 04_문제.pptx / • 완성 파일 : 유형 분석 04₩유형 04_완성.pptx

**03** 문제지의 지시사항과 세부조건을 참조하여 《출력형태》에 맞게 작업하시오.

(1) 텍스트 작성 : 글머리 기호 사용(➢, ●)

➢ 문단(굴림, 24pt, 굵게, 줄 간격 : 1.5줄), ● 문단(굴림, 20pt, 줄 간격 : 1.5줄)

**세부조건**

① 동영상 삽입 :
- 「내 PC₩문서₩ITQ₩Picture₩동영상.wmv」
- 자동 실행, 반복 재생 설정

### 하나. 변비란

➢ **Constipation is**
- Defined as having a bowel movement fewer than three times per week
- Some people who are constipated fine it painful to have a bowel movement and often experience straining, bloating, and the sensation of a full bowel

➢ **변비란**
- 배변 시 무리한 힘이 필요하거나 대변이 과도하게 딱딱한 경우, 배변이 3~4일에 한번 미만인 경우로 변비는 전 인구의 5~20%가 증상을 호소할 만큼 매우 흔한 증상으로 남자보다 여자에게 흔하게 발생

**Hint**
- 첫 번째 단락의 글머리 기호는 [홈] 탭의 [단락] 그룹에서 [글머리 기호 목록] 단추를 클릭하고, '화살표 글머리 기호'를 선택합니다.
- 화살표 글머리 기호가 삽입되면 커서 위치에서 SpaceBar 키를 한 번 누릅니다.
- 영문이 입력된 텍스트 개체 상자를 위쪽으로 드래그하여 이동한 후 가로/세로 크기를 적당히 조절합니다.
- 한글이 입력된 텍스트 개체 상자의 가로 크기를 적당히 조절합니다.

## 출제 유형 문제

• 예제 파일 : 유형 분석 04₩유형 05_문제.pptx / • 완성 파일 : 유형 분석 04₩유형 05_완성.pptx

**04** 문제지의 지시사항과 세부조건을 참조하여 《출력형태》에 맞게 작업하시오.

(1) 텍스트 작성 : 글머리 기호 사용(✓, ■)

✓문단(돋움, 24pt, 굵게, 줄 간격 : 1.5줄), ■문단(돋움, 20pt, 줄 간격 : 1.5줄)

**세부조건**

① 동영상 삽입 :
 - 「내 PC₩문서₩ITQ₩Picture₩동영상.wmv」
 - 자동 실행, 반복 재생 설정

**Hint**
• 제목 입력 시 두 칸의 사이 간격을 띄우고, 로마 숫자(ⅰ)를 입력합니다.
• 첫 번째와 두 번째 단락의 글머리 기호는 [홈] 탭의 [단락] 그룹에서 [글머리 기호 목록] 단추를 클릭하고, '대조표 글머리 기호'와 '속이 찬 정사각형 글머리 기호'를 각각 선택합니다.
• 영문이 입력된 텍스트 개체 상자를 위쪽으로 조금 이동한 후 가로 크기를 적당히 조절합니다.
• 한글이 입력된 텍스트 개체 상자의 가로 크기를 적당히 조절합니다.

# 출제 유형 문제

• 예제 파일 : 유형 분석 04₩유형 06_문제.pptx / • 완성 파일 : 유형 분석 04₩유형 06_완성.pptx

## 05 문제지의 지시사항과 세부조건을 참조하여 《출력형태》에 맞게 작업하시오.

(1) 텍스트 작성 : 글머리 기호 사용(●, ●)

●문단(굴림, 24pt, 굵게, 줄 간격 : 1.5줄), ●문단(굴림, 20pt, 줄 간격 : 1.5줄)

### 세부조건

① 동영상 삽입 :
- 「내 PC₩문서₩ITQ₩Picture₩동영상.wmv」
- 자동 실행, 반복 재생 설정

### 1. 스마트 교육이란?

● **Smart Education**
  • Smart Education is all the rage in South Korea, driven by both the public and private sectors efforts to create state-of-the-art learning environment

● **스마트 교육**
  • 교육 내용, 방법, 평가 환경 등 교육 체제를 혁신함으로써 모든 학생의 재능을 발굴, 육성하는 교육 패러다임
  • 풍부한 자료와 정보통신 기술을 활용하여 학습을 유도

### Hint

• 첫 번째 단락의 글머리 기호는 [홈] 탭의 [단락] 그룹에서 [글머리 기호 목록] 단추를 클릭하고, '속이 찬 큰 둥근 글머리 기호'를 선택합니다.
• 영문이 입력된 텍스트 개체 상자를 위쪽으로 이동한 후 가로 크기를 적당히 조절합니다.
• 텍스트 개체 상자를 아래쪽으로 복사한 후 내용을 수정하되 글꼴 서식이 변경되지 않도록 주의합니다.
• 한글이 입력된 텍스트 개체 상자의 가로 크기를 적당히 조절합니다.

## 06 문제지의 지시사항과 세부조건을 참조하여 《출력형태》에 맞게 작업하시오.

(1) 텍스트 작성 : 글머리 기호 사용(❖, ■)

　　❖문단(돋움, 24pt, 굵게, 줄 간격 : 1.5줄), ■문단(돋움, 20pt, 줄 간격 : 1.5줄)

**세부조건**

① 동영상 삽입 :
- 「내 PC₩문서₩ITQ₩Picture₩동영상.wmv」
- 자동 실행, 반복 재생 설정

### a. 양자 컴퓨터의 의미

❖ Quantum Computing
- Quantum Computing is computing using quantum-mechanical phenomena, such as superposition and entanglement
- A quantum computer is a device that performs quantum computing

❖ 양자 컴퓨터
- 얽힘이나 중첩 같은 양자 역학적인 현상을 이용하여 자료를 처리하는 컴퓨터로 1982년 리차드 파인만이 처음 제시했고, 데이비드 도이치가 구체적인 양자 컴퓨터의 개념을 정리함

**Hint**
- 제목 입력 시 두 칸의 사이 간격을 띄우고, 영문 소문자(a)를 입력합니다.
- 첫 번째와 두 번째 단락의 글머리 기호는 [홈] 탭의 [단락] 그룹에서 [글머리 기호 목록] 단추를 클릭하고, '별표 글머리 기호'와 '속이 찬 정사각형 글머리 기호'를 각각 선택합니다.
- 텍스트 개체 상자의 세밀한 위치 조정은 개체 상자가 선택된 상태에서 방향키를 이용합니다.
- 동영상 파일을 삽입한 후 위치와 크기를 조정하고, [재생] 탭의 [비디오 옵션] 그룹에서 시작의 '자동 실행'과 '반복 재생'을 각각 선택합니다.

## 유형 분석 05

# [슬라이드 4] 《표 슬라이드》

슬라이드 4에서는 표 슬라이드를 작성하는 것으로 표 삽입 기능을 이용하여 표를 작성하고, 스타일을 지정한 후 표에 도형을 추가하는 방법에 대하여 알아봅니다.

### 시험 유형 미리 보기

• 예제 파일 : 유형 분석 05₩유형 01_문제.pptx / • 완성 파일 : 유형 분석 05₩유형 01_완성.pptx    80점

[슬라이드 4] 《 표 슬라이드 》

(1) 도형과 표 작성 기능을 이용하여 슬라이드를 작성한다(글꼴 : 돋움, 18pt).

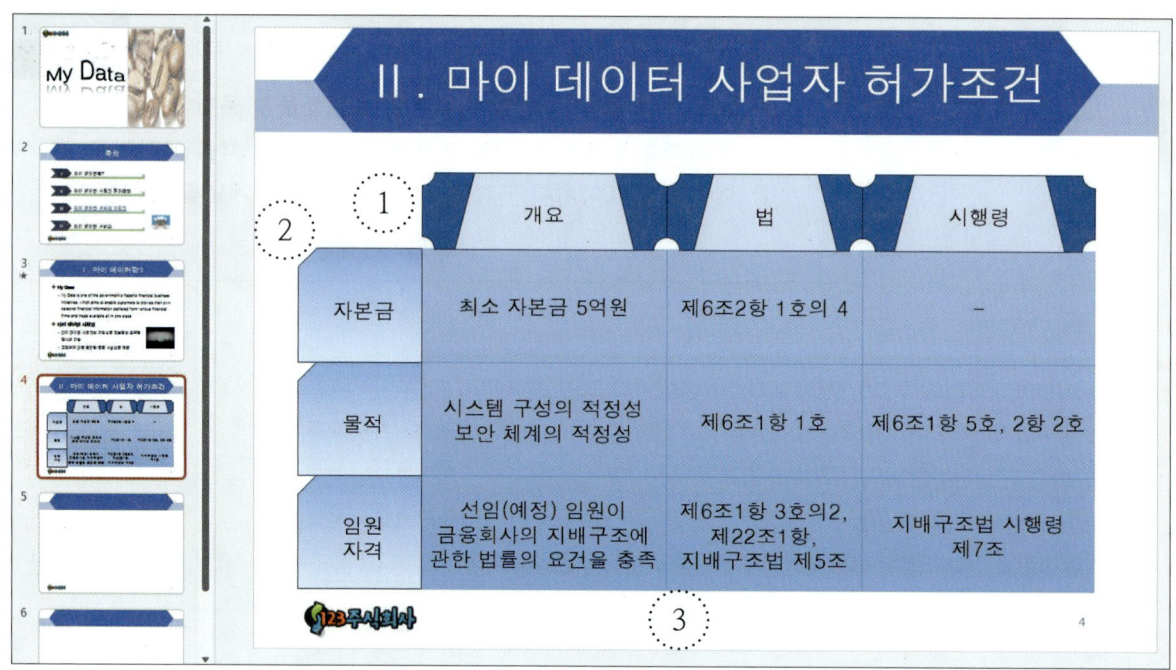

### 세부조건

① 상단 도형 : 2개 도형의 조합으로 작성

② 좌측 도형 : 그라데이션 효과(선형 아래쪽)

③ 표 스타일 : 테마 스타일 1 – 강조 5

## 유형 잡기 / 01 표 작성하기

1 [파일]-[열기]-[찾아보기]를 차례로 선택하고, [열기] 대화 상자에서 '유형 분석 05₩유형 01_문제.pptx'를 불러오기 합니다.

2 '슬라이드 4'를 선택한 후 슬라이드 상단의 '제목을 추가하려면 클릭하십시오.' 부분을 클릭하고, 주어진 제목을 입력합니다.

3 텍스트 개체 상자에서 표 삽입(⊞) 아이콘을 클릭한 후 [표 삽입] 대화 상자가 나타나면 열 개수는 '3', 행 개수는 '3'을 각각 입력하고, [확인] 버튼을 클릭합니다.

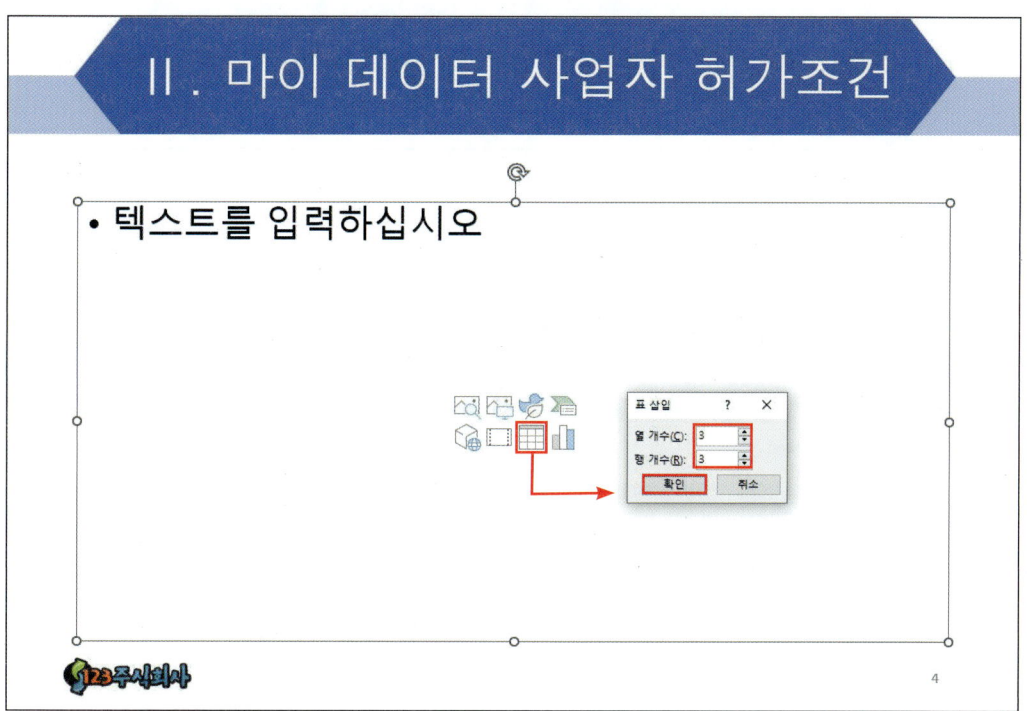

**4** 슬라이드에 표가 삽입되면 [테이블 디자인] 탭의 [표 스타일] 그룹에서 표 스타일(▼) 단추를 클릭하고, '테마 스타일 1 – 강조 5'를 선택합니다.

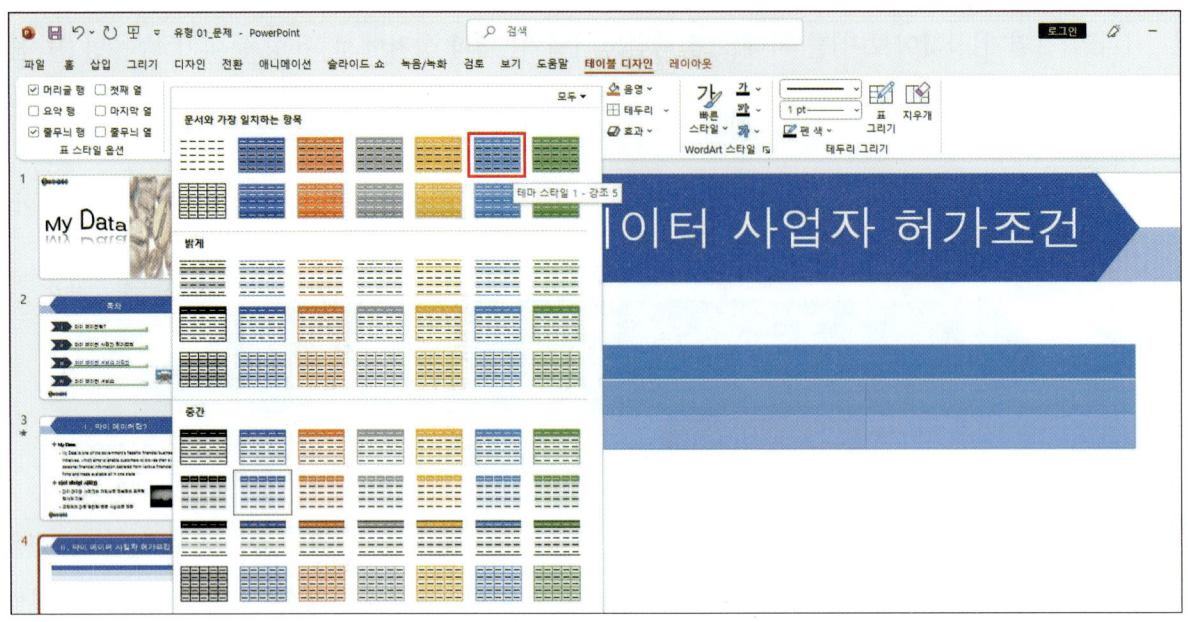

**5** 계속해서 [테이블 디자인] 탭의 [표 스타일 옵션] 그룹에서 '머리글 행'과 '줄무늬 행'의 체크 표시를 해제합니다.

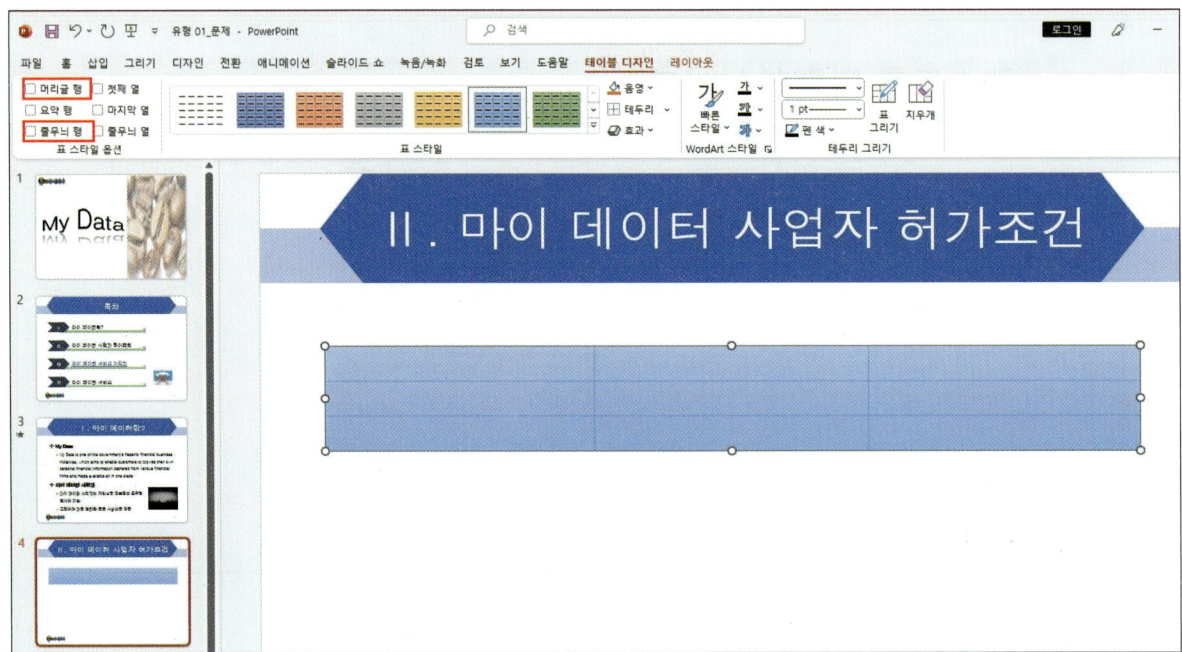

| TIP | **머리글 행과 줄무늬 행**

- 머리글 행 : 표의 머리글 행을 설정하거나 해제하는 것으로 표의 첫 행 서식을 특별하게 지정합니다.
- 줄무늬 행 : 짝수 행과 홀수 행의 서식이 서로 다른 줄무늬 행을 표시합니다.

**6** 표의 세로(행) 크기를 조절하기 위하여 크기 조절 핸들을 아래쪽으로 드래그합니다.

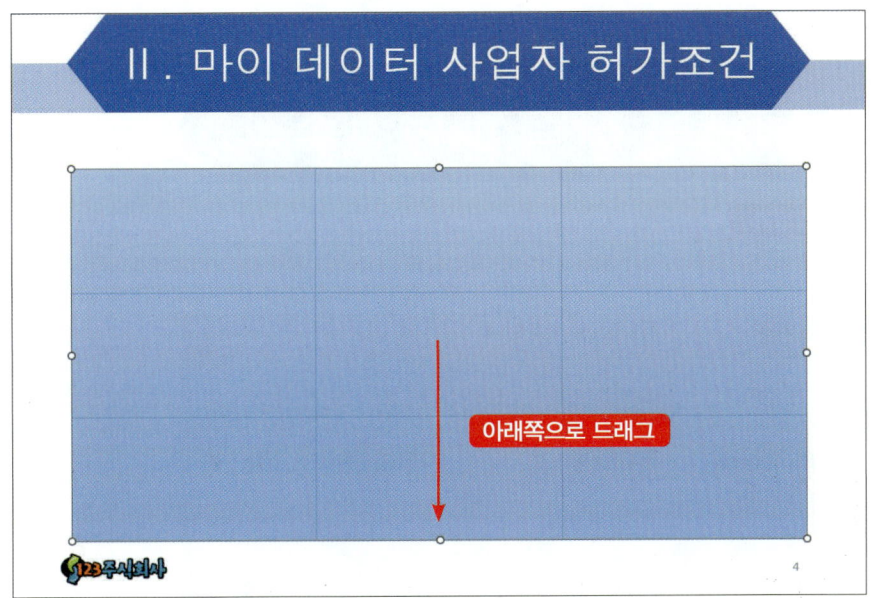

**7** 표의 가로(열) 크기를 조절하기 위하여 크기 조절 핸들을 오른쪽으로 드래그한 후 표의 위치도 적당히 조절합니다.

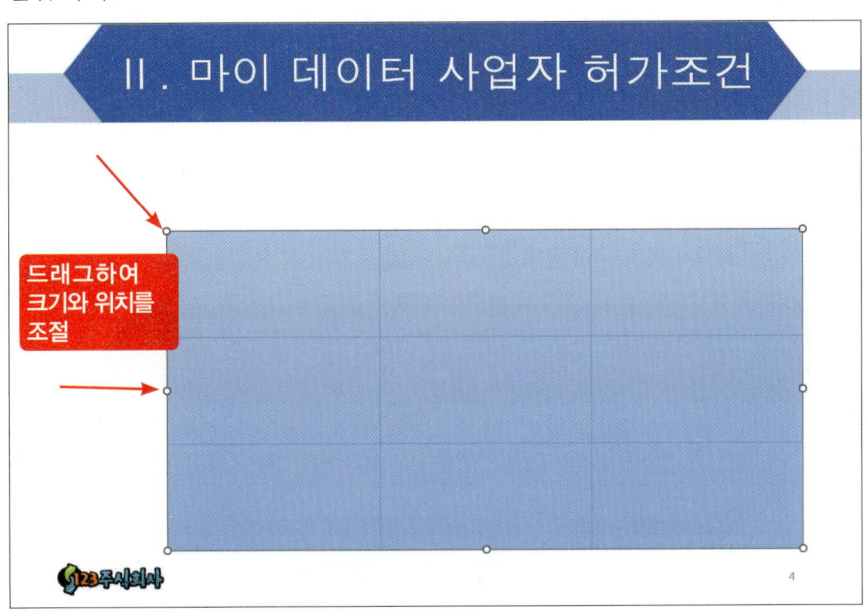

| TIP | **표의 크기/행 높이/열 너비 조절**

- 표의 크기는 상하좌우 크기 조절 핸들을 드래그하여 조절합니다.
- 표의 행 높이는 표의 가로 경계선에서 마우스 포인터가 ÷ 모양일 때 위쪽/아래쪽으로 드래그합니다.
- 표의 열 너비는 표의 세로 경계선에서 마우스 포인터가 ╫ 모양일 때 왼쪽/오른쪽으로 드래그합니다.

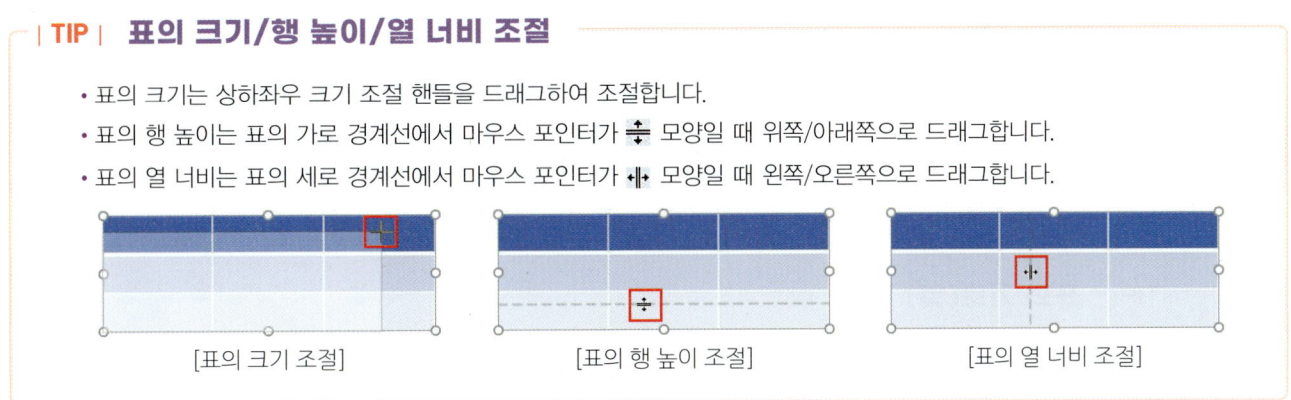

8 표에 주어진 내용을 입력합니다(이때, 문제지의 표 형태에 따라 셀 경계선을 드래그하여 셀 크기를 조절할 수 있음).

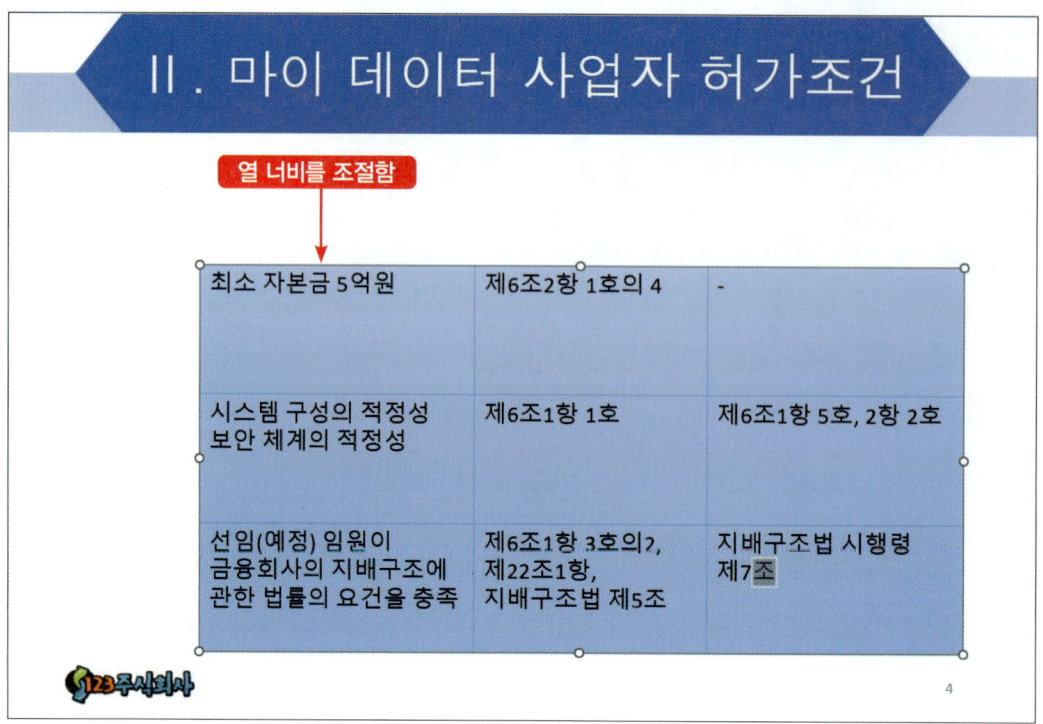

9 표를 선택한 후 [홈] 탭의 [글꼴] 그룹에서 글꼴은 '돋움', 글꼴 크기는 '18'을 각각 지정합니다.

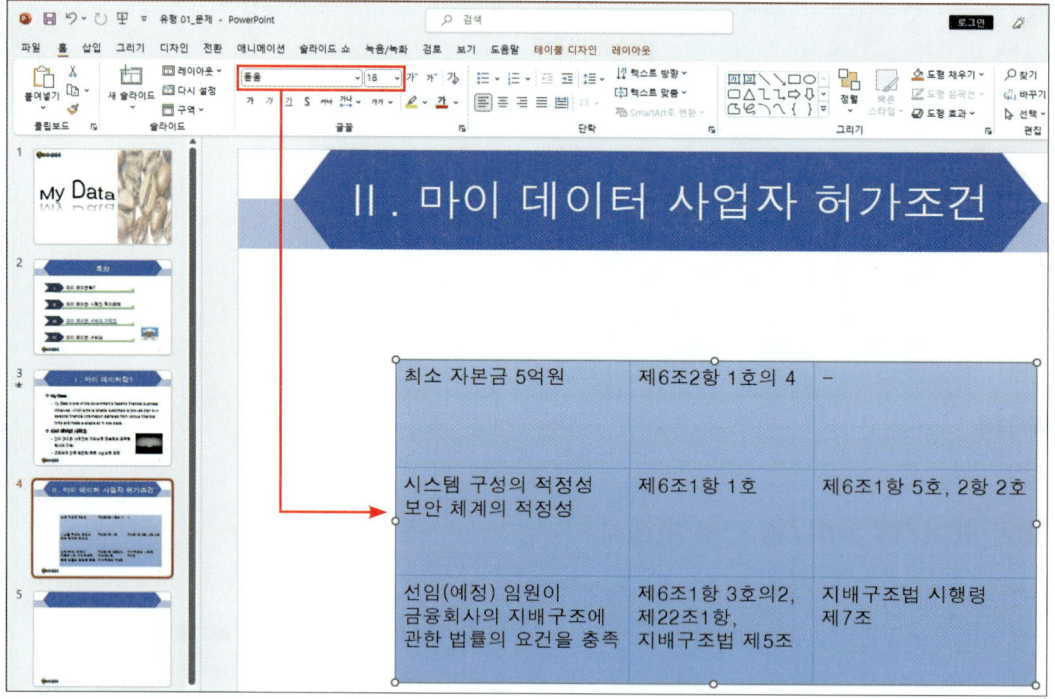

| TIP | 표의 가로(열) 너비

표에 주어진 글꼴 서식을 지정한 후 텍스트의 위치가 변경되면 다시 열 너비를 적당히 조절합니다.

**10** [홈] 탭의 [단락] 그룹에서 가운데 맞춤(≡) 단추를 클릭한 후 다시 텍스트 맞춤(텍스트 맞춤∨) 단추를 클릭하고, [중간]을 선택합니다.

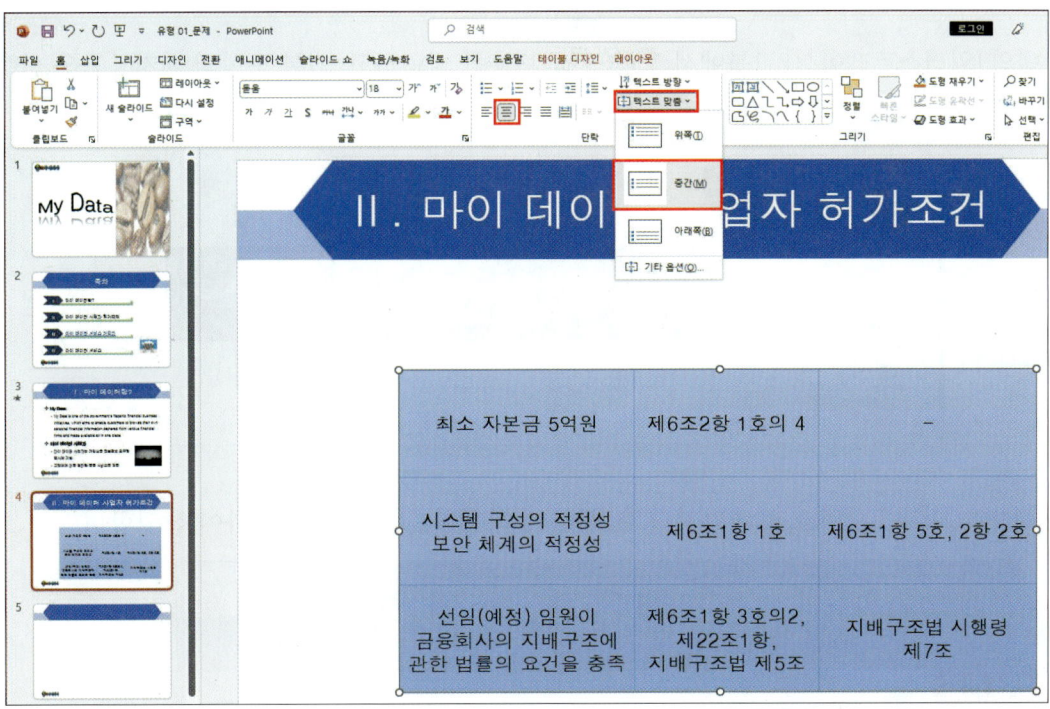

---

| TIP | 표의 셀 병합과 셀 분할

- 셀 병합은 선택한 셀을 하나의 셀로 병합하는 것으로 해당 부분을 블록 지정한 후 [레이아웃] 탭의 [병합] 그룹에서 셀 병합(셀 병합) 단추를 클릭합니다.

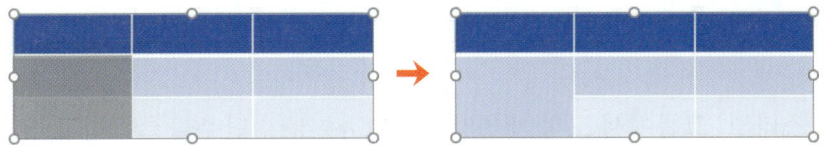

- 셀 분할은 선택한 셀을 여러 개의 셀로 나누는 것으로 해당 부분을 블록 지정한 후 [레이아웃] 탭의 [병합] 그룹에서 셀 분할(셀 분할) 단추를 클릭합니다.

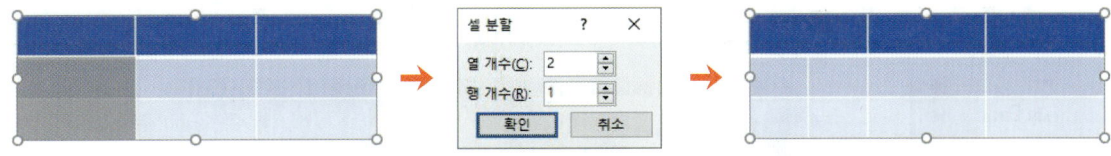

| 유형 잡기 | **02 표에 상단 도형 작성하기** |

**1** [삽입] 탭의 [일러스트레이션] 그룹에서 도형( 도형 ) 단추를 클릭하고, 기본 도형의 배지(⬡)를 선택합니다.

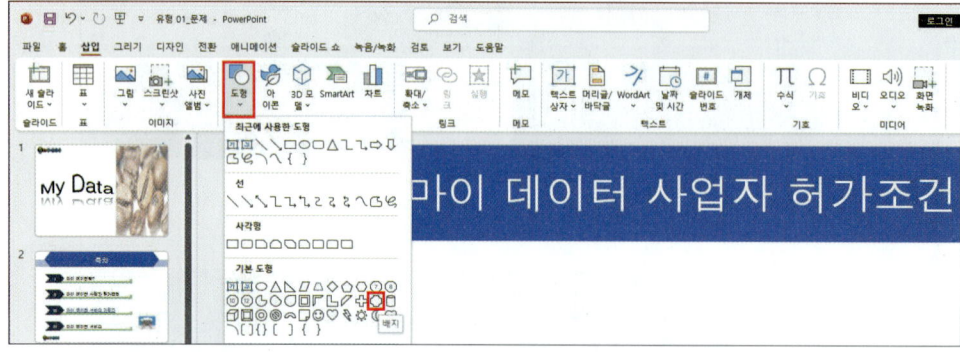

**2** 마우스 포인터가 '+' 모양으로 변경되면 표 상단에 적당한 크기로 드래그하여 삽입합니다.

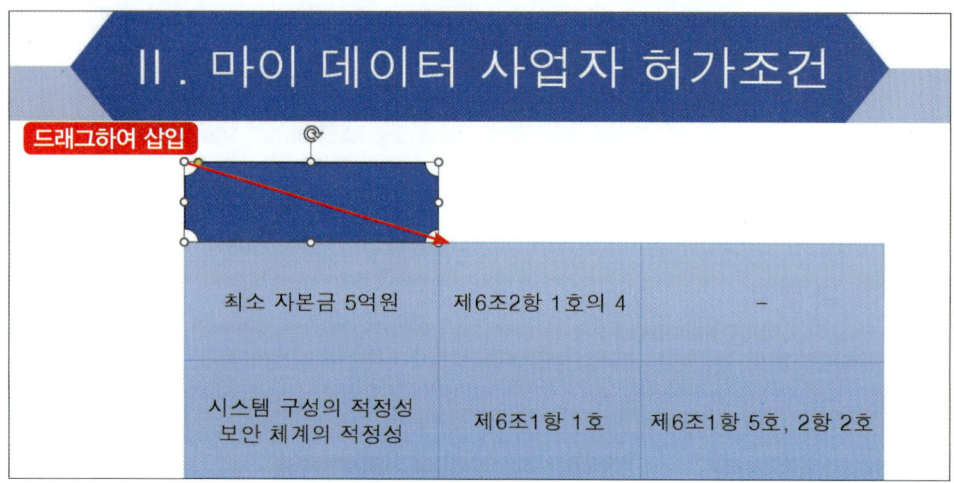

**3** [도형 서식] 탭의 [도형 스타일] 그룹에서 도형 채우기( 도형 채우기 ▼ ) 단추를 클릭하고, 임의의 색을 선택합니다.

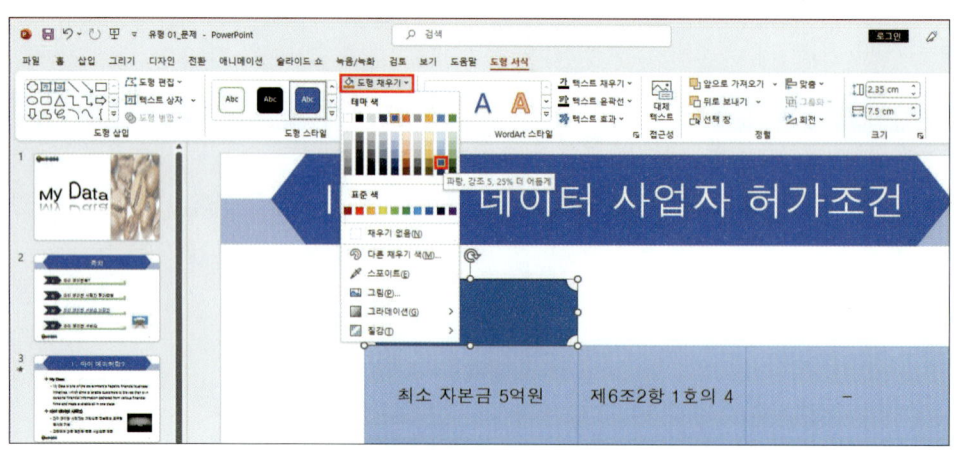

| TIP | **도형 색상**

도형의 채우기 색은 문제지의 지시사항에 없으므로 수험자가 임의의 색을 지정해도 감점되지 않습니다.

4 다시 [삽입] 탭의 [일러스트레이션] 그룹에서 도형( 도형 ) 단추를 클릭하고, 기본 도형의 사다리꼴(△)을 선택합니다.

5 마우스 포인터가 '+' 모양으로 변경되면 배지 도형 안쪽에 적당한 크기로 드래그하여 삽입합니다.

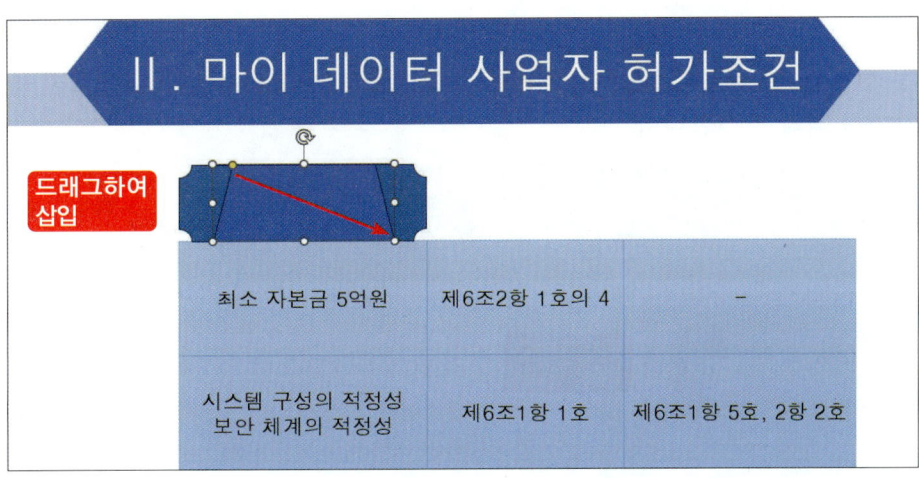

6 [도형 서식] 탭의 [도형 스타일] 그룹에서 도형 채우기( 도형 채우기 ~ ) 단추를 클릭하고, 임의의 색을 선택합니다.

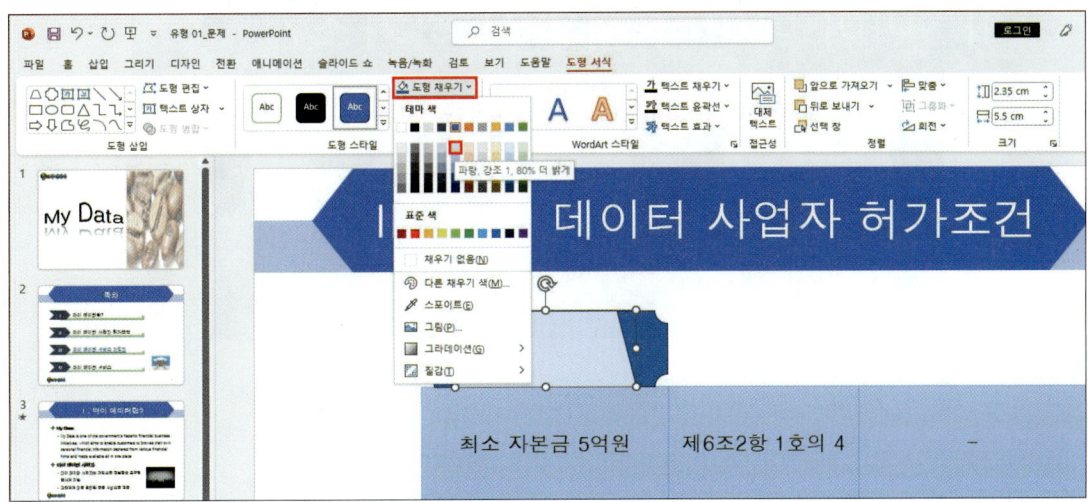

**7** 사다리꼴에 주어진 내용을 입력한 후 [홈] 탭의 [글꼴] 그룹에서 글꼴은 '돋움', 글꼴 크기는 '18', 글꼴 색은 '검정, 텍스트 1'을 각각 지정합니다.

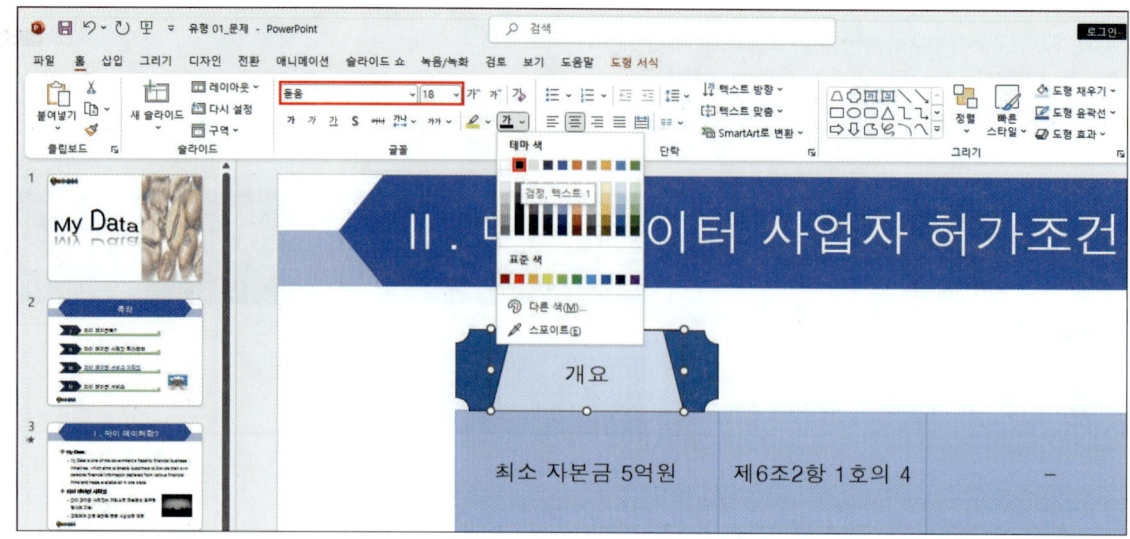

**8** 두 개의 도형을 모두 선택한 후 Ctrl+Shift 키를 누른 상태에서 오른쪽으로 드래그하여 2번 복사하고, 열 너비에 맞게 가로 크기를 각각 조절합니다.

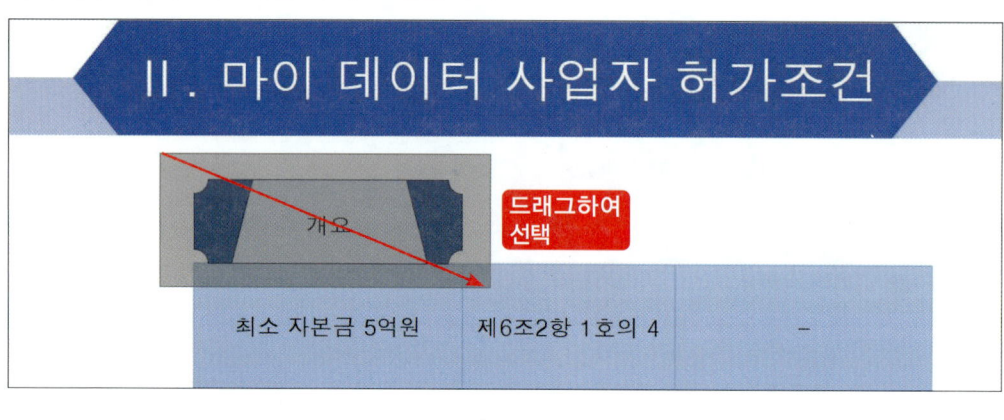

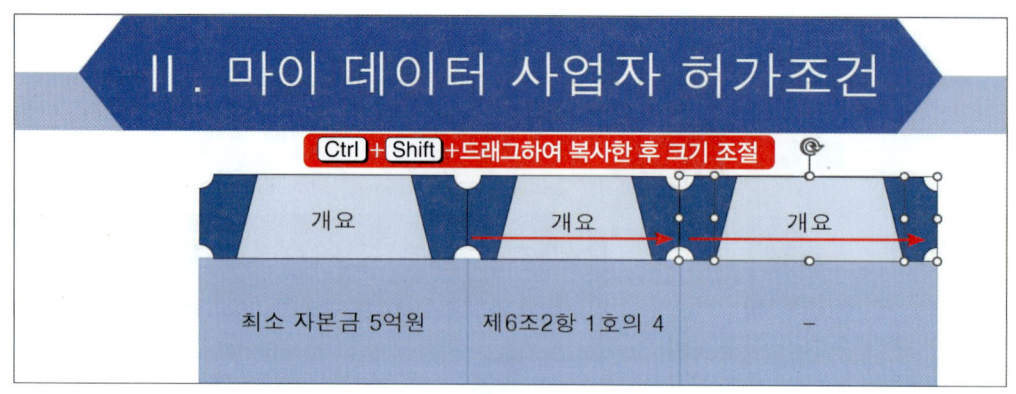

**9** 2개의 사다리꼴에 있는 내용을 수정하기 위하여 도형 안쪽을 클릭한 후 문제지와 동일하게 주어진 내용으로 각각 수정합니다.

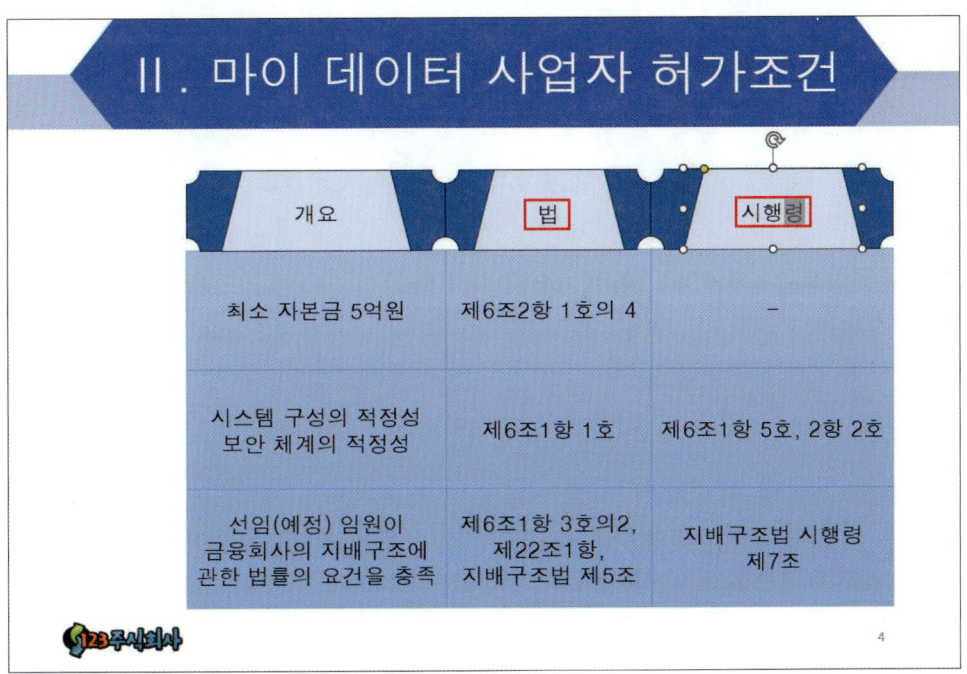

## 유형잡기 03 표에 좌측 도형 작성하기

**1** [삽입] 탭의 [일러스트레이션] 그룹에서 도형( 도형 ) 단추를 클릭하고, 사각형의 잘린 한쪽 모서리(□)를 선택합니다.

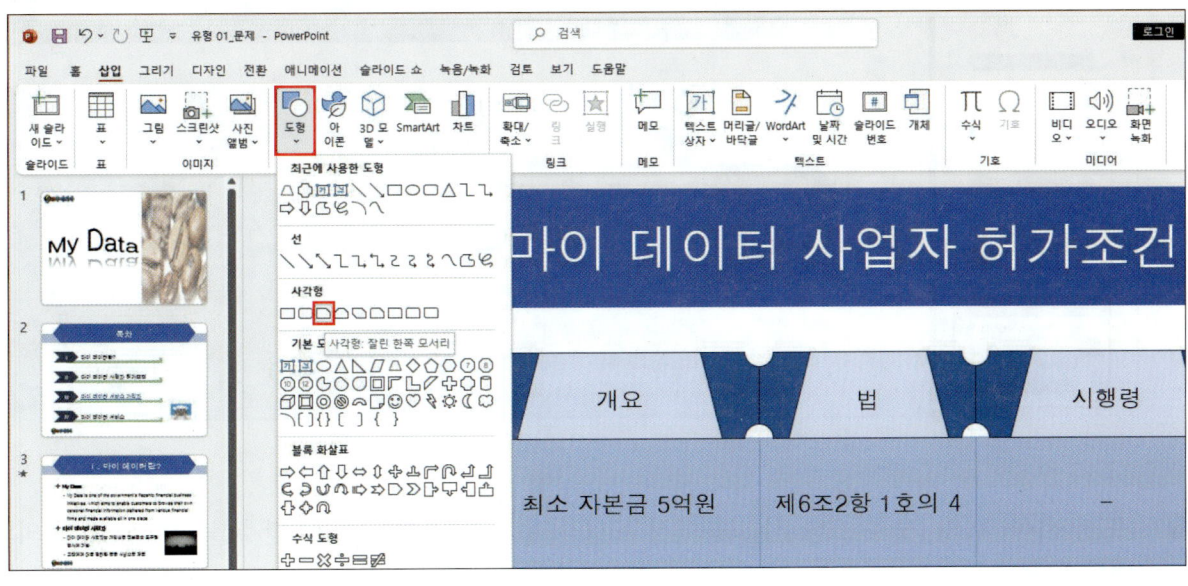

**2** 마우스 포인터가 '+' 모양으로 변경되면 표 좌측에 적당한 크기로 드래그하여 삽입합니다.

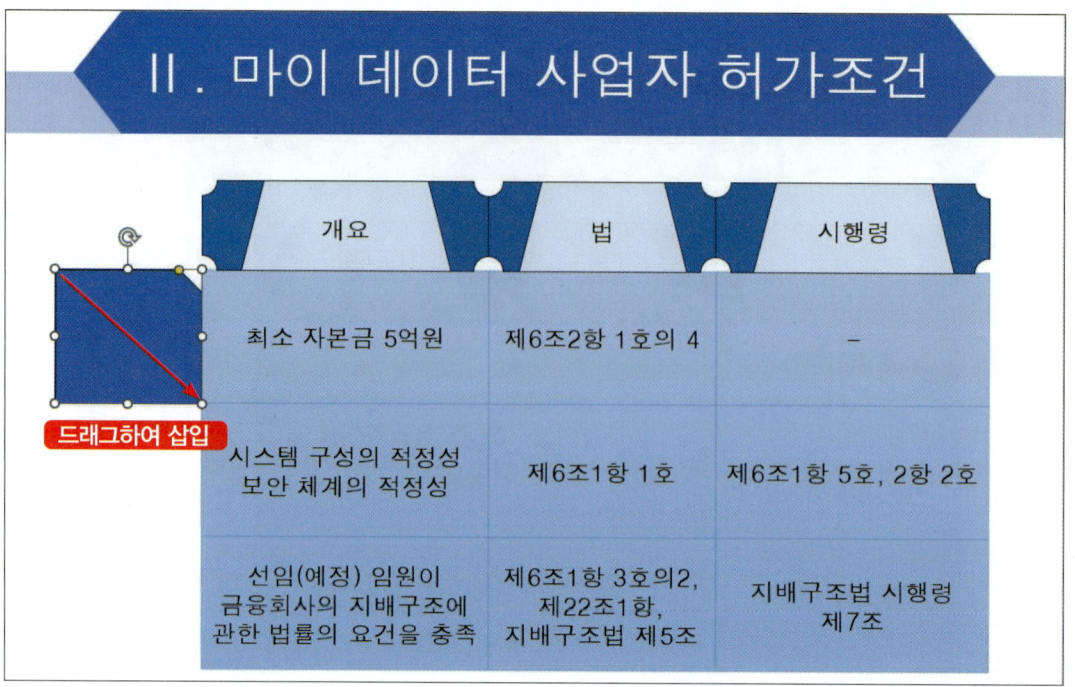

**3** 도형의 좌우를 회전시키기 위하여 [도형 서식] 탭의 [정렬] 그룹에서 회전( 회전 ) 단추를 클릭하고, [좌우 대칭]을 선택합니다.

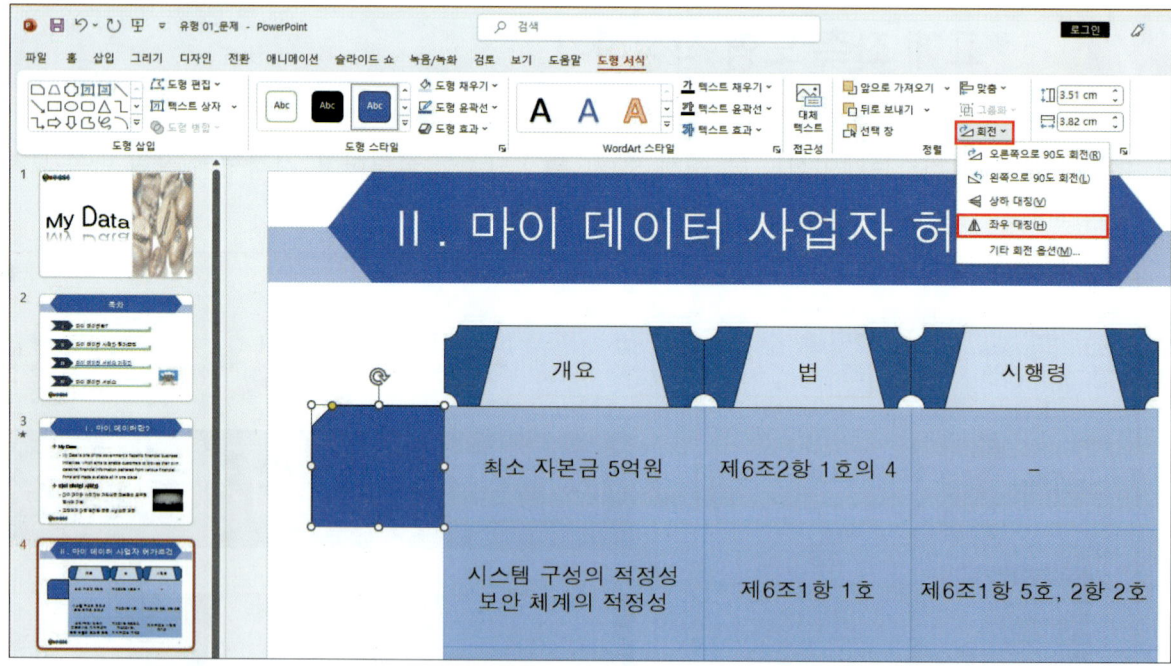

**4** [도형 서식] 탭의 [도형 스타일] 그룹에서 도형 채우기( 도형 채우기 ) 단추를 클릭하고, 임의의 색을 선택합니다.

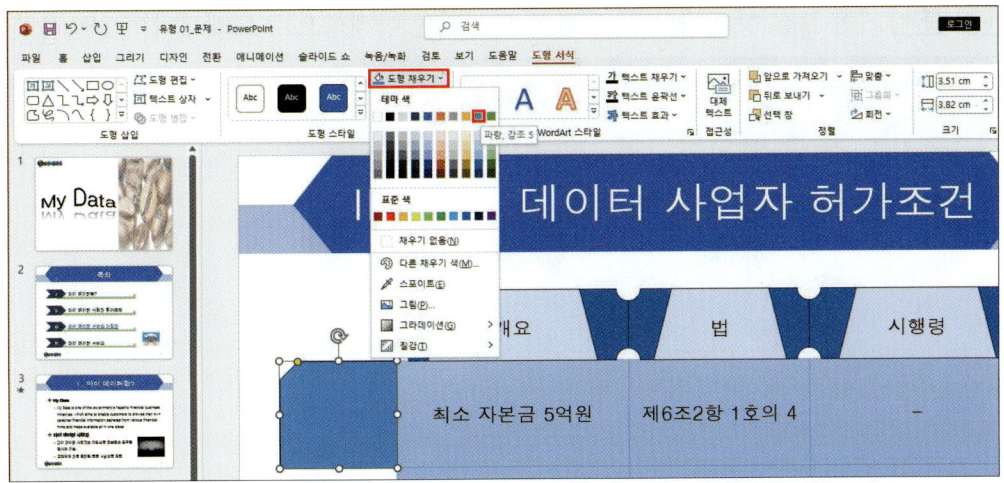

**5** 다시 한 번 [도형 서식] 탭의 [도형 스타일] 그룹에서 도형 채우기( 도형 채우기 ▾ ) 단추를 클릭하고, [그라데이션]-[밝은 그라데이션]-[선형 아래쪽]을 선택합니다.

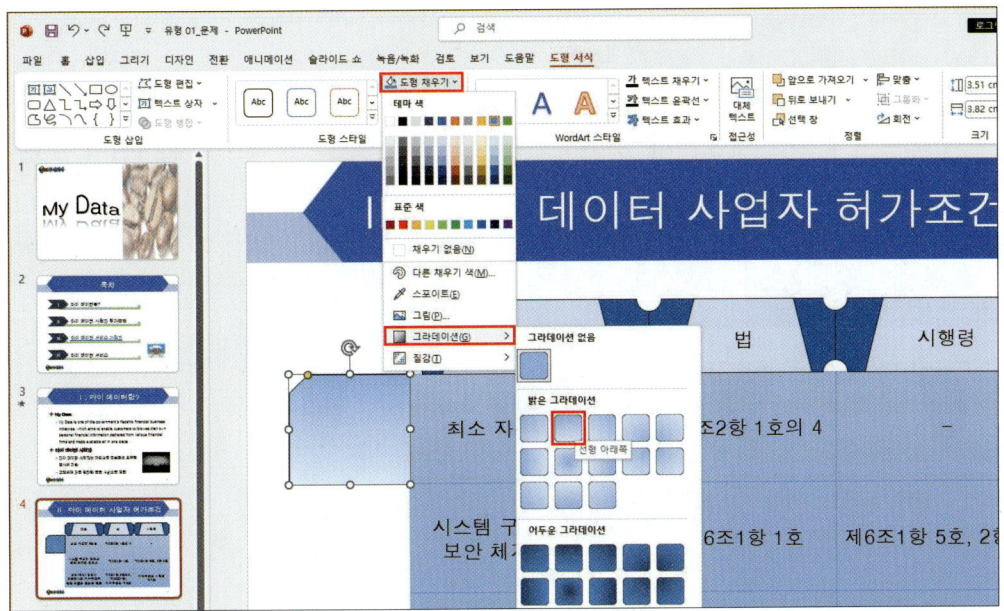

**6** 잘린 한쪽 모서리에 주어진 내용을 입력한 후 [홈] 탭의 [글꼴] 그룹에서 글꼴은 '돋움', 글꼴 크기는 '18', 글꼴 색은 '검정, 텍스트 1'을 각각 지정합니다.

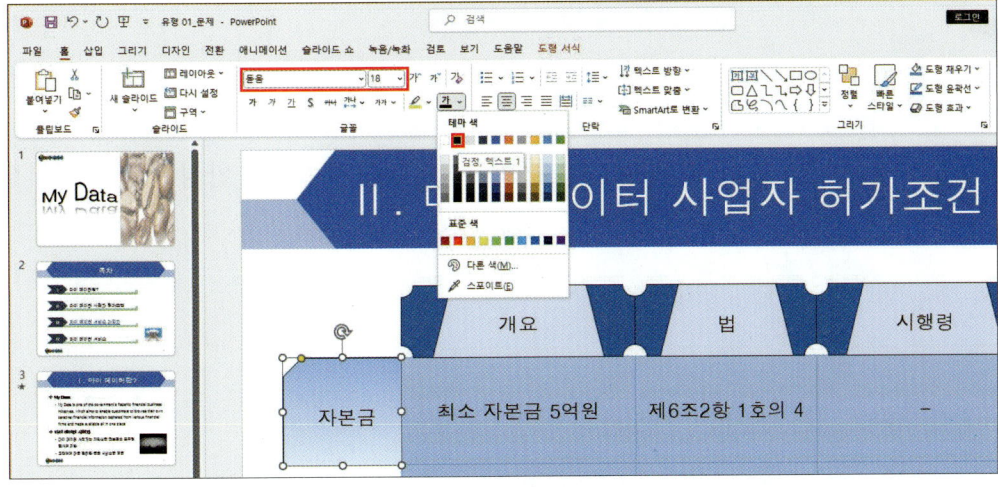

**7** 계속해서 Ctrl+Shift 키를 누른 상태에서 잘린 한쪽 모서리를 아래쪽으로 드래그하여 2번 복사합니다.

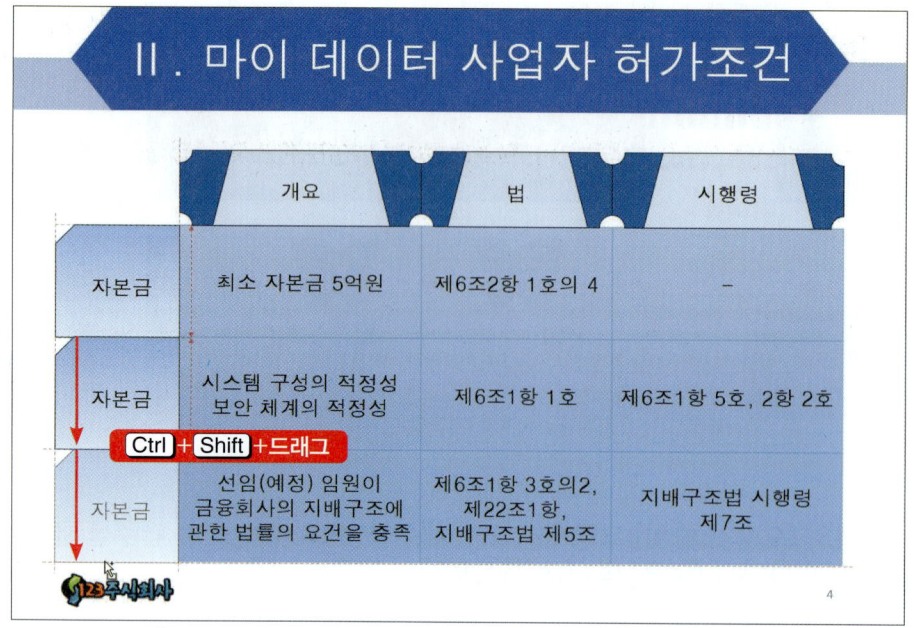

**8** 2개의 잘린 한쪽 모서리에 있는 내용을 수정하기 위하여 도형 안쪽을 클릭한 후 문제지와 동일하게 주어진 내용으로 각각 수정합니다.

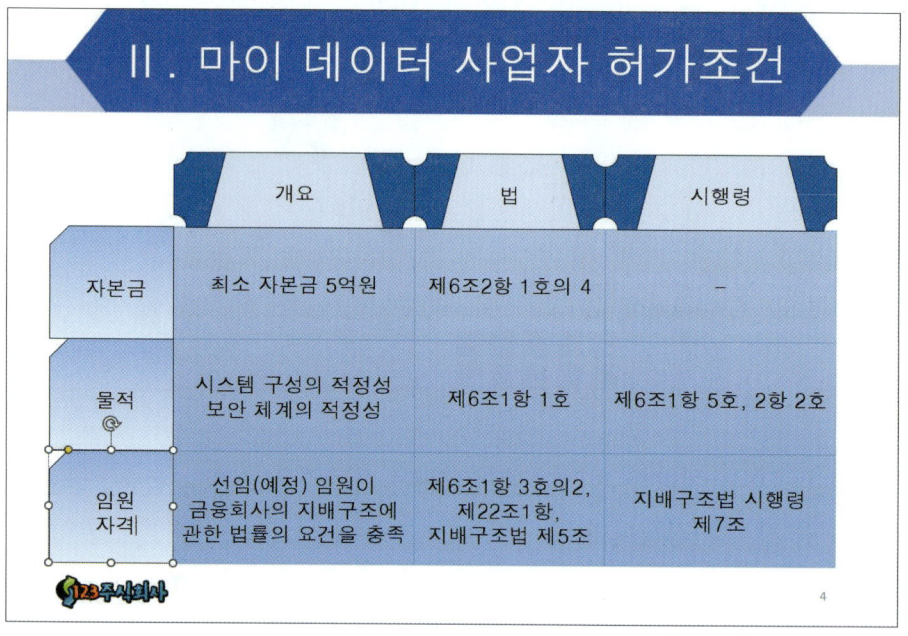

**9** 모든 작업이 완료되면 빠른 실행 도구 모음에서 저장( 💾 ) 단추를 클릭하여 완성된 파일을 저장합니다.

## 출제 유형 문제

• 예제 파일 : 유형 분석 05₩유형 02_문제.pptx  • 완성 파일 : 유형 분석 05₩유형 02_완성.pptx

**01** 문제지의 지시사항과 세부조건을 참조하여 《출력형태》에 맞게 작업하시오.

(1) 도형과 표 작성 기능을 이용하여 슬라이드를 작성한다(글꼴 : 돋움, 18pt).

### 세부조건

① 상단 도형 : 2개 도형의 조합으로 작성

② 좌측 도형 : 그라데이션 효과(선형 아래쪽)

③ 표 스타일 : 테마 스타일 1 – 강조 1

### 2. VR, AR, MR 기술 비교

| | 가상현실(VR) | 증강현실(AR) | 혼합현실(MR) |
|---|---|---|---|
| 구현 방식 | 현실세계를 차단하고 디지털 환경만 구축 | 현실 정보 위에 가상 정보를 덮혀서 보여주는 기술 | 현실 정보 기반에 가상 정보를 융합 |
| 장점 | 몰입감 뛰어남 | 현실과 상호작용 가능 | 현실과 상호작용 우수 사실감, 몰입감 극대 |
| 단점 | 현실과 상호작용 약함 | 시야와 정보 분리 몰입감 떨어짐 | 데이터의 대용량 장비나 기술적 제약 |

**Hint**
- [표 삽입] 대화 상자에서 열 개수는 '3', 행 개수는 '3'을 각각 입력합니다.
- [테이블 디자인] 탭의 [표 스타일 옵션] 그룹에서 '머리글 행'과 '줄무늬 행'의 체크 표시를 해제합니다.
- 표에 내용을 입력하고, 셀 경계선을 드래그하여 가로 셀 크기를 적당히 조절합니다.
- 상단 도형에는 [사각형]-[잘린 한쪽 모서리]와 [기본 도형]-[십자형]을 각각 삽입한 후 십자형에 주어진 내용을 입력합니다.
- 상단의 두 개 도형을 선택한 후 오른쪽으로 복사하고, 크기 조절 핸들을 이용하여 표 열 너비에 맞게 각각 조절합니다.
- 좌측 도형에는 [블록 화살표]-[오각형]을 삽입한 후 [회전]-[좌우 대칭]을 선택합니다.

## 출제 유형 문제

• 예제 파일 : 유형 분석 05₩유형 03_문제.pptx / • 완성 파일 : 유형 분석 05₩유형 03_완성.pptx

**02** 문제지의 지시사항과 세부조건을 참조하여 《출력형태》에 맞게 작업하시오.

(1) 도형과 표 작성 기능을 이용하여 슬라이드를 작성한다(글꼴 : 돋움, 18pt).

**세부조건**

① 상단 도형 : 2개 도형의 조합으로 작성

② 좌측 도형 : 그라데이션 효과(선형 오른쪽)

③ 표 스타일 : 테마 스타일 1 – 강조 5

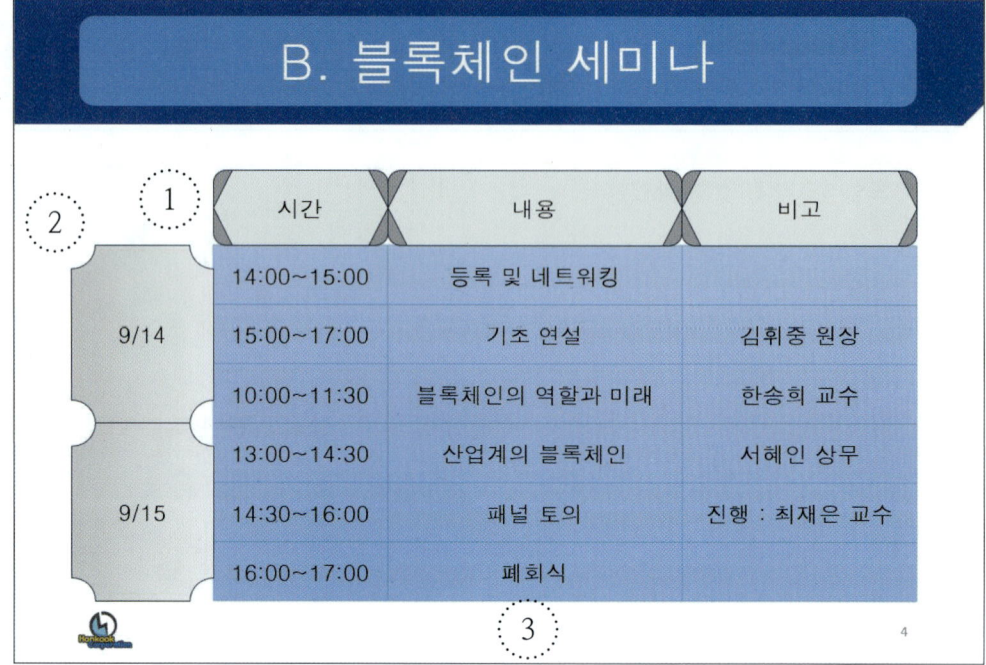

**Hint**
- [표 삽입] 대화 상자에서 열 개수는 '3', 행 개수는 '6'을 각각 입력합니다.
- [테이블 디자인] 탭의 [표 스타일 옵션] 그룹에서 '머리글 행'과 '줄무늬 행'의 체크 표시를 해제합니다.
- 표에 내용을 입력하고, 셀 경계선을 드래그하여 가로 셀 크기를 적당히 조절합니다.
- 상단 도형에는 [사각형]-[둥근 모서리]와 [기본 도형]-[육각형]을 각각 삽입한 후 육각형에 주어진 내용을 입력합니다.
- 상단의 두 개 도형을 선택한 후 오른쪽으로 복사하고, 크기 조절 핸들을 이용하여 표 열 너비에 맞게 각각 조절합니다.
- 좌측 도형에는 [기본 도형]-[배지]를 삽입한 후 [도형 채우기]-[그라데이션]-[변형]-[선형 오른쪽]을 선택합니다.

## 출제 유형 문제

• 예제 파일 : 유형 분석 05₩유형 04_문제.pptx / • 완성 파일 : 유형 분석 05₩유형 04_완성.pptx

**03** 문제지의 지시사항과 세부조건을 참조하여 《출력형태》에 맞게 작업하시오.

(1) 도형과 표 작성 기능을 이용하여 슬라이드를 작성한다(글꼴 : 돋움, 18pt).

**세부조건**

① 상단 도형 : 2개 도형의 조합으로 작성

② 좌측 도형 : 그라데이션 효과(선형 위쪽)

③ 표 스타일 : 테마 스타일 1 – 강조 2

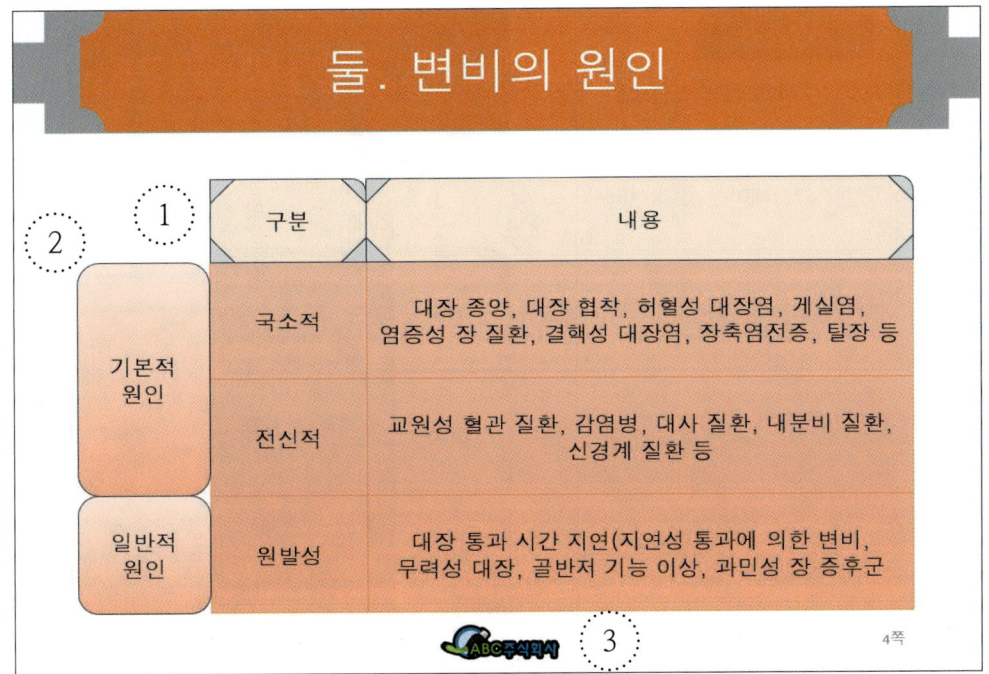

**Hint**
- [표 삽입] 대화 상자에서 열 개수는 '2', 행 개수는 '3'을 각각 입력합니다.
- [테이블 디자인] 탭의 [표 스타일 옵션] 그룹에서 '머리글 행'과 '줄무늬 행'의 체크 표시를 해제합니다.
- 표에 내용을 입력하고, 셀 경계선을 드래그하여 가로 셀 크기를 적당히 조절합니다.
- 상단 도형에는 [사각형]-[둥근 한쪽 모서리]와 [기본 도형]-[팔각형]을 각각 삽입한 후 팔각형에 주어진 내용을 입력합니다.
- 상단의 두 개 도형을 선택한 후 오른쪽으로 복사하고, 크기 조절 핸들을 이용하여 표 열 너비에 맞게 조절합니다.
- 좌측 도형에는 [사각형]-[둥근 모서리]를 삽입한 후 [도형 채우기]-[그라데이션]-[변형]-[선형 위쪽]을 선택합니다.

## 출제 유형 문제

• 예제 파일 : 유형 분석 05₩유형 05_문제.pptx / • 완성 파일 : 유형 분석 05₩유형 05_완성.pptx

**04** 문제지의 지시사항과 세부조건을 참조하여 《출력형태》에 맞게 작업하시오.

(1) 도형과 표 작성 기능을 이용하여 슬라이드를 작성한다(글꼴 : 굴림, 18pt).

**세부조건**

① 상단 도형 : 2개 도형의 조합으로 작성

② 좌측 도형 : 그라데이션 효과(선형 아래쪽)

③ 표 스타일 : 테마 스타일 1 – 강조 1

### ii. 국가별 환경 규제 현황

| | 규제명 | 분야 | 내용 |
|---|---|---|---|
| EU | WEEK | 전자, 자동차 | 폐기 전자제품 무료 수거 |
| EU | REACH | 전 산업분야 | 원료 유해성 평가 |
| 미국 | HR 1165 | 전자 | 원료 유해성 평가 |
| 한국 | 전기/전자제품 및 자동차의 자원 순환에 관한 법률 | 전자, 자동차 | 6대 유해물질 사용 금지 (납, 수은, 카드뮴, 크롬, PBB, PBDE) |

**Hint**

- [표 삽입] 대화 상자에서 열 개수는 '3', 행 개수는 '6'을 각각 입력합니다.
- [테이블 디자인] 탭의 [표 스타일 옵션] 그룹에서 '머리글 행'과 '줄무늬 행'의 체크 표시를 해제합니다.
- 3행/4행과 5행/6행의 해당 부분을 각각 블록 지정한 후 [레이아웃] 탭의 [병합] 그룹에서 셀 병합을 합니다.
- 표에 내용을 입력하고, 셀 경계선을 드래그하여 가로 셀 크기를 적당히 조절합니다.
- 상단 도형에는 [사각형]-[둥근 위쪽 모서리]와 [기본 도형]-[사다리꼴]을 각각 삽입한 후 사다리꼴에 주어진 내용을 입력합니다.
- 상단의 두 개 도형을 선택한 후 오른쪽으로 복사하고, 크기 조절 핸들을 이용하여 표 열 너비에 맞게 각각 조절합니다.
- 좌측 도형에는 [사각형]-[잘린 한쪽 모서리]를 삽입한 후 [회전]-[좌우 대칭]을 선택합니다.

## 출제 유형 문제

• 예제 파일 : 유형 분석 05₩유형 06_문제.pptx • 완성 파일 : 유형 분석 05₩유형 06_완성.pptx

**05** 문제지의 지시사항과 세부조건을 참조하여 《출력형태》에 맞게 작업하시오.

(1) 도형과 표 작성 기능을 이용하여 슬라이드를 작성한다(글꼴 : 굴림, 18pt).

**세부조건**

① 상단 도형 : 2개 도형의 조합으로 작성

② 좌측 도형 : 그라데이션 효과(선형 왼쪽)

③ 표 스타일 : 테마 스타일 1 – 강조 3

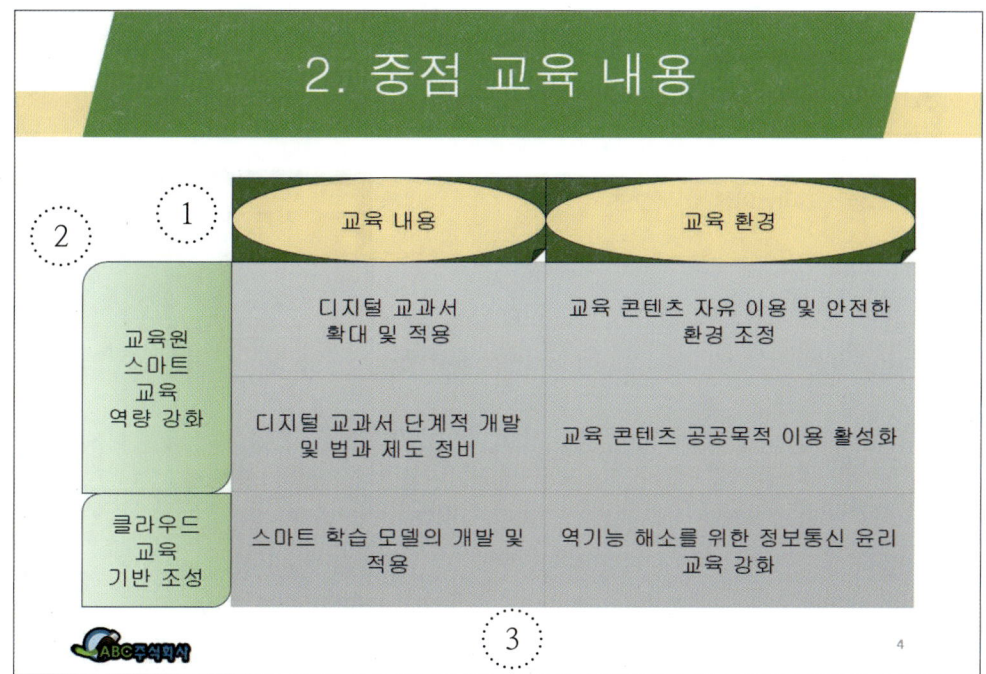

**Hint**
- [표 삽입] 대화 상자에서 열 개수는 '2', 행 개수는 '3'을 각각 입력합니다.
- [테이블 디자인] 탭의 [표 스타일 옵션] 그룹에서 '머리글 행'과 '줄무늬 행'의 체크 표시를 해제합니다.
- 표에 내용을 입력하고, 셀 경계선을 드래그하여 가로 셀 크기를 적당히 조절합니다.
- 표를 선택한 후 [홈] 탭의 [단락] 그룹에서 [가운데 맞춤] 단추를 클릭하고, 다시 [텍스트 맞춤]-[중간]을 선택합니다.
- 상단 도형에는 [기본 도형]-[모서리가 접힌 도형]과 [타원]을 각각 삽입한 후 타원에 주어진 내용을 입력합니다.
- 상단의 두 개 도형을 선택한 후 오른쪽으로 복사하고, 크기 조절 핸들을 이용하여 표 열 너비에 맞게 조절합니다.
- 좌측 도형에는 [사각형]-[둥근 대각선 방향 모서리]를 삽입한 후 [도형 채우기]-[그라데이션]-[변형]-[선형 왼쪽]을 선택합니다.

## 출제 유형 문제

• 예제 파일 : 유형 분석 05₩유형 07_문제.pptx / • 완성 파일 : 유형 분석 05₩유형 07_완성.pptx

**06** 문제지의 지시사항과 세부조건을 참조하여 《출력형태》에 맞게 작업하시오.

(1) 도형과 표 작성 기능을 이용하여 슬라이드를 작성한다(글꼴 : 돋움, 18pt).

**세부조건**

① 상단 도형 : 2개 도형의 조합으로 작성

② 좌측 도형 : 그라데이션 효과(선형 위쪽)

③ 표 스타일 : 테마 스타일 1 – 강조 6

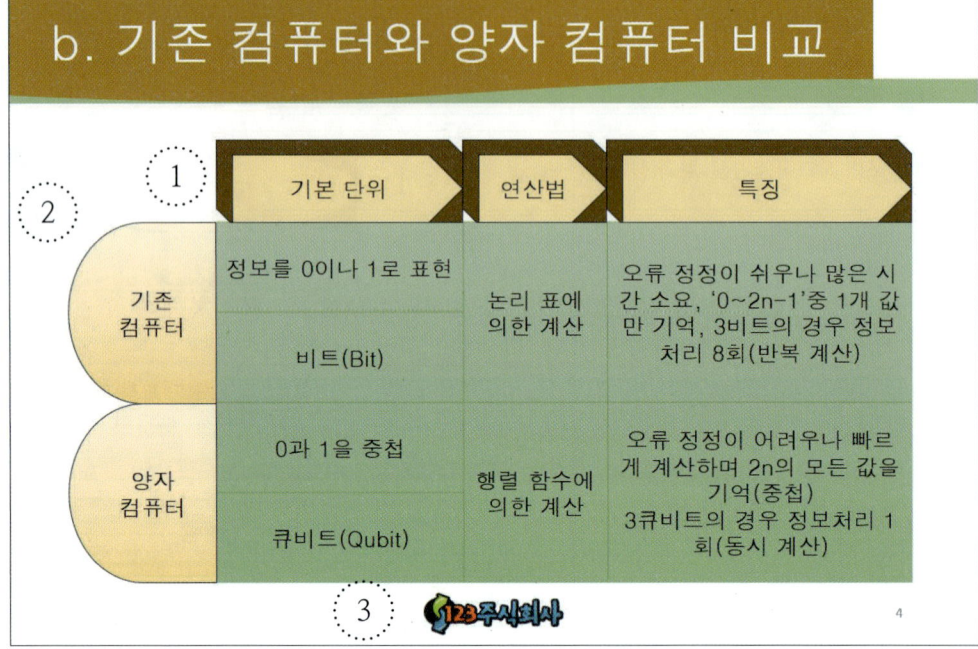

**Hint**
- [표 삽입] 대화 상자에서 열 개수는 '3', 행 개수는 '4'를 각각 입력합니다.
- [테이블 디자인] 탭의 [표 스타일 옵션] 그룹에서 '머리글 행'과 '줄무늬 행'의 체크 표시를 해제합니다.
- 1행/2행과 3행/4행의 해당 부분을 각각 블록 지정한 후 [레이아웃] 탭의 [병합] 그룹에서 셀 병합을 합니다.
- 표에 내용을 입력하고, 셀 경계선을 드래그하여 가로 셀 크기를 적당히 조절합니다.
- 상단 도형에는 [사각형]-[잘린 대각선 방향 모서리]와 [블록 화살표]-[오각형]을 각각 삽입한 후 오각형에 주어진 내용을 입력합니다.
- 상단의 두 개 도형을 선택한 후 오른쪽으로 복사하고, 크기 조절 핸들을 이용하여 표 열 너비에 맞게 각각 조절합니다.
- 좌측 도형에는 [순서도]-[지연]을 삽입한 후 [회전]-[좌우 대칭]을 선택합니다.

## 유형 분석 06

# [슬라이드 5] 《차트 슬라이드》

슬라이드 5에서는 차트 슬라이드를 작성하는 것으로 차트 삽입 기능을 이용하여 원하는 차트를 순서대로 작성하고, 주어진 조건대로 차트를 편집한 후 차트에 도형을 추가 및 편집하는 방법에 대하여 알아봅니다.

**시험 유형 미리 보기**  • 예제 파일 : 유형 분석 06₩유형 01_문제.pptx  / • 완성 파일 : 유형 분석 06₩유형 01_완성.pptx    100점

### [슬라이드 5] 《차트 슬라이드》

(1) 차트 작성 기능을 이용하여 슬라이드를 작성한다.
(2) 차트 : 종류(묶은 세로 막대형), 글꼴(돋움, 16pt), 외곽선

### 세부조건

※ 차트 설명
- 차트 제목 : 궁서, 24pt, 굵게, 채우기(흰색), 테두리, 그림자(오프셋 오른쪽)
- 차트 영역 : 채우기(노랑)
  그림 영역 : 채우기(흰색)
- 데이터 서식 : 핀테크-IT 계열을 표식이 있는 꺾은선형으로 변경 후 보조 축으로 지정
- 값 표시 : 9월의 금융기관 계열만

① 도형 삽입
  - 스타일 : 미세 효과 - 파랑, 강조 1
  - 글꼴 : 굴림, 18pt

| 유형 잡기 | **01 차트 작성하기** |

**1** [파일]-[열기]-[찾아보기]를 차례로 선택하고, [열기] 대화 상자에서 '유형 분석 06₩유형 01_문제.pptx'를 불러오기 합니다.

**2** '슬라이드 5'를 선택한 후 슬라이드 상단의 '제목을 추가하려면 클릭하십시오.' 부분을 클릭하고, 주어진 제목을 입력합니다.

**3** 텍스트 개체 상자에서 차트 삽입(📊) 아이콘을 클릭합니다.

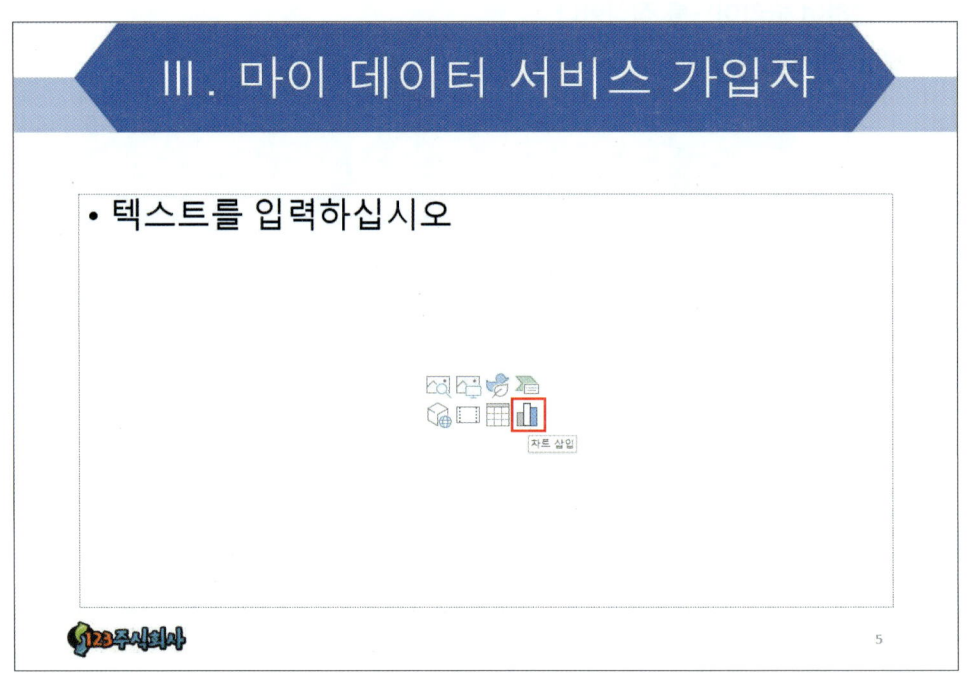

| TIP | **차트 삽입** |

[삽입] 탭의 [일러스트레이션] 그룹에서 차트( 📊 ) 단추를 클릭해도 차트를 작성할 수 있습니다.

**4** [차트 삽입] 대화 상자의 [모든 차트] 탭에서 세로 막대형의 '묶은 세로 막대형'을 선택하고, [확인] 버튼을 클릭합니다.

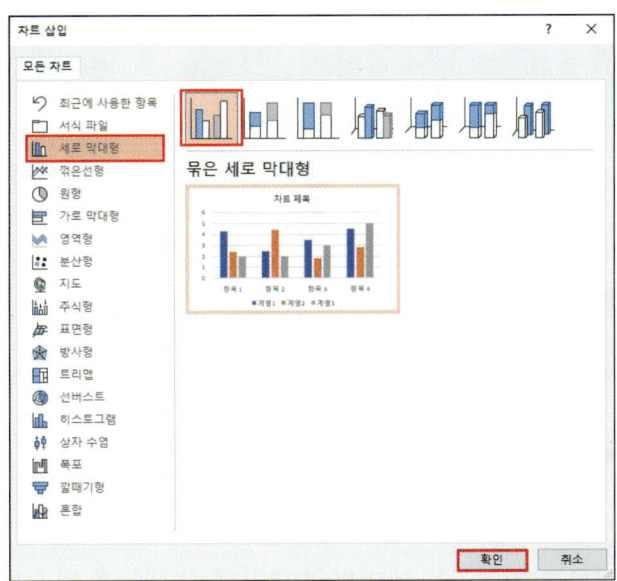

**5** Microsoft PowerPoint의 차트 창이 나타나면 먼저 기본 차트와 데이터 내용을 비교하면서 입력할 항목과 계열을 구분합니다.

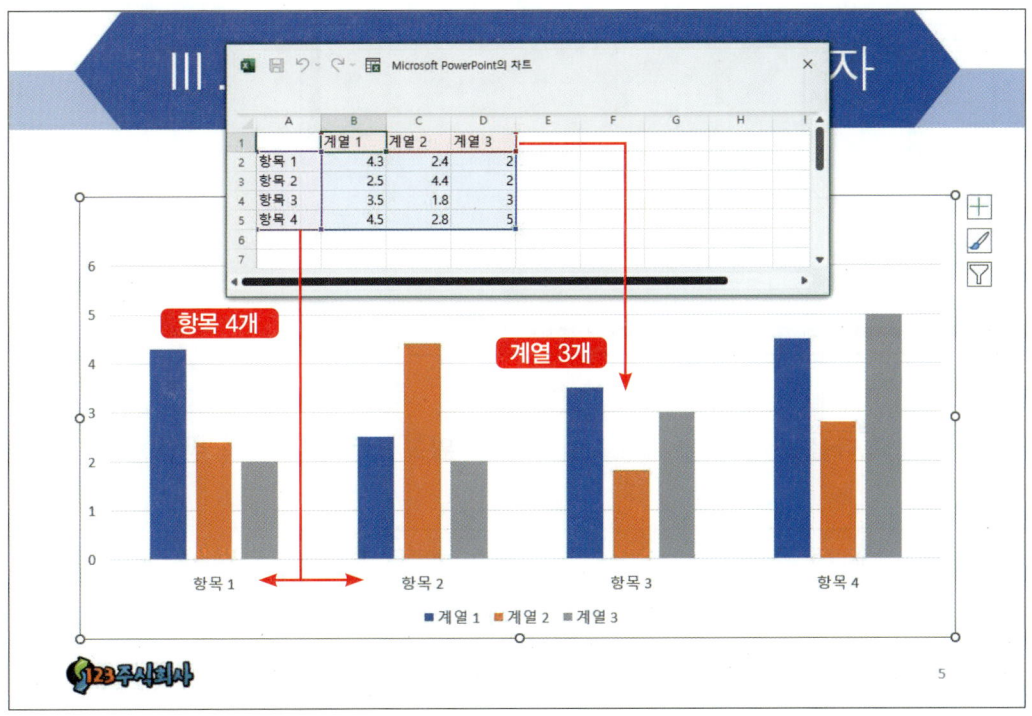

| TIP | **차트 데이터**

차트를 작성하기 위해서는 문제지에 있는 차트의 데이터 계열을 참조하여 워크시트에 데이터를 입력해야 합니다. 이때, 가로 축과 세로 축을 구분하여 데이터를 입력합니다.

**6** 차트에서 항목(1월~9월)이 5개이므로 워크시트 데이터의 크기 조절 핸들을 아래쪽으로 드래그하여 항목을 추가합니다.

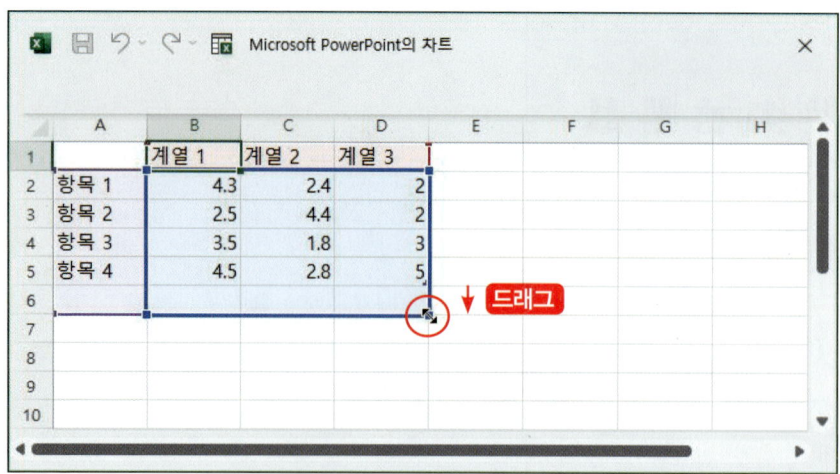

**7** 차트에서 계열(금융기관, 핀테크-IT)은 2개이므로 워크시트 데이터의 크기 조절 핸들을 왼쪽으로 드래그하여 계열 하나를 제거합니다.

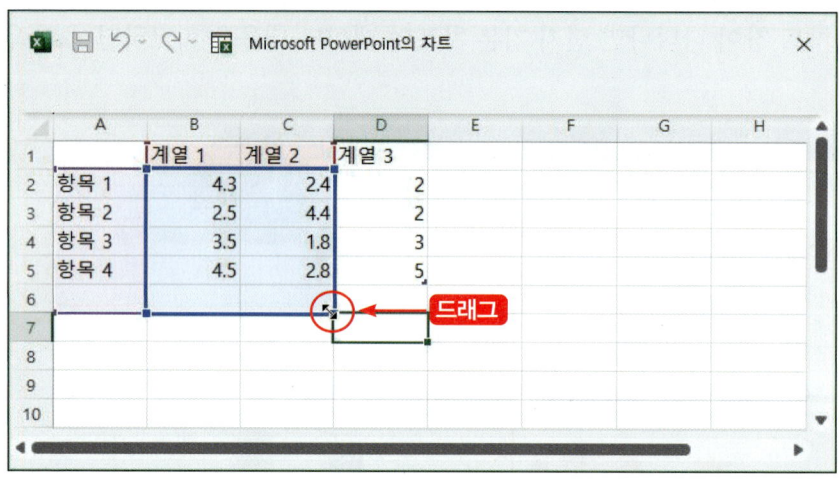

**8** 문제지의 차트를 보고 다음과 같이 데이터를 입력한 후 워크시트 창 오른쪽 상단에서 닫기( ✕ ) 단추를 클릭합니다.

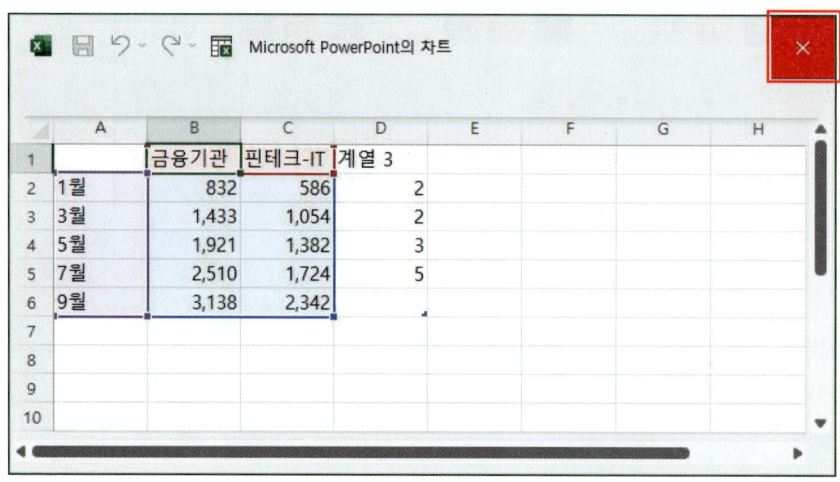

| TIP | **데이터 삭제**

워크시트에서 행이나 열을 삭제할 경우 행/열 머리글에서 마우스 오른쪽 버튼을 클릭하고, [삭제]를 선택해도 됩니다.

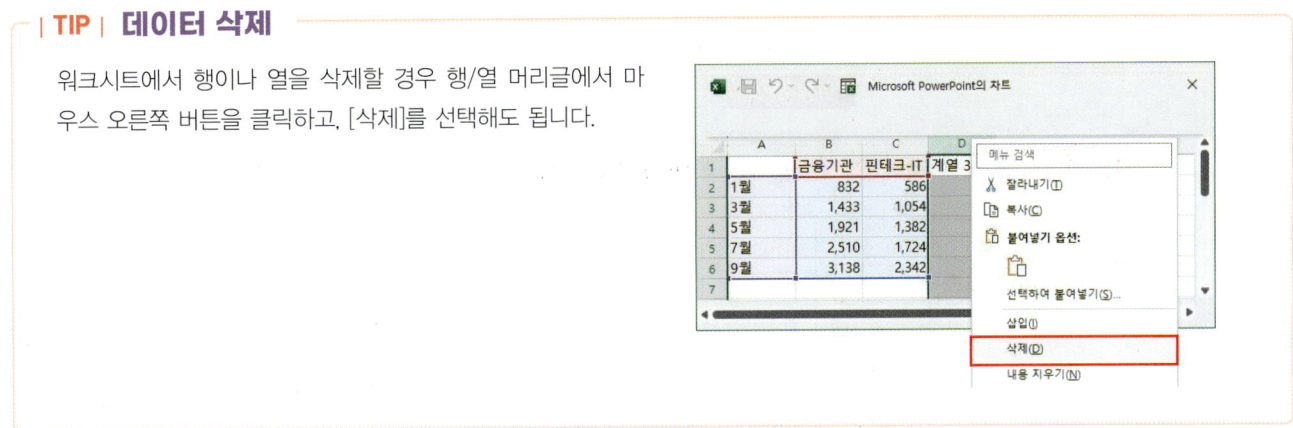

**9** 슬라이드에 차트가 나타나면 [홈] 탭의 [글꼴] 그룹에서 글꼴은 '돋움', 글꼴 크기는 '16'을 각각 지정합니다.

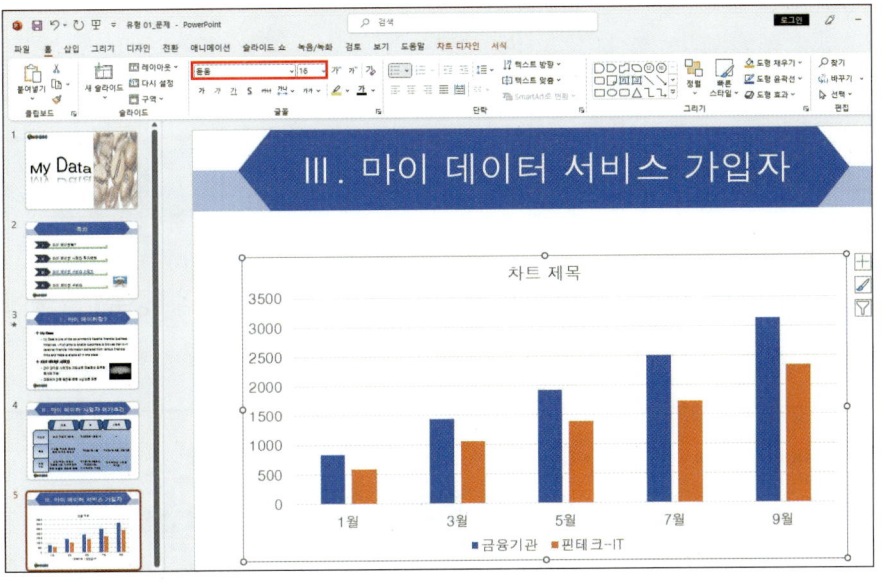

**10** 계속해서 [서식] 탭의 [도형 스타일] 그룹에서 도형 윤곽선( ) 단추를 클릭하고, '검정, 텍스트 1'을 선택합니다.

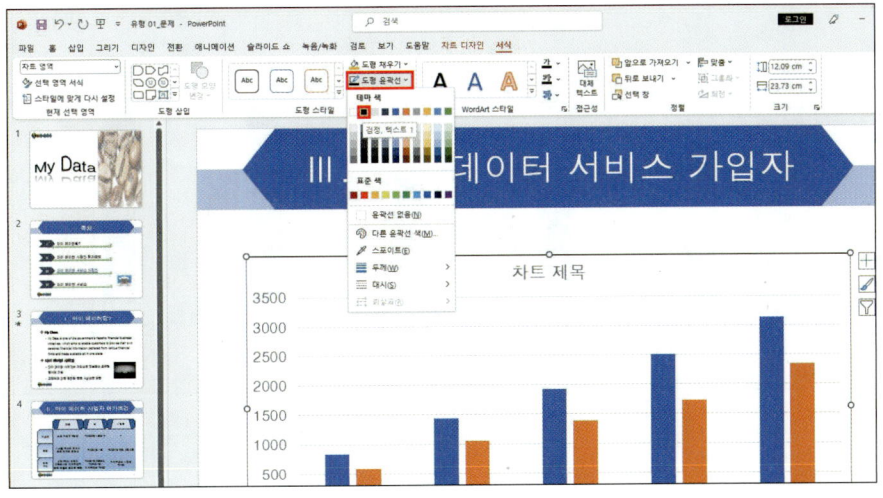

| TIP | **차트의 구성 요소**

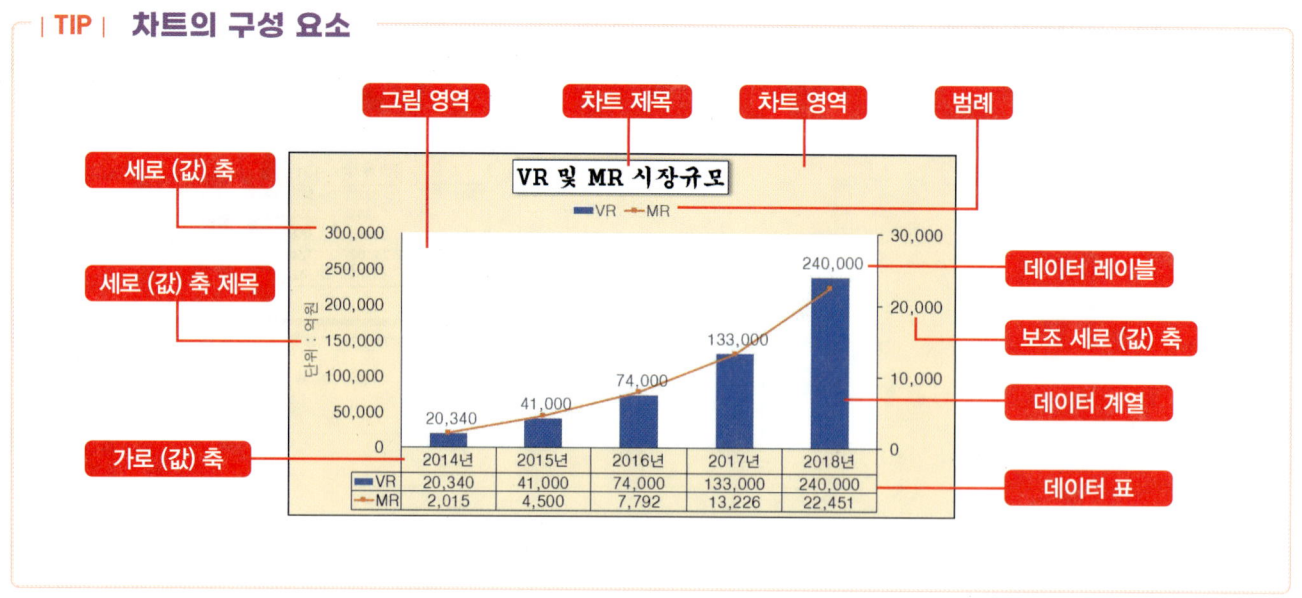

## 유형 잡기 02 차트 편집하기

**1** 차트 종류를 변경하기 위하여 '핀테크-IT' 계열을 선택한 후 [차트 디자인] 탭의 [종류] 그룹에서 차트 종류 변경(차트 종류 변경) 단추를 클릭합니다.

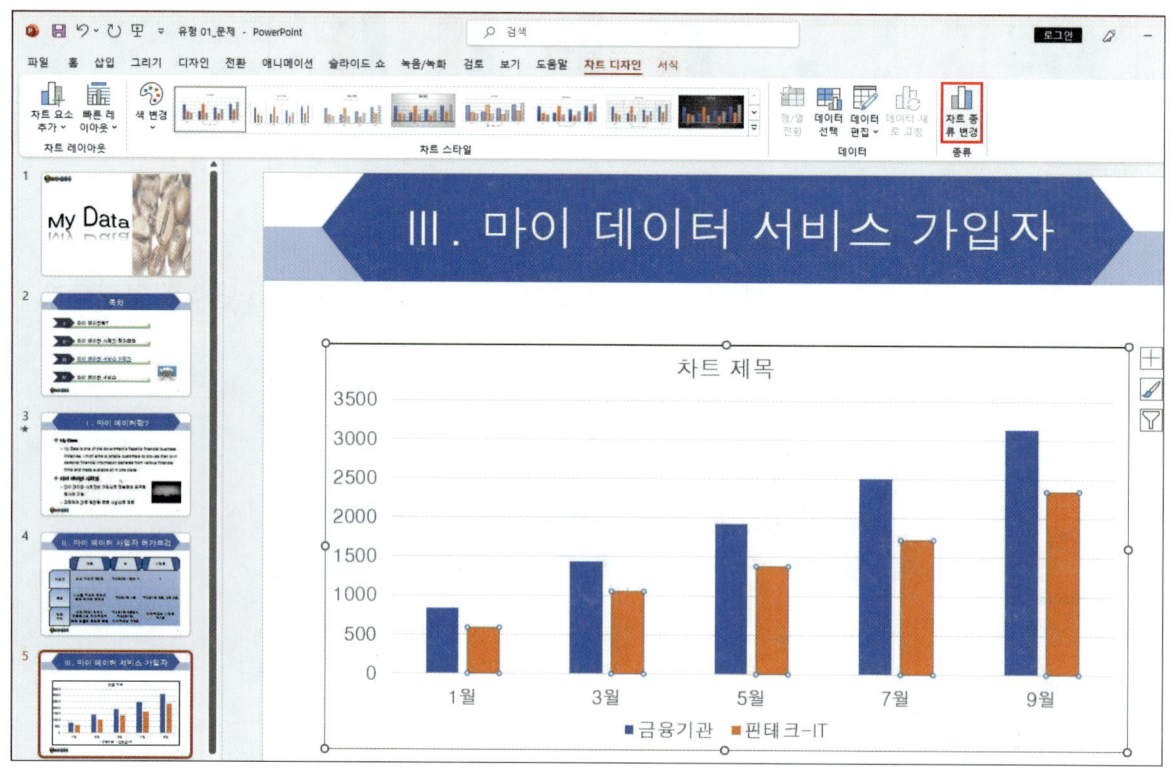

2  [차트 종류 변경] 대화 상자의 [모든 차트] 탭에서 혼합에 있는 '핀테크-IT' 계열의 목록(∨) 단추를 클릭하고, 꺾은선형의 '표식이 있는 꺾은선형'을 선택합니다.

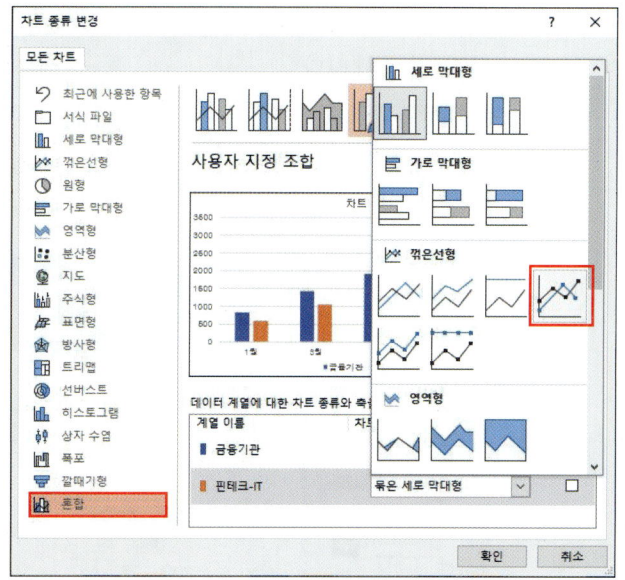

3  계속해서 '핀테크-IT' 계열에 있는 보조 축을 선택하고, [확인] 버튼을 클릭합니다.

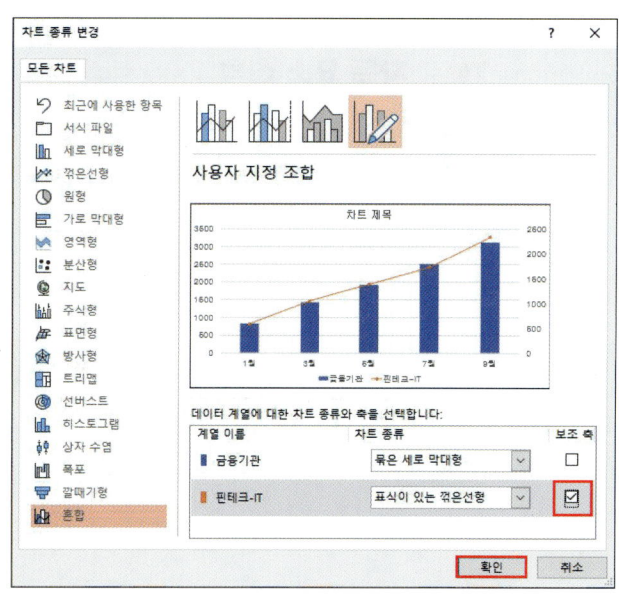

4  차트 제목 안쪽을 클릭한 후 주어진 차트 제목을 입력합니다.

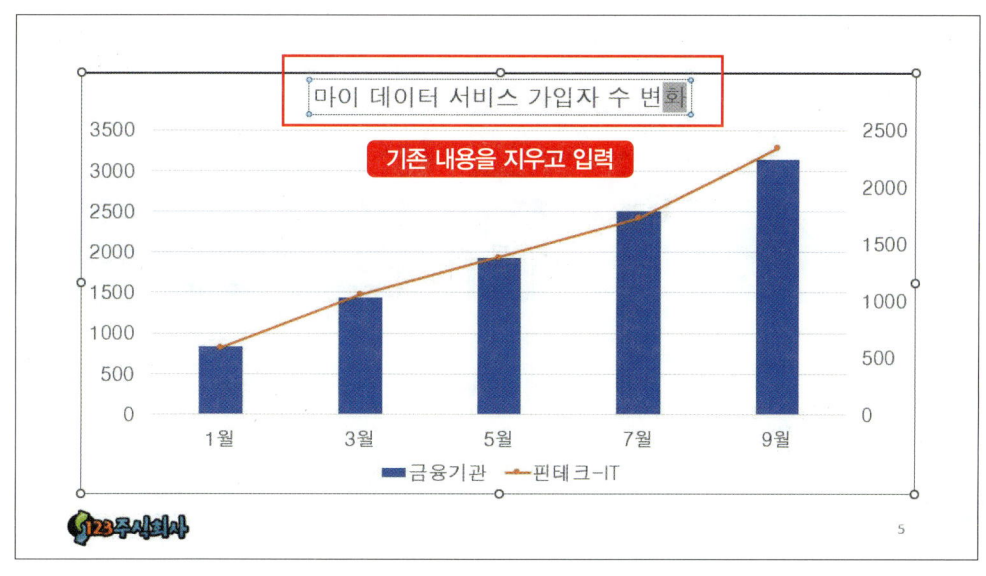

**5** 차트 제목을 선택한 후 [홈] 탭의 [글꼴] 그룹에서 글꼴은 '궁서', 글꼴 크기는 '24', 글꼴 스타일은 '굵게'를 각각 지정합니다.

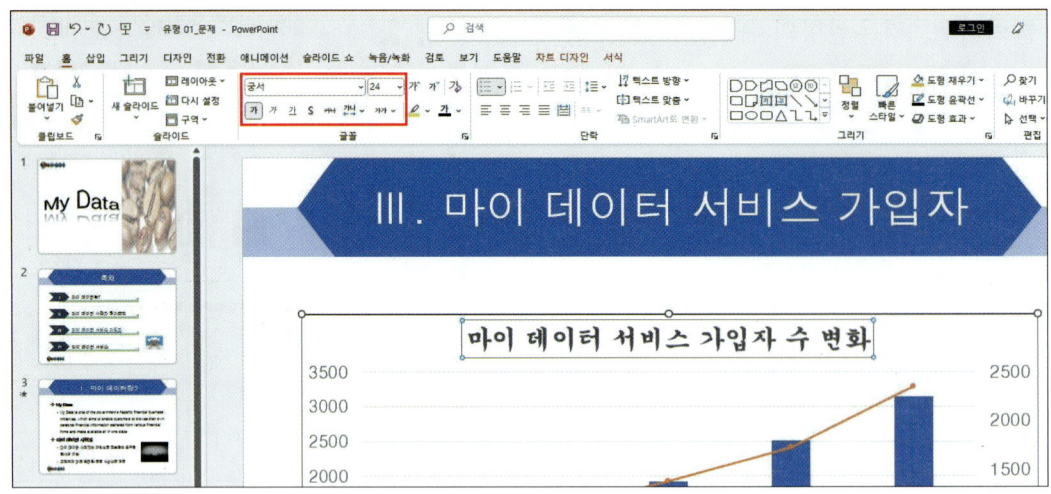

| TIP | **차트 요소 선택**

차트에서 요소를 선택할 경우 차트를 선택한 후 [서식] 탭의 [현재 선택 영역] 그룹에서 차트 요소 목록( ˅ ) 단추를 클릭하고, 필요한 요소를 선택해도 됩니다.

**6** 차트 제목이 선택된 상태에서 [서식] 탭의 [도형 스타일] 그룹에 있는 도형 채우기( 🖌 도형 채우기 ˅ ) 단추를 클릭하고, '흰색, 배경 1'을 선택합니다.

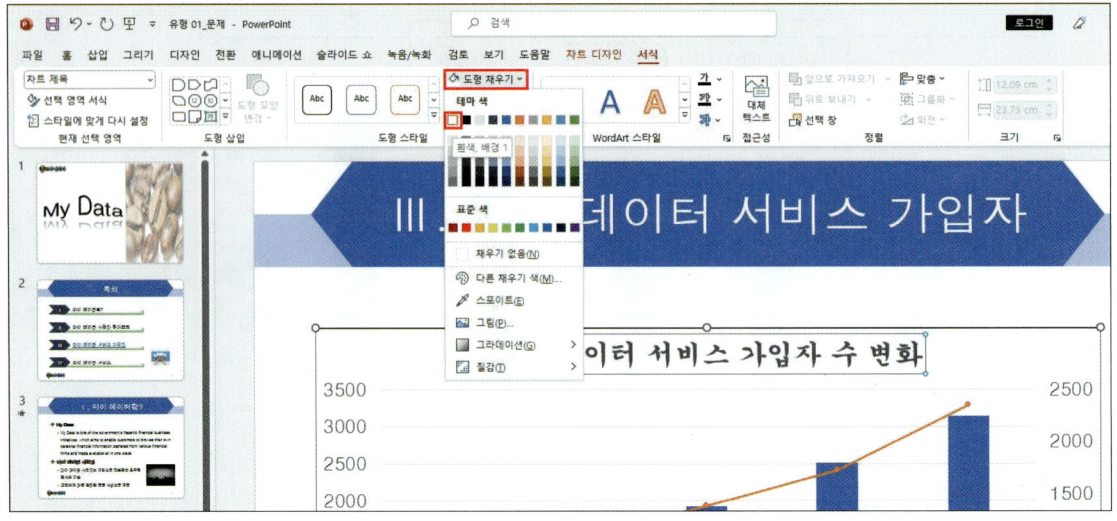

**7** 계속해서 [도형 스타일] 그룹에서 도형 윤곽선( 도형 윤곽선 ) 단추를 클릭하고, '검정, 텍스트 1'을 선택합니다.

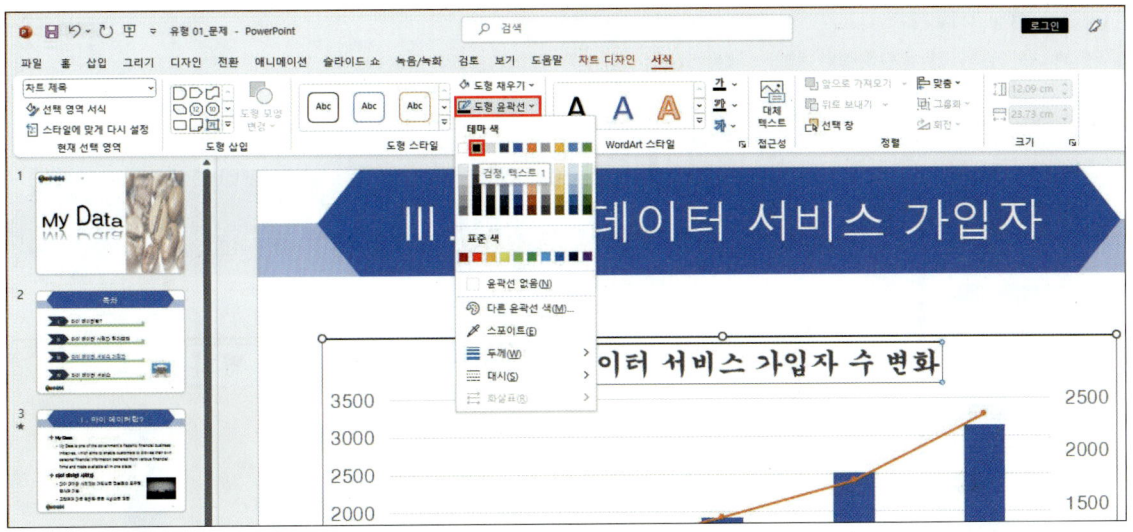

**8** 계속해서 [도형 스타일] 그룹에서 도형 효과( 도형 효과 ) 단추를 클릭하고, [그림자]-[바깥쪽]-[오프셋: 오른쪽]을 선택합니다.

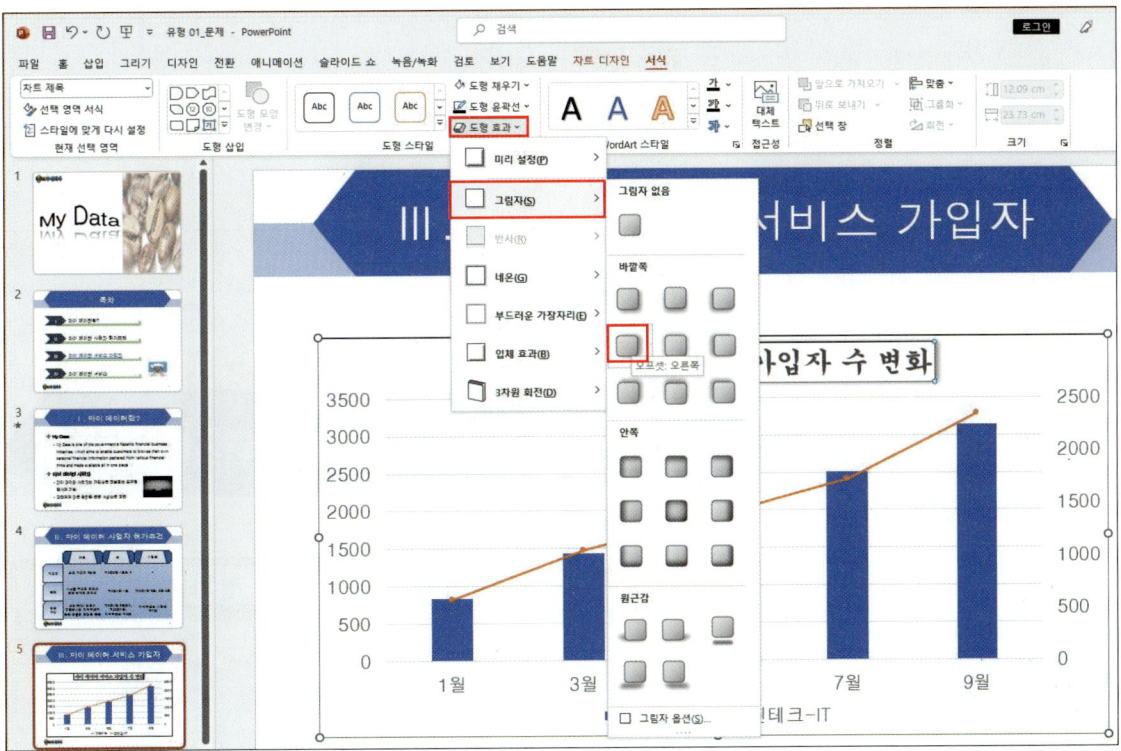

**9** 다시 차트만을 선택한 후 [서식] 탭의 [도형 스타일] 그룹에서 도형 채우기( 도형 채우기 ) 단추를 클릭하고, '노랑'을 선택합니다.

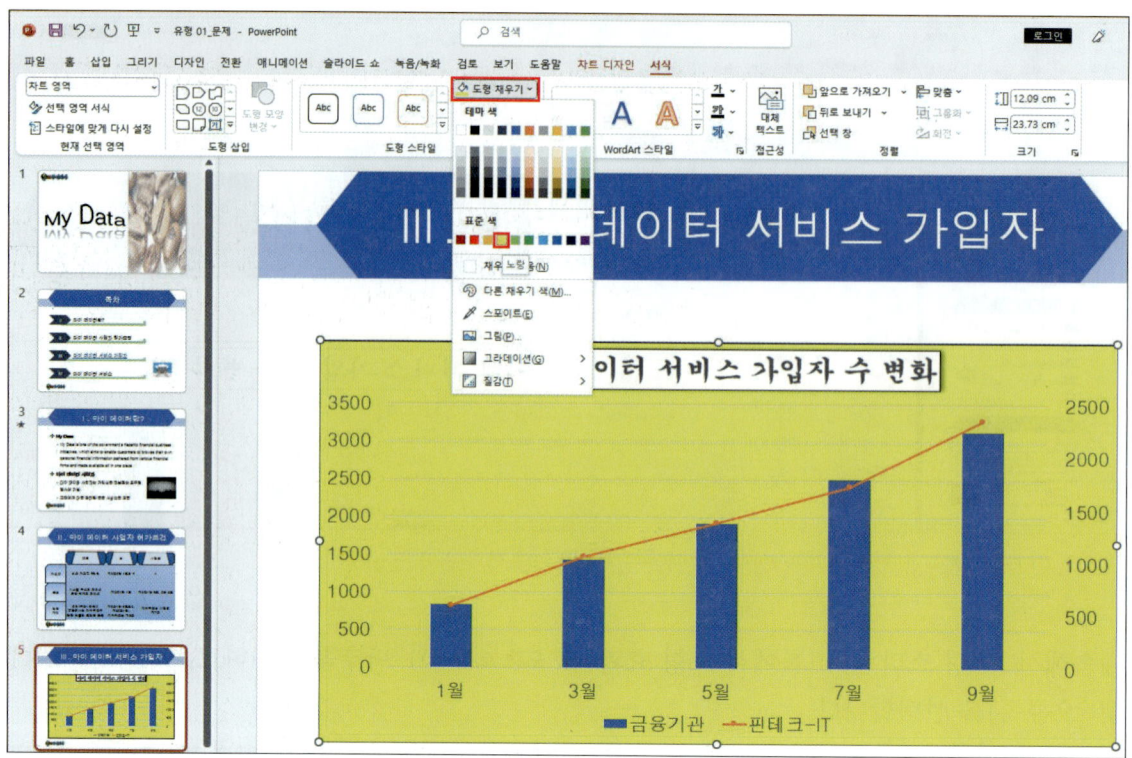

**10** 이번에는 그림 영역만을 선택한 후 [도형 스타일] 그룹에서 도형 채우기( 도형 채우기 ) 단추를 클릭하고, '흰색, 배경 1'을 선택합니다.

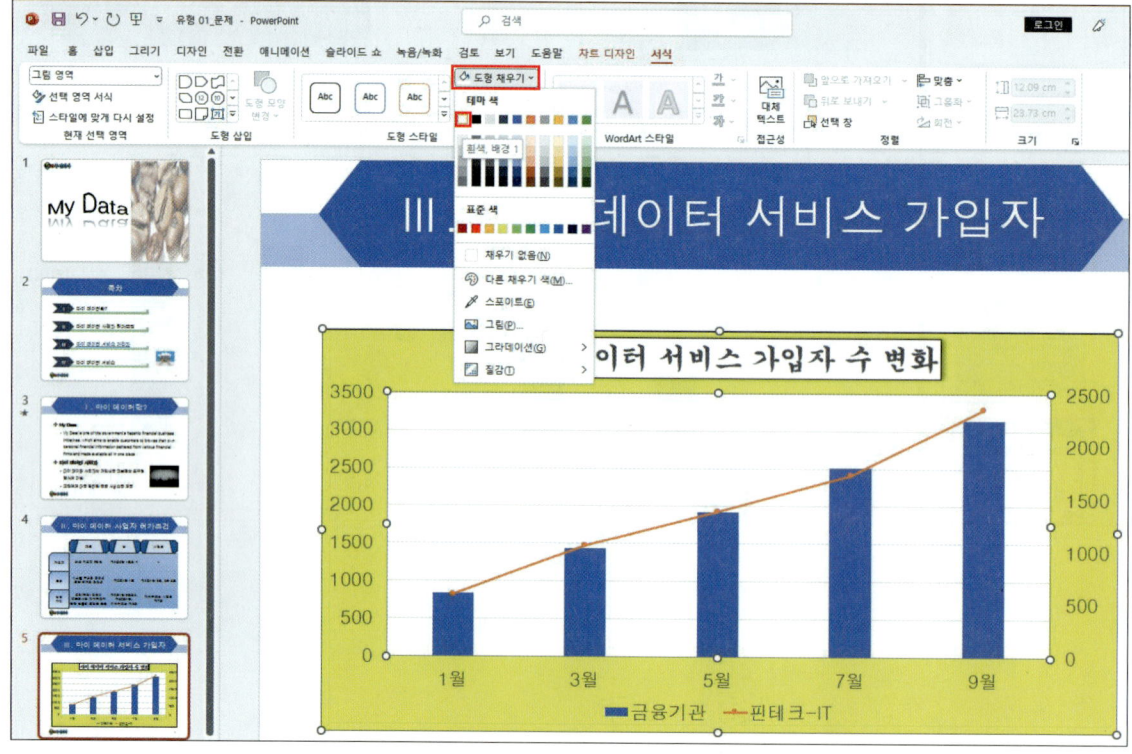

## 유형 잡기 03 차트 레이아웃과 축 서식 지정하기

**1** 차트를 선택한 후 [차트 디자인] 탭의 [차트 레이아웃] 그룹에서 차트 요소 추가 단추를 클릭하고, [범례]-[없음]을 선택합니다.

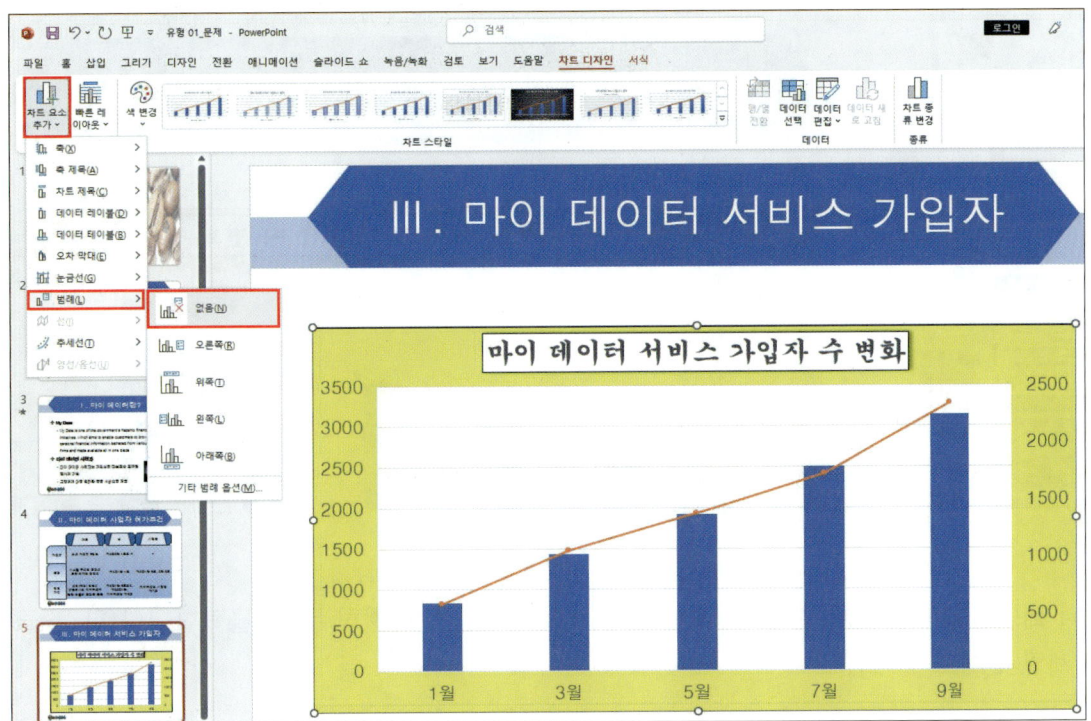

**2** [차트 디자인] 탭의 [차트 레이아웃] 그룹에서 차트 요소 추가 단추를 클릭하고, [데이터 테이블]-[범례 표지 포함]을 선택합니다.

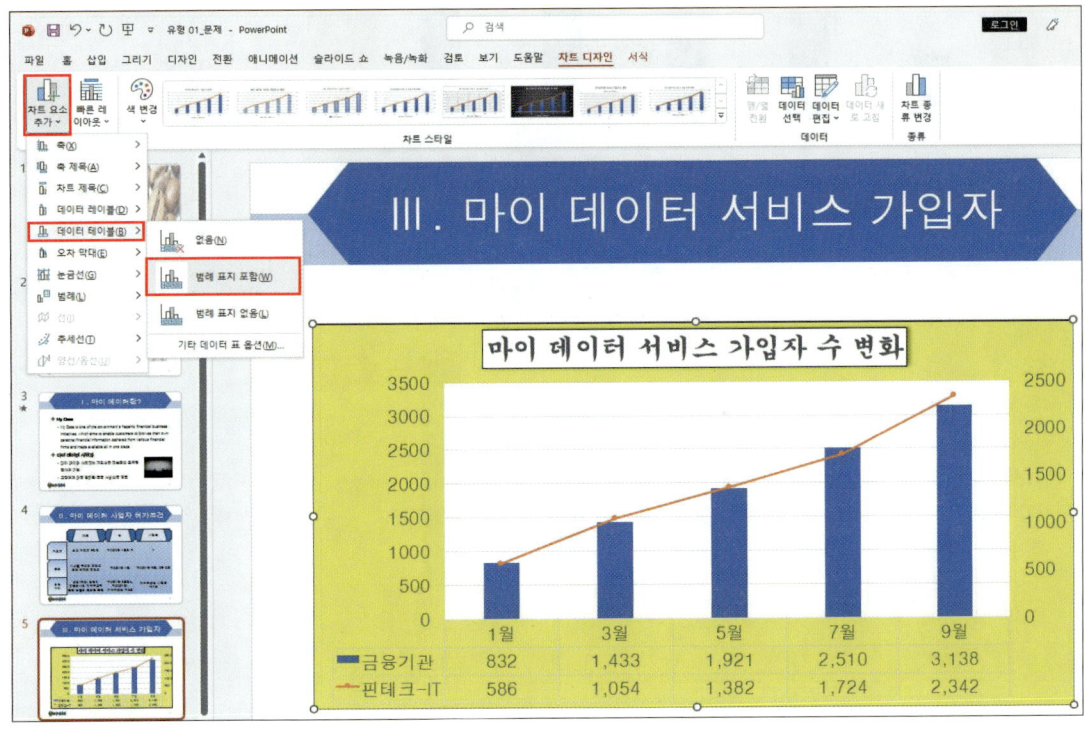

**3** [차트 디자인] 탭의 [차트 레이아웃] 그룹에서 차트 요소 추가( ) 단추를 클릭하고, [눈금선]-[기본 주 가로]를 선택합니다(가로 선 해제).

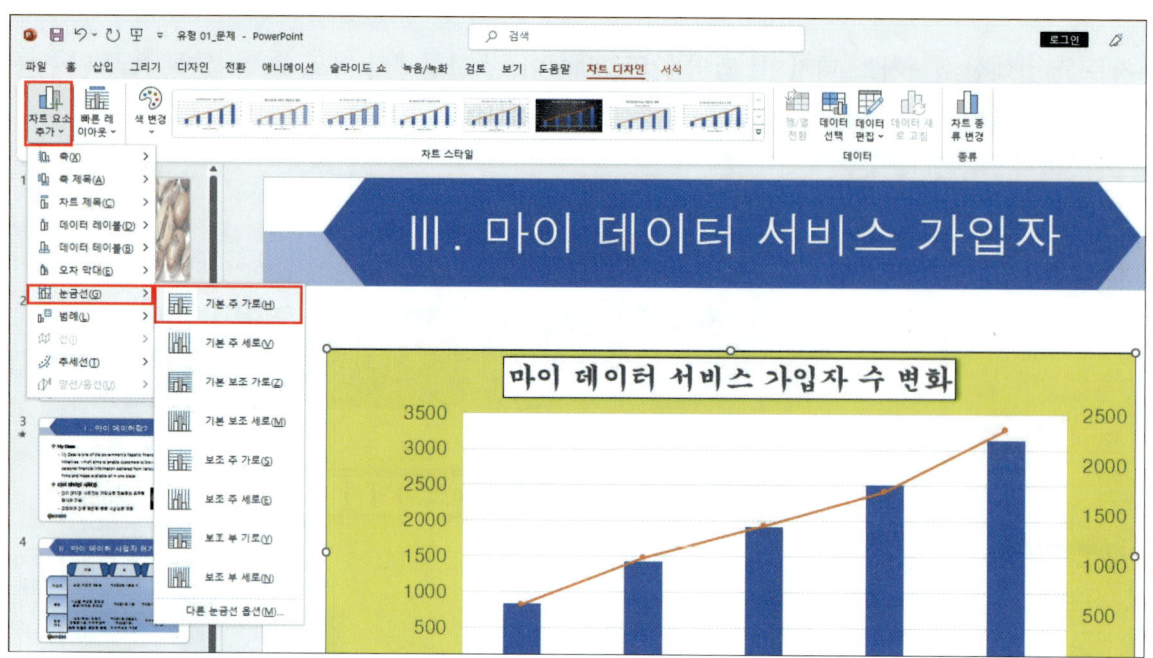

**4** 데이터 레이블을 지정하기 위해서 9월의 금융기관 계열만을 천천히 두 번 클릭합니다(한 번 클릭 시 금융 기관 계열 전체가 선택됨).

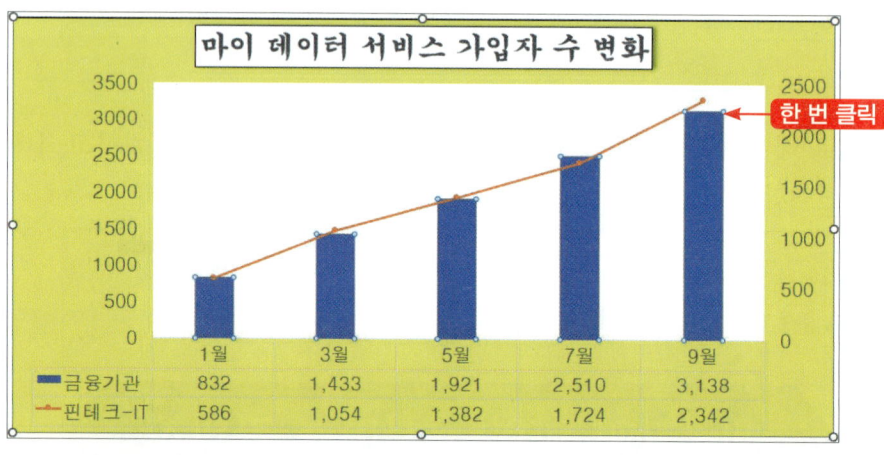

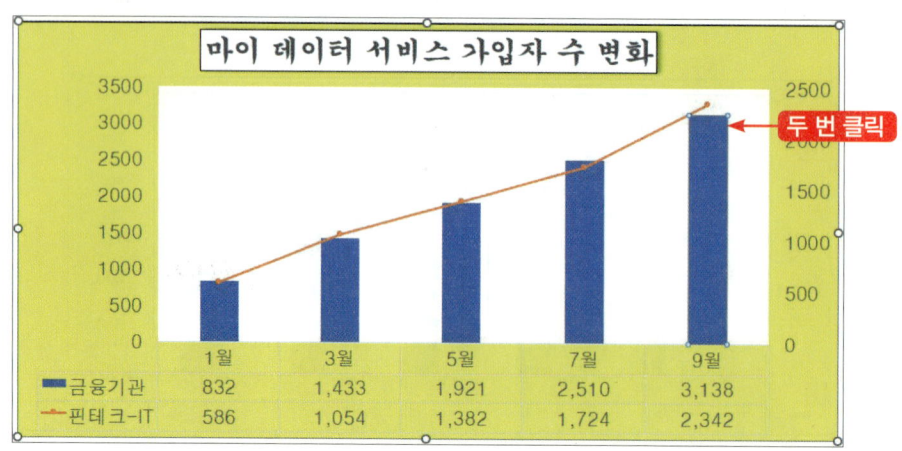

5  [차트 디자인] 탭의 [차트 레이아웃] 그룹에서 차트 요소 추가( ) 단추를 클릭하고, [데이터 레이블]-[바깥쪽 끝에]를 선택합니다.

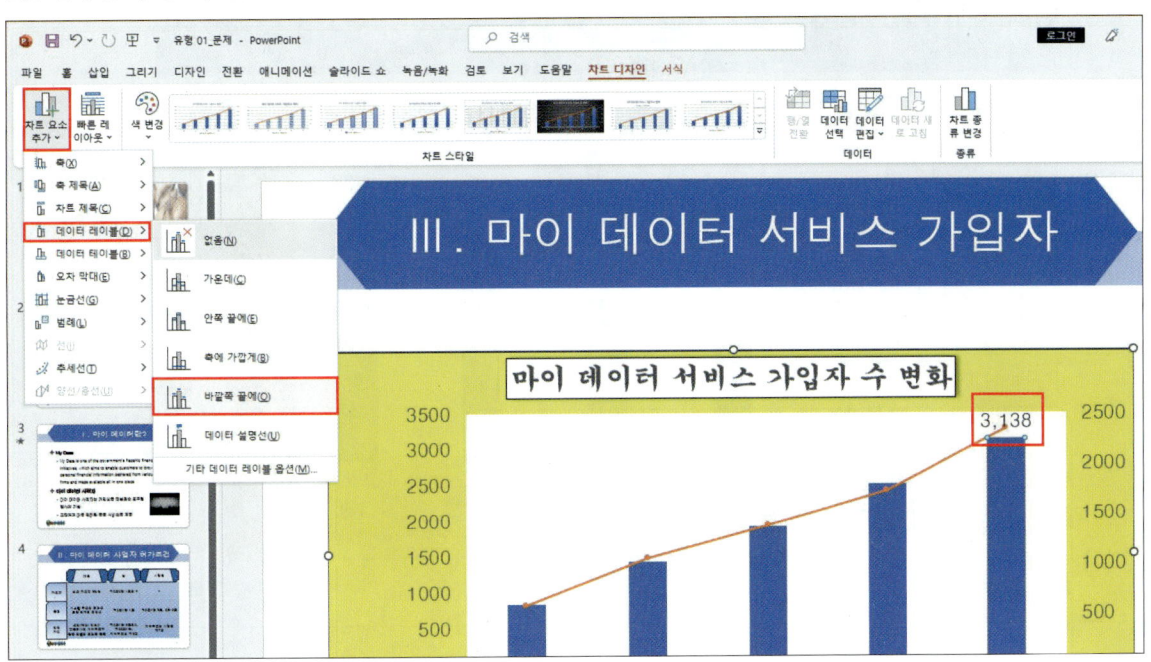

6  차트 레이아웃 작업이 완료되면 차트의 위쪽 크기 조절 핸들을 이용하여 차트 크기를 적당히 조절합니다.

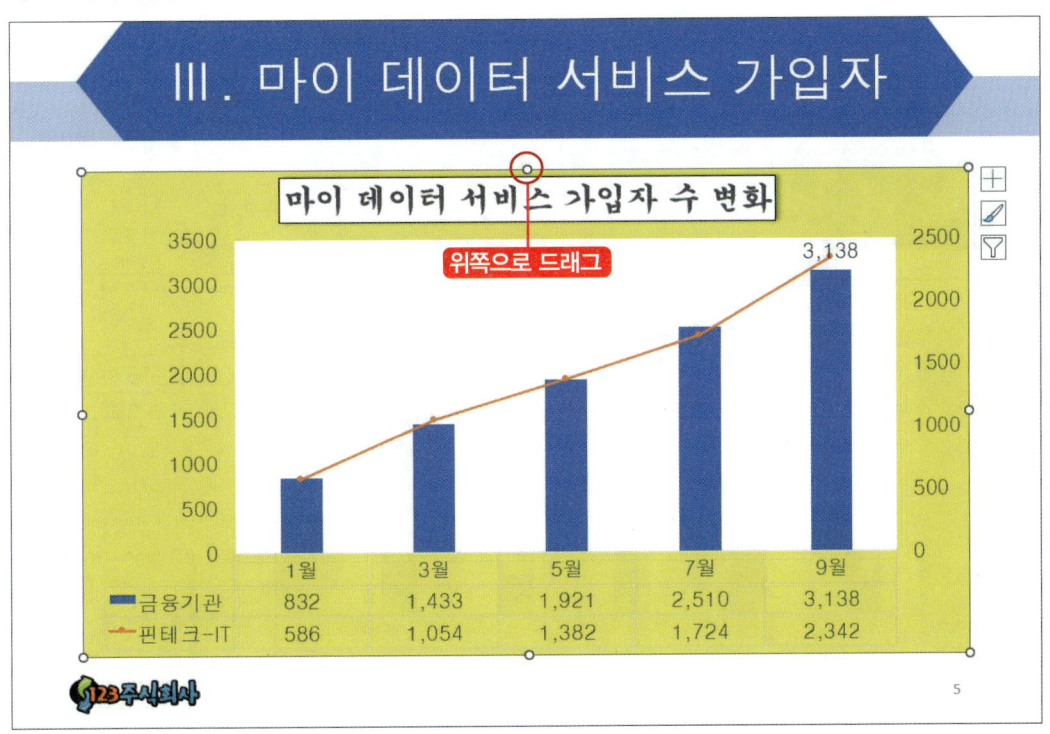

| TIP | 차트 크기

차트의 크기는 지시사항에 따로 없지만 문제지의 ≪출력형태≫를 보고 적당히 크기를 맞춥니다.

**7** 차트에서 세로 (값) 축을 클릭한 후 마우스 오른쪽 버튼을 클릭하고, [축 서식]을 선택합니다.

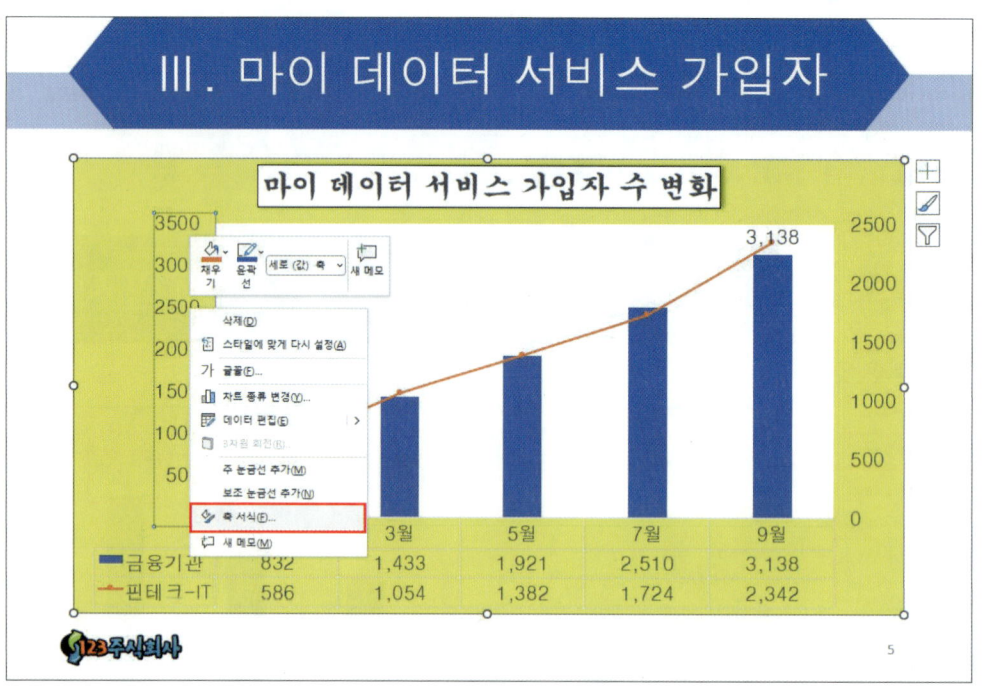

**8** 축 서식 작업창의 표시 형식에서 범주의 목록( ) 단추를 클릭하여 [숫자]를 선택한 후 '1000 단위 구분 기호(,) 사용'의 체크 표시를 확인하고, 닫기( × ) 단추를 클릭합니다.

**9** 이번에는 보조 세로 (값) 축을 클릭한 후 마우스 오른쪽 버튼을 클릭하고, [축 서식]을 선택합니다.

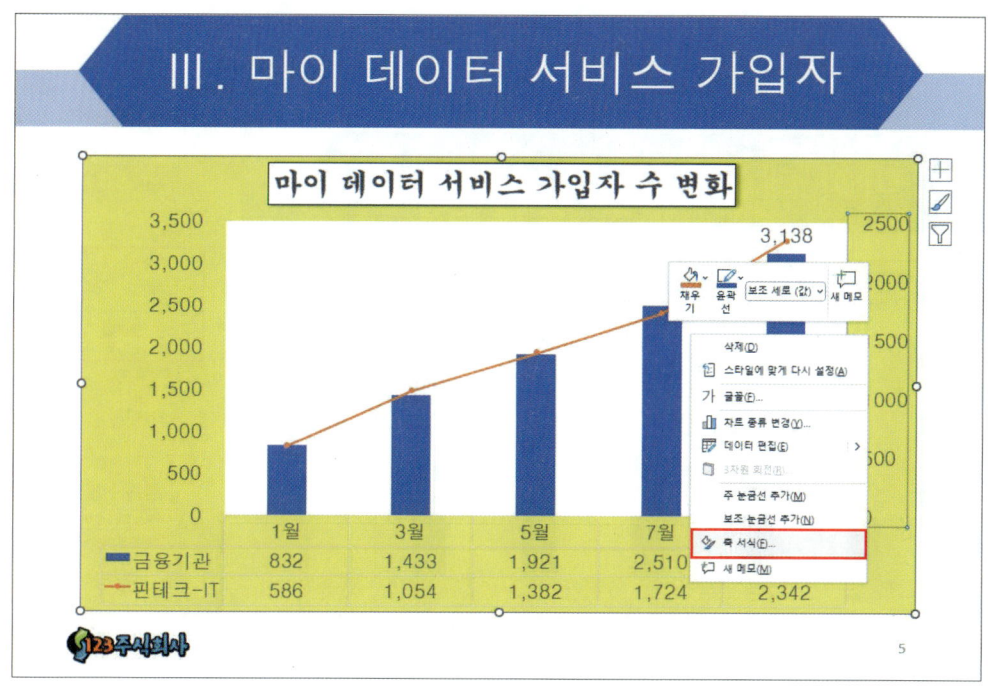

| TIP | 보조 세로 (값) 축

차트의 보조 세로 (값) 축은 지시사항에 따라 없지만 문제지의 ≪출력형태≫를 보고 축의 수치값을 정확히 맞춰야 합니다.

**10** 축 서식 작업창의 축 옵션에서 경계의 최대값에는 '3000', 단위의 기본에는 '1000'을 각각 입력하고, 눈금에서는 주 눈금을 '바깥쪽'으로 선택합니다.

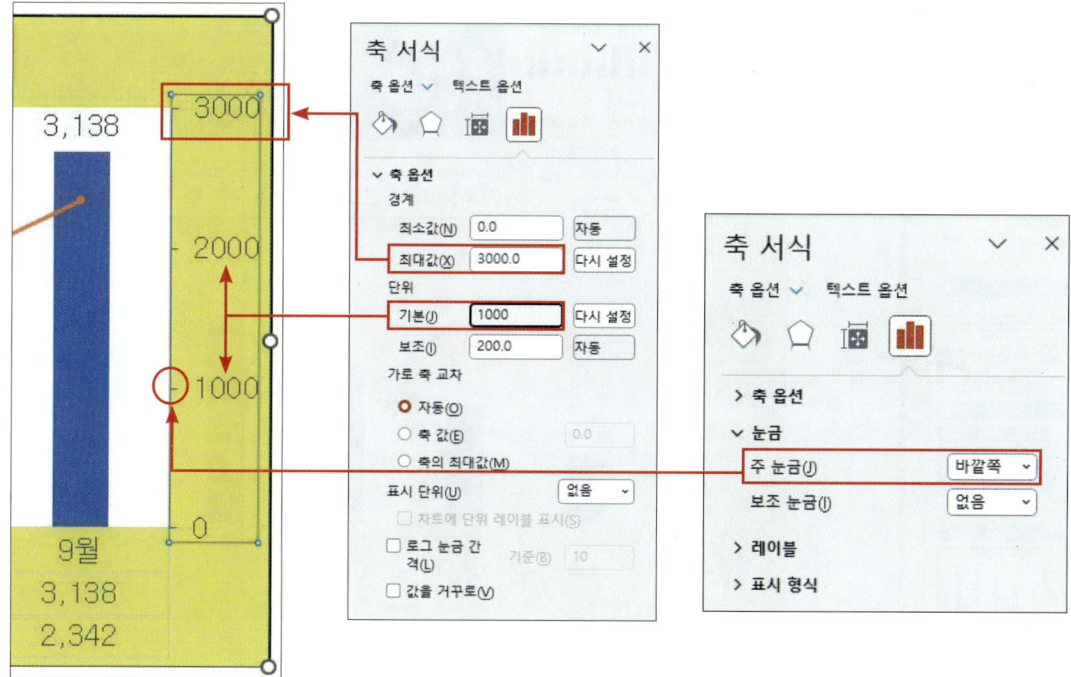

**11** 계속해서 표시 형식에서는 범주의 목록( ) 단추를 클릭하여 [숫자]를 선택한 후 '1000 단위 구분 기호(,) 사용'의 체크 표시를 확인하고, 닫기( × ) 단추를 클릭합니다.

**12** 차트에서 세로 (값) 축을 클릭한 후 [서식] 탭의 [도형 스타일] 그룹에서 도형 윤곽선( 도형 윤곽선 ) 단추를 클릭하고, '검정, 텍스트 1'을 선택합니다.

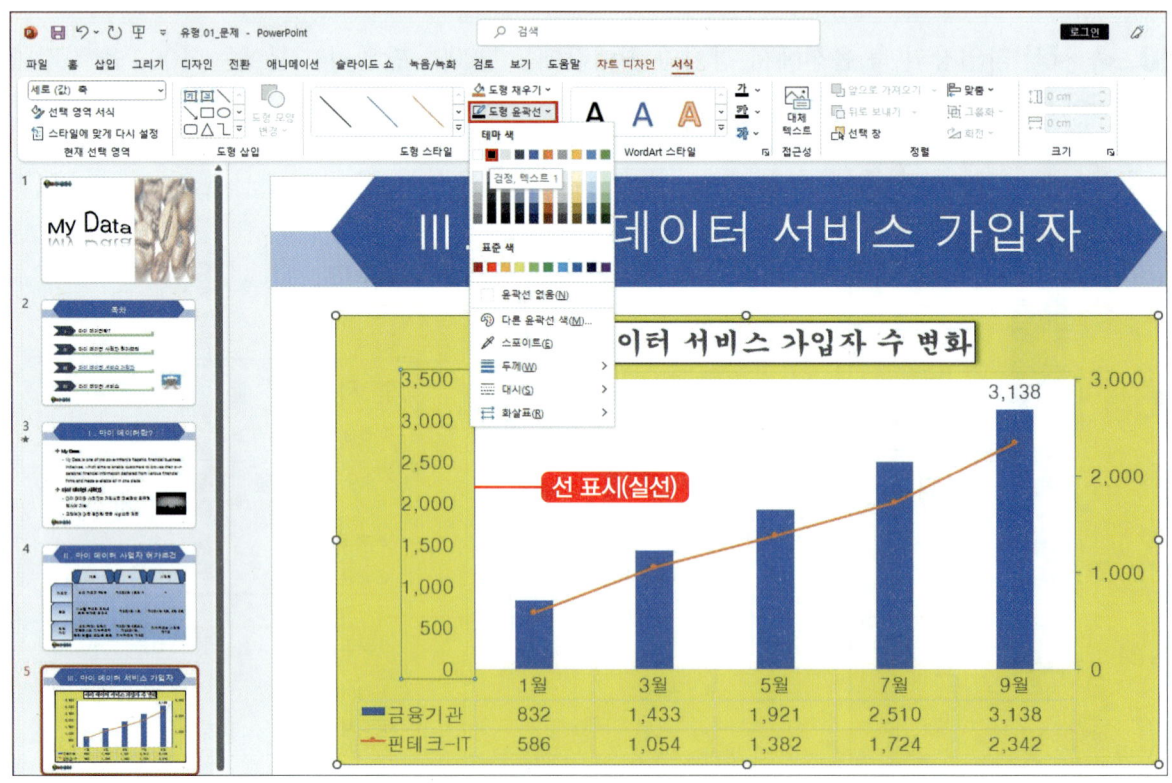

**13** 차트에서 보조 세로 (값) 축을 클릭한 후 [서식] 탭의 [도형 스타일] 그룹에서 도형 윤곽선( 도형 윤곽선 ˅ ) 단추를 클릭하고, '검정, 텍스트 1'을 선택합니다.

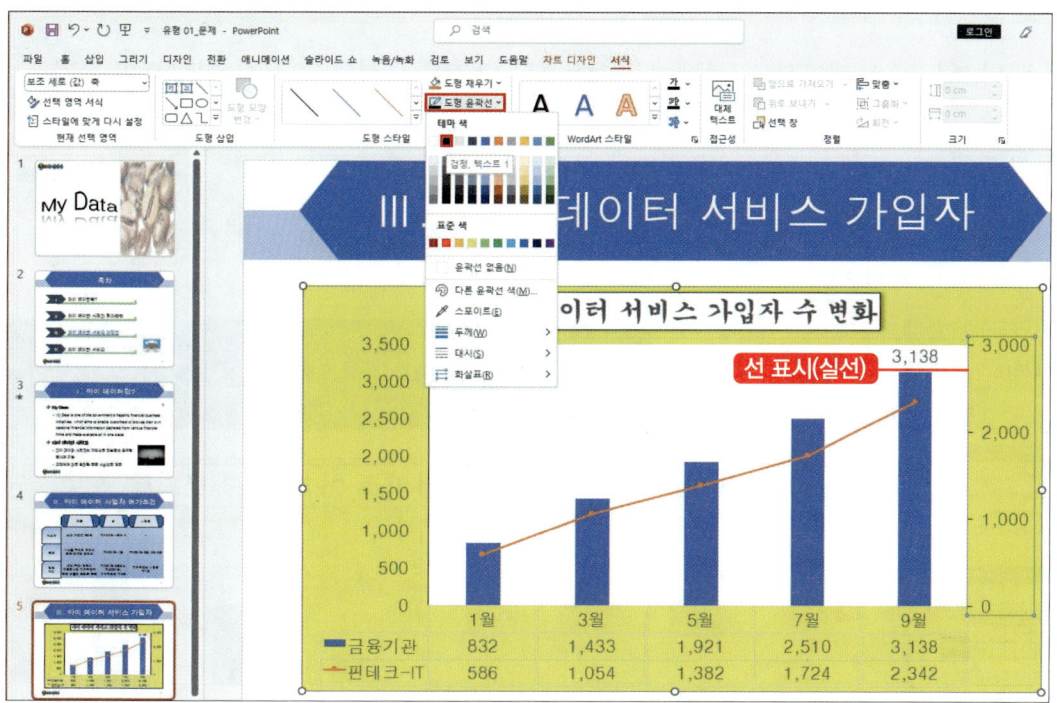

**14** 차트에서 데이터 테이블을 클릭한 후 [서식] 탭의 [도형 스타일] 그룹에서 도형 윤곽선( 도형 윤곽선 ˅ ) 단추를 클릭하고, '검정, 텍스트 1'을 선택합니다.

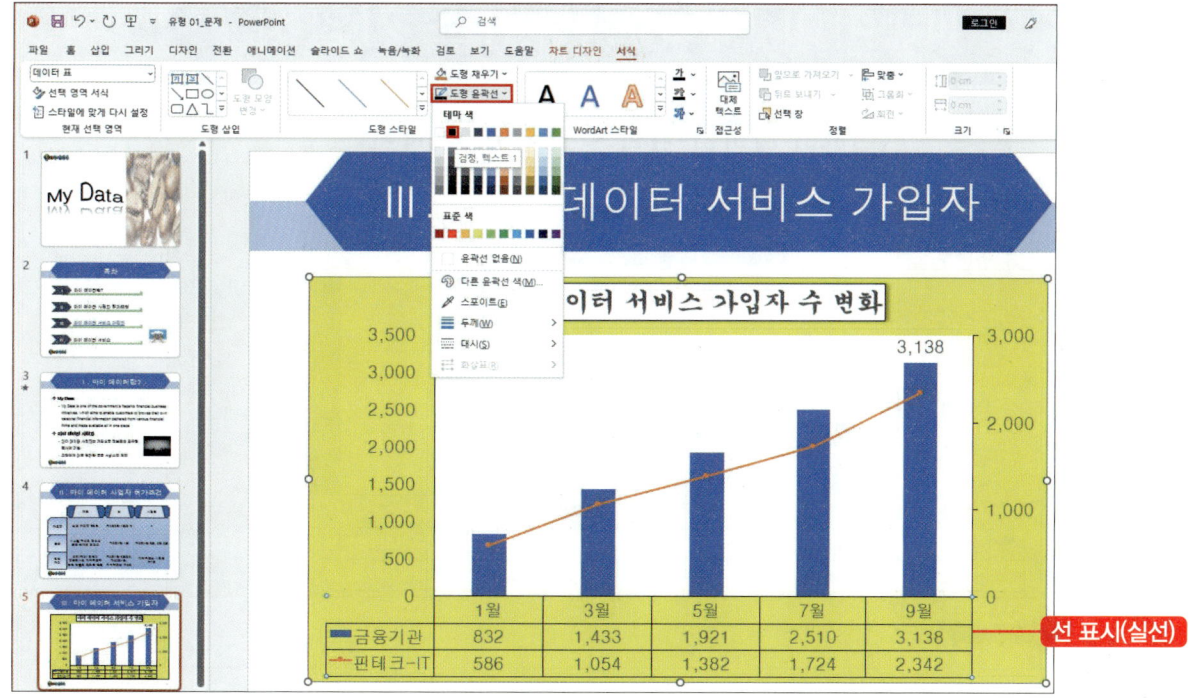

| TIP | 선 표시(실선)

차트의 구성 요소에 대한 선 표시는 지시사항에 따로 없지만 문제지의 ≪출력형태≫를 보고 차트 요소에 선(실선)을 적용합니다.

| 유형 잡기 | 04 차트에 도형 삽입하기 |

**1** [삽입] 탭의 [일러스트레이션] 그룹에서 도형( 도형 ) 단추를 클릭하고, 블록 화살표의 오각형( ▷ )을 선택합니다.

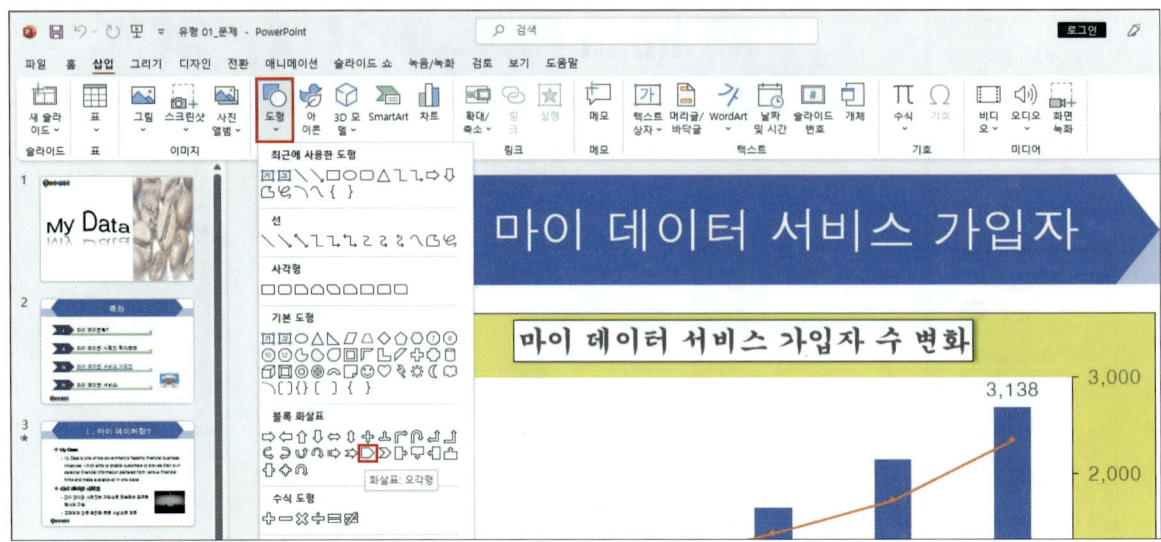

**2** 마우스 포인터가 '+' 모양으로 변경되면 차트의 그림 영역에 적당한 크기로 드래그하여 삽입합니다.

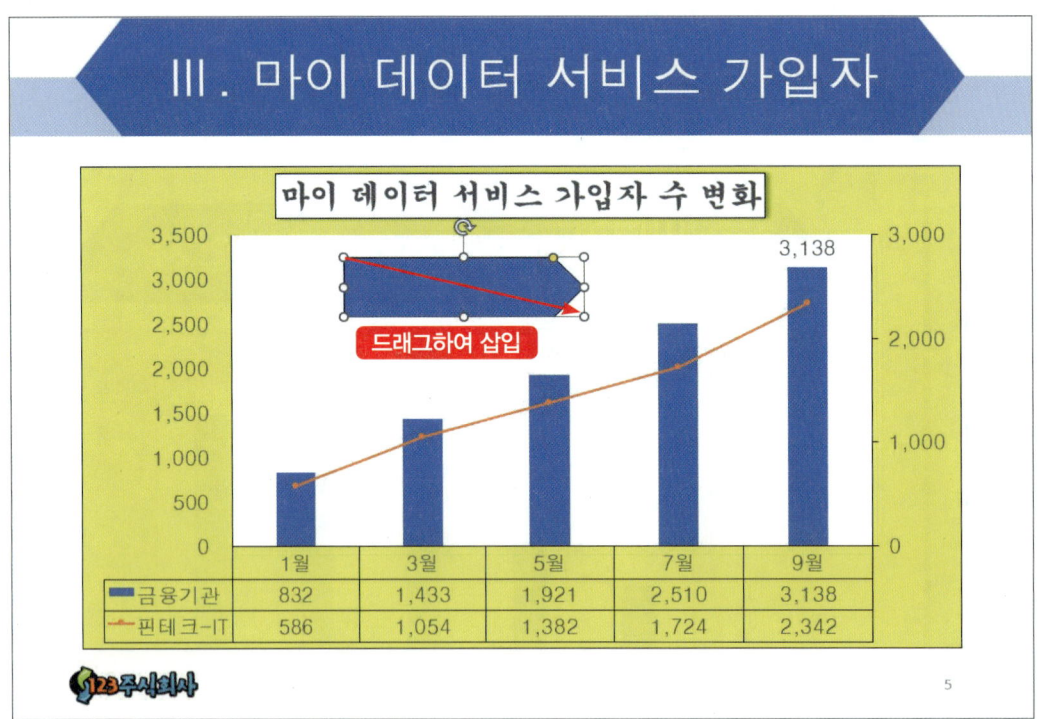

**3** [도형 서식] 탭의 [도형 스타일] 그룹에서 빠른 스타일( ) 단추를 클릭하고, '미세 효과 – 파랑, 강조 1'을 선택합니다.

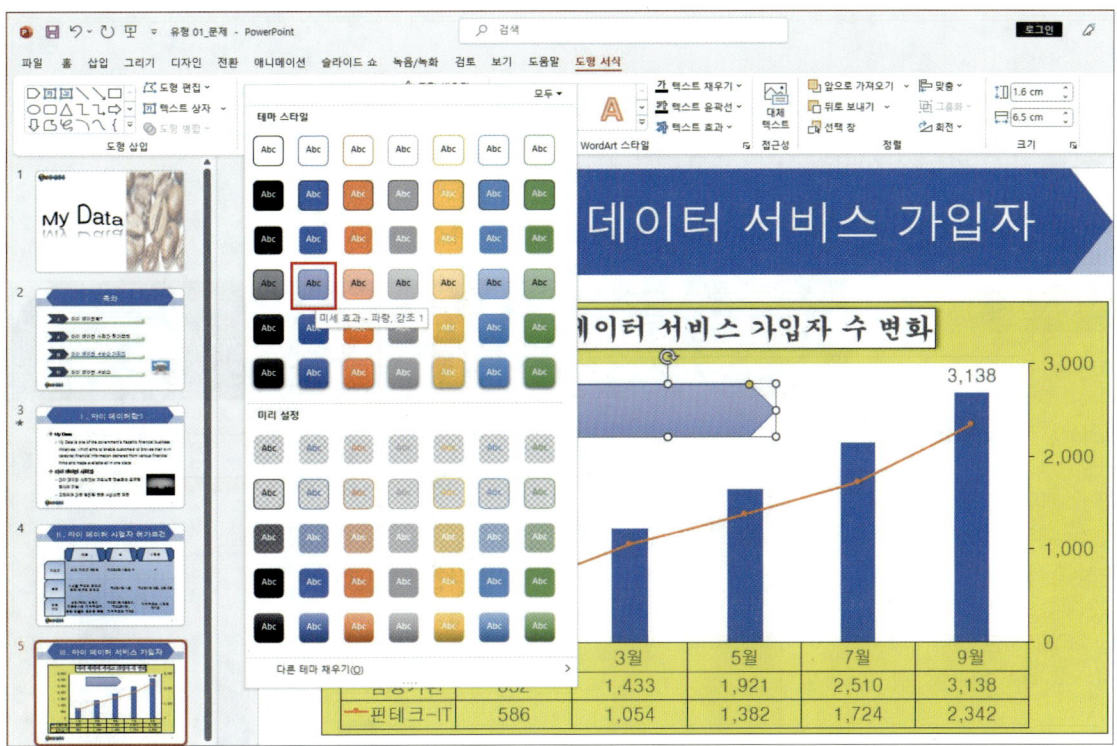

**4** 오각형에 주어진 내용을 입력한 후 [홈] 탭의 [글꼴] 그룹에서 글꼴은 '굴림', 글꼴 크기는 '18'을 각각 지정합니다.

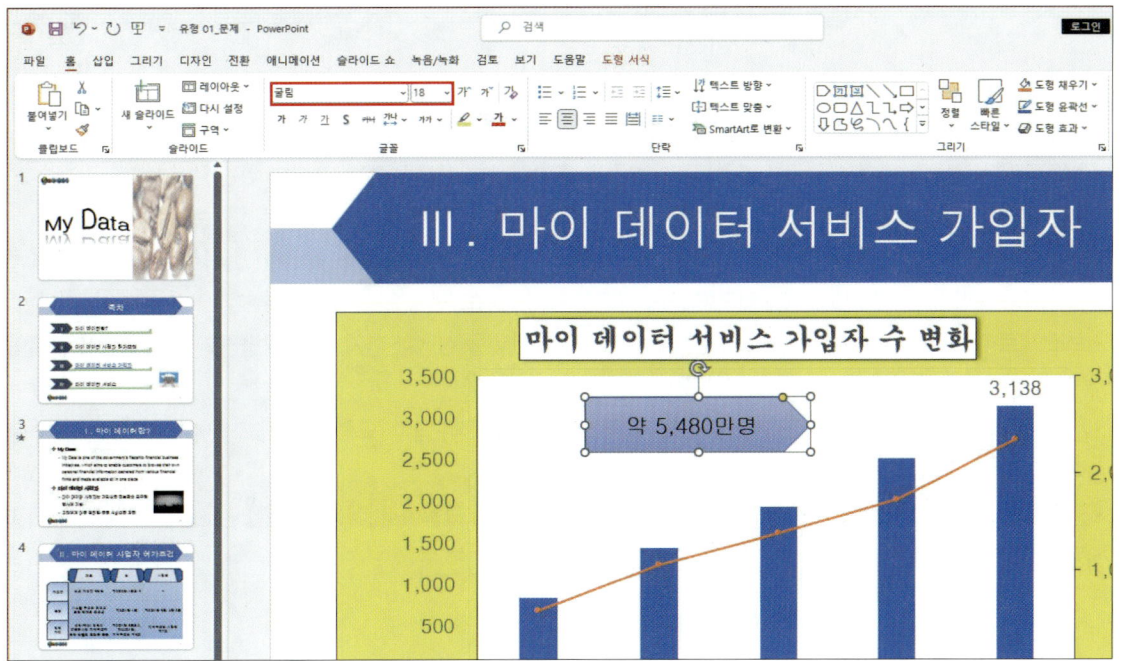

**5** 모든 작업이 완료되면 빠른 실행 도구 모음에서 저장( ) 단추를 클릭하여 완성된 파일을 저장합니다.

## 출제 유형 문제

• 예제 파일 : 유형 분석 06₩유형 02_문제.pptx / • 완성 파일 : 유형 분석 06₩유형 02_완성.pptx

**01** 문제지의 지시사항과 세부조건을 참조하여 《출력형태》에 맞게 작업하시오.

(1) 차트 작성 기능을 이용하여 슬라이드를 작성한다.

(2) 차트 : 종류(묶은 세로 막대형), 글꼴(돋움, 16pt), 외곽선

### 세부조건

※ 차트 설명
- 차트 제목 : 궁서, 24pt, 굵게, 채우기(흰색), 테두리, 그림자(오프셋 오른쪽)
- 차트 영역 : 채우기(노랑) 그림 영역 : 채우기(흰색)
- 데이터 서식 : MR 계열을 표식이 있는 꺾은선형으로 변경 후 보조 축으로 지정
- 값 표시 : 2024년의 MR 계열만

① 도형 삽입
- 스타일 : 미세 효과 – 파랑, 강조 1
- 글꼴 : 굴림, 18pt

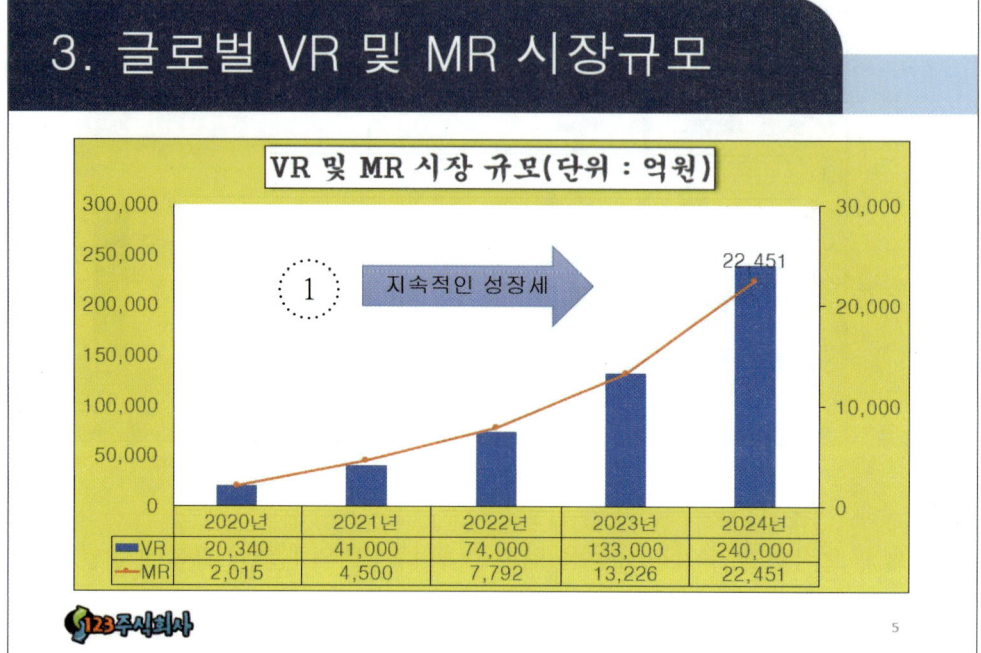

### Hint

- Microsoft PowerPoint의 차트 창에서 항목(2020년~2024년)과 계열(VR, MR)을 입력합니다.
- 'MR' 계열을 선택한 후 [차트 종류 변경] 대화 상자의 혼합에서 해당 계열에만 '표식이 있는 꺾은선형'과 '보조 축'을 선택합니다.
- [차트 디자인] 탭의 [차트 레이아웃] 그룹에서 [차트 요소 추가] 단추를 클릭하고, [범례]-[없음]/[데이터 테이블]-[범례 표지 포함]/[눈금선]-[기본 주 가로]/[데이터 레이블]-[위쪽]을 각각 선택합니다.
- 보조 세로 (값) 축에서 마우스 오른쪽 버튼을 클릭하고, [축 서식]을 선택한 후 축 서식 작업창의 축 옵션에서 경계의 최대값에는 '30000', 단위의 기본에는 '10000'을 각각 입력합니다.
- 세로 (값) 축/보조 세로 (값) 축/데이터 테이블을 각각 클릭한 후 [서식] 탭의 [도형 스타일] 그룹에서 [도형 윤곽선] 단추를 클릭하고, '검정, 텍스트 1'을 선택합니다.
- 블록 화살표의 '오른쪽'을 삽입한 후 [도형 서식] 탭의 [도형 스타일] 그룹에서 [빠른 스타일] 단추를 클릭하고, '미세 효과 - 파랑, 강조 1'을 선택합니다.

## 출제 유형 문제

• 예제 파일 : 유형 분석 06₩유형 03_문제.pptx • 완성 파일 : 유형 분석 06₩유형 03_완성.pptx

**02** 문제지의 지시사항과 세부조건을 참조하여 《출력형태》에 맞게 작업하시오.

(1) 차트 작성 기능을 이용하여 슬라이드를 작성한다.

(2) 차트 : 종류(묶은 세로 막대형), 글꼴(굴림, 16pt), 외곽선

### 세부조건

※ 차트 설명
- 차트 제목 : 돋움, 24pt, 굵게, 채우기(흰색), 테두리, 그림자(오프셋 아래쪽)
- 차트 영역 : 채우기(노랑) 그림 영역 : 채우기(흰색)
- 데이터 서식 : 구매경험 있음 계열을 표식이 있는 꺾은선형으로 변경 후 보조 축으로 지정
- 값 표시 : 30대의 구매경험 있음 계열만

① 도형 삽입
- 스타일 : 미세 효과 – 파랑, 강조 1
- 글꼴 : 돋움, 18pt

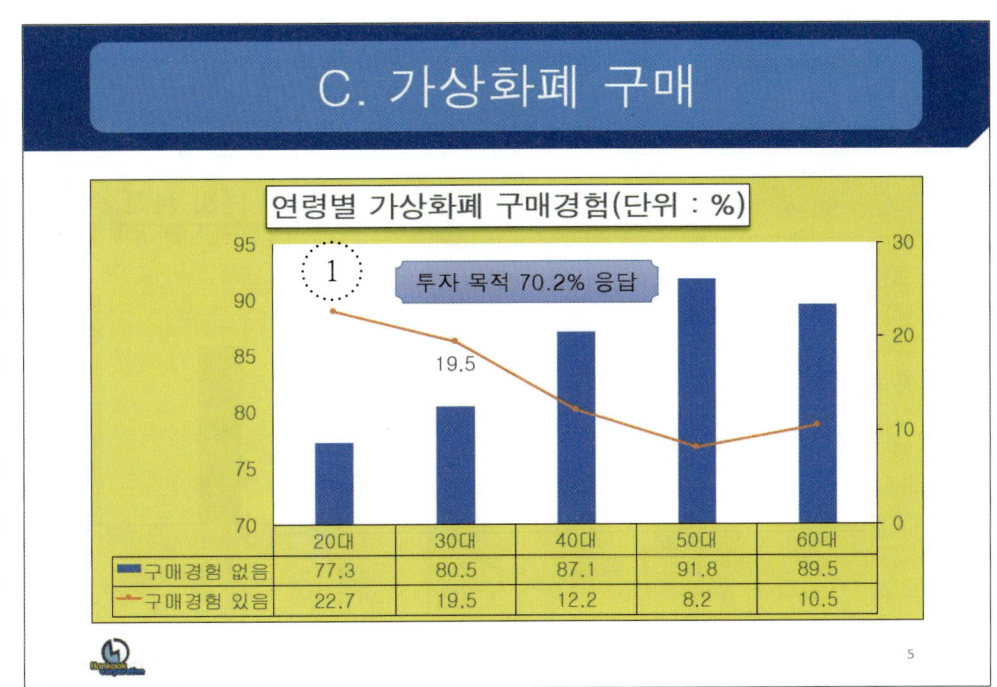

### Hint

- Microsoft PowerPoint의 차트 창에서 항목(20대~60대)과 계열(구매경험 없음, 구매경험 있음)을 입력합니다.
- '구매경험 있음' 계열을 선택한 후 [차트 종류 변경] 대화 상자의 혼합에서 해당 계열에만 '표식이 있는 꺾은선형'과 '보조 축'을 선택합니다.
- [차트 디자인] 탭의 [차트 레이아웃] 그룹에서 [차트 요소 추가] 단추를 클릭하고, [범례]-[없음]/[데이터 테이블]-[범례 표지 포함]/[눈금선]-[기본 주 가로]/[데이터 레이블]-[아래쪽]을 각각 선택합니다.
- 보조 세로 (값) 축에서 마우스 오른쪽 버튼을 클릭하고, [축 서식]을 선택한 후 축 서식 작업창의 축 옵션에서 경계의 최대값에는 '30', 단위의 기본에는 '10'을 각각 입력합니다. 계속해서 눈금에서는 주 눈금을 '바깥쪽'으로 선택합니다.
- 세로 (값) 축/보조 세로 (값) 축/데이터 테이블을 각각 클릭한 후 [서식] 탭의 [도형 스타일] 그룹에서 [도형 윤곽선] 단추를 클릭하고, '검정, 텍스트 1'을 선택합니다.
- 기본 도형의 '배지'를 삽입한 후 [도형 서식] 탭의 [도형 스타일] 그룹에서 [빠른 스타일] 단추를 클릭하고, '미세 효과 - 파랑, 강조 1'을 선택합니다.

## 출제 유형 문제

• 예제 파일 : 유형 분석 06₩유형 04_문제.pptx / • 완성 파일 : 유형 분석 06₩유형 04_완성.pptx

**03** 문제지의 지시사항과 세부조건을 참조하여 《출력형태》에 맞게 작업하시오.

(1) 차트 작성 기능을 이용하여 슬라이드를 작성한다.

(2) 차트 : 종류(묶은 세로 막대형), 글꼴(돋움, 16pt), 외곽선

### 세부조건

※ 차트 설명
- 차트 제목 : 굴림, 24pt, 굵게, 채우기(흰색), 테두리, 그림자(오프셋 오른쪽 아래)
- 차트 영역 : 채우기(노랑) 그림 영역 : 채우기(흰색)
- 데이터 서식 : 여자 계열을 표식이 있는 꺾은선형으로 변경 후 보조 축으로 지정
- 값 표시 : 2023년의 여자 계열만

① 도형 삽입
- 스타일 : 미세 효과 - 주황, 강조 2
- 글꼴 : 궁서, 18pt

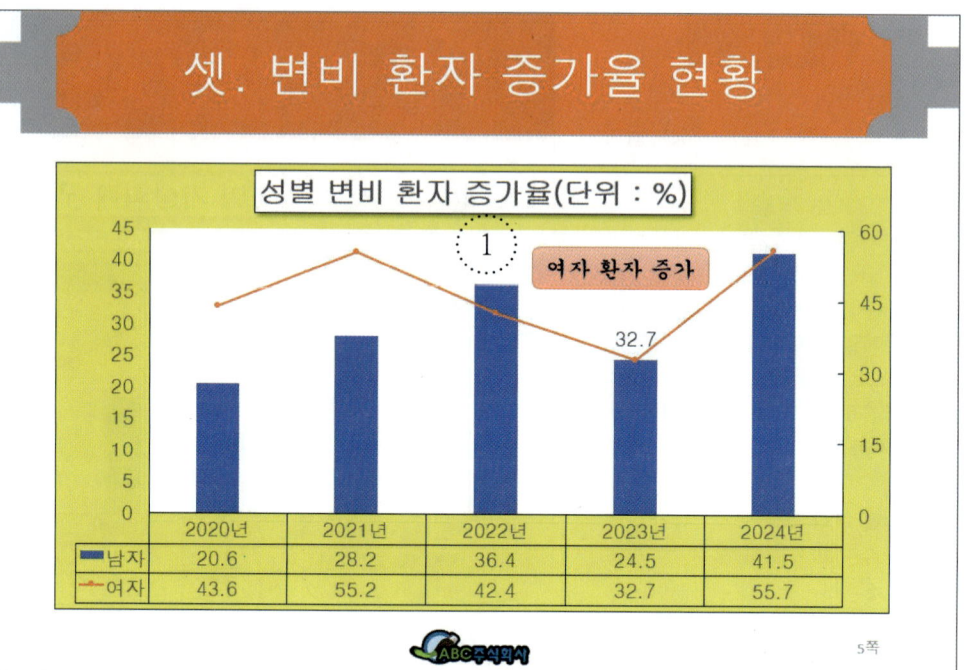

### Hint

- Microsoft PowerPoint의 차트 창에서 항목(2020년~2024년)과 계열(남자, 여자)을 입력합니다.
- '여자' 계열을 선택한 후 [차트 종류 변경] 대화 상자의 혼합에서 해당 계열에만 '표식이 있는 꺾은선형'과 '보조 축'을 선택합니다.
- [차트 디자인] 탭의 [차트 레이아웃] 그룹에서 [차트 요소 추가] 단추를 클릭하고, [범례]-[없음]/[데이터 테이블]-[범례 표지 포함]/[눈금선]-[기본 주 가로]/[데이터 레이블]-[위쪽]을 각각 선택합니다.
- 보조 세로 (값) 축에서 마우스 오른쪽 버튼을 클릭하고, [축 서식]을 선택한 후 축 서식 작업창의 축 옵션에서 경계의 최대값에는 '60', 단위의 기본에는 '15'를 각각 입력합니다. 계속해서 눈금에서는 주 눈금을 '안쪽'으로 선택합니다.
- 세로 (값) 축/보조 세로 (값) 축/데이터 테이블을 각각 클릭한 후 [서식] 탭의 [도형 스타일] 그룹에서 [도형 윤곽선] 단추를 클릭하고, '검정, 텍스트 1'을 선택합니다.
- 사각형의 '둥근 모서리'를 삽입한 후 [도형 서식] 탭의 [도형 스타일] 그룹에서 [빠른 스타일] 단추를 클릭하고, '미세 효과 - 주황, 강조 2'를 선택합니다.

## 출제 유형 문제

• 예제 파일 : 유형 분석 06₩유형 05_문제.pptx / • 완성 파일 : 유형 분석 06₩유형 05_완성.pptx

**04** 문제지의 지시사항과 세부조건을 참조하여 《출력형태》에 맞게 작업하시오.

(1) 차트 작성 기능을 이용하여 슬라이드를 작성한다.

(2) 차트 : 종류(묶은 세로 막대형), 글꼴(돋움, 16pt), 외곽선

**세부조건**

※ 차트 설명
- 차트 제목 : 궁서, 20pt, 굵게, 채우기(흰색), 테두리, 그림자 (오프셋 가운데)
- 차트 영역 : 채우기(노랑) 그림 영역 : 채우기(흰색)
- 데이터 서식 : 단위당 배출량 계열을 표식이 있는 꺾은선형 으로 변경 후 보조 축으로 지정
- 값 표시 : 모니터의 배출비중 계열만

① 도형 삽입
- 스타일 : 미세 효과 – 파랑, 강조 5
- 글꼴 : 돋움, 18pt

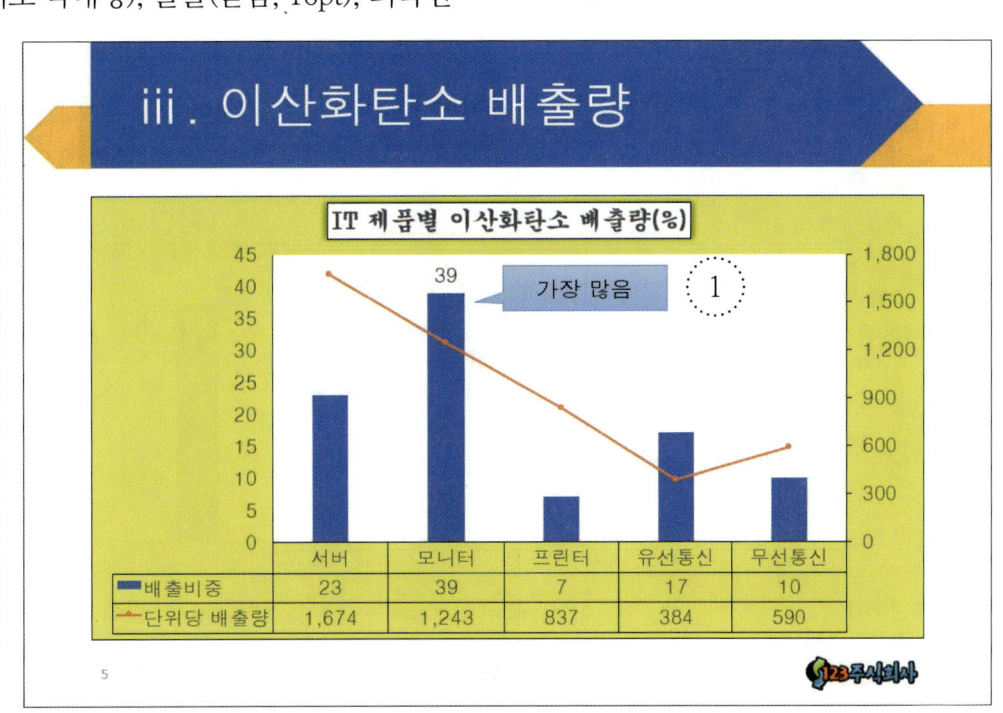

**Hint**
- Microsoft PowerPoint의 차트 창에서 항목(서버~무선통신)과 계열(배출비중, 단위당 배출량)을 입력합니다.
- '단위당 배출량' 계열을 선택한 후 [차트 종류 변경] 대화 상자의 혼합에서 해당 계열에만 '표식이 있는 꺾은선형'과 '보조 축'을 선택합니다.
- [차트 디자인] 탭의 [차트 레이아웃] 그룹에서 [차트 요소 추가] 단추를 클릭하고, [범례]-[없음]/[데이터 테이블]-[범례 표지 포함]/[눈금선]-[기본 주 가로]/[데이터 레이블]-[바깥쪽 끝에]를 각각 선택합니다.
- 보조 세로 (값) 축에서 마우스 오른쪽 버튼을 클릭하고, [축 서식]을 선택한 후 축 서식 작업창의 축 옵션에서 경계의 최대값에는 '1800', 단위의 기본에는 '300'을 각각 입력합니다. 계속해서 눈금에서는 주 눈금을 '바깥쪽'으로 선택합니다.
- 세로 (값) 축/보조 세로 (값) 축/데이터 테이블을 각각 클릭한 후 [서식] 탭의 [도형 스타일] 그룹에서 [도형 윤곽선] 단추를 클릭하고, '검정, 텍스트 1'을 선택합니다.
- 설명선의 '말풍선: 사각형'을 삽입한 후 모양 조절 핸들을 이용하여 모양을 변경합니다.
- [도형 서식] 탭의 [도형 스타일] 그룹에서 [빠른 스타일] 단추를 클릭하고, '미세 효과 - 파랑, 강조 5'를 선택합니다.

## 출제 유형 문제

• 예제 파일 : 유형 분석 06₩유형 06_문제.pptx / • 완성 파일 : 유형 분석 06₩유형 06_완성.pptx

**05** 문제지의 지시사항과 세부조건을 참조하여 《출력형태》에 맞게 작업하시오.

(1) 차트 작성 기능을 이용하여 슬라이드를 작성한다.

(2) 차트 : 종류(묶은 세로 막대형), 글꼴(돋움, 16pt), 외곽선

**세부조건**

※ 차트 설명
- 차트 제목 : 굴림, 24pt, 굵게, 채우기(흰색), 테두리, 그림자 (오프셋 왼쪽 위)
- 차트 영역 : 채우기(노랑) 그림 영역 : 채우기(흰색)
- 데이터 서식 : 2024년 계열을 표식이 있는 꺾은선형으로 변경 후 보조 축으로 지정
- 값 표시 : 서울의 2024년 계열만

① 도형 삽입
- 스타일 : 미세 효과 – 녹색, 강조 6
- 글꼴 : 궁서, 18pt

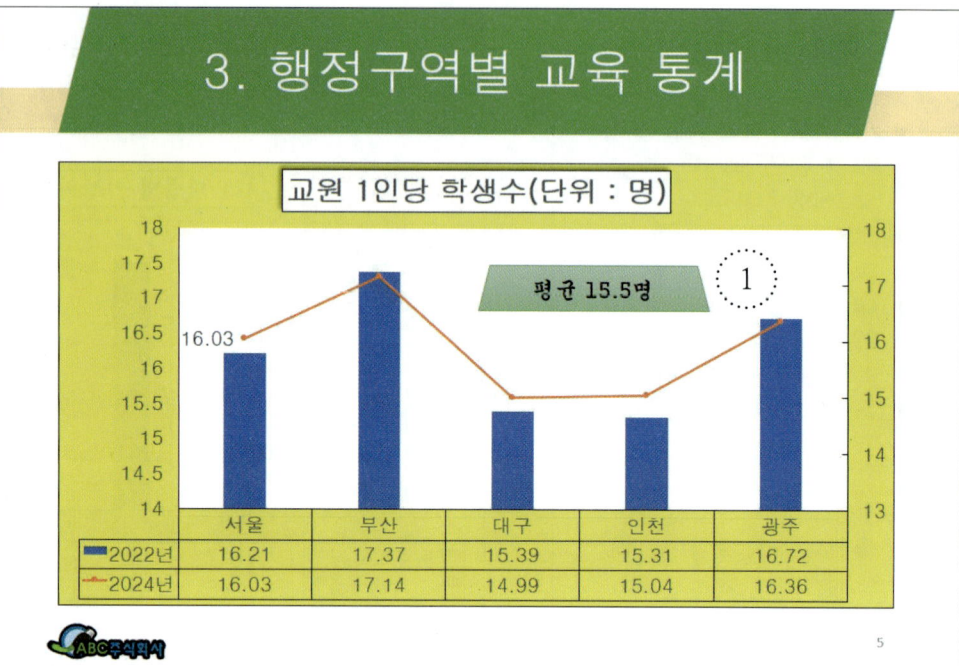

**Hint**
- Microsoft PowerPoint의 차트 창에서 항목(서울~광주)과 계열(2022년, 2024년)을 입력합니다.
- '2024년' 계열을 선택한 후 [차트 종류 변경] 대화 상자의 혼합에서 해당 계열에만 '표식이 있는 꺾은선형'과 '보조 축'을 선택합니다.
- [차트 디자인] 탭의 [차트 레이아웃] 그룹에서 [차트 요소 추가] 단추를 클릭하고, [범례]-[없음]/[데이터 테이블]-[범례 표지 포함]/[눈금선]-[기본 주 가로]/[데이터 레이블]-[왼쪽]을 각각 선택합니다.
- 보조 세로 (값) 축에서 마우스 오른쪽 버튼을 클릭하고, [축 서식]을 선택한 후 축 서식 작업창의 축 옵션에서 경계의 최소값 에는 '13'과 최대값에는 '18', 단위의 기본에는 '1'을 각각 입력합니다. 계속해서 눈금에서는 주 눈금을 '안쪽'으로 선택합니다.
- 세로 (값) 축/보조 세로 (값) 축/데이터 테이블을 각각 클릭한 후 [서식] 탭의 [도형 스타일] 그룹에서 [도형 윤곽선] 단추를 클릭하고, '검정, 텍스트 1'을 선택합니다.
- 기본 도형의 '사다리꼴'을 삽입한 후 [도형 서식] 탭의 [도형 스타일] 그룹에서 [빠른 스타일] 단추를 클릭하고, '미세 효과 - 녹색, 강조 6'을 선택합니다.

## 출제 유형 문제

• 예제 파일 : 유형 분석 06₩유형 07_문제.pptx / • 완성 파일 : 유형 분석 06₩유형 07_완성.pptx

**06** 문제지의 지시사항과 세부조건을 참조하여 《출력형태》에 맞게 작업하시오.

(1) 차트 작성 기능을 이용하여 슬라이드를 작성한다.

(2) 차트 : 종류(묶은 세로 막대형), 글꼴(돋움, 16pt), 외곽선

### 세부조건

※ 차트 설명
- 차트 제목 : 궁서, 24pt, 굵게, 채우기(흰색), 테두리, 그림자(오프셋 왼쪽 아래)
- 차트 영역 : 채우기(노랑) 그림 영역 : 채우기(흰색)
- 데이터 서식 : 국내시장 계열을 표식이 있는 꺾은선형으로 변경 후 보조 축으로 지정
- 값 표시 : 2024년의 국내시장 계열만

① 도형 삽입
- 스타일 : 미세 효과 – 회색, 강조 3
- 글꼴 : 돋움, 18pt

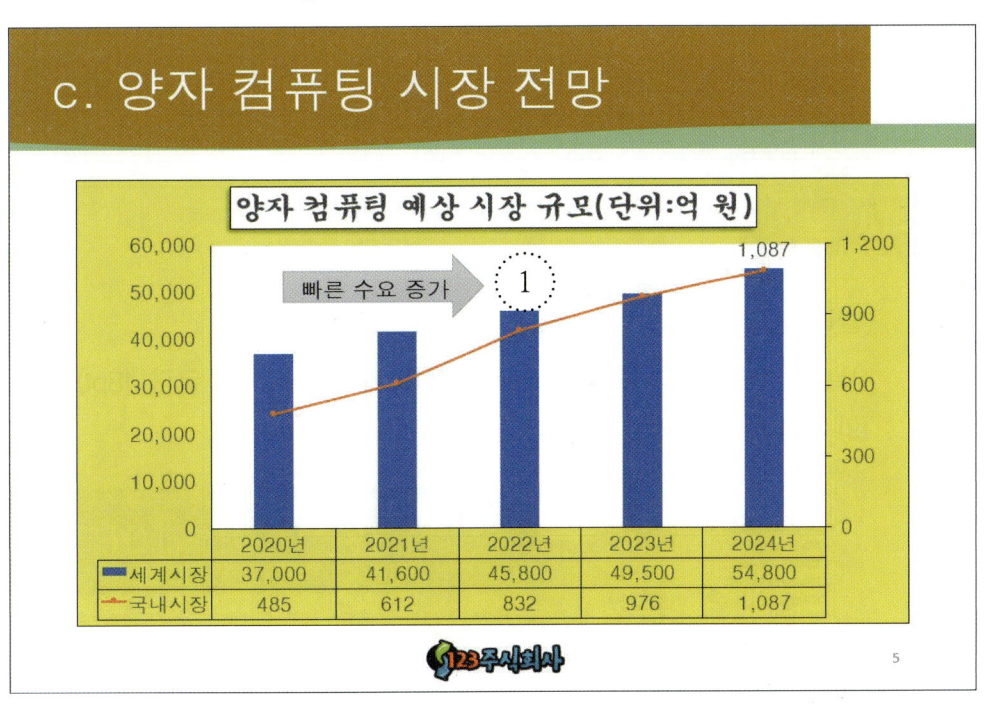

### Hint

- Microsoft PowerPoint의 차트 창에서 항목(2020년~2024년)과 계열(세계시장, 국내시장)을 입력합니다.
- '국내시장' 계열을 선택한 후 [차트 종류 변경] 대화 상자의 혼합에서 해당 계열에만 '표식이 있는 꺾은선형'과 '보조 축'을 선택합니다.
- [차트 디자인] 탭의 [차트 레이아웃] 그룹에서 [차트 요소 추가] 단추를 클릭하고, [범례]-[없음]/[데이터 테이블]-[범례 표지 포함]/[눈금선]-[기본 주 가로]/[데이터 레이블]-[위쪽]을 각각 선택합니다.
- 보조 세로 (값) 축에서 마우스 오른쪽 버튼을 클릭하고, [축 서식]을 선택한 후 축 서식 작업창의 축 옵션에서 경계의 최대값에는 '1200', 단위의 기본에는 '300'을 각각 입력합니다. 계속해서 눈금에서는 주 눈금을 '바깥쪽'으로, 표시 형식에서는 범주를 '숫자'로 선택합니다.
- 세로 (값) 축/보조 세로 (값) 축/데이터 테이블을 각각 클릭한 후 [서식] 탭의 [도형 스타일] 그룹에서 [도형 윤곽선] 단추를 클릭하고, '검정, 텍스트 1'을 선택합니다.
- 블록 화살표의 '오른쪽'을 삽입한 후 [도형 서식] 탭의 [도형 스타일] 그룹에서 [빠른 스타일] 단추를 클릭하고, '미세 효과 - 회색, 강조 3'을 선택합니다.

# 유형 분석 07

## [슬라이드 6] 《도형 슬라이드》

슬라이드 6에서는 도형 슬라이드를 작성하는 것으로 여러 가지 도형과 스마트아트를 삽입하여 균형 있게 배치한 후 도형의 그룹화와 함께 다양한 애니메이션 효과를 지정하는 방법에 대하여 알아봅니다.

**시험 유형 미리 보기**

• 예제 파일 : 유형 분석 07₩유형 01_문제.pptx  • 완성 파일 : 유형 분석 07₩유형 01_완성.pptx   100점

### [슬라이드 6] 《도형 슬라이드》

(1) 슬라이드와 같이 도형 및 스마트아트를 배치한다(글꼴 : 굴림, 18pt).
(2) 애니메이션 순서 : ① ⇒ ②

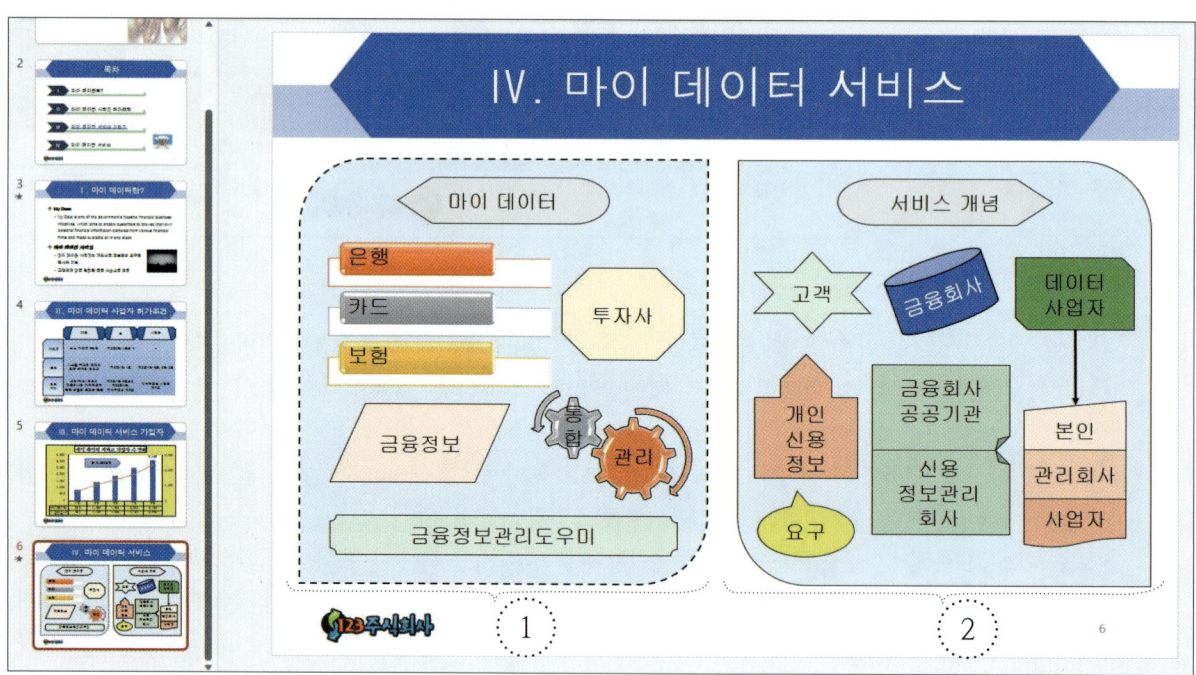

### 세부조건

① 도형 및 스마트아트 편집
  - 스마트아트 디자인 : 3차원 광택 처리, 3차원 만화
  - 그룹화 후 애니메이션 효과 : 닦아내기(위에서)

② 도형 편집
  - 그룹화 후 애니메이션 효과 : 바운드

| 유형 잡기 | **01 기본 도형 작성하기** |

**1** [파일]-[열기]-[찾아보기]를 차례로 선택하고, [열기] 대화 상자에서 '유형 분석 07₩유형 01_문제.pptx'를 불러오기 합니다.

**2** '슬라이드 6'을 선택한 후 슬라이드 상단의 '제목을 추가하려면 클릭하십시오.' 부분을 클릭한 후 주어진 제목을 입력합니다.

**3** 슬라이드에서 텍스트 개체 상자를 Delete 키로 삭제한 후 [삽입] 탭의 [일러스트레이션] 그룹에서 도형( ) 단추를 클릭하고, 사각형의 둥근 대각선 방향 모서리( )를 선택합니다.

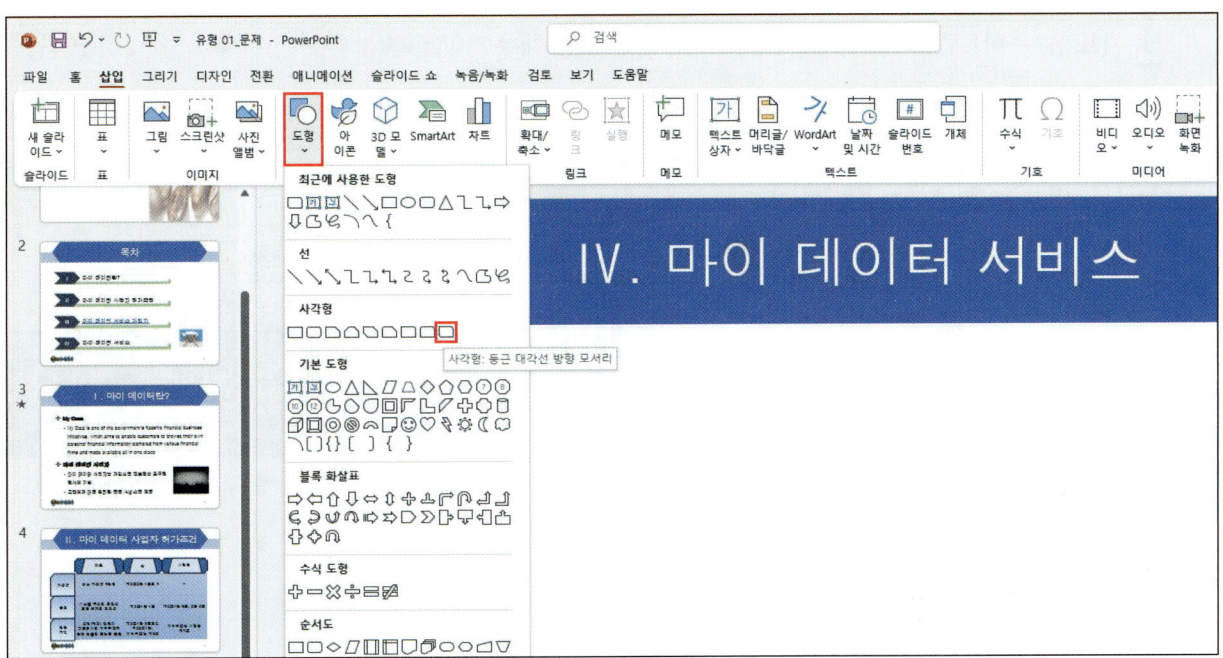

**4** 마우스 포인터가 '+' 모양으로 변경되면 슬라이드 왼쪽에 적당한 크기로 드래그하여 삽입합니다.

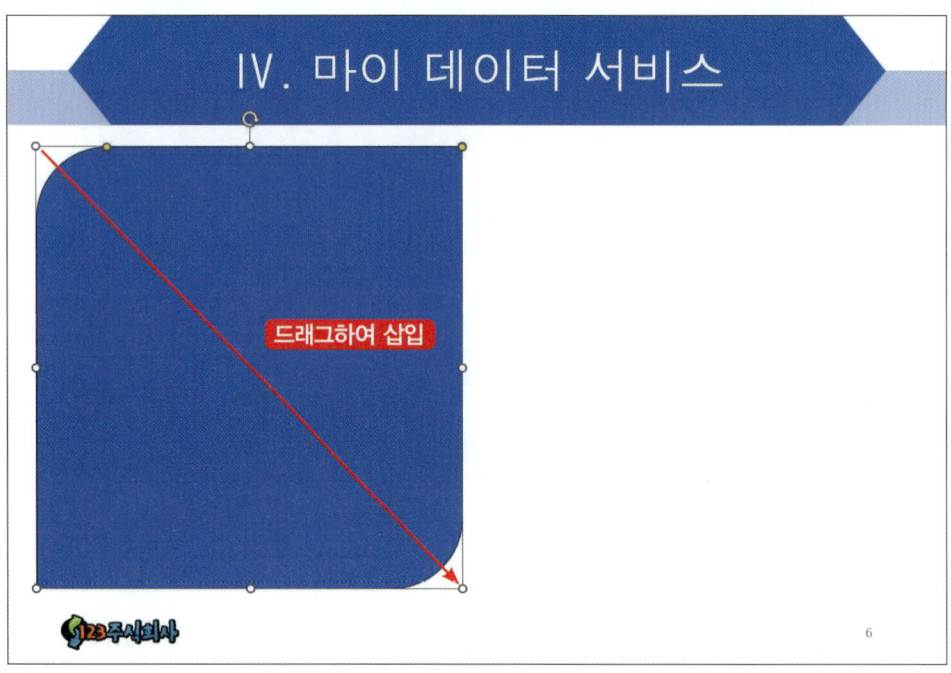

**5** [도형 서식] 탭의 [도형 스타일] 그룹에서 도형 채우기( 도형 채우기 ) 단추를 클릭하고, 임의의 색을 선택합니다.

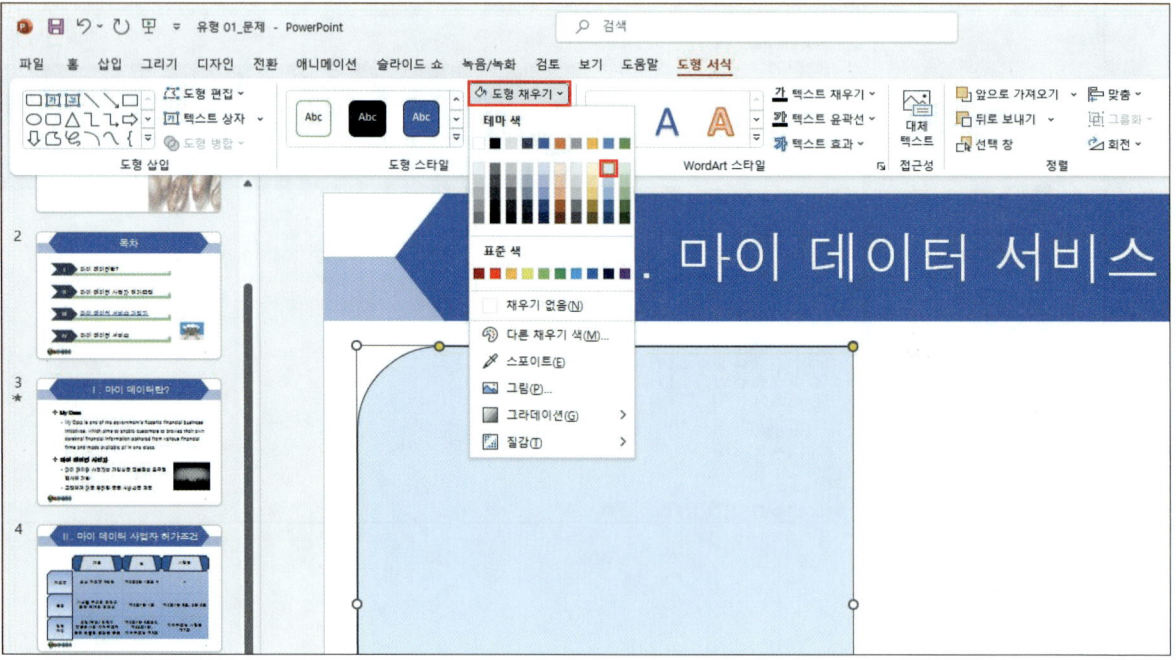

| TIP | **채우기 색**

도형의 채우기 색은 수험자가 임의의 색을 지정해도 감점되지 않습니다.

**6** 계속해서 Ctrl+Shift 키를 누른 상태에서 도형을 오른쪽으로 드래그하여 복사합니다.

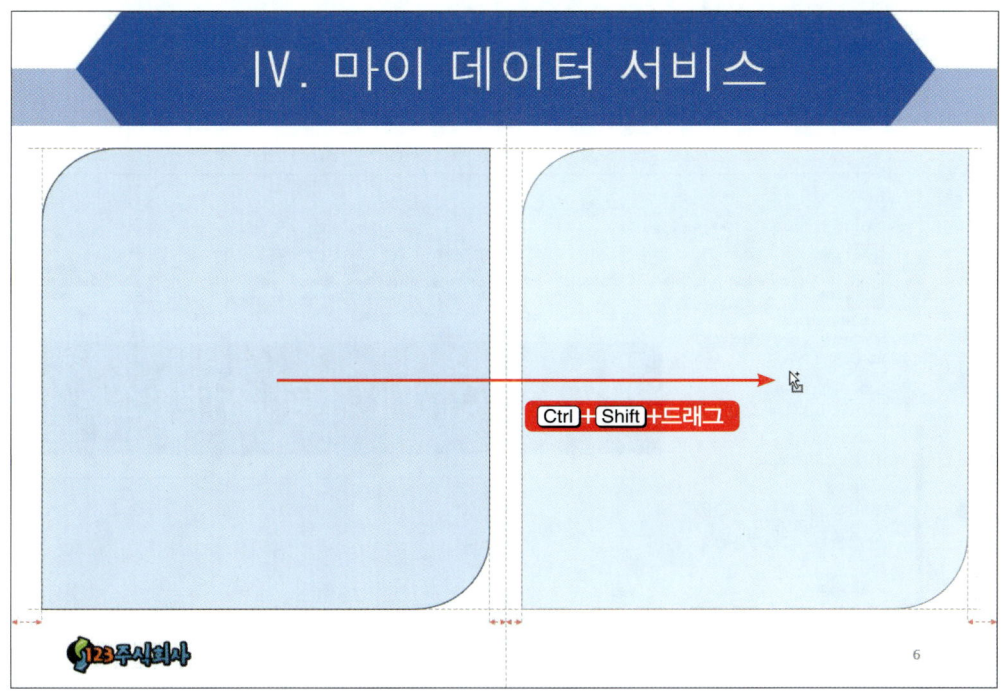

**7** 도형을 회전시키기 위하여 [도형 서식] 탭의 [정렬] 그룹에서 회전( 회전 ) 단추를 클릭하고, [좌우 대칭]을 선택합니다.

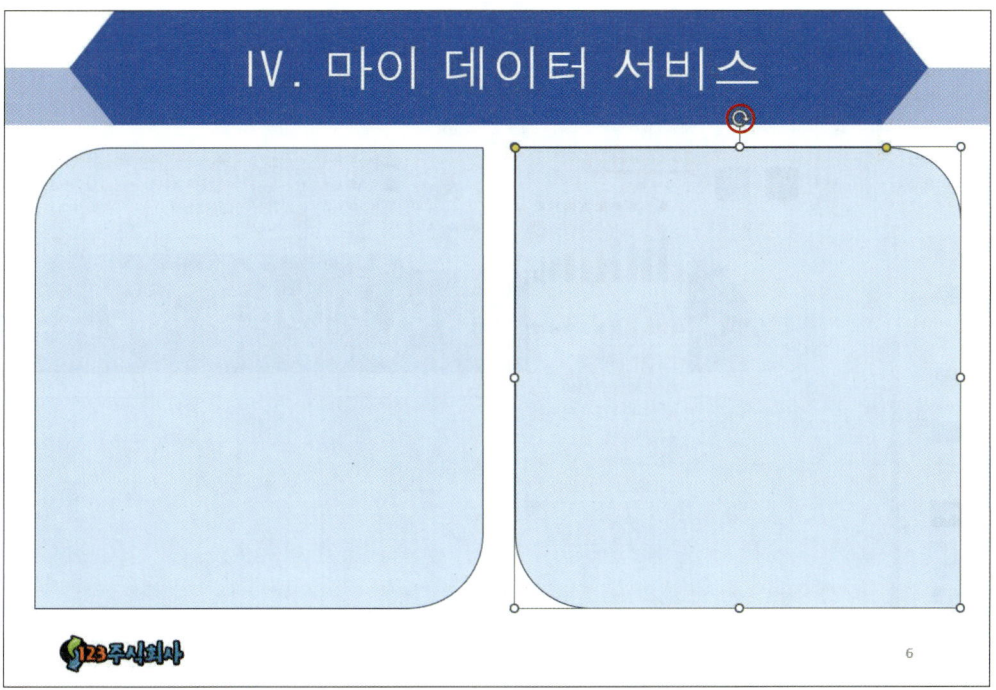

| TIP | **도형 회전**

도형이 선택된 상태에서 회전 핸들에 마우스 포인터를 올려놓으면 모양으로 변경됩니다. 이때, 마우스를 원하는 방향으로 드래그하면 도형의 방향(각도)을 조절할 수 있습니다.

## 02 세부 도형 작성하기

1  [삽입] 탭의 [일러스트레이션] 그룹에서 도형( 도형 ) 단추를 클릭하고, 기본 도형의 배지( )를 선택합니다.

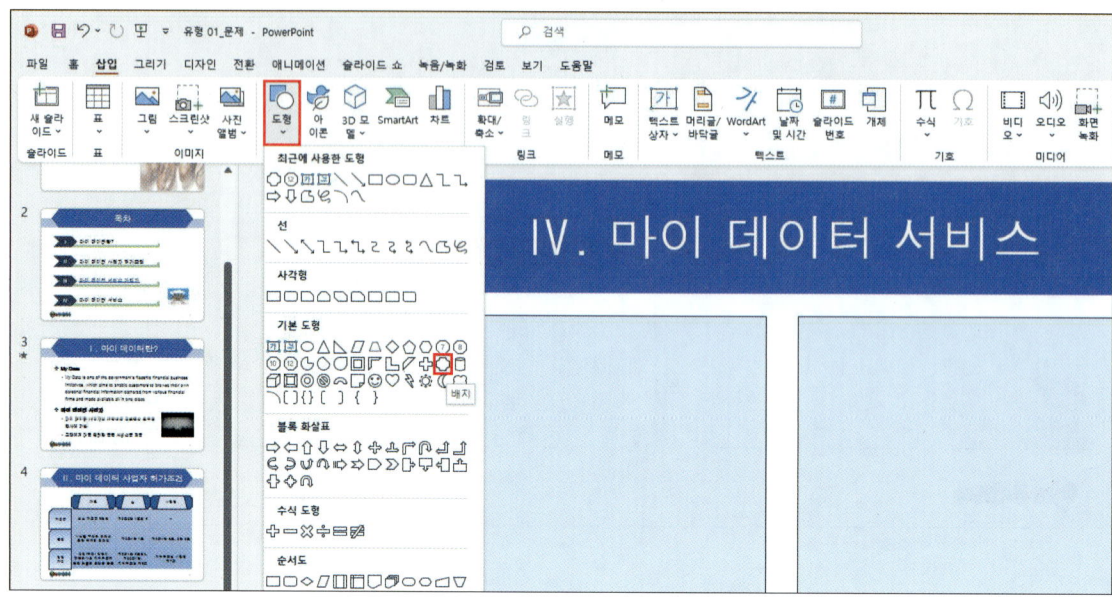

2  마우스 포인터가 '+' 모양으로 변경되면 둥근 대각선 방향 모서리 안쪽 하단에 적당한 크기로 드래그하여 삽입한 후 도형 채우기( 도형 채우기 ) 단추를 클릭하고, 임의의 색을 선택합니다.

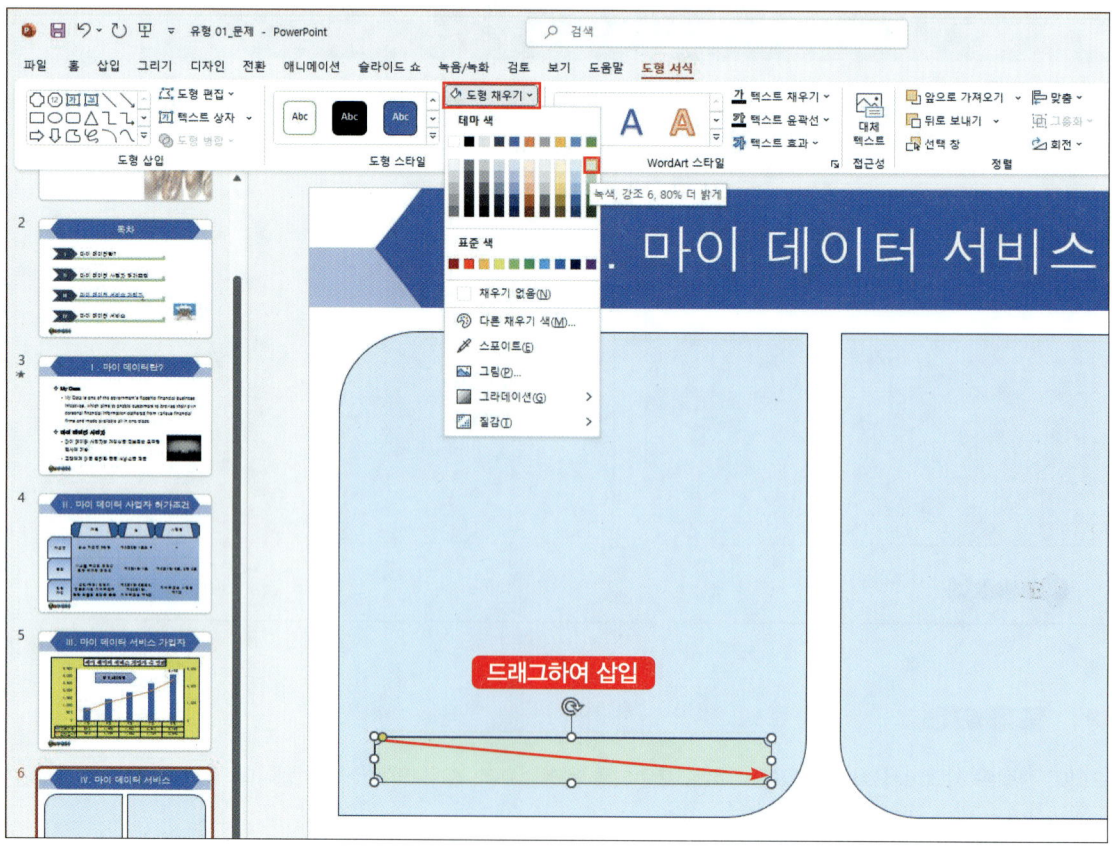

**3** 둥근 대각선 방향 모서리를 선택한 후 [도형 서식] 탭의 [도형 스타일] 그룹에서 도형 윤곽선( 도형 윤곽선 ) 단추를 클릭하고, [두께]-[1½pt]와 [대시]-[파선]을 각각 선택합니다.

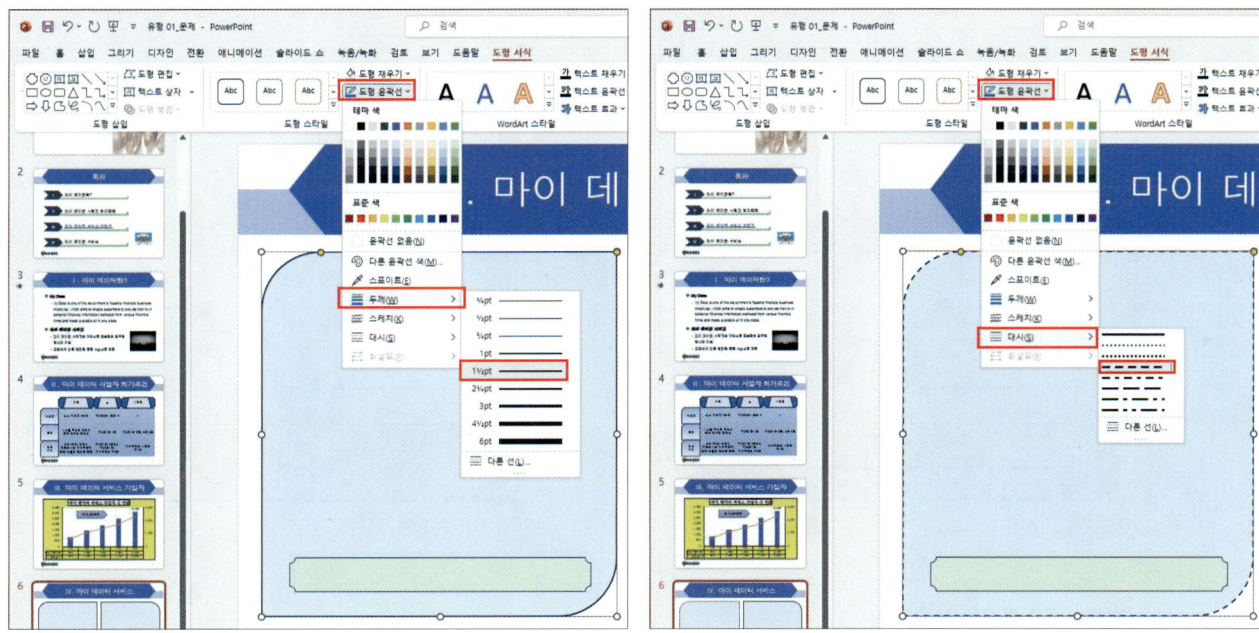

| TIP | **도형 채우기와 윤곽선**

실제 시험장에서 시험지는 흑백으로 제공되기 때문에 도형의 색상은 사실상 채점 기준에 포함되지는 않습니다. 다만, 시험지에서 정확하게 구분되는 것은 반드시 적용해야 하며, 도형의 색상과 윤곽선 그리고 두께 등은 임의로 지정하면 됩니다.

**4** [삽입] 탭의 [일러스트레이션] 그룹에서 도형( 도형 ) 단추를 클릭하고, 기본 도형의 평행 사변형(☐)을 삽입한 후 임의의 색을 지정하고, 모양을 조정합니다.

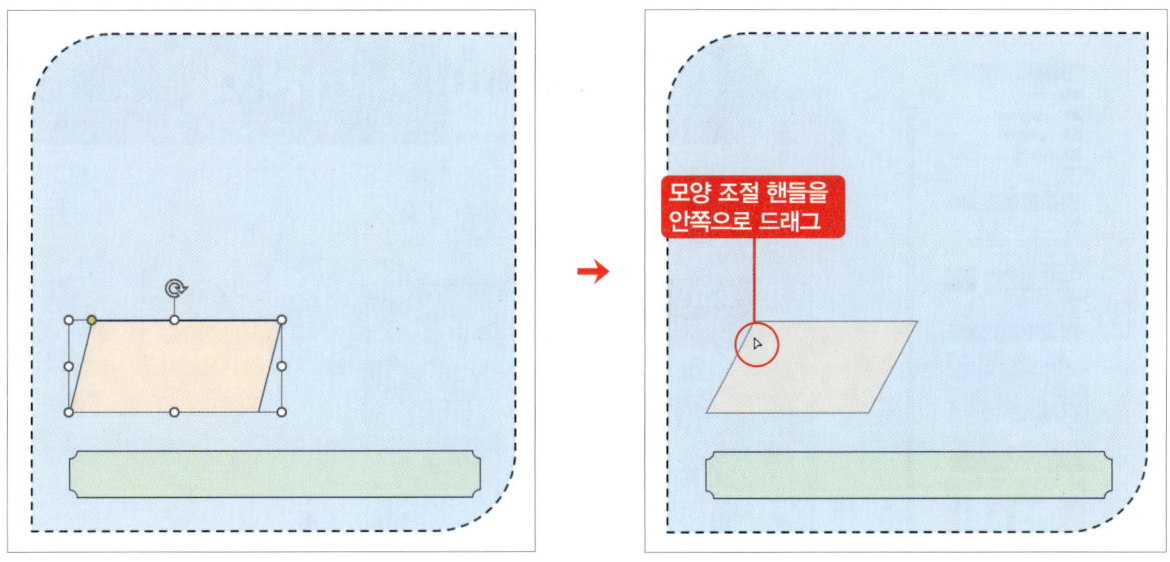

**5** [삽입] 탭의 [일러스트레이션] 그룹에서 도형( 도형 ) 단추를 클릭하고, 순서도의 화면 표시( )와 기본 도형의 팔각형( )을 각각 삽입한 후 임의의 색을 지정하고, 도형마다 주어진 내용을 입력합니다.

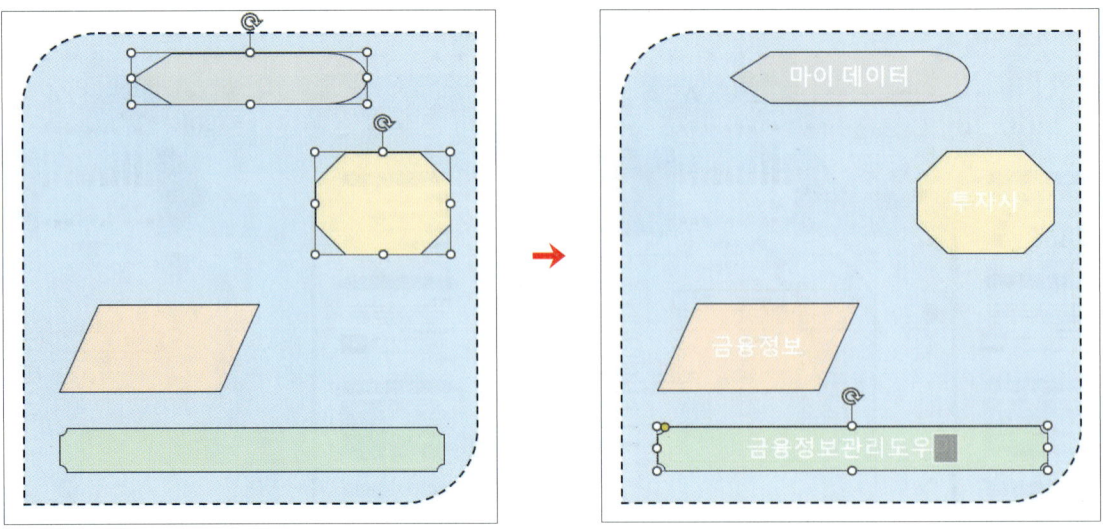

| TIP | **도형의 위치**

도형의 위치는 시험지를 보고 대략적으로 배치한 후 추후 SmartArt를 삽입하고 나서 전체적인 위치를 방향키로 세밀하게 조정하면 됩니다.

**6** 내용이 입력된 도형들을 Ctrl 키를 이용하여 모두 선택한 후 [홈] 탭의 [글꼴] 그룹에서 글꼴은 '굴림', 글꼴 크기는 '18', 글꼴 색은 '검정, 텍스트 1'을 각각 선택합니다.

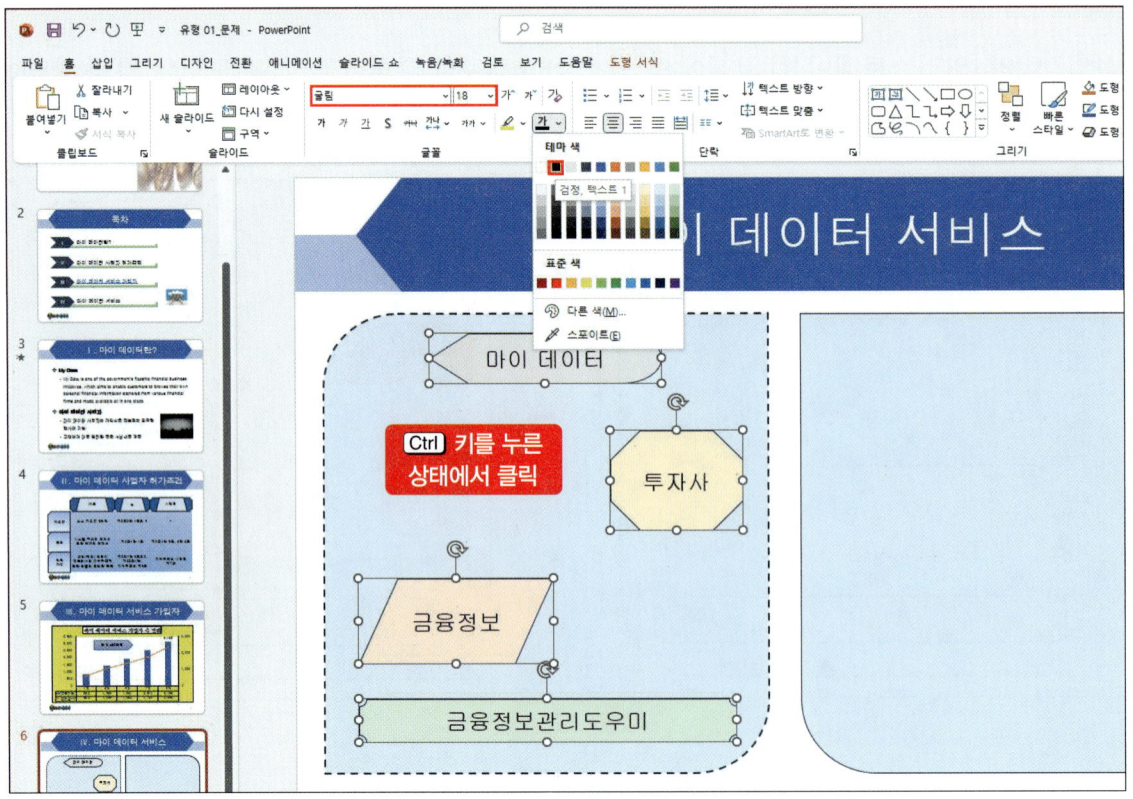

**7** [삽입] 탭의 [일러스트레이션] 그룹에서 도형( ) 단추를 클릭하고, 순서도의 화면 표시( )를 삽입한 후 임의의 색을 지정하고, [회전]-[좌우 대칭]을 선택합니다.

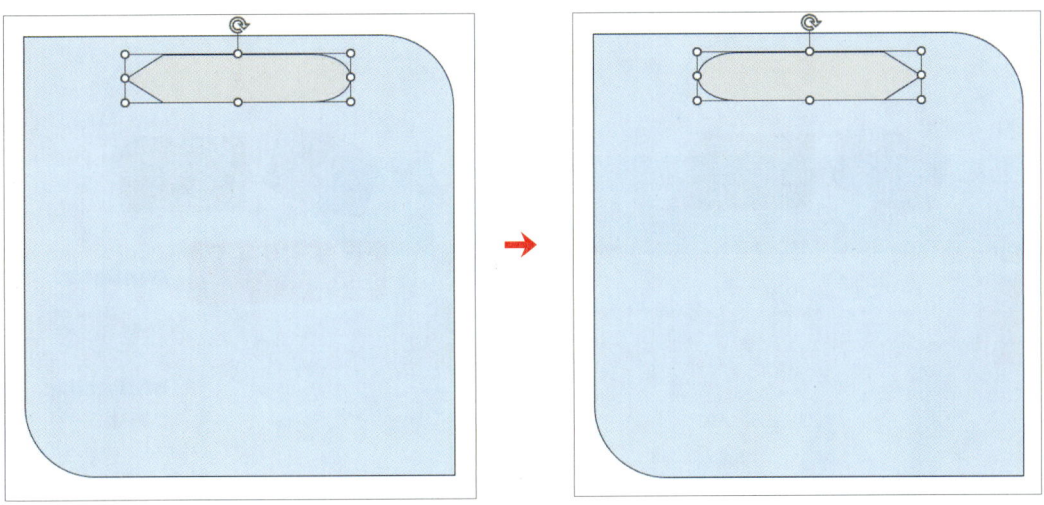

**8** [삽입] 탭의 [일러스트레이션] 그룹에서 도형( ) 단추를 클릭하고, 별 및 현수막의 꼭짓점 6개( )와 사각형의 잘린 대각선 방향 모서리( )를 각각 삽입한 후 임의의 색을 지정합니다.

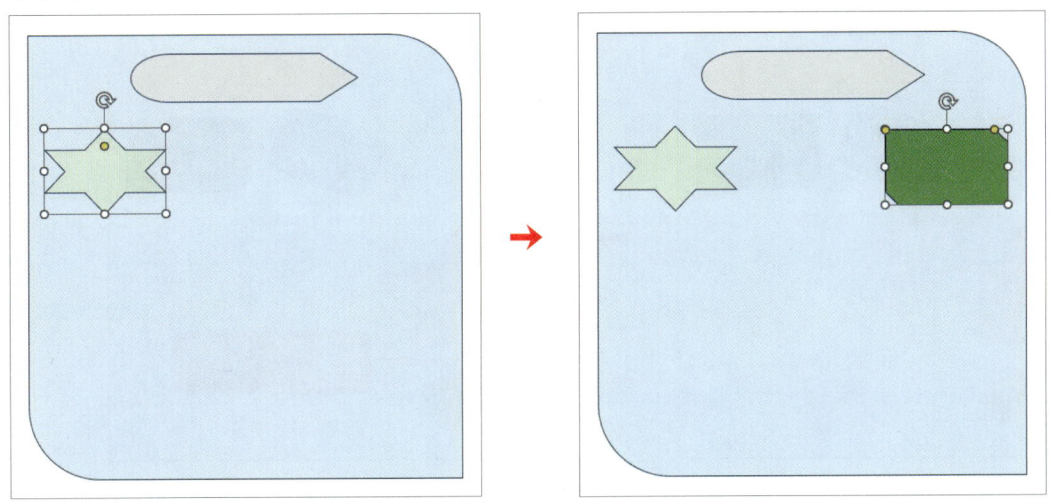

**9** [삽입] 탭의 [일러스트레이션] 그룹에서 도형( ) 단추를 클릭하고, 기본 도형의 원통형( )을 삽입한 후 임의의 색을 지정하고, 회전 핸들( )을 이용하여 도형을 회전시킵니다.

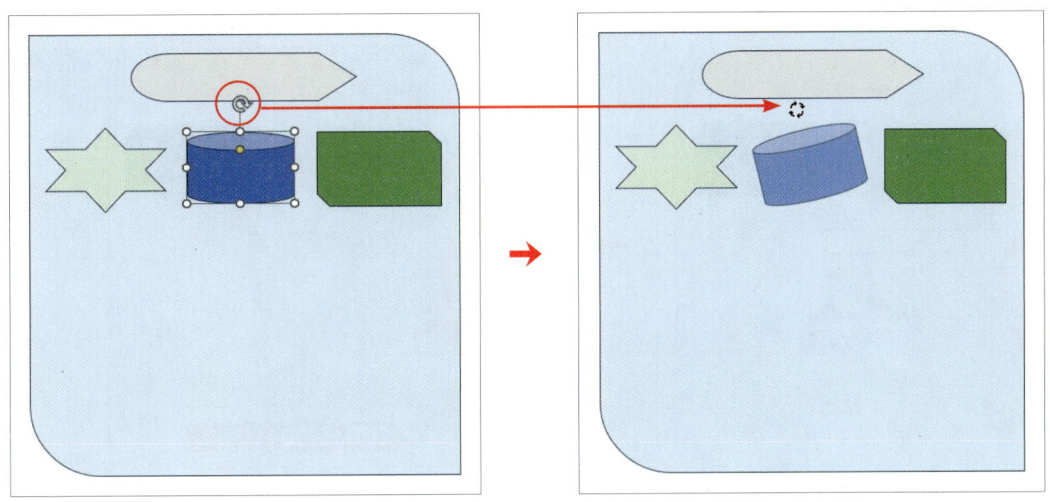

**10** [삽입] 탭의 [일러스트레이션] 그룹에서 도형( ) 단추를 클릭하고, 블록 화살표의 설명선: 위쪽 화살표( )를 삽입한 후 임의의 색을 지정하고, 모양을 변경합니다.

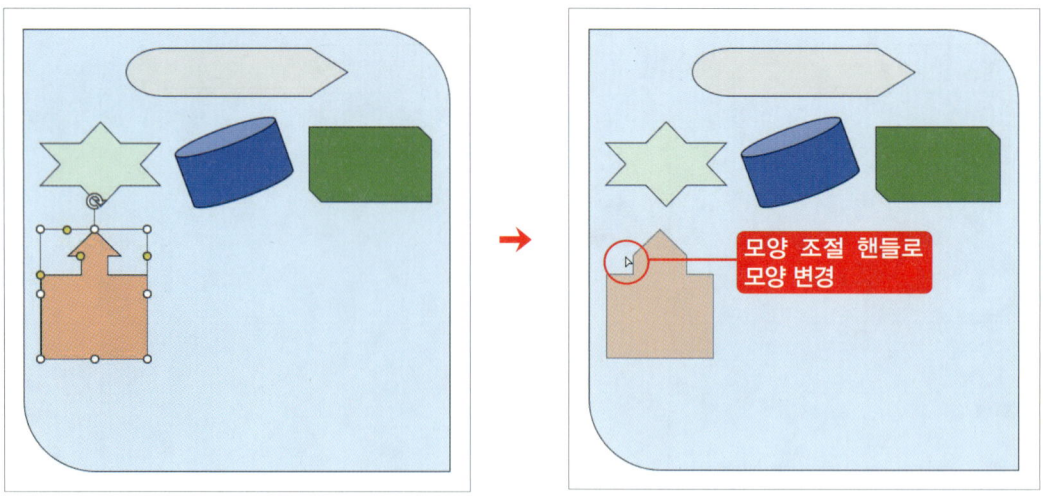

**11** [삽입] 탭의 [일러스트레이션] 그룹에서 도형( ) 단추를 클릭하고, 설명선의 말풍선: 타원형( )을 삽입한 후 임의의 색을 지정하고, 모양을 변경합니다.

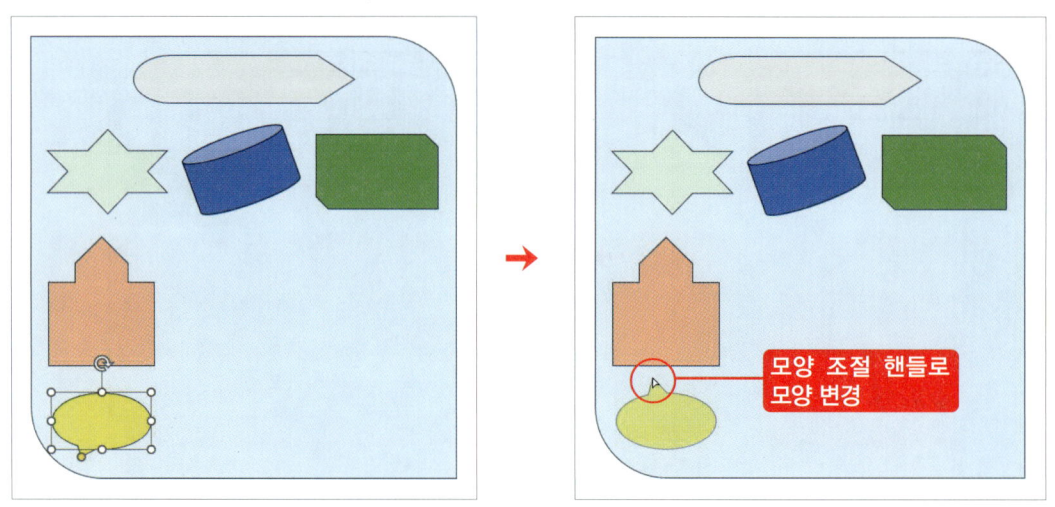

**12** [삽입] 탭의 [일러스트레이션] 그룹에서 도형( ) 단추를 클릭하고, 기본 도형의 모서리가 접힌 도형( )을 삽입한 후 임의의 색을 지정하고, 아래쪽으로 복사합니다.

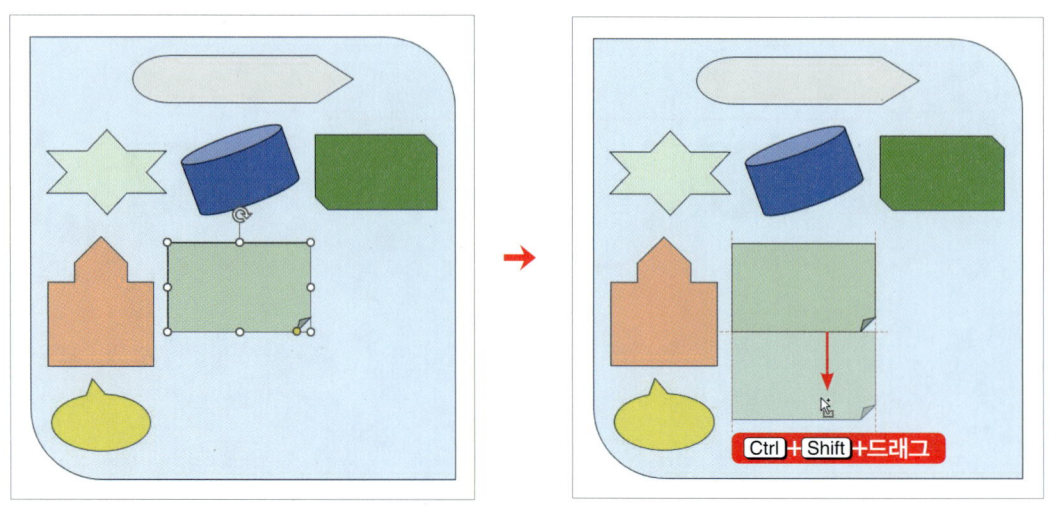

**13** 도형을 회전시키기 위하여 [도형 서식] 탭의 [정렬] 그룹에서 회전( 회전 ) 단추를 클릭하고, [상하 대칭]을 선택합니다.

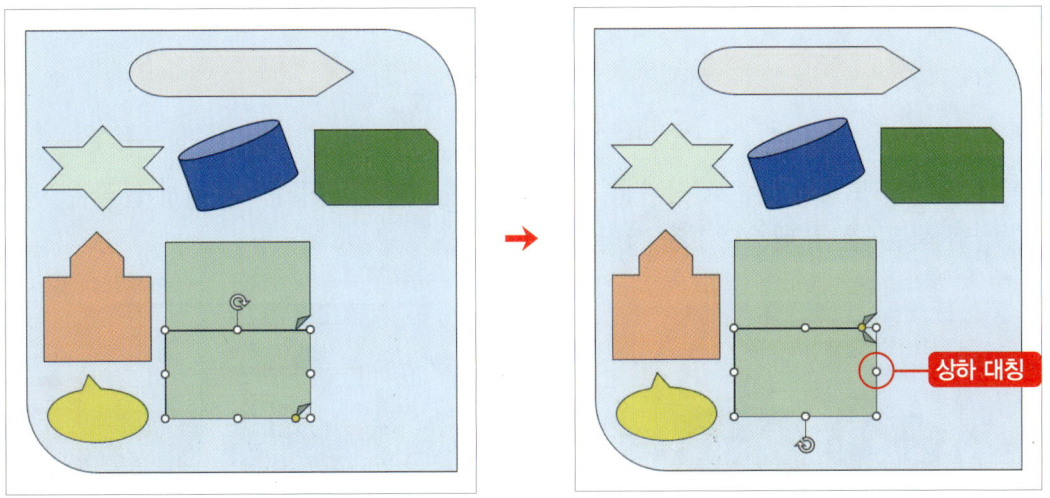

**14** [삽입] 탭의 [일러스트레이션] 그룹에서 도형( 도형 ) 단추를 클릭하고, 순서도의 수동 입력( )과 사각형의 직사각형( )과 순서도의 문서( )를 차례대로 삽입한 후 임의의 색을 각각 지정합니다.

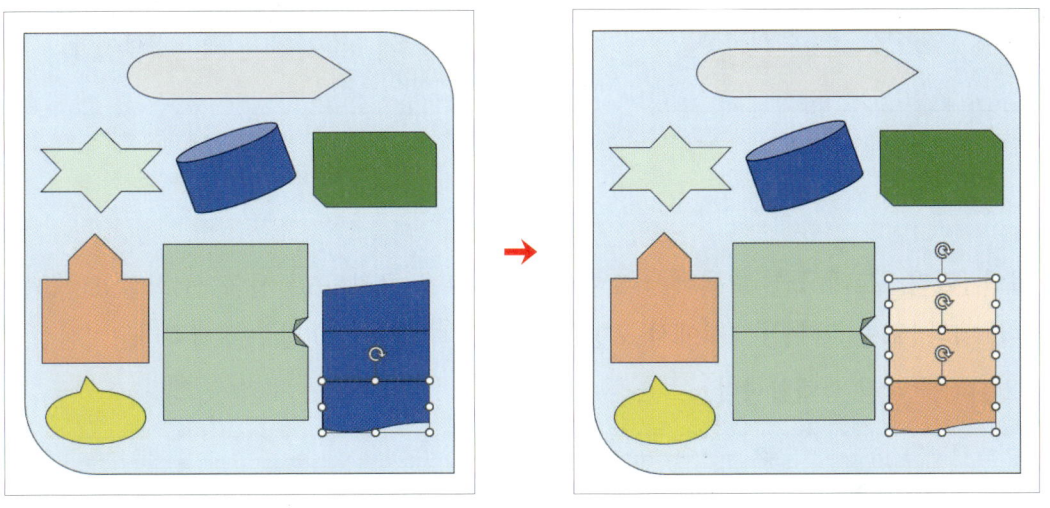

**15** 도형마다 주어진 내용을 입력하되 상하로 대칭시킨 모서리가 접힌 도형에는 가로 텍스트 상자 그리기( ) 단추를 이용하여 내용을 따로 입력합니다.

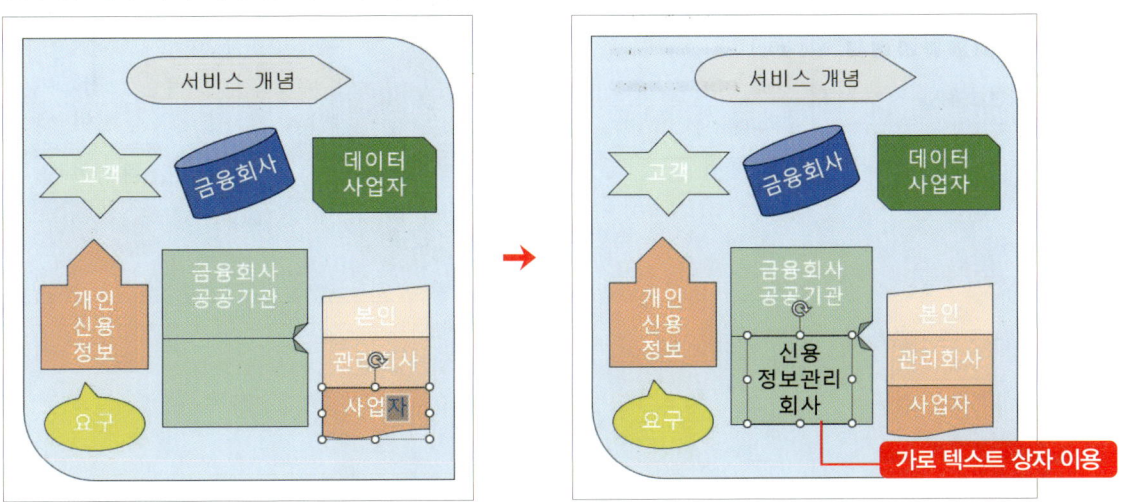

| TIP | **가로 텍스트 상자 이용**

모서리가 접힌 도형을 회전시킨 경우 해당 도형에 글자를 입력하면 내용이 거꾸로 입력되므로 [가로 텍스트 상자 그리기] 단추를 이용하여 따로 입력해야 합니다.

**16** Ctrl 키를 이용하여 도형과 텍스트 상자를 선택한 후 [홈] 탭의 [글꼴] 그룹에서 글꼴은 '굴림', 글꼴 크기는 '18', 글꼴 색은 '검정, 텍스트 1'을 각각 선택합니다.

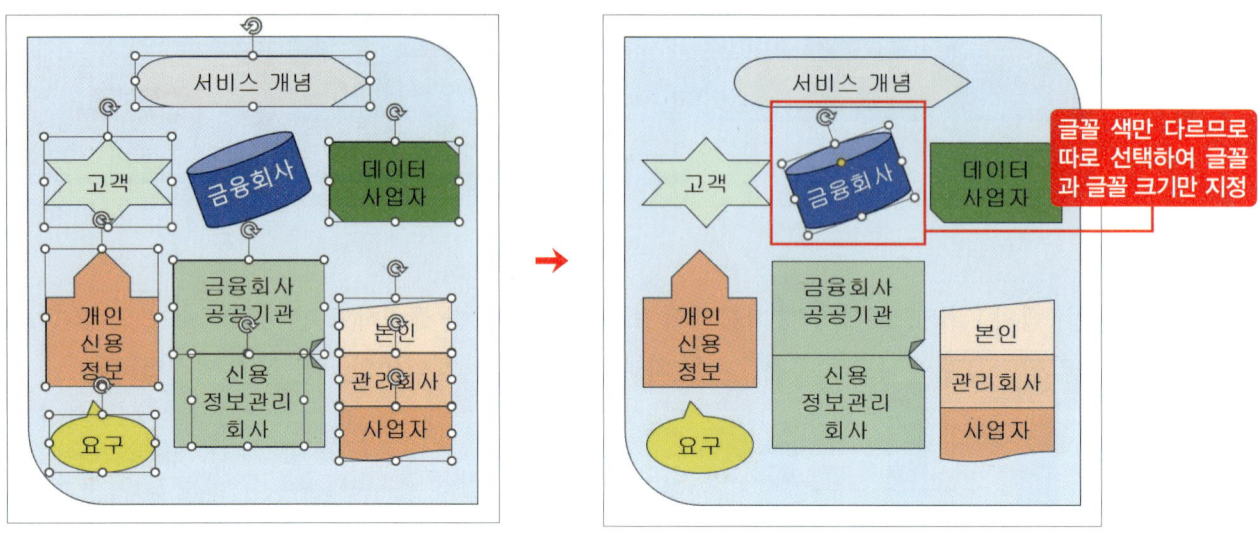

**17** [삽입] 탭의 [일러스트레이션] 그룹에서 도형( 도형 ) 단추를 클릭하고, 선의 선 화살표( ↘ )를 삽입한 후 [도형 서식] 탭의 [도형 스타일] 그룹에서 도형 윤곽선( 도형 윤곽선 ▾ ) 단추를 클릭하고, [검정, 텍스트 1]과 [두께]-[2¼pt]를 각각 선택합니다.

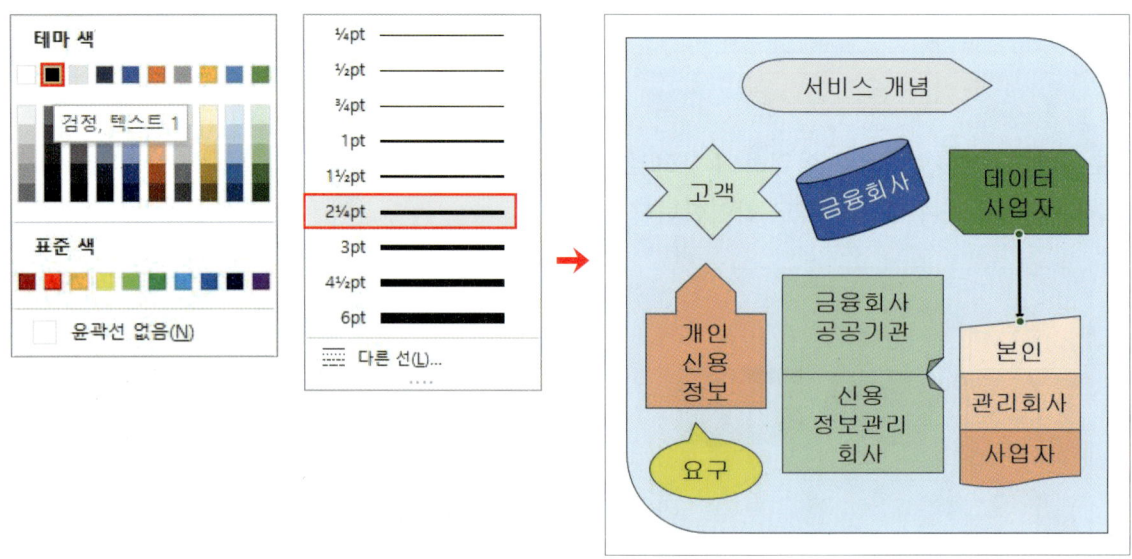

**18** 가로 텍스트 상자와 선 화살표를 제외한 모든 도형을 선택한 후 [도형 서식] 탭의 [도형 스타일] 그룹에서 도형 윤곽선( 도형 윤곽선 ) 단추를 클릭하고, '검정, 텍스트 1'을 선택합니다.

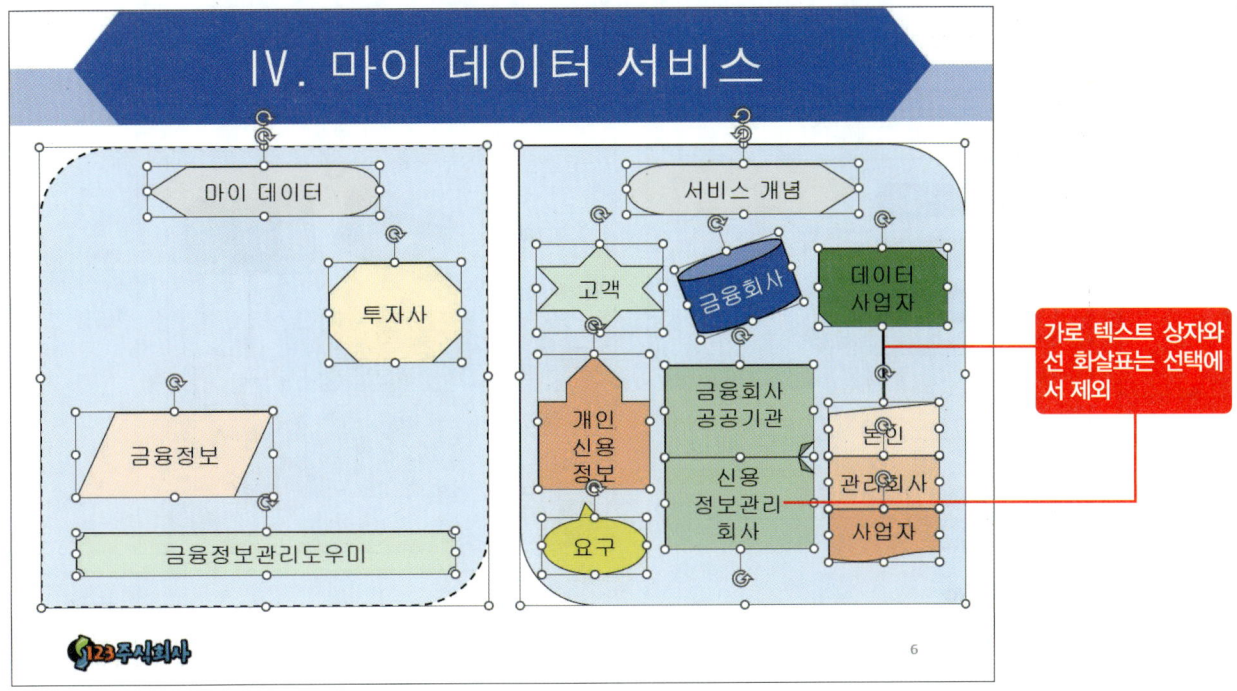

## 유형 잡기 03 스마트아트(SmartArt) 작성하기

**1** [삽입] 탭의 [일러스트레이션] 그룹에서 SmartArt( SmartArt ) 단추를 클릭합니다.

**2** [SmartArt 그래픽 선택] 대화 상자에서 목록형의 '세로 상자 목록형'을 선택하고, [확인] 버튼을 클릭합니다.

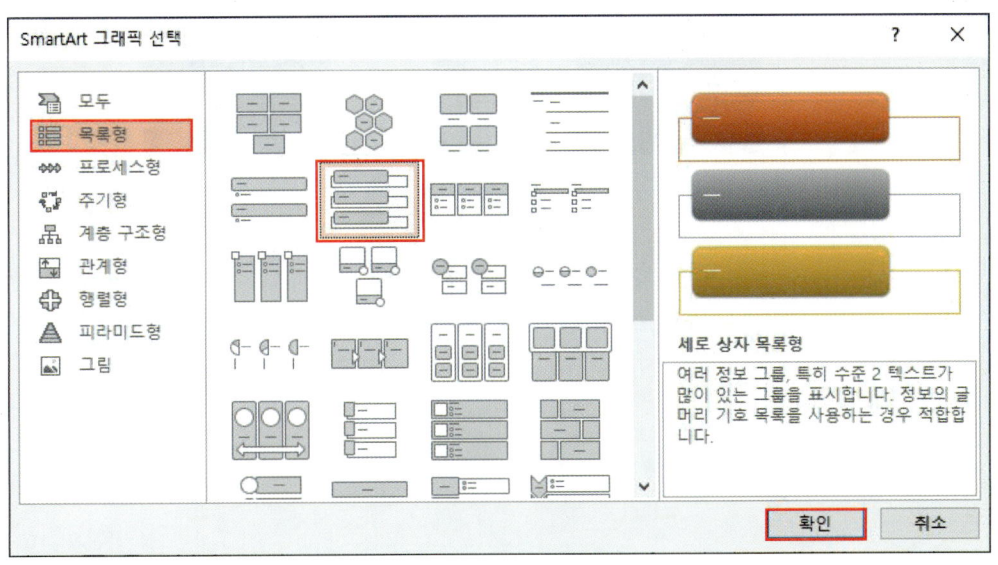

**3** 슬라이드에 세로 상자 목록형이 삽입되면 주어진 내용을 입력한 후 크기와 위치를 적당히 조절합니다.

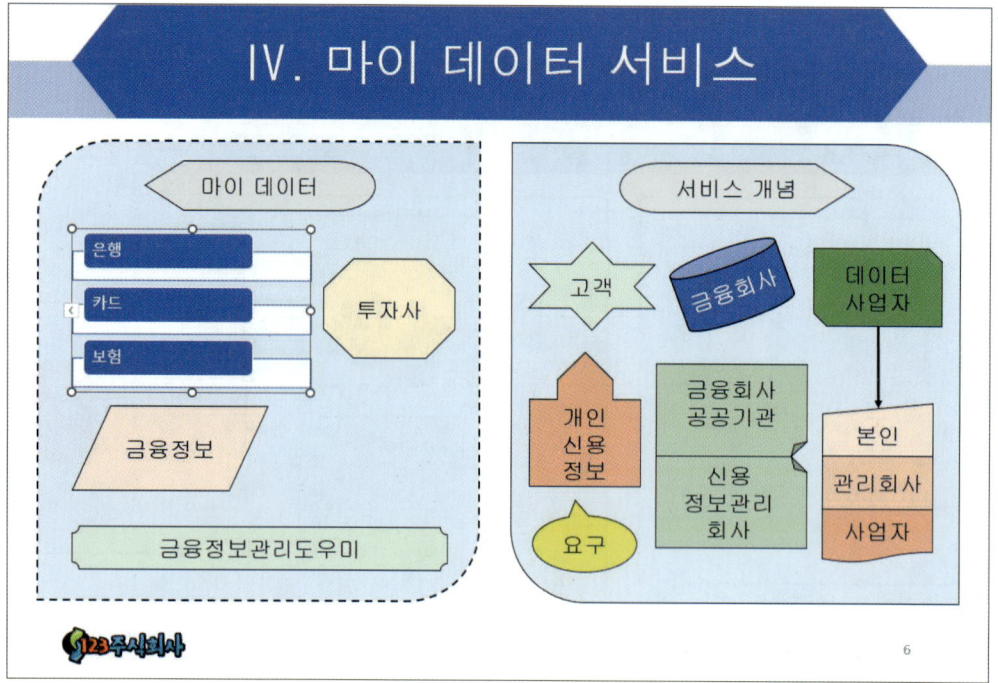

| TIP | 텍스트 창

- 단계별로 나누어진 상태에서 SmartArt 그래픽의 내용을 빠르게 입력하고, 구성을 간편하게 할 수 있습니다(두 줄 내용은 입력 후 Shift + Enter 키).
- [SmartArt 디자인] 탭의 [그래픽 만들기] 그룹에서 텍스트 창( 텍스트 창 ) 단추를 클릭하면 해당 창이 나타나며, 여기에서 텍스트 내용을 입력해도 됩니다.
- 해당 SmartArt 그래픽을 선택한 후 크기 조절 핸들 왼쪽에서 < 부분을 클릭해도 텍스트 창이 나타납니다.

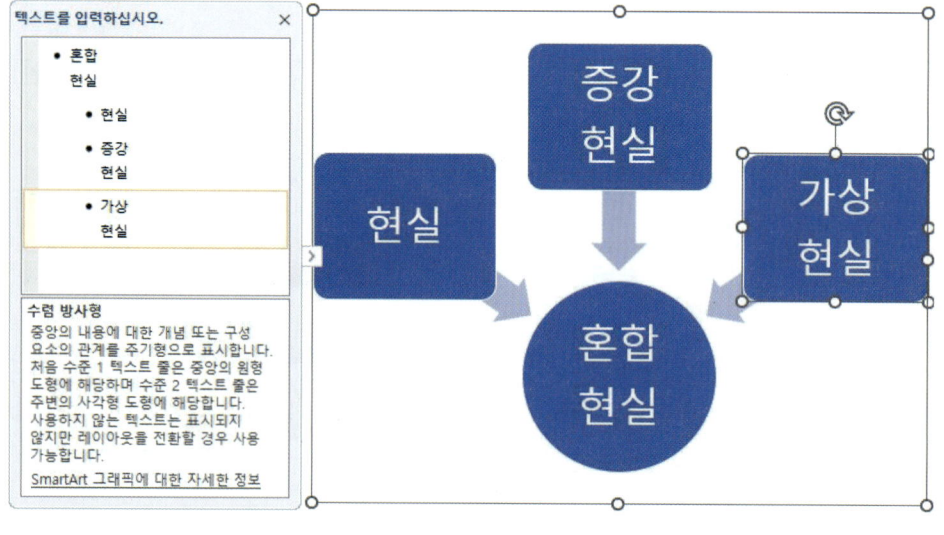

**4** [SmartArt 디자인] 탭의 [SmartArt 스타일] 그룹에서 색 변경(색 변경) 단추를 클릭하고, '색상형 – 강조색'을 선택합니다.

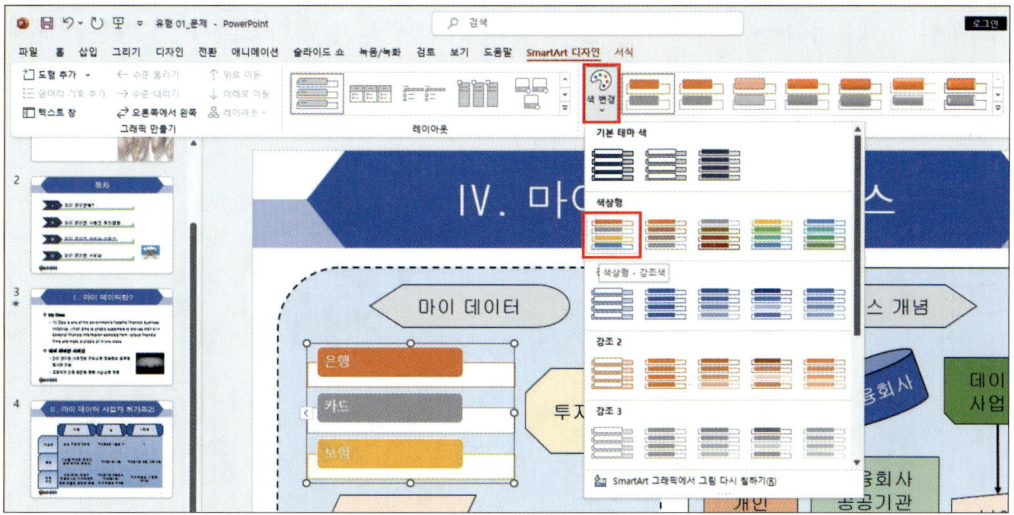

**5** 이번에는 [SmartArt 스타일] 그룹에서 빠른 스타일( ) 단추를 클릭하고, 3차원의 '광택 처리'를 선택합니다.

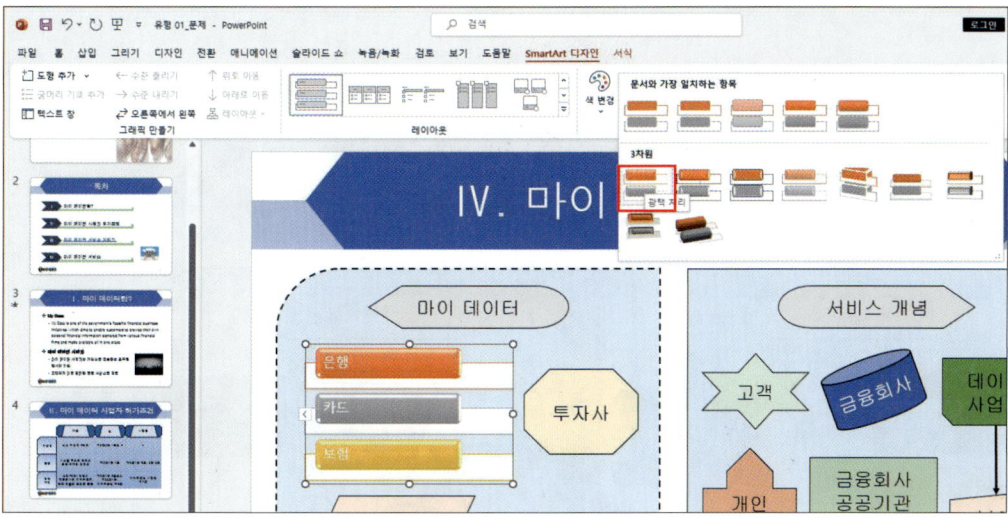

**6** 세로 상자 목록형이 선택된 상태에서 [홈] 탭의 [글꼴] 그룹에서 글꼴은 '굴림', 글꼴 크기는 '18', 글꼴 색은 '검정, 텍스트 1'을 각각 선택합니다.

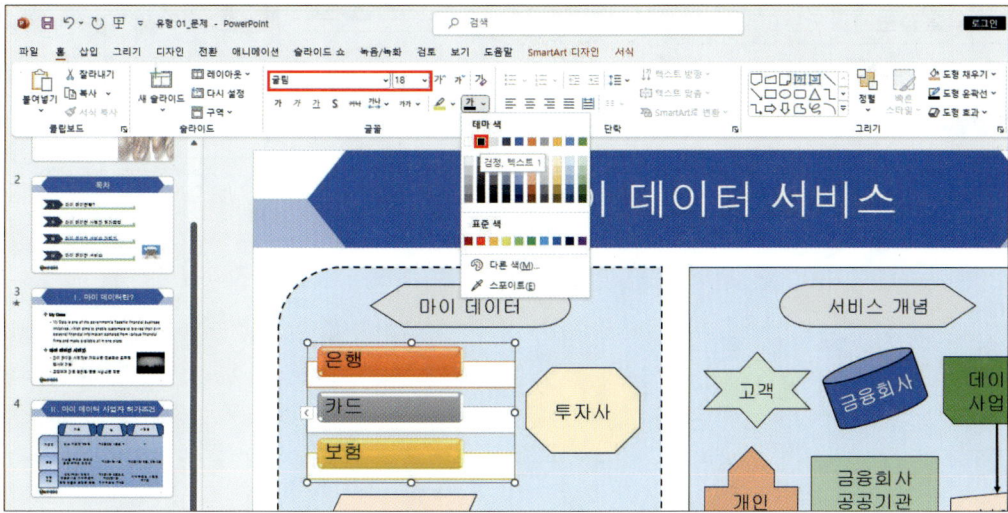

**7** 다시 [삽입] 탭의 [일러스트레이션] 그룹에서 SmartArt( ) 단추를 클릭합니다.

**8** [SmartArt 그래픽 선택] 대화 상자에서 관계형의 '톱니 바퀴형'을 선택하고, [확인] 버튼을 클릭합니다.

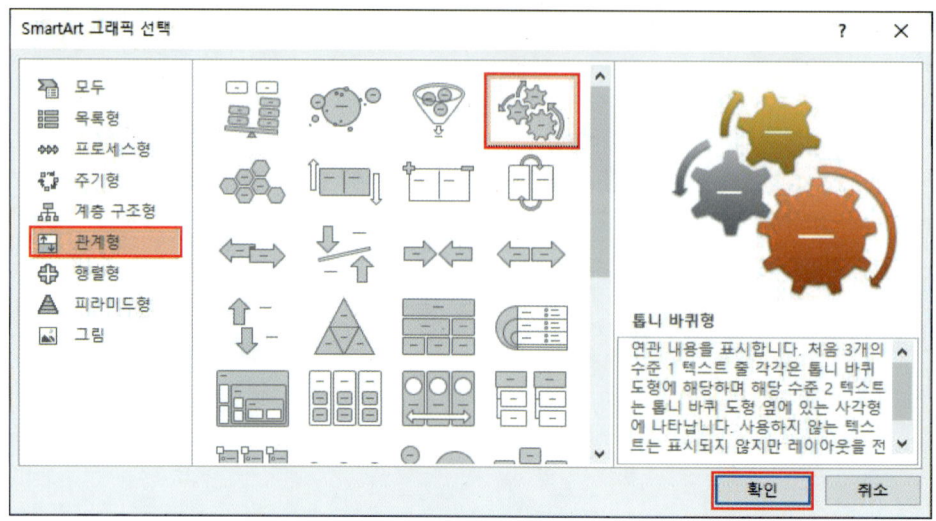

**9** 슬라이드에 톱니 바퀴형이 삽입되면 임의의 도형 하나를 선택한 후 Delete 키를 눌러 삭제합니다.

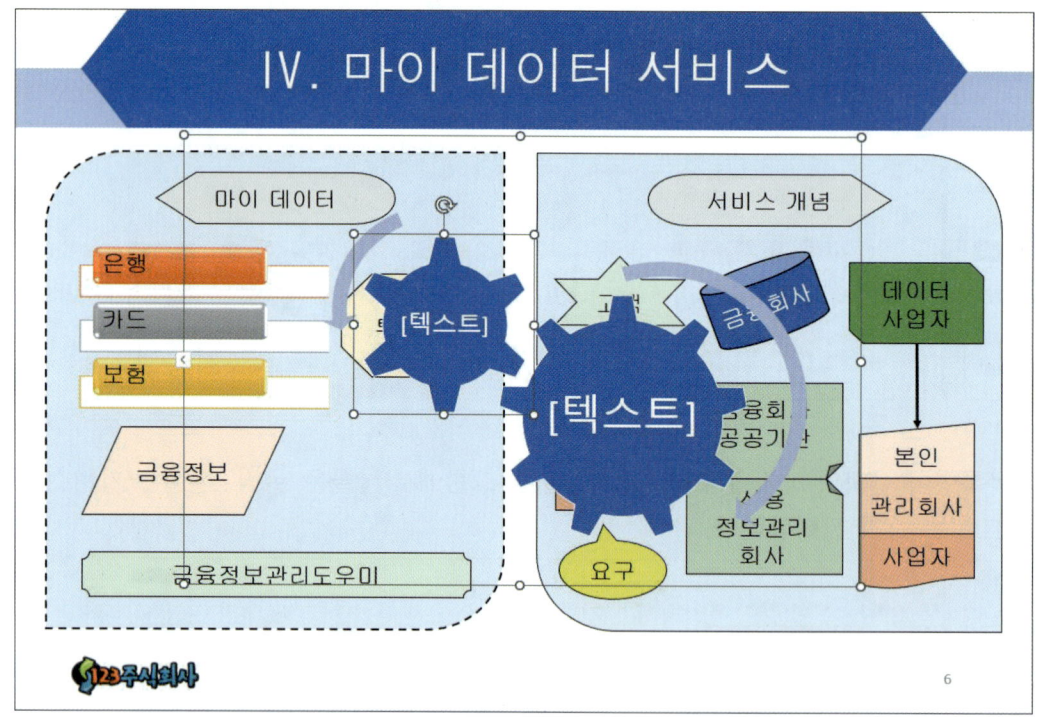

**10** 톱니 바퀴형에 주어진 내용을 입력한 후 크기와 위치를 적당히 조절합니다.

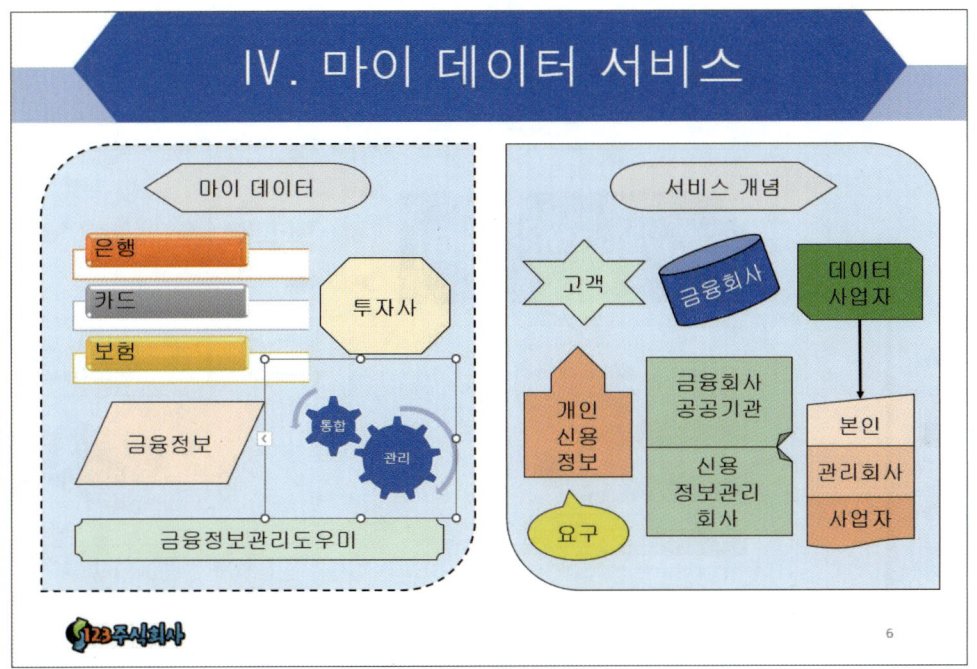

| TIP | **도형 추가**

- SmartArt 그래픽에 텍스트 도형을 추가하는 기능으로 도형을 추가할 위치에서 가장 가까이 있는 도형을 선택합니다.
- 뒤에/앞에 도형 추가 : 선택한 도형 뒤에/앞에 같은 수준의 도형을 삽입합니다.
- 위에/아래에 도형 추가 : 선택한 도형보다 한 수준 위에/아래에 도형을 삽입합니다.
- 보조자 추가 : 선택한 도형에 보조자 도형을 추가합니다(조직도 레이아웃에만 사용할 수 있으며, 계층 구조형 등의 레이아웃에서는 사용할 수 없음).

**11** [SmartArt 디자인] 탭의 [SmartArt 스타일] 그룹에서 색 변경(색 변경) 단추를 클릭하고, '색상형 범위 – 강조색 2 또는 3'을 선택합니다.

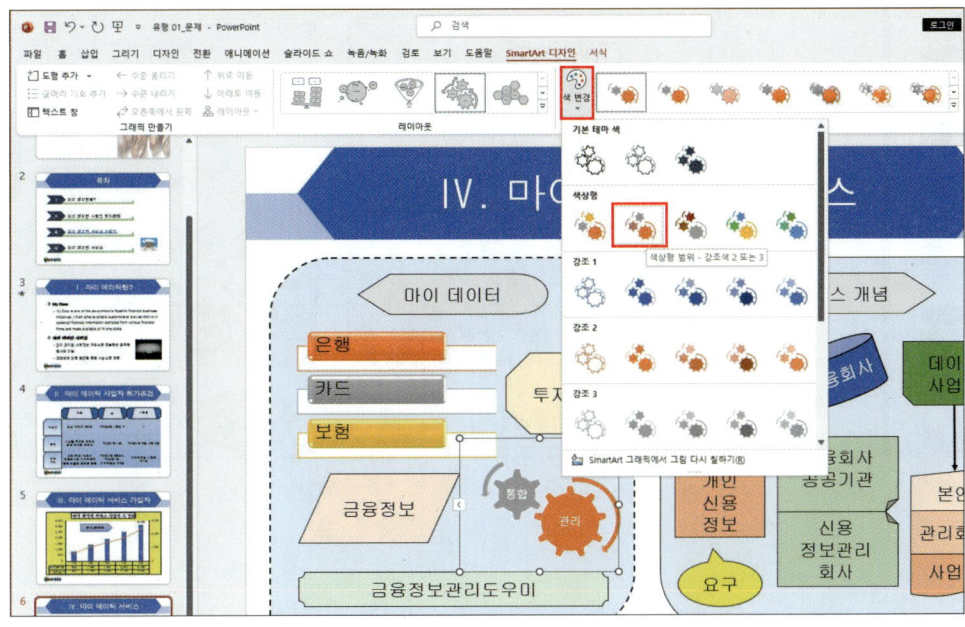

**12** 이번에는 [SmartArt 스타일] 그룹에서 빠른 스타일(▼) 단추를 클릭하고, 3차원의 '만화'를 선택합니다.

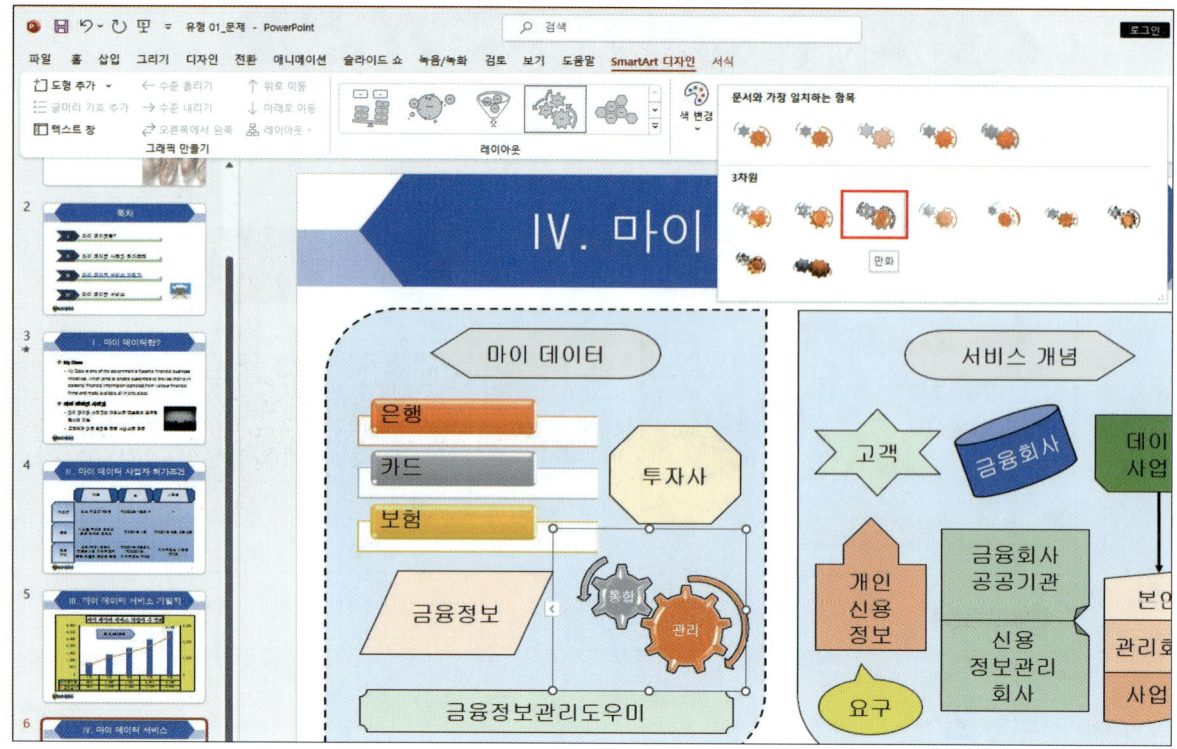

**13** 톱니 바퀴형이 선택된 상태에서 [홈] 탭의 [글꼴] 그룹에서 글꼴은 '굴림', 글꼴 크기는 '18', 글꼴 색은 '검정, 텍스트 1'을 각각 선택합니다.

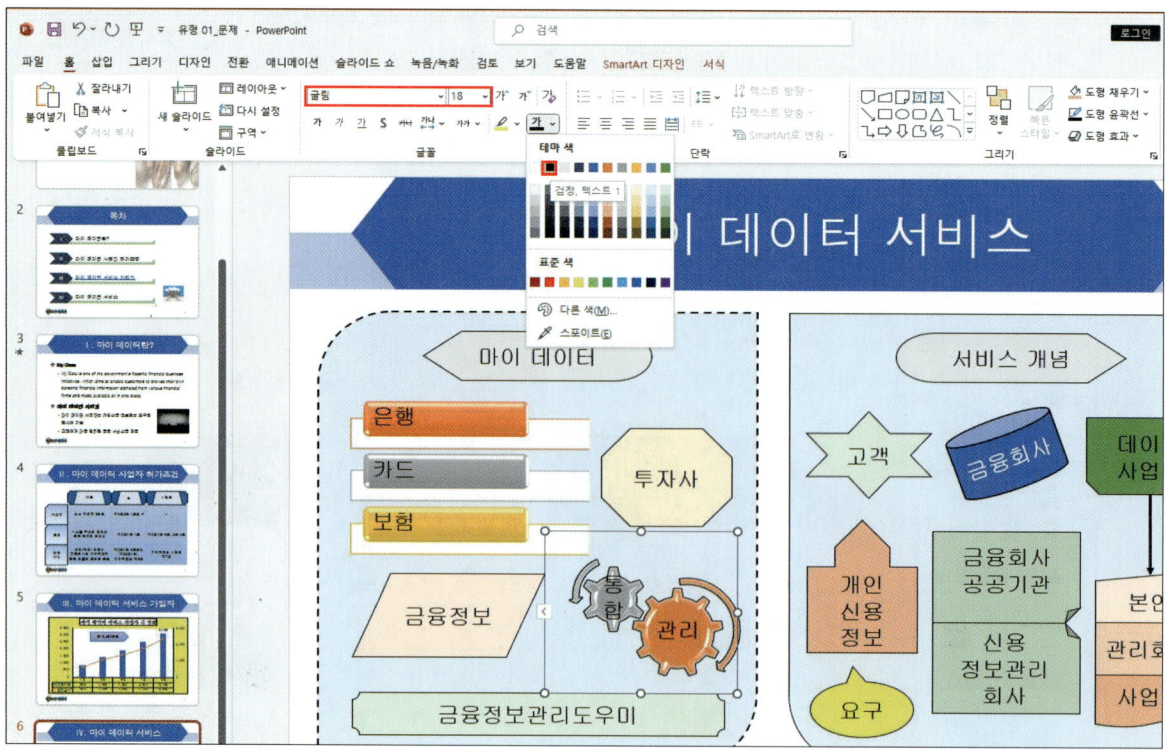

## 04 애니메이션 설정하기

**1** 도형들을 하나로 그룹화하기 위하여 왼쪽의 모든 도형을 선택한 후 [도형 서식] 탭의 [정렬] 그룹에서 그룹화( 그룹화 ) 단추를 클릭하고, [그룹]을 선택합니다.

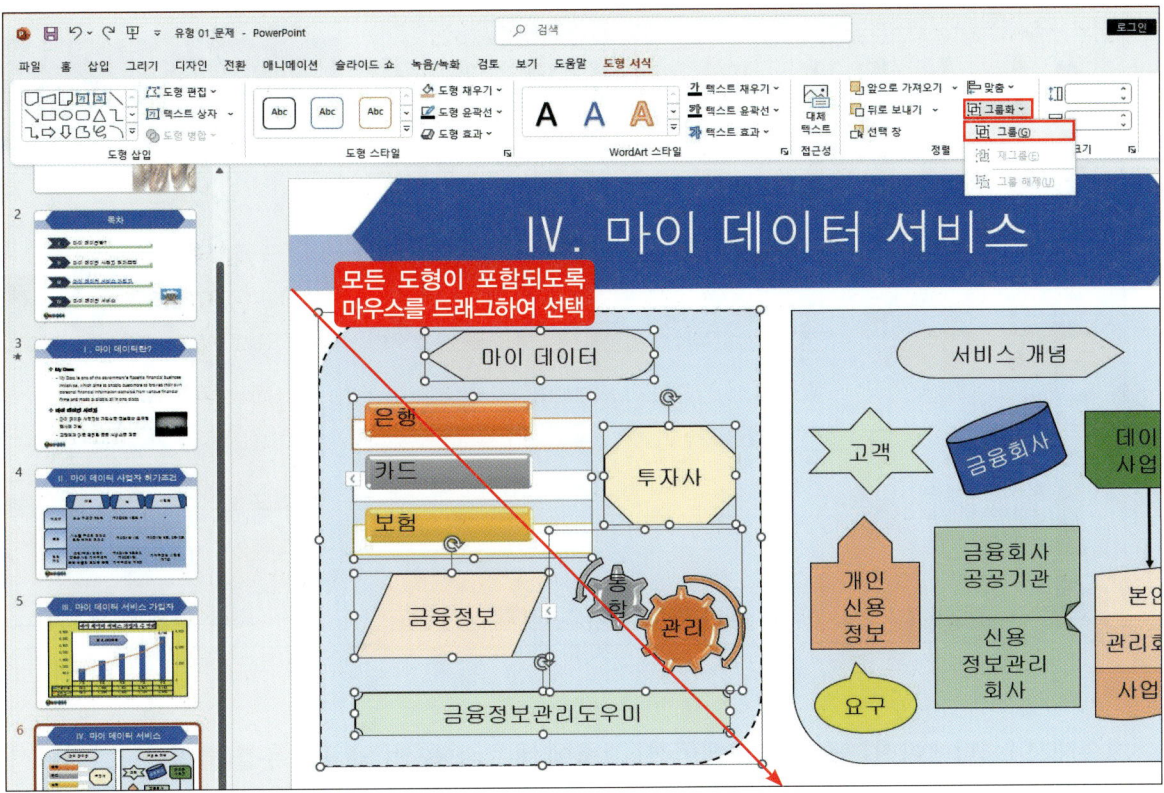

**2** 동일한 방법으로 오른쪽에 있는 모든 도형들도 하나로 그룹화합니다.

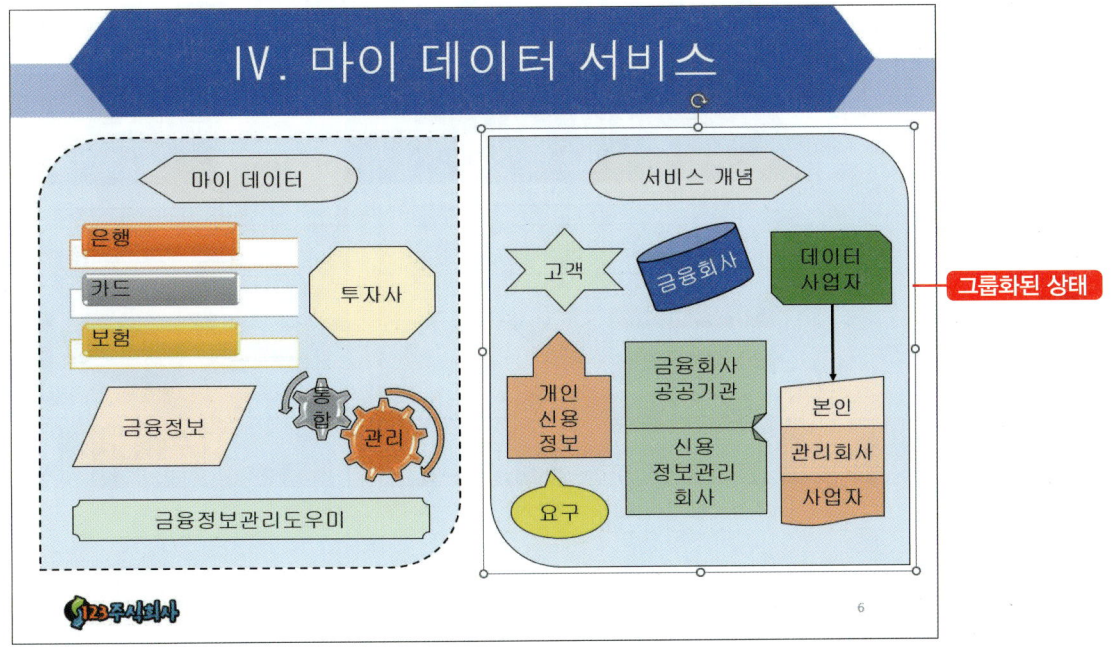

**3** 왼쪽의 도형 그룹을 선택한 후 [애니메이션] 탭의 [애니메이션] 그룹에서 애니메이션 스타일(▼) 단추를 클릭하고, [나타내기]-[닦아내기]를 선택합니다.

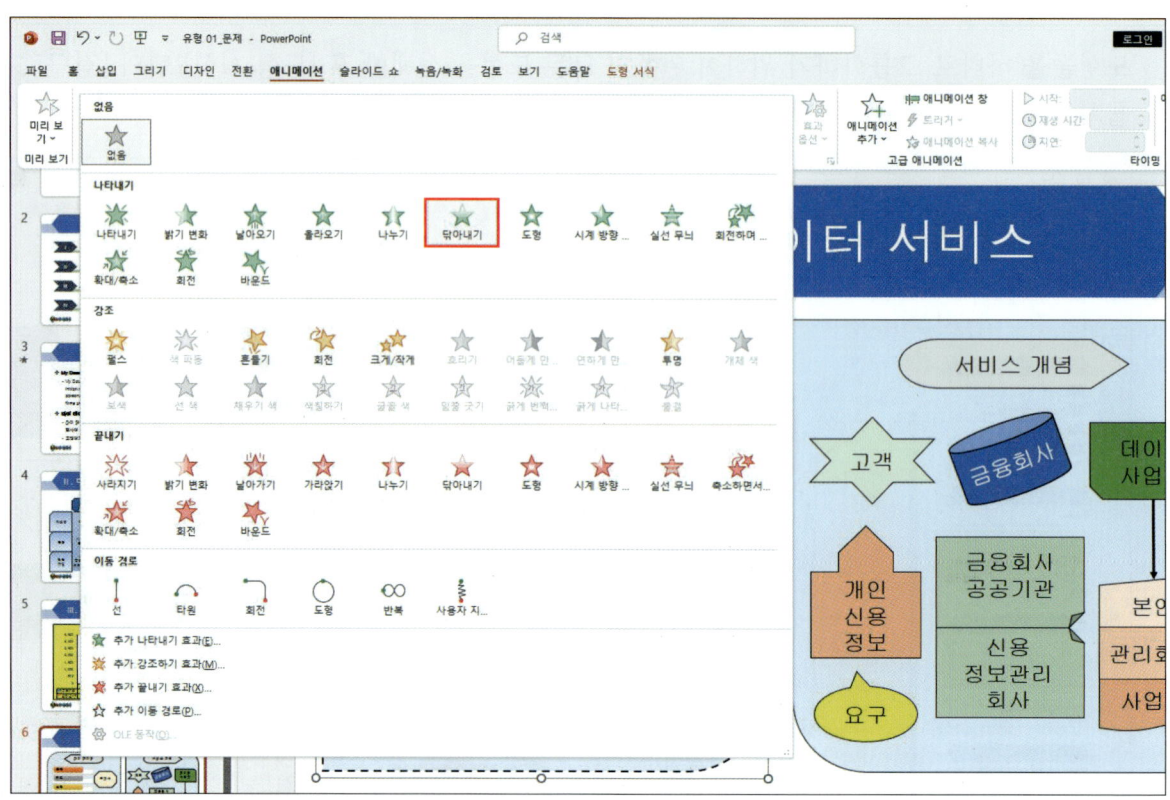

**4** 계속해서 [애니메이션] 탭의 [애니메이션] 그룹에서 효과 옵션(↑) 단추를 클릭하고, [위에서]를 선택합니다.

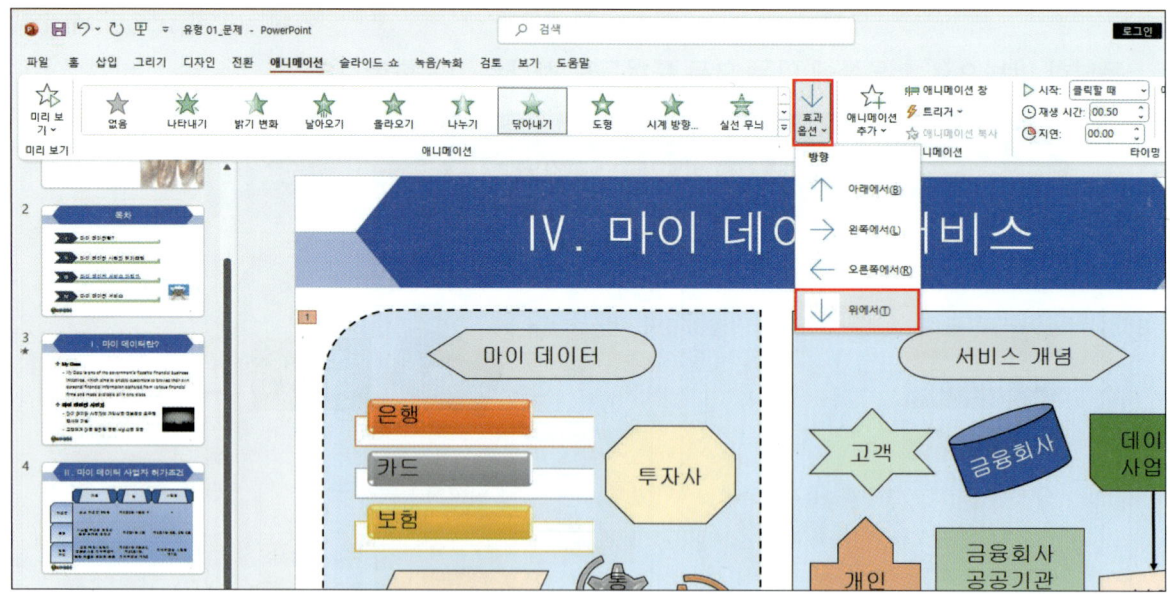

**5** 오른쪽의 도형 그룹을 선택한 후 [애니메이션] 탭의 [애니메이션] 그룹에서 애니메이션 스타일(▼) 단추를 클릭하고, [나타내기]-[바운드]를 선택합니다.

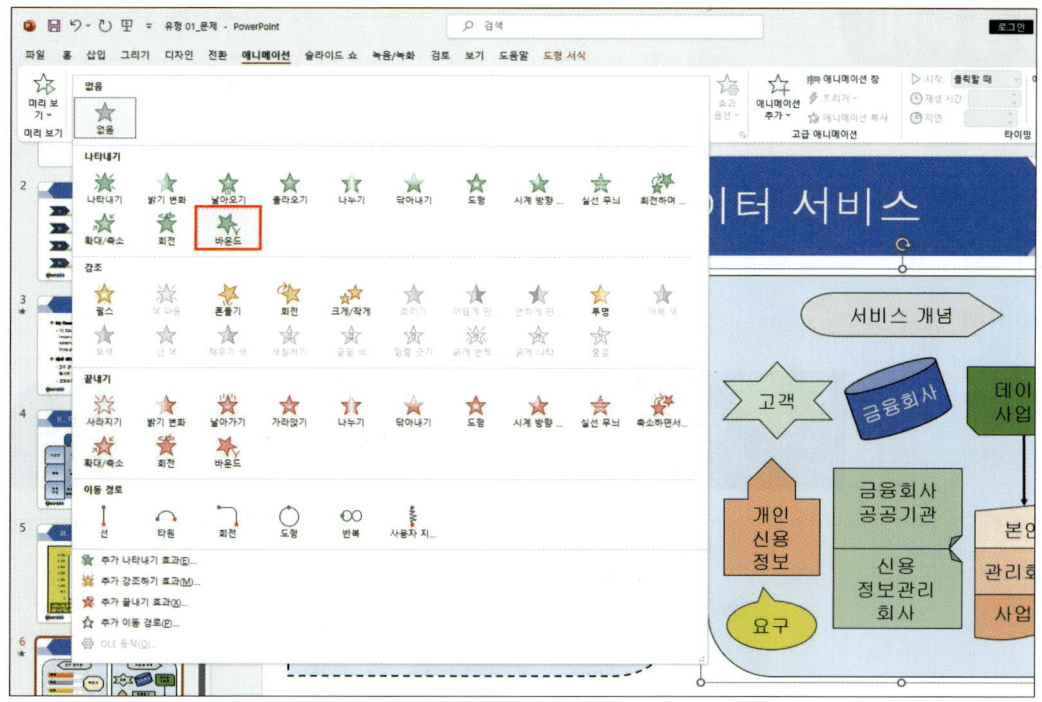

> | TIP | **애니메이션 숫자 태그**
>
> • 슬라이드에 여러 애니메이션이 설정된 경우 각 개체의 왼쪽 부분에 숫자 태그( 1 , 2 …)가 표시되어 애니메이션의 실행 순서를 나타냅니다.
> • 해당 숫자 태그를 클릭하면 지정된 애니메이션을 수정할 수 있습니다.

**6** 설정한 애니메이션 효과를 확인하려면 [애니메이션] 탭의 [미리 보기] 그룹에서 미리 보기( ☆ ) 단추를 클릭합니다.

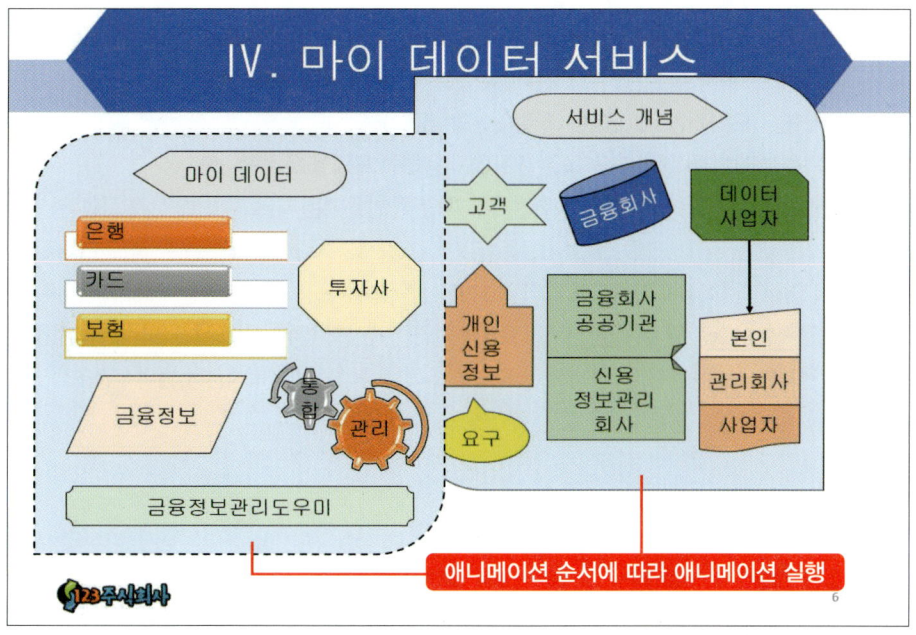

**7** 모든 작업이 완료되면 빠른 실행 도구 모음에서 저장( 💾 ) 단추를 클릭하여 완성된 파일을 저장합니다.

## 출제 유형 문제

• **예제 파일** : 유형 분석 07₩유형 02_문제.pptx / • **완성 파일** : 유형 분석 07₩유형 02_완성.pptx

**01** 문제지의 지시사항과 세부조건을 참조하여 《출력형태》에 맞게 작업하시오.

(1) 슬라이드와 같이 도형 및 스마트아트를 배치한다(글꼴 : 굴림, 18pt).

(2) 애니메이션 순서 : ① ⇒ ②

**세부조건**

① 도형 및 스마트아트 편집
  - 스마트아트 디자인 : 3차원 광택 처리, 3차원 만화
  - 그룹화 후 애니메이션 효과 : 닦아내기(왼쪽에서)

② 도형 편집
  - 그룹화 후 애니메이션 효과 : 회전

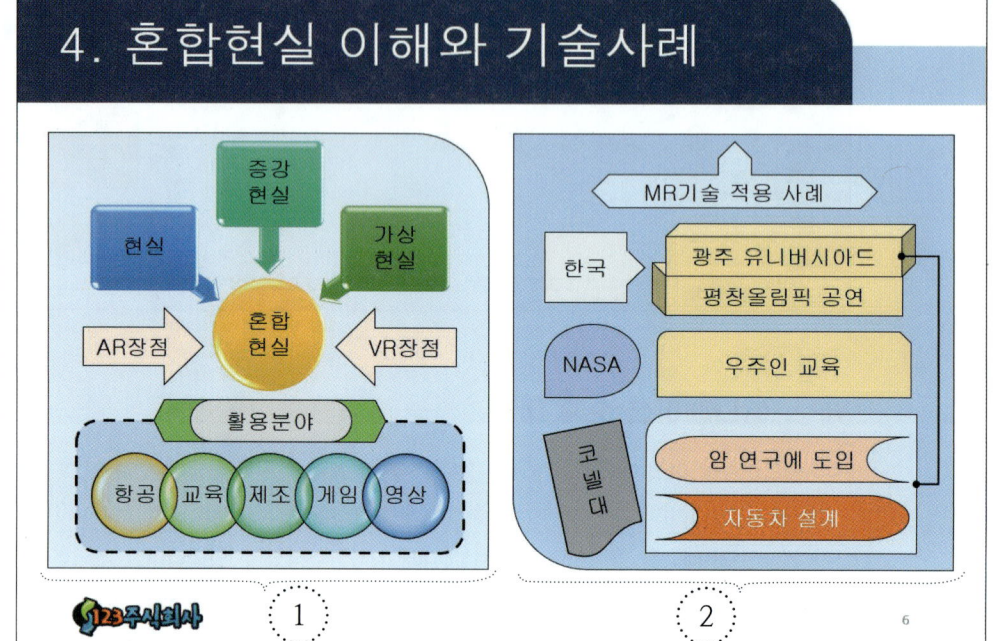

**Hint**
- [사각형]-[둥근 모서리]는 [두께]-[2¼pt]와 [대시]-[파선]을 선택합니다.
- 육각형 안의 둥근 모서리와 [블록 화살표]-[왼쪽/오른쪽/위쪽]은 모양 조절 핸들을 이용하여 모양을 조정합니다.
- [기본 도형]-[정육면체]는 아래쪽으로 복사한 후 [좌우 대칭]과 [뒤로 보내기]를 선택합니다.
- [사각형]-[둥근 한쪽 모서리]와 [순서도]-[저장 데이터]는 좌우 대칭합니다.
- [블록 화살표]-[설명선: 오른쪽 화살표]는 두 개의 모양 조절 핸들을 이용하여 모양을 조정합니다.
- [기본 도형]-[눈물 방울]과 [순서도]-[문서]는 도형을 각각 회전시킨 후 눈물 방울에는 [가로 텍스트 상자 그리기] 단추를 이용하여 내용을 입력합니다.
- [선]-[연결선: 꺾임]은 [두께]-[1½pt]와 [화살표]-[화살표 스타일 11]을 선택합니다.
- 첫 번째 SmartArt 그래픽은 [관계형]-[수렴 방사형]을 선택하고, [색 변경]-[색상형 범위 - 강조색 5 또는 6]을 지정합니다.
- 두 번째 SmartArt 그래픽은 [관계형]-[선형 벤형]을 선택하고, 도형을 추가한 후 [색 변경]-[색상형 범위 - 강조색 4 또는 5]를 지정합니다.

## 출제 유형 문제

• 예제 파일 : 유형 분석 07₩유형 03_문제.pptx / • 완성 파일 : 유형 분석 07₩유형 03_완성.pptx

**02** 문제지의 지시사항과 세부조건을 참조하여 《출력형태》에 맞게 작업하시오.

(1) 슬라이드와 같이 도형 및 스마트아트를 배치한다(글꼴 : 굴림, 18pt).

(2) 애니메이션 순서 : ① ⇒ ②

**세부조건**

① 도형 편집
 - 그룹화 후 애니메이션 효과 : 나누기(가로 안쪽으로)

② 도형 및 스마트아트 편집
 - 스마트아트 디자인 : 3차원 광택 처리, 강한 효과
 - 그룹화 후 애니메이션 효과 : 시계 방향 회전

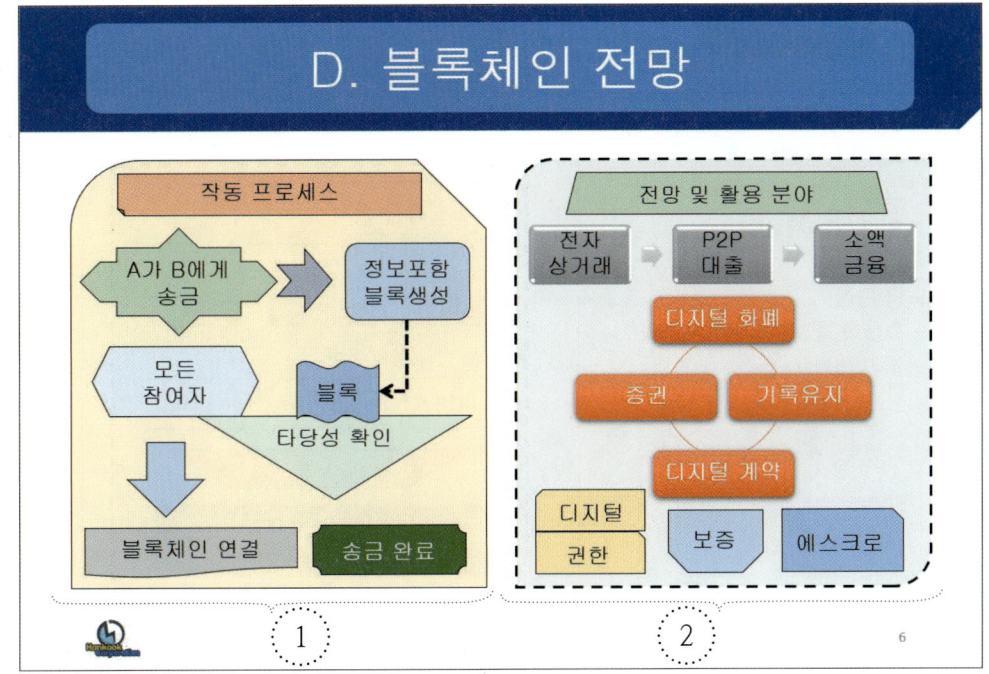

**Hint**
- [기본 도형]-[사각형: 모서리가 접힌 도형]은 좌우 대칭합니다.
- [블록 화살표]-[설명선: 왼쪽/오른쪽/위쪽/아래쪽]은 모양 조절 핸들을 이용하여 모양을 조정합니다.
- [선]-[연결선: 꺾인 화살표]는 [두께]-[3pt]/[대시]-[사각 점선]/[화살표]-[화살표 스타일 2]를 선택합니다.
- [사각형]-[둥근 대각선 방향 모서리]는 [두께]-[2¼pt]/[대시]-[파선]을 선택합니다.
- [사각형]-[잘린 한쪽 모서리]는 복사한 후 위쪽 도형은 좌우 대칭합니다.
- [사각형]-[잘린 위쪽 모서리]는 모양 조절 핸들을 이용하여 모양을 조정한 후 상하 대칭합니다(내용 입력은 가로 텍스트 상자를 이용).
- 첫 번째 SmartArt 그래픽은 [프로세스형]-[기본 프로세스형]을 선택하고, [색 변경]-[색 채우기 - 강조 3]을 지정합니다.
- 두 번째 SmartArt 그래픽은 [주기형]-[무지향 주기형]을 선택하고, [색 변경]-[색 채우기 - 강조 2]를 지정합니다.
- 무지향 주기형에서는 임의의 도형을 하나 삭제하고, 나머지 4개 도형의 가로 크기를 조정합니다.

## 출제 유형 문제

• 예제 파일 : 유형 분석 07₩유형 04_문제.pptx / • 완성 파일 : 유형 분석 07₩유형 04_완성.pptx

**03** 문제지의 지시사항과 세부조건을 참조하여 《출력형태》에 맞게 작업하시오.

(1) 슬라이드와 같이 도형 및 스마트아트를 배치한다(글꼴 : 굴림, 18pt).

(2) 애니메이션 순서 : ① ⇒ ②

**세부조건**

① 도형 및 스마트아트 편집
  - 스마트아트 디자인 : 3차원 경사, 강한 효과
  - 그룹화 후 애니메이션 효과 : 실선 무늬(세로)

② 도형 편집
  - 그룹화 후 애니메이션 효과 : 밝기 변화

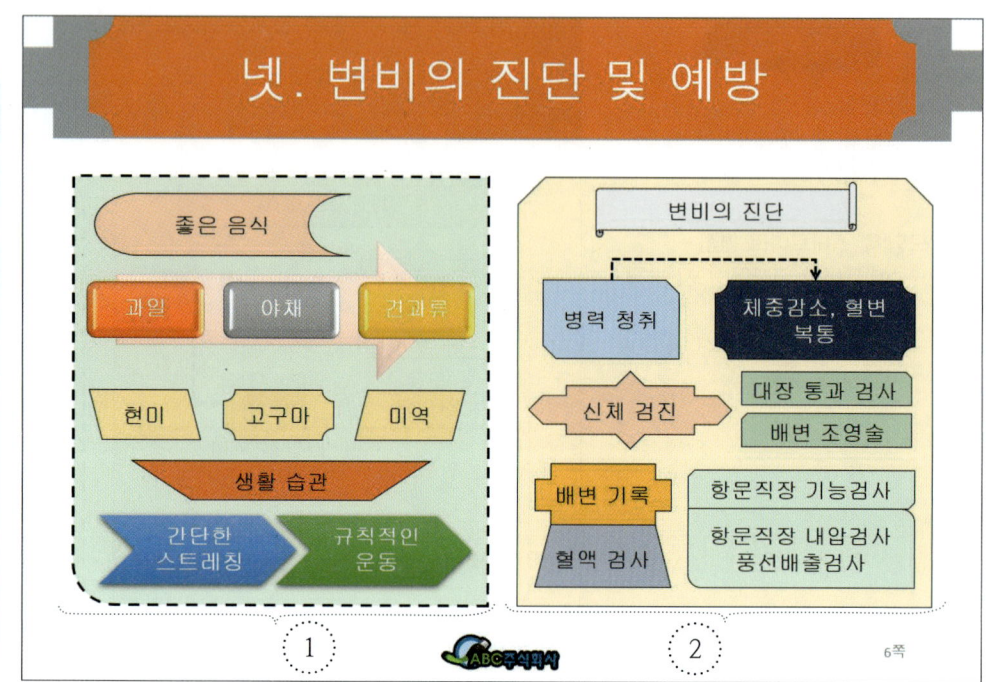

**Hint**
- [사각형]-[둥근 한쪽 모서리]는 상하 대칭/좌우 대칭한 후 [두께]-[2¼pt]/[대시]-[파선]을 선택합니다.
- [기본 도형]-[평행 사변형]은 복사한 후 왼쪽 도형은 좌우 대칭합니다.
- 첫 번째 SmartArt 그래픽은 [프로세스형]-[연속 블록 프로세스형]을 선택하고, [색 변경]-[색상형 - 강조색]을 지정합니다.
- 두 번째 SmartArt 그래픽은 [프로세스형]-[기본 갈매기형 수장 프로세스형]을 선택하고, [색 변경]-[색상형 범위 - 강조색 5 또는 6]을 지정한 후 임의의 도형을 하나 삭제합니다.
- [별 및 현수막]-[두루마리 모양: 가로로 말림]은 상하 대칭과 좌우 대칭합니다(내용 입력은 가로 텍스트 상자를 이용).
- [선]-[연결선: 꺾인 화살표]는 [두께]-[2¼pt]/[대시]-[사각 점선]/[화살표]-[화살표 스타일 2]를 선택합니다.
- [블록 화살표]-[설명선: 왼쪽/오른쪽/위쪽/아래쪽]은 모양 조절 핸들을 이용하여 모양을 조정합니다.
- [사각형]-[잘린 한쪽 모서리]는 복사한 후 아래쪽 도형은 좌우 대칭합니다.
- [사각형]-[잘린 대각선 방향 모서리]/[둥근 대각선 방향 모서리]는 각각 좌우 대칭합니다.

## 출제 유형 문제

• 예제 파일 : 유형 분석 07₩유형 05_문제.pptx / • 완성 파일 : 유형 분석 07₩유형 05_완성.pptx

**04** 문제지의 지시사항과 세부조건을 참조하여 《출력형태》에 맞게 작업하시오.

(1) 슬라이드와 같이 도형 및 스마트아트를 배치한다(글꼴 : 굴림, 18pt).

(2) 애니메이션 순서 : ① ⇒ ②

**세부조건**

① 도형 편집
 – 그룹화 후 애니메이션 효과 : 올라오기(서서히 아래로)

② 도형 및 스마트아트 편집
 – 스마트아트 디자인 : 3차원 경사, 3차원 만화
 – 그룹화 후 애니메이션 효과 : 바운드

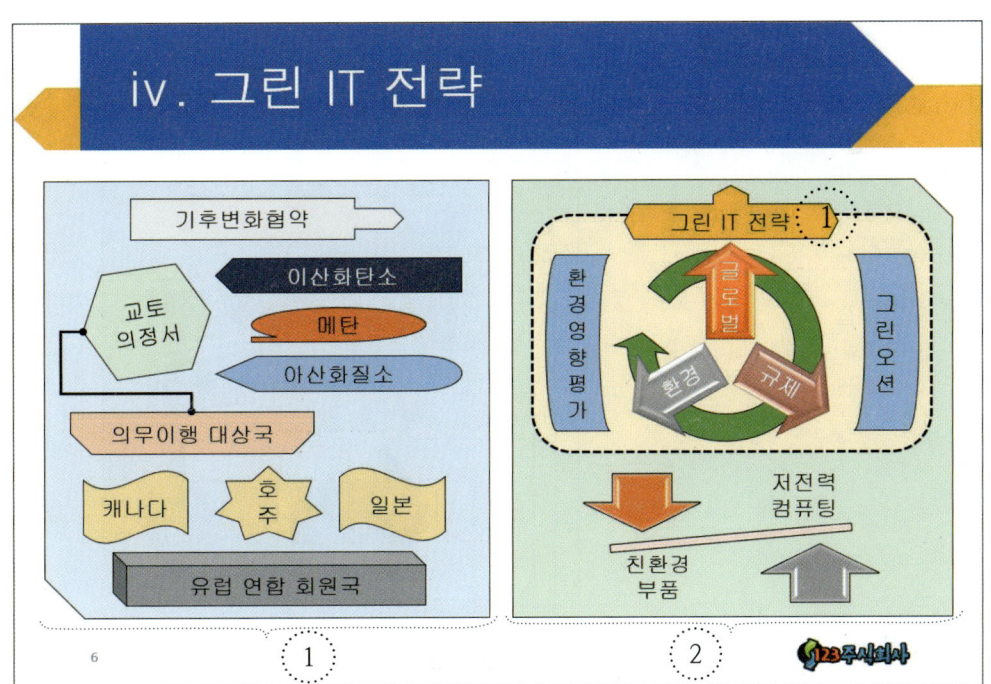

**Hint**
- [사각형]-[잘린 한쪽 모서리]는 상하 대칭과 좌우 대칭합니다.
- [블록 화살표]-[설명선: 오른쪽 화살표]는 모양 조절 핸들을 이용하여 모양을 조정합니다.
- [블록 화살표]-[화살표: 오각형]과 [순서도]-[순차적 액세스 저장소]는 각각 좌우 대칭합니다.
- [기본 도형]-[육각형]은 회전 핸들을 이용하여 왼쪽으로 회전시킵니다.
- [사각형]-[잘린 위쪽 모서리]는 상하 대칭한 후 모양 조절 핸들을 이용하여 모양을 조정합니다(내용 입력은 가로 텍스트 상자를 이용).
- [선]-[연결선: 꺾임]은 [두께]-[2¼pt]/[화살표]-[화살표 스타일 11]을 선택합니다.
- [별 및 현수막]-[물결]은 복사한 후 왼쪽 도형은 좌우 대칭하고, [기본 도형]-[정육면체]는 좌우 대칭합니다.
- [사각형]-[둥근 모서리]는 [두께]-[2¼pt]/[대시]-[사각 점선]을 선택합니다.
- [블록 화살표]-[화살표: 왼쪽/오른쪽/위쪽]은 모양 조절 핸들을 이용하여 모양을 조정합니다.
- [순서도]-[저장 데이터]는 복사한 후 오른쪽 도형은 좌우 대칭합니다.
- [블록 화살표]-[화살표: 원형]은 모양 조절 핸들을 이용하여 모양을 조정한 후 회전시킵니다.
- 첫 번째 SmartArt 그래픽은 [프로세스형]-[분기 화살표형]을 선택하고, [색 변경]-[색상형 범위 - 강조색 2 또는 3]을 지정한 후 도형을 추가합니다.
- 두 번째 SmartArt 그래픽은 [관계형]-[평형 화살표형]을 선택하고, [색 변경]-[색상형 - 강조색]을 지정합니다.

## 출제 유형 문제

• 예제 파일 : 유형 분석 07₩유형 06_문제.pptx / • 완성 파일 : 유형 분석 07₩유형 06_완성.pptx

**05** 문제지의 지시사항과 세부조건을 참조하여 《출력형태》에 맞게 작업하시오.

(1) 슬라이드와 같이 도형 및 스마트아트를 배치한다(글꼴 : 굴림, 18pt).

(2) 애니메이션 순서 : ① ⇒ ②

### 세부조건

① 도형 및 스마트아트 편집
- 스마트아트 디자인 : 3차원 벽돌, 3차원 만화
- 그룹화 후 애니메이션 효과 : 밝기 변화

② 도형 편집
- 그룹화 후 애니메이션 효과 : 나누기(세로 바깥쪽으로)

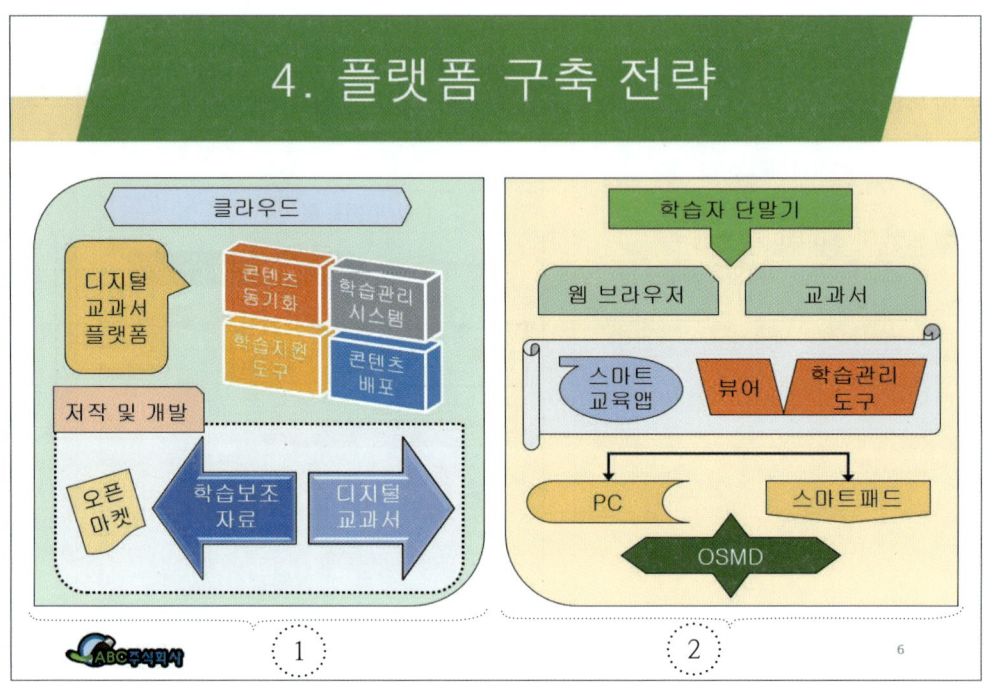

### Hint

- [사각형]-[둥근 대각선 방향 모서리]는 복사한 후 오른쪽 도형은 상하 대칭합니다.
- [설명선]-[말풍선: 모서리가 둥근 사각형]은 모양 조절 핸들을 이용하여 모양을 조정합니다.
- 첫 번째 SmartArt 그래픽은 [목록형]-[기본 블록 목록형]을 선택하고, [색 변경]-[색상형 - 강조색]을 지정한 후 임의의 도형을 하나 삭제합니다.
- [사각형]-[둥근 위쪽 모서리]는 [두께]-[2¼pt]/[대시]-[둥근 점선]을 선택하고, 상하 대칭합니다.
- [순서도]-[문서]는 회전 핸들을 이용하여 왼쪽으로 회전시킵니다.
- 두 번째 SmartArt 그래픽은 [관계형]-[분기 화살표형]을 선택하고, [색 변경]-[강조 1 - 투명 그라데이션 범위 - 강조 1]을 지정합니다.
- [블록 화살표]-[설명선: 아래쪽 화살표]는 모양 조절 핸들을 이용하여 모양을 조정합니다.
- [사각형]-[위쪽 모서리의 한쪽은 둥글고 다른 한쪽은 잘림]은 복사한 후 오른쪽 도형은 좌우 대칭합니다.
- [순서도]-[순차적 액세스 저장소]는 상하 대칭과 좌우 대칭합니다.
- [순서도]-[데이터]는 복사한 후 왼쪽 도형은 좌우 대칭합니다.
- [블록 화살표]-[화살표: 오각형]은 오른쪽으로 90도 회전한 후 모양 조절 핸들을 이용하여 모양을 조정합니다.
- [선]-[연결선: 꺾인 화살표]는 [두께]-[2¼pt]/[대시]-[실선]/[화살표]-[화살표 스타일 7]을 선택합니다.
- [블록 화살표]-[화살표: 왼쪽/오른쪽/위쪽/아래쪽]은 모양 조절 핸들을 이용하여 모양을 조정합니다.

## 출제 유형 문제

• 예제 파일 : 유형 분석 07₩유형 07_문제.pptx / • 완성 파일 : 유형 분석 07₩유형 07_완성.pptx

**06** 문제지의 지시사항과 세부조건을 참조하여 《출력형태》에 맞게 작업하시오.

(1) 슬라이드와 같이 도형 및 스마트아트를 배치한다(글꼴 : 굴림, 18pt).

(2) 애니메이션 순서 : ① ⇒ ②

**세부조건**

① 도형 및 스마트아트 편집
 – 스마트아트 디자인 : 3차원 경사, 3차원 만화
 – 그룹화 후 애니메이션 효과 : 시계 방향 회전(살 3개)

② 도형 편집
 – 그룹화 후 애니메이션 효과 : 확대/축소

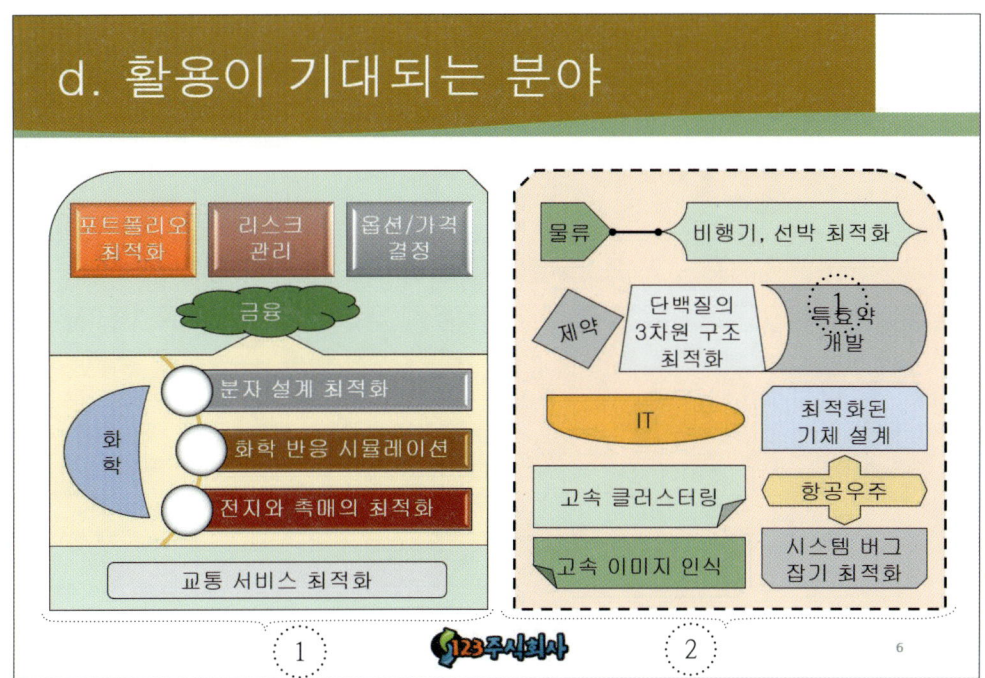

**Hint**
- [사각형]-[위쪽 모서리의 한쪽은 둥글고 다른 한쪽은 잘림]은 복사한 후 오른쪽 도형은 좌우 대칭하고, [두께]-[2¼pt]/[대시]-[파선]을 선택합니다.
- 첫 번째 SmartArt 그래픽은 [목록형]-[기본 블록 목록형]을 선택하고, [색 변경]-[색상형 범위 - 강조색 2 또는 3]을 지정한 후 임의의 도형을 삭제합니다.
- [블록 화살표]-[설명선: 위쪽 화살표]는 모양 조절 핸들을 이용하여 모양을 조정합니다.
- 두 번째 SmartArt 그래픽은 [목록형]-[세로 곡선 목록형]을 선택하고, [색 변경]-[색상형 범위 - 강조색 3 또는 4]를 지정합니다.
- [기본 도형]-[배지]는 모양 조절 핸들을 이용하여 모양을 조정합니다.
- [기본 도형]-[다이아몬드]는 회전 핸들을 이용하여 왼쪽으로 회전시킵니다.
- [순서도]-[저장 데이터]와 [기본 도형]-[눈물 방울]은 좌우 대칭합니다.
- [기본 도형]-[사각형: 모서리가 접힌 도형]은 복사한 후 아래쪽 도형은 좌우 대칭합니다.
- [블록 화살표]-[화살표: 왼쪽/오른쪽/위쪽/아래쪽]은 모양 조절 핸들을 이용하여 모양을 조정합니다.
- [사각형]-[잘린 위쪽 모서리]는 상하 대칭합니다.

 Memo

# PART 02

# 실전모의고사

제 **01** 회 실전모의고사
제 **02** 회 실전모의고사
제 **03** 회 실전모의고사
제 **04** 회 실전모의고사
제 **05** 회 실전모의고사
제 **06** 회 실전모의고사
제 **07** 회 실전모의고사
제 **08** 회 실전모의고사
제 **09** 회 실전모의고사
제 **10** 회 실전모의고사
제 **11** 회 실전모의고사
제 **12** 회 실전모의고사
제 **13** 회 실전모의고사
제 **14** 회 실전모의고사
제 **15** 회 실전모의고사

**I**nformation **T**echnology **Q**ualification

# 제 01 회 실전모의고사 (MS 오피스)

| 과목 | 코드 | 문제유형 | 시험시간 | 수험번호 | 성명 |
|---|---|---|---|---|---|
| 한글파워포인트 | 1142 | A | 60분 | | |

## 수험자 유의사항

- 수험자는 문제지를 받는 즉시 문제지와 **수험표상의 시험과목(프로그램)이 동일한지 반드시 확인**하여야 합니다.
- 파일명은 본인의 "수험번호-성명"으로 입력하여 답안폴더(내 PC₩문서₩ITQ)에 하나의 파일로 저장해야 하며, 답안문서 파일명이 "수험번호-성명"과 일치하지 않거나, 답안파일을 전송하지 않아 미제출로 처리될 경우 실격 처리합니다(예:12345678-홍길동.pptx).
- 답안 작성을 마치면 파일을 저장하고, '답안 전송' 버튼을 선택하여 감독위원 PC로 답안을 전송하십시오. 수험생 정보와 저장한 파일명이 다를 경우 전송되지 않으므로 주의하시기 바랍니다.
- 답안 작성 중에도 **주기적으로 저장하고, '답안 전송'**하여야 문제 발생을 줄일 수 있습니다. 작업한 내용을 저장하지 않고 전송할 경우 이전에 저장된 내용이 전송되오니 이점 유의하시기 바랍니다.
- 답안문서는 지정된 경로 외의 다른 보조기억장치에 저장하는 경우, 지정된 시험 시간 외에 작성된 파일을 활용할 경우, 기타 통신수단(이메일, 메신저, 네트워크 등)을 이용하여 타인에게 전달 또는 외부 반출하는 경우는 부정 처리합니다.
- 시험 중 부주의 또는 고의로 시스템을 파손한 경우는 수험자가 변상해야 하며, 〈수험자 유의사항〉에 기재된 방법대로 이행하지 않아 생기는 불이익은 수험생 당사자의 책임임을 알려 드립니다.
- 문제의 조건은 MS오피스 2021 버전으로 설정되어 있으니 유의하시기 바랍니다.
- 시험을 완료한 수험자는 답안파일이 전송되었는지 확인한 후 감독위원의 지시에 따라 문제지를 제출하고 퇴실합니다.

## 답안 작성요령

- 온라인 답안 작성 절차
  수험자 등록 ➡ 시험 시작 ➡ 답안파일 저장 ➡ 답안 전송 ➡ 시험 종료
- 슬라이드의 크기는 A4 Paper로 설정하여 작성합니다.
- 슬라이드의 총 개수는 6개로 구성되어 있으며 슬라이드 1부터 순서대로 작업하고 반드시 문제와 세부 조건대로 합니다.
- 별도의 지시사항이 없는 경우 출력형태를 참조하여 글꼴색은 검정 또는 흰색으로 작성하고, 기타사항은 전체적인 균형을 고려하여 작성합니다.
- 슬라이드 도형 및 개체에 출력형태와 다른 스타일(그림자, 외곽선 등)을 적용했을 경우 감점 처리됩니다.
- 슬라이드 번호를 작성합니다(슬라이드 1에는 생략).
- 2~6번 슬라이드 제목 도형과 하단 로고는 슬라이드 마스터를 이용하여 출력형태와 동일하게 작성합니다(슬라이드 1에는 생략).
- 문제와 세부조건, 세부조건 번호 ○ (점선원)는 입력하지 않습니다.
- 각 개체의 위치는 오른쪽의 슬라이드와 동일하게 구성합니다.
- 그림 삽입 문제의 경우 반드시 「내 PC₩문서₩ITQ₩Picture」 폴더에서 정확한 파일을 선택하여 삽입하십시오.
- 각 슬라이드를 각각의 파일로 작업해서 저장할 경우 실격 처리됩니다.

## 전체구성 (60점)

(1) 슬라이드 크기 및 순서 : 크기를 A4 용지로 설정하고 슬라이드 순서에 맞게 작성한다.
(2) 슬라이드 마스터 : 2~6 슬라이드의 제목, 하단 로고, 슬라이드 번호는 슬라이드 마스터를 이용하여 작성한다.
- 제목 글꼴(돋움, 40pt, 흰색), 가운데 맞춤, 도형(선 없음)
- 하단 로고(「내 PC₩문서₩ITQ₩Picture₩로고2.jpg」 배경(회색) 투명색으로 설정)

## 슬라이드 1  ≪표지 디자인≫ (40점)

(1) 표지 디자인 : 도형, 워드아트 및 그림을 이용하여 작성한다.

**세부조건**

① 도형 편집
 - 도형에 그림 채우기 :
  「내 PC₩문서₩ITQ₩Picture₩
  그림3.jpg」, 투명도 50%
 - 도형 효과 :
  부드러운 가장자리 5포인트
② 워드아트 삽입
 - 변환 : 곡선(아래로)
 - 글꼴 : 돋움, 굵게
 - 텍스트 반사 : 근접 반사, 4pt
  오프셋
③ 그림 삽입
 - 「내 PC₩문서₩ITQ₩Picture₩
  로고2.jpg」
 - 배경(회색) 투명색으로 설정

## 슬라이드 2  ≪목차 슬라이드≫ (60점)

(1) 출력형태와 같이 도형을 이용하여 목차를 작성한다(글꼴 : 굴림, 24pt).
(2) 도형 : 선 없음

**세부조건**

① 텍스트에 하이퍼링크 적용
 → '슬라이드 6'
② 그림 삽입
 - 「내 PC₩문서₩ITQ₩Picture₩
  그림4.jpg」
 - 자르기 기능 이용

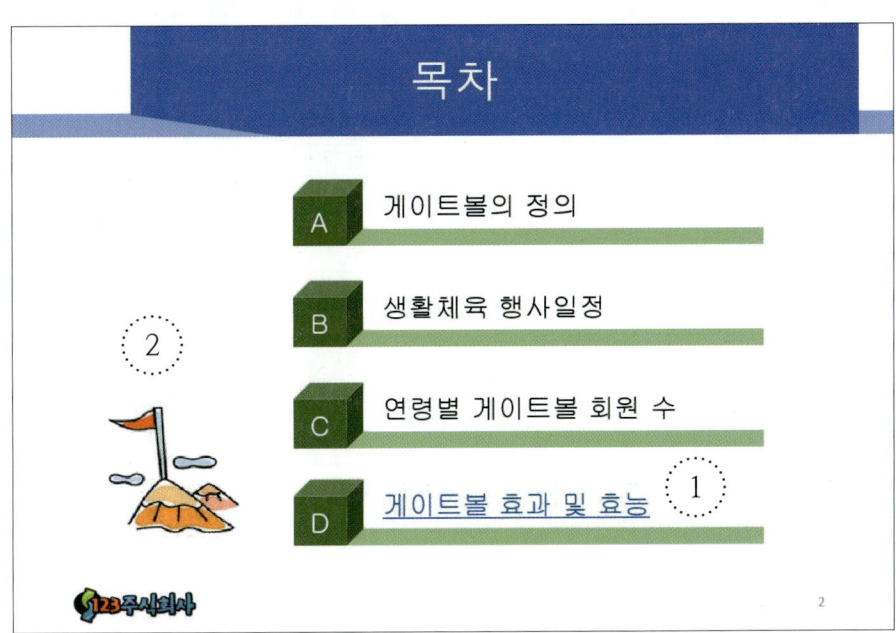

## 슬라이드 3  ≪텍스트/동영상 슬라이드≫  (60점)

(1) 텍스트 작성 : 글머리 기호 사용(❖, ■)

❖문단(굴림, 24pt, 굵게, 줄 간격 : 1.5줄), ■문단(굴림, 20pt, 줄 간격 : 1.5줄)

**세부조건**

① 동영상 삽입 :
- 「내 PC₩문서₩ITQ₩Picture₩동영상.wmv」
- 자동 실행, 반복 재생 설정

### A. 게이트볼의 정의

❖ **The Game**
- It is a game played between two teams, each with 5 players
- The winner is decided by the total number of points achieved during the 30-minute game

❖ **게이트볼의 정의**
- 게이트볼은 T 자 모양의 막대기로 공을 쳐서 경기장 안의 게이트(문) 3군데를 통과시킨 다음 경기장 중앙에 세운 20cm 골폴에 맞히는 구기

---

## 슬라이드 4  ≪표 슬라이드≫  (80점)

(1) 도형과 표 작성 기능을 이용하여 슬라이드를 작성한다(글꼴 : 돋움, 18pt).

**세부조건**

① 상단 도형 :
  2개 도형의 조합으로 작성
② 좌측 도형 :
  그라데이션 효과(선형 아래쪽)
③ 표 스타일 :
  테마 스타일 1 - 강조 6

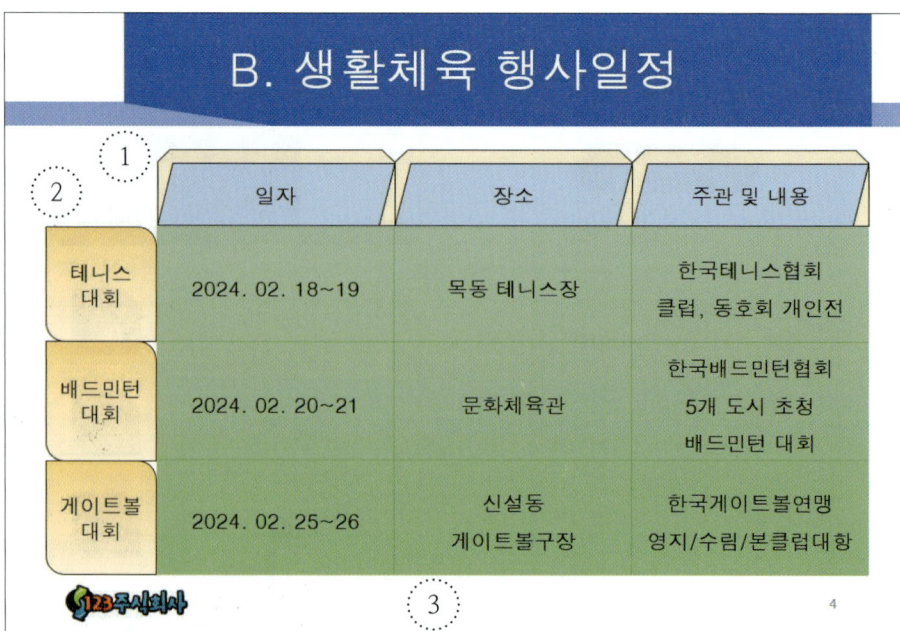

| 슬라이드 5 | ≪차트 슬라이드≫ | (100점) |

(1) 차트 작성 기능을 이용하여 슬라이드를 작성한다.
(2) 차트 : 종류(묶은 세로 막대형), 글꼴(돋움, 16pt), 외곽선

**세부조건**

※ 차트 설명
- 차트 제목 : 궁서, 24pt, 굵게, 채우기(흰색), 테두리, 그림자(오프셋 오른쪽)
- 차트 영역 : 채우기(노랑)
  그림 영역 : 채우기(흰색)
- 데이터 서식 : 2022년 계열을 표식이 있는 꺾은선형으로 변경 후 보조 축으로 지정
- 값 표시 : 2022년의 60대 계열만
① 도형 삽입
  - 스타일 :
    미세 효과 - 파랑, 강조 1
  - 글꼴 : 굴림, 18pt

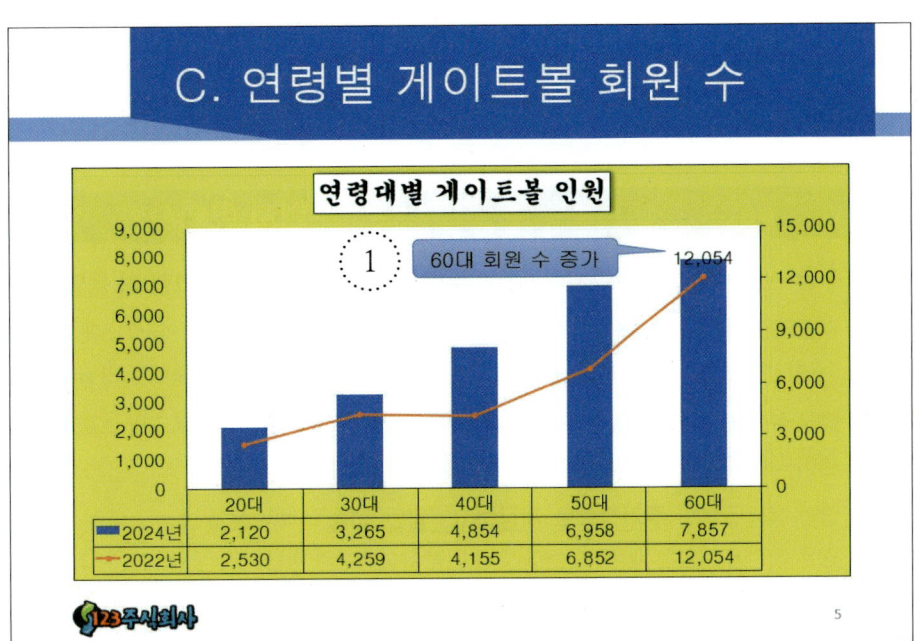

| 슬라이드 6 | ≪도형 슬라이드≫ | (100점) |

(1) 슬라이드와 같이 도형 및 스마트아트를 배치한다(글꼴 : 굴림, 18pt).
(2) 애니메이션 순서 : ① ⇒ ②

**세부조건**

① 도형 및 스마트아트 편집
  - 스마트아트 디자인 :
    3차원 광택 처리, 3차원 만화
  - 그룹화 후 애니메이션 효과 :
    실선 무늬(세로)
② 도형 편집
  - 그룹화 후 애니메이션 효과 :
    시계 방향 회전

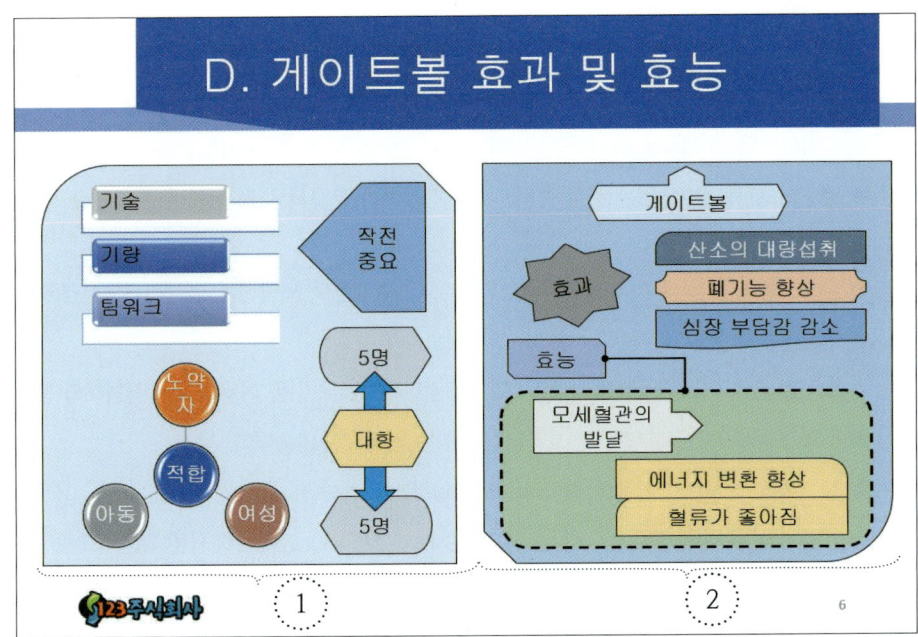

# 제 02 회 실전모의고사 (MS 오피스)

| 과목 | 코드 | 문제유형 | 시험시간 | 수험번호 | 성명 |
|---|---|---|---|---|---|
| 한글파워포인트 | 1142 | B | 60분 | | |

## 수험자 유의사항

- 수험자는 문제지를 받는 즉시 문제지와 **수험표상의 시험과목(프로그램)이 동일한지 반드시 확인**하여야 합니다.
- 파일명은 본인의 "수험번호-성명"으로 입력하여 답안폴더(내 PC\문서\ITQ)에 하나의 파일로 저장해야 하며, 답안문서 파일명이 "수험번호-성명"과 일치하지 않거나, 답안파일을 전송하지 않아 미제출로 처리될 경우 실격 처리합니다(예:12345678-홍길동.pptx).
- 답안 작성을 마치면 파일을 저장하고, '답안 전송' 버튼을 선택하여 감독위원 PC로 답안을 전송하십시오. 수험생 정보와 저장한 파일명이 다를 경우 전송되지 않으므로 주의하시기 바랍니다.
- 답안 작성 중에도 **주기적으로 저장하고, '답안 전송'**하여야 문제 발생을 줄일 수 있습니다. 작업한 내용을 저장하지 않고 전송할 경우 이전에 저장된 내용이 전송되오니 이점 유의하시기 바랍니다.
- 답안문서는 지정된 경로 외의 다른 보조기억장치에 저장하는 경우, 지정된 시험 시간 외에 작성된 파일을 활용할 경우, 기타 통신수단(이메일, 메신저, 네트워크 등)을 이용하여 타인에게 전달 또는 외부 반출하는 경우는 부정 처리합니다.
- 시험 중 부주의 또는 고의로 시스템을 파손한 경우는 수험자가 변상해야 하며, 〈수험자 유의사항〉에 기재된 방법대로 이행하지 않아 생기는 불이익은 수험생 당사자의 책임임을 알려 드립니다.
- 문제의 조건은 MS오피스 2021 버전으로 설정되어 있으니 유의하시기 바랍니다.
- 시험을 완료한 수험자는 답안파일이 전송되었는지 확인한 후 감독위원의 지시에 따라 문제지를 제출하고 퇴실합니다.

## 답안 작성요령

- 온라인 답안 작성 절차
  수험자 등록 ➡ 시험 시작 ➡ 답안파일 저장 ➡ 답안 전송 ➡ 시험 종료
- 슬라이드의 크기는 A4 Paper로 설정하여 작성합니다.
- 슬라이드의 총 개수는 6개로 구성되어 있으며 슬라이드 1부터 순서대로 작업하고 반드시 문제와 세부 조건대로 합니다.
- 별도의 지시사항이 없는 경우 출력형태를 참조하여 글꼴색은 검정 또는 흰색으로 작성하고, 기타사항은 전체적인 균형을 고려하여 작성합니다.
- 슬라이드 도형 및 개체에 출력형태와 다른 스타일(그림자, 외곽선 등)을 적용했을 경우 감점 처리됩니다.
- 슬라이드 번호를 작성합니다(슬라이드 1에는 생략).
- 2~6번 슬라이드 제목 도형과 하단 로고는 슬라이드 마스터를 이용하여 출력형태와 동일하게 작성합니다(슬라이드 1에는 생략).
- 문제와 세부조건, 세부조건 번호 ○ (점선원)는 입력하지 않습니다.
- 각 개체의 위치는 오른쪽의 슬라이드와 동일하게 구성합니다.
- 그림 삽입 문제의 경우 반드시 「내 PC\문서\ITQ\Picture」 폴더에서 정확한 파일을 선택하여 삽입하십시오.
- 각 슬라이드를 각각의 파일로 작업해서 저장할 경우 실격 처리됩니다.

kpc 한국생산성본부

## 전체구성 (60점)

(1) 슬라이드 크기 및 순서 : 크기를 A4 용지로 설정하고 슬라이드 순서에 맞게 작성한다.
(2) 슬라이드 마스터 : 2~6 슬라이드의 제목, 하단 로고, 슬라이드 번호는 슬라이드 마스터를 이용하여 작성한다.
 - 제목 글꼴(돋움, 40pt, 흰색), 왼쪽 맞춤, 도형(선 없음)
 - 하단 로고(「내 PC₩문서₩ITQ₩Picture₩로고3.jpg」 배경(연보라) 투명색으로 설정)

## 슬라이드 1  ≪표지 디자인≫ (40점)

(1) 표지 디자인 : 도형, 워드아트 및 그림을 이용하여 작성한다.

**세부조건**

① 도형 편집
 - 도형에 그림 채우기 :
  「내 PC₩문서₩ITQ₩Picture₩
  그림1.jpg」, 투명도 50%
 - 도형 효과 :
  부드러운 가장자리 5포인트
② 워드아트 삽입
 - 변환 : 물결(위로)
 - 글꼴 : 돋움, 굵게
 - 텍스트 반사 : 근접 반사, 터치
③ 그림 삽입
 - 「내 PC₩문서₩ITQ₩Picture₩
  로고3.jpg」
 - 배경(연보라) 투명색으로 설정

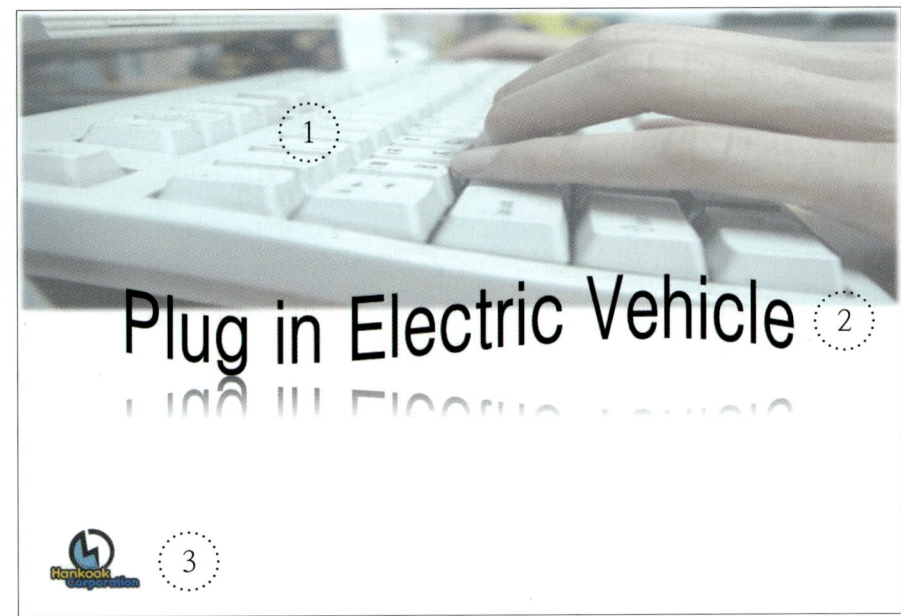

## 슬라이드 2  ≪목차 슬라이드≫ (60점)

(1) 출력형태와 같이 도형을 이용하여 목차를 작성한다(글꼴 : 돋움, 24pt).
(2) 도형 : 선 없음

**세부조건**

① 텍스트에 하이퍼링크 적용
 → '슬라이드 5'
② 그림 삽입
 - 「내 PC₩문서₩ITQ₩Picture₩
  그림5.jpg」
 - 자르기 기능 이용

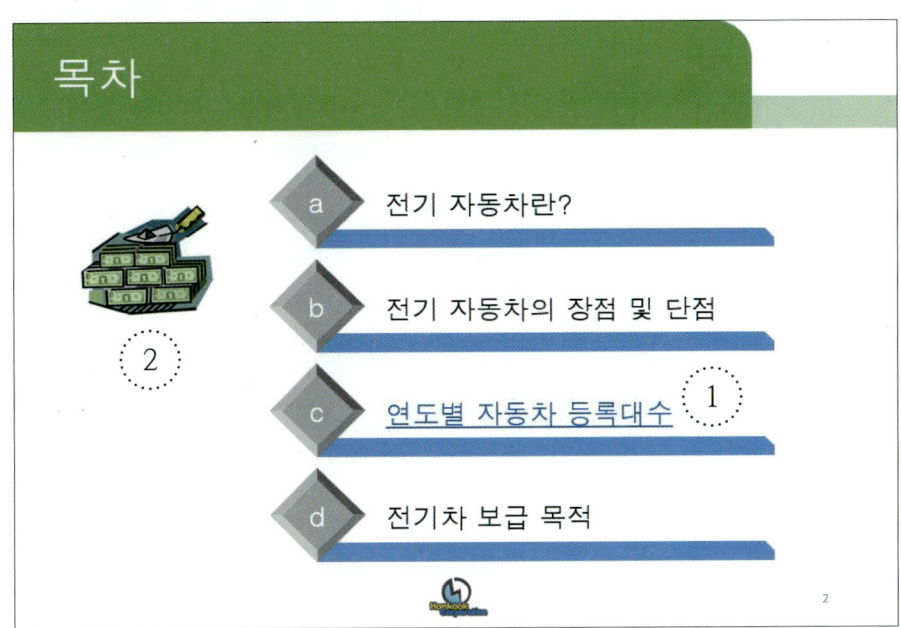

| 슬라이드 3 | ≪텍스트/동영상 슬라이드≫ | (60점) |

(1) 텍스트 작성 : 글머리 기호 사용(❖, ●)

❖문단(굴림, 24pt, 굵게, 줄 간격 : 1.5줄), ●문단(굴림, 20pt, 줄 간격 : 1.5줄)

**세부조건**

① 동영상 삽입 :
 - 「내 PC₩문서₩ITQ₩Picture₩동영상.wmv」
 - 자동 실행, 반복 재생 설정

### a. 전기 자동차란?

❖ **Electric Vehicle**
- Refers to a car that uses an electric battery and an electric motor without using oil fuel and engine
- They can reach maximum acceleration in half the time of a normal car

❖ **전기 자동차**
- 배기가스 배출이나 소음이 거의 없으며 무거운 중량 및 충전에 걸리는 시간이 오래 걸려 실용화되지 못하다가 환경오염과 자원부족 문제로 개발 경쟁이 치열해지고 있음

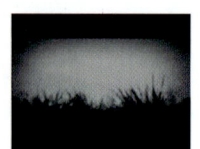

---

| 슬라이드 4 | ≪표 슬라이드≫ | (80점) |

(1) 도형과 표 작성 기능을 이용하여 슬라이드를 작성한다(글꼴 : 돋움, 18pt).

**세부조건**

① 상단 도형 :
 2개 도형의 조합으로 작성

② 좌측 도형 :
 그라데이션 효과(선형 아래쪽)

③ 표 스타일 :
 테마 스타일 1 - 강조 5

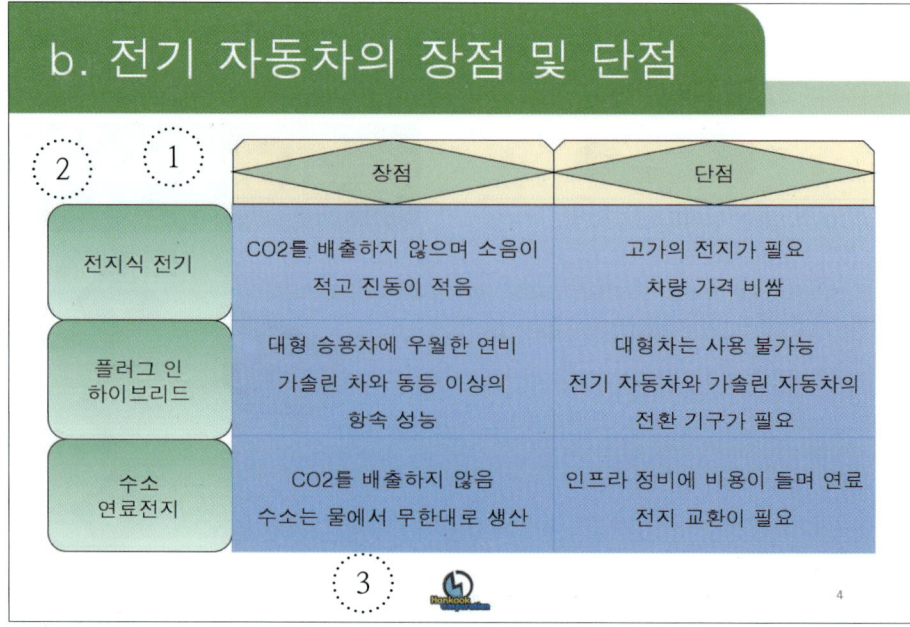

### b. 전기 자동차의 장점 및 단점

| | 장점 | 단점 |
|---|---|---|
| 전지식 전기 | CO2를 배출하지 않으며 소음이 적고 진동이 적음 | 고가의 전지가 필요 차량 가격 비쌈 |
| 플러그 인 하이브리드 | 대형 승용차에 우월한 연비 가솔린 차와 동등 이상의 항속 성능 | 대형차는 사용 불가능 전기 자동차와 가솔린 자동차의 전환 기구가 필요 |
| 수소 연료전지 | CO2를 배출하지 않음 수소는 물에서 무한대로 생산 | 인프라 정비에 비용이 들며 연료 전지 교환이 필요 |

| 슬라이드 5 | ≪차트 슬라이드≫ | (100점) |

(1) 차트 작성 기능을 이용하여 슬라이드를 작성한다.
(2) 차트 : 종류(묶은 세로 막대형), 글꼴(돋움, 16pt), 외곽선

### 세부조건

※ 차트 설명
- 차트 제목 : 돋움, 24pt, 굵게, 채우기(흰색), 테두리, 그림자(오프셋 오른쪽 아래)
- 차트 영역 : 채우기(노랑)
  그림 영역 : 채우기(흰색)
- 데이터 서식 : 대수(만대) 계열을 표식이 있는 꺾은선형으로 변경 후 보조 축으로 지정
- 값 표시 : 2024년의 대수(만대) 계열만

① 도형 삽입
  – 스타일 :
    미세 효과 – 녹색, 강조 6
  – 글꼴 : 굴림, 18pt

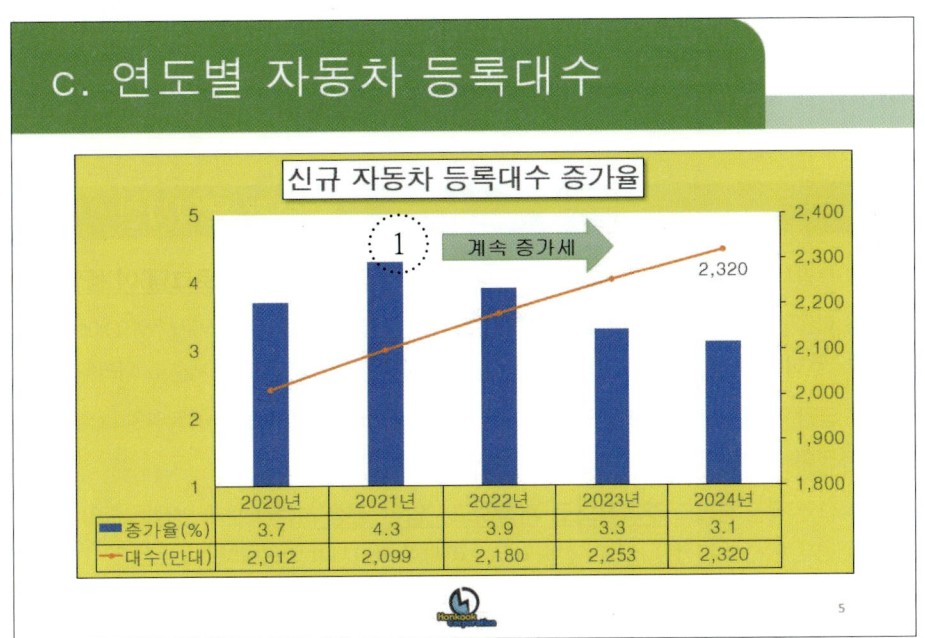

| 슬라이드 6 | ≪도형 슬라이드≫ | (100점) |

(1) 슬라이드와 같이 도형 및 스마트아트를 배치한다(글꼴 : 굴림, 18pt).
(2) 애니메이션 순서 : ① ⇒ ②

### 세부조건

① 도형 및 스마트아트 편집
  – 스마트아트 디자인 :
    3차원 만화, 3차원 경사
  – 그룹화 후 애니메이션 효과 :
    닦아내기(왼쪽에서)

② 도형 편집
  – 그룹화 후 애니메이션 효과 :
    바운드

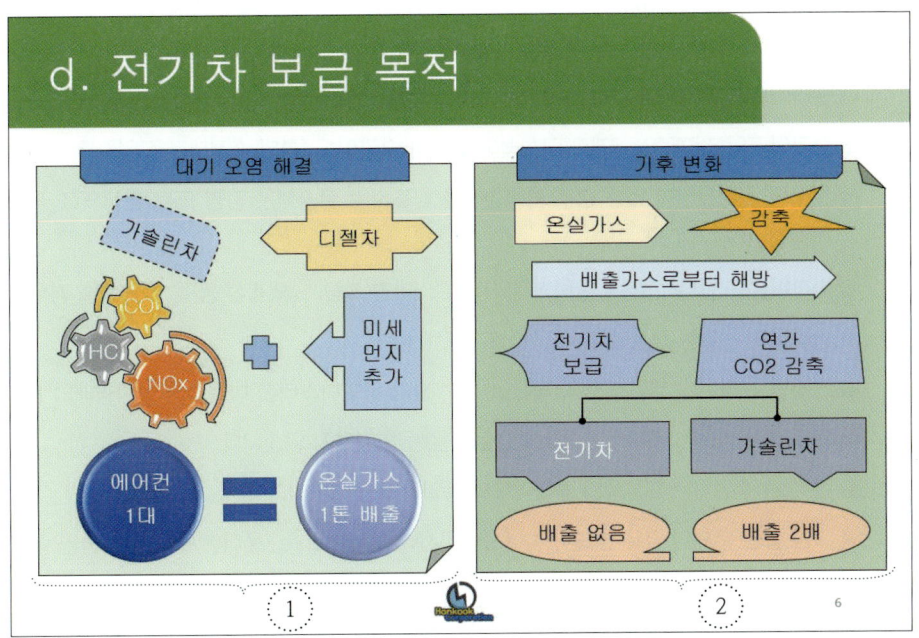

# 제 03 회 실전모의고사 — MS 오피스

| 과목 | 코드 | 문제유형 | 시험시간 | 수험번호 | 성명 |
|---|---|---|---|---|---|
| 한글파워포인트 | 1142 | C | 60분 | | |

## 수험자 유의사항

- 수험자는 문제지를 받는 즉시 문제지와 **수험표상의 시험과목(프로그램)이 동일한지 반드시 확인**하여야 합니다.
- 파일명은 본인의 "수험번호-성명"으로 입력하여 답안폴더(내 PC₩문서₩ITQ)에 하나의 파일로 저장해야 하며, 답안문서 파일명이 "수험번호-성명"과 일치하지 않거나, 답안파일을 전송하지 않아 미제출로 처리될 경우 실격 처리합니다(예:12345678-홍길동.pptx).
- 답안 작성을 마치면 파일을 저장하고, '답안 전송' 버튼을 선택하여 감독위원 PC로 답안을 전송하십시오. 수험생 정보와 저장한 파일명이 다를 경우 전송되지 않으므로 주의하시기 바랍니다.
- 답안 작성 중에도 **주기적으로 저장하고, '답안 전송'**하여야 문제 발생을 줄일 수 있습니다. 작업한 내용을 저장하지 않고 전송할 경우 이전에 저장된 내용이 전송되오니 이점 유의하시기 바랍니다.
- 답안문서는 지정된 경로 외의 다른 보조기억장치에 저장하는 경우, 지정된 시험 시간 외에 작성된 파일을 활용할 경우, 기타 통신수단(이메일, 메신저, 네트워크 등)을 이용하여 타인에게 전달 또는 외부 반출하는 경우는 부정 처리합니다.
- 시험 중 부주의 또는 고의로 시스템을 파손한 경우는 수험자가 변상해야 하며, 〈수험자 유의사항〉에 기재된 방법대로 이행하지 않아 생기는 불이익은 수험생 당사자의 책임임을 알려 드립니다.
- 문제의 조건은 MS오피스 2021 버전으로 설정되어 있으니 유의하시기 바랍니다.
- 시험을 완료한 수험자는 답안파일이 전송되었는지 확인한 후 감독위원의 지시에 따라 문제지를 제출하고 퇴실합니다.

## 답안 작성요령

- 온라인 답안 작성 절차
  수험자 등록 ➡ 시험 시작 ➡ 답안파일 저장 ➡ 답안 전송 ➡ 시험 종료
- 슬라이드의 크기는 A4 Paper로 설정하여 작성합니다.
- 슬라이드의 총 개수는 6개로 구성되어 있으며 슬라이드 1부터 순서대로 작업하고 반드시 문제와 세부 조건대로 합니다.
- 별도의 지시사항이 없는 경우 출력형태를 참조하여 글꼴색은 검정 또는 흰색으로 작성하고, 기타사항은 전체적인 균형을 고려하여 작성합니다.
- 슬라이드 도형 및 개체에 출력형태와 다른 스타일(그림자, 외곽선 등)을 적용했을 경우 감점 처리됩니다.
- 슬라이드 번호를 작성합니다(슬라이드 1에는 생략).
- 2~6번 슬라이드 제목 도형과 하단 로고는 슬라이드 마스터를 이용하여 출력형태와 동일하게 작성합니다(슬라이드 1에는 생략).
- 문제와 세부조건, 세부조건 번호 ○ (점선원)는 입력하지 않습니다.
- 각 개체의 위치는 오른쪽의 슬라이드와 동일하게 구성합니다.
- 그림 삽입 문제의 경우 반드시 「내 PC₩문서₩ITQ₩Picture」 폴더에서 정확한 파일을 선택하여 삽입하십시오.
- 각 슬라이드를 각각의 파일로 작업해서 저장할 경우 실격 처리됩니다.

kpc 한국생산성본부

## 전체구성 (60점)

(1) 슬라이드 크기 및 순서 : 크기를 A4 용지로 설정하고 슬라이드 순서에 맞게 작성한다.
(2) 슬라이드 마스터 : 2~6 슬라이드의 제목, 하단 로고, 슬라이드 번호는 슬라이드 마스터를 이용하여 작성한다.
- 제목 글꼴(돋움, 40pt, 흰색), 가운데 맞춤, 도형(선 없음)
- 하단 로고(「내 PC\문서\ITQ\Picture\로고1.jpg」 배경(회색) 투명색으로 설정)

## 슬라이드 1    ≪표지 디자인≫    (40점)

(1) 표지 디자인 : 도형, 워드아트 및 그림을 이용하여 작성한다.

**세부조건**
① 도형 편집
 - 도형에 그림 채우기 :
   「내 PC\문서\ITQ\Picture\
   그림1.jpg」, 투명도 50%
 - 도형 효과 :
   부드러운 가장자리 10포인트
② 워드아트 삽입
 - 변환 : 갈매기형 수장
 - 글꼴 : 굴림, 굵게
 - 텍스트 반사 : 근접 반사, 터치
③ 그림 삽입
 -「내 PC\문서\ITQ\Picture\
   로고1.jpg」
 - 배경(회색) 투명색으로 설정

## 슬라이드 2    ≪목차 슬라이드≫    (60점)

(1) 출력형태와 같이 도형을 이용하여 목차를 작성한다(글꼴 : 돋움, 24pt).
(2) 도형 : 선 없음

**세부조건**
① 텍스트에 하이퍼링크 적용
  → '슬라이드 4'
② 그림 삽입
 -「내 PC\문서\ITQ\Picture\
   그림4.jpg」
 - 자르기 기능 이용

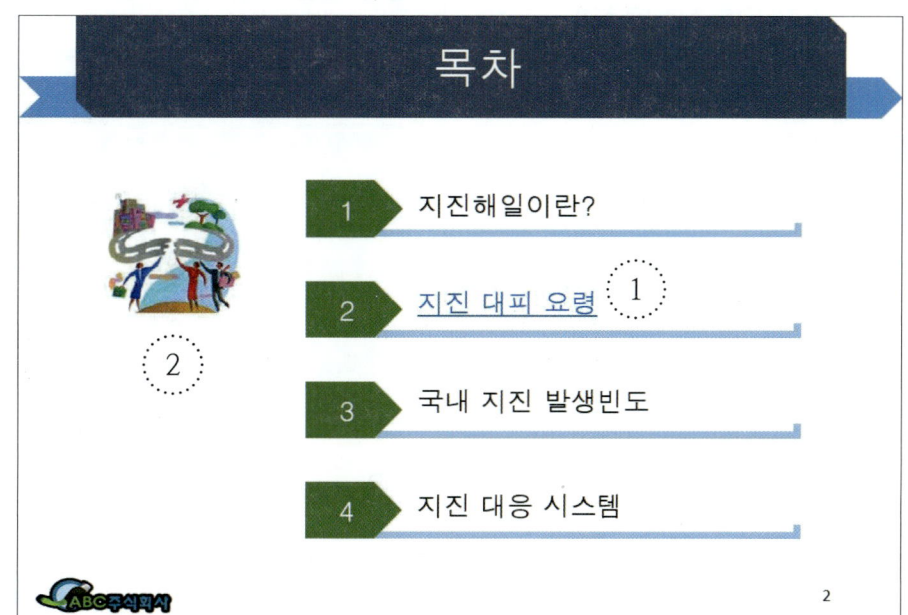

슬라이드 3    ≪텍스트/동영상 슬라이드≫    (60점)

(1) 텍스트 작성 : 글머리 기호 사용(➢, ✓)
➢문단(굴림, 24pt, 굵게, 줄 간격 : 1.5줄), ✓문단(굴림, 20pt, 줄 간격 : 1.5줄)

**세부조건**

① 동영상 삽입 :
- 「내 PC₩문서₩ITQ₩Picture₩동영상.wmv」
- 자동 실행, 반복 재생 설정

### 1. 지진해일이란?

➢ **Risk of Tsunamis**
  ✓ A kind of long wave occurred in ocean
  ✓ It has super mighty power than the same kind of flowing and ebbing tide or storm surge

➢ **지진 해일이란?**
  ✓ 해저나 해안에서 발생한 지진에 의해 바다 밑바닥이 솟아오르거나 가라앉으면서 해수면의 변화가 발생하여 큰 물결이 일어나 사방으로 퍼지게 되고, 매우 높은 파도가 되는 현상

---

슬라이드 4    ≪표 슬라이드≫    (80점)

(1) 도형과 표 작성 기능을 이용하여 슬라이드를 작성한다(글꼴 : 굴림, 18pt).

**세부조건**

① 상단 도형 :
  2개 도형의 조합으로 작성
② 좌측 도형 :
  그라데이션 효과(선형 왼쪽)
③ 표 스타일 :
  테마 스타일 1 – 강조 5

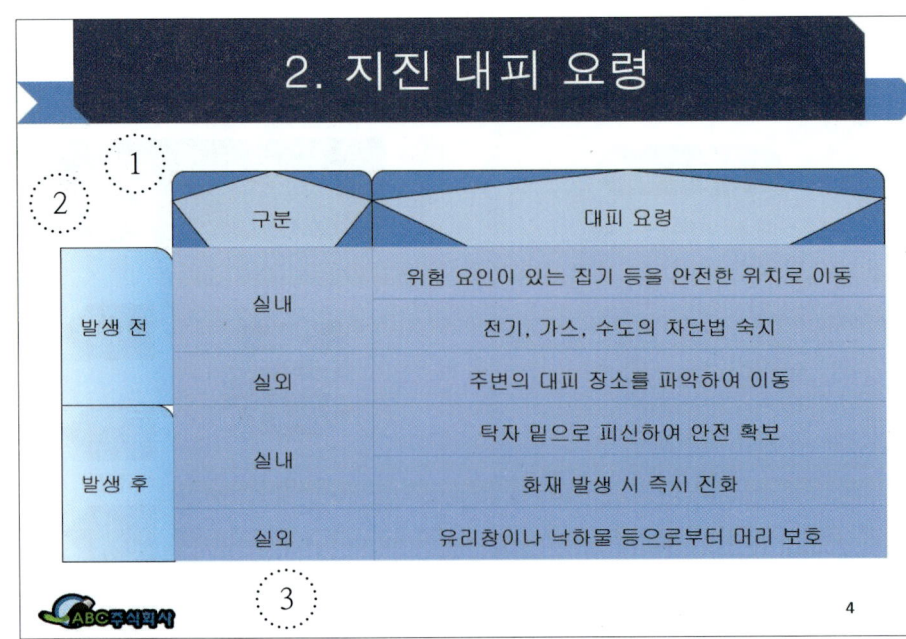

### 2. 지진 대피 요령

| 구분 | | 대피 요령 |
|---|---|---|
| 발생 전 | 실내 | 위험 요인이 있는 집기 등을 안전한 위치로 이동 |
| | | 전기, 가스, 수도의 차단법 숙지 |
| | 실외 | 주변의 대피 장소를 파악하여 이동 |
| 발생 후 | 실내 | 탁자 밑으로 피신하여 안전 확보 |
| | | 화재 발생 시 즉시 진화 |
| | 실외 | 유리창이나 낙하물 등으로부터 머리 보호 |

| 슬라이드 5 | ≪차트 슬라이드≫ | (100점) |

(1) 차트 작성 기능을 이용하여 슬라이드를 작성한다.
(2) 차트 : 종류(묶은 세로 막대형), 글꼴(돋움, 16pt), 외곽선

**세부조건**

※ 차트 설명
- 차트 제목 : 궁서, 24pt, 굵게, 채우기(흰색), 테두리, 그림자(오프셋 오른쪽 아래)
- 차트 영역 : 채우기(노랑)
  그림 영역 : 채우기(흰색)
- 데이터 서식 : 유감횟수 계열을 표식이 있는 꺾은선형으로 변경 후 보조 축으로 지정
- 값 표시 : 2024년의 총횟수 계열만

① 도형 삽입
  – 스타일 :
    미세 효과 – 회색, 강조 3
  – 글꼴 : 굴림, 18pt

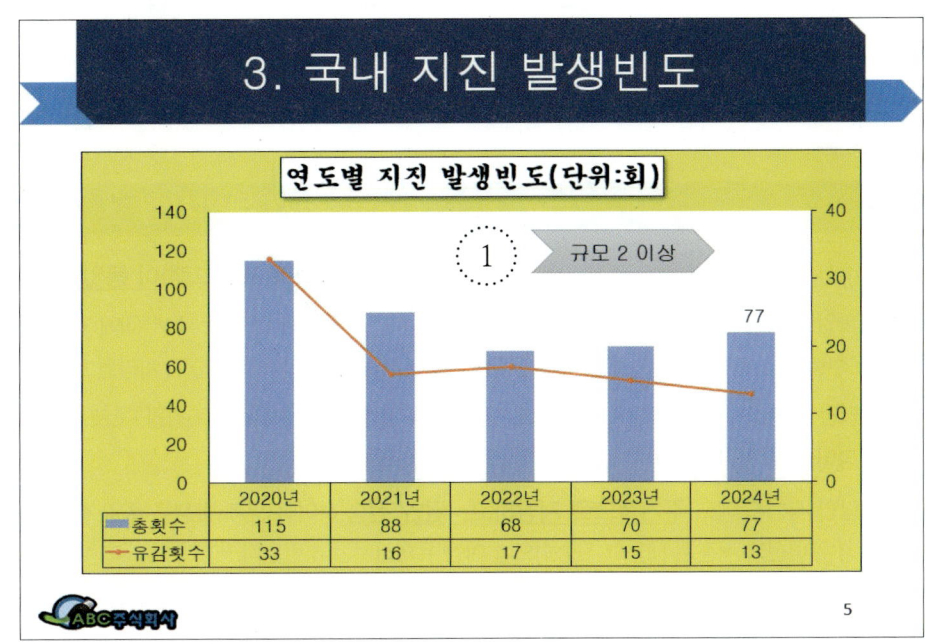

| 슬라이드 6 | ≪도형 슬라이드≫ | (100점) |

(1) 슬라이드와 같이 도형 및 스마트아트를 배치한다(글꼴 : 돋움, 18pt).
(2) 애니메이션 순서 : ① ⇒ ②

**세부조건**

① 도형 및 스마트아트 편집
  – 스마트아트 디자인 :
    3차원 벽돌, 3차원 만화
  – 그룹화 후 애니메이션 효과 :
    닦아내기(위에서)

② 도형 편집
  – 그룹화 후 애니메이션 효과 :
    회전

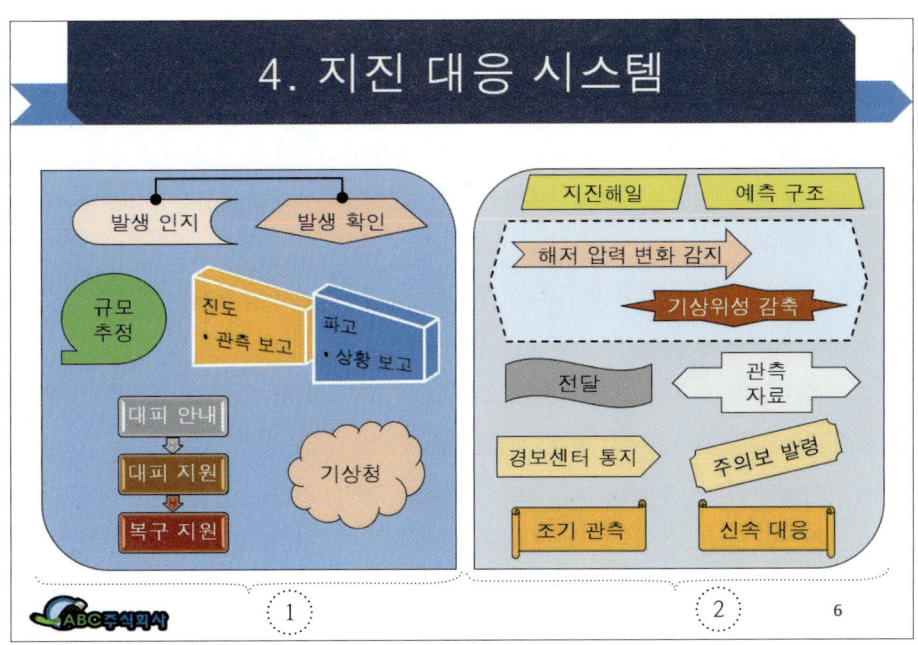

# 제 04 회 실전모의고사 (MS 오피스)

| 과목 | 코드 | 문제유형 | 시험시간 | 수험번호 | 성명 |
|---|---|---|---|---|---|
| 한글파워포인트 | 1142 | D | 60분 | | |

## 수험자 유의사항

- 수험자는 문제지를 받는 즉시 문제지와 **수험표상의 시험과목(프로그램)이 동일한지 반드시 확인**하여야 합니다.
- 파일명은 본인의 "수험번호-성명"으로 입력하여 답안폴더(내 PC\문서\ITQ)에 하나의 파일로 저장해야 하며, 답안문서 파일명이 "수험번호-성명"과 일치하지 않거나, 답안파일을 전송하지 않아 미제출로 처리될 경우 실격 처리합니다(예:12345678-홍길동.pptx).
- 답안 작성을 마치면 파일을 저장하고, '답안 전송' 버튼을 선택하여 감독위원 PC로 답안을 전송하십시오. 수험생 정보와 저장한 파일명이 다를 경우 전송되지 않으므로 주의하시기 바랍니다.
- 답안 작성 중에도 **주기적으로 저장하고, '답안 전송'**하여야 문제 발생을 줄일 수 있습니다. 작업한 내용을 저장하지 않고 전송할 경우 이전에 저장된 내용이 전송되오니 이점 유의하시기 바랍니다.
- 답안문서는 지정된 경로 외의 다른 보조기억장치에 저장하는 경우, 지정된 시험 시간 외에 작성된 파일을 활용할 경우, 기타 통신수단(이메일, 메신저, 네트워크 등)을 이용하여 타인에게 전달 또는 외부 반출하는 경우는 부정 처리합니다.
- 시험 중 부주의 또는 고의로 시스템을 파손한 경우는 수험자가 변상해야 하며, 〈수험자 유의사항〉에 기재된 방법대로 이행하지 않아 생기는 불이익은 수험생 당사자의 책임임을 알려 드립니다.
- 문제의 조건은 MS오피스 2021 버전으로 설정되어 있으니 유의하시기 바랍니다.
- 시험을 완료한 수험자는 답안파일이 전송되었는지 확인한 후 감독위원의 지시에 따라 문제지를 제출하고 퇴실합니다.

## 답안 작성요령

- 온라인 답안 작성 절차
  수험자 등록 ➡ 시험 시작 ➡ 답안파일 저장 ➡ 답안 전송 ➡ 시험 종료
- 슬라이드의 크기는 A4 Paper로 설정하여 작성합니다.
- 슬라이드의 총 개수는 6개로 구성되어 있으며 슬라이드 1부터 순서대로 작업하고 반드시 문제와 세부 조건대로 합니다.
- 별도의 지시사항이 없는 경우 출력형태를 참조하여 글꼴색은 검정 또는 흰색으로 작성하고, 기타사항은 전체적인 균형을 고려하여 작성합니다.
- 슬라이드 도형 및 개체에 출력형태와 다른 스타일(그림자, 외곽선 등)을 적용했을 경우 감점 처리됩니다.
- 슬라이드 번호를 작성합니다(슬라이드 1에는 생략).
- 2~6번 슬라이드 제목 도형과 하단 로고는 슬라이드 마스터를 이용하여 출력형태와 동일하게 작성합니다(슬라이드 1에는 생략).
- 문제와 세부조건, 세부조건 번호 ○ (점선원)는 입력하지 않습니다.
- 각 개체의 위치는 오른쪽의 슬라이드와 동일하게 구성합니다.
- 그림 삽입 문제의 경우 반드시 「내 PC\문서\ITQ\Picture」 폴더에서 정확한 파일을 선택하여 삽입하십시오.
- 각 슬라이드를 각각의 파일로 작업해서 저장할 경우 실격 처리됩니다.

## 전체구성 (60점)

(1) 슬라이드 크기 및 순서 : 크기를 A4 용지로 설정하고 슬라이드 순서에 맞게 작성한다.
(2) 슬라이드 마스터 : 2~6 슬라이드의 제목, 하단 로고, 슬라이드 번호는 슬라이드 마스터를 이용하여 작성한다.
  - 제목 글꼴(돋움, 40pt, 흰색), 왼쪽 맞춤, 도형(선 없음)
  - 하단 로고(「내 PC\문서\ITQ\Picture\로고2.jpg」 배경(회색) 투명색으로 설정)

## 슬라이드 1 ≪표지 디자인≫ (40점)

(1) 표지 디자인 : 도형, 워드아트 및 그림을 이용하여 작성한다.

**세부조건**
① 도형 편집
  - 도형에 그림 채우기 :
    「내 PC\문서\ITQ\Picture\그림3.jpg」, 투명도 50%
  - 도형 효과 :
    부드러운 가장자리 5포인트
② 워드아트 삽입
  - 변환 : 위로 구부리기
  - 글꼴 : 굴림, 굵게
  - 텍스트 반사 : 1/2 반사, 터치
③ 그림 삽입
  - 「내 PC\문서\ITQ\Picture\로고2.jpg」
  - 배경(회색) 투명색으로 설정

## 슬라이드 2 ≪목차 슬라이드≫ (60점)

(1) 출력형태와 같이 도형을 이용하여 목차를 작성한다(글꼴 : 굴림, 24pt).
(2) 도형 : 선 없음

**세부조건**
① 텍스트에 하이퍼링크 적용
  → '슬라이드 4'
② 그림 삽입
  - 「내 PC\문서\ITQ\Picture\그림4.jpg」
  - 자르기 기능 이용

## 슬라이드 3  ≪텍스트/동영상 슬라이드≫ (60점)

(1) 텍스트 작성 : 글머리 기호 사용(✔, ❖)
  ✔ 문단(굴림, 24pt, 굵게, 줄 간격 : 1.5줄), ❖ 문단(굴림, 20pt, 줄 간격 : 1.5줄)

**세부조건**
① 동영상 삽입 :
  - 「내 PC\문서\ITQ\Picture\동영상.wmv」
  - 자동 실행, 반복 재생 설정

### 일. 소셜커머스의 개념

✔ **Social Commerce**
  ❖ Social media is becoming more a part of an overall integrated, multi-channel marketing strategy
  ❖ The use of social by marketers reflects this more deeply engrained behavior

✔ **소셜커머스**
  ❖ 소셜커머스는 페이스북, 인스타그램, 트위터 등 소셜미디어를 활용하는 전자상거래로 기존의 공동구매와는 달리 소비자의 인맥과 입소문을 활용하여 다양한 형태의 상품을 판매

---

## 슬라이드 4  ≪표 슬라이드≫ (80점)

(1) 도형과 표 작성 기능을 이용하여 슬라이드를 작성한다(글꼴 : 돋움, 18pt).

**세부조건**
① 상단 도형 :
  2개 도형의 조합으로 작성
② 좌측 도형 :
  그라데이션 효과(선형 아래쪽)
③ 표 스타일 :
  테마 스타일 1 – 강조 4

### 이. 소셜커머스의 유형

| | 유형 | 사례 | 설명 |
|---|---|---|---|
| PC | 플래쉬 세일 | Vente-Privee | 쇼핑몰에서 정해진 시간 동안 특별한 할인행사 실시 |
| 스마트폰 | 구매 정보 공유 | Swipely | 상품구매 정보를 공유하여 사업자에게는 마케팅 정보 제공, 소비자에게는 포인트 제공 |
| | 소셜쇼핑 앱스 | Shop-kick | 애플리케이션을 활용하여 소셜쇼핑에 적극 참여하게 하는 방식 |

| 슬라이드 5 | ≪차트 슬라이드≫ | (100점) |

(1) 차트 작성 기능을 이용하여 슬라이드를 작성한다.
(2) 차트 : 종류(묶은 세로 막대형), 글꼴(굴림, 16pt), 외곽선

**세부조건**

※ 차트 설명
- 차트 제목 : 굴림, 24pt, 굵게, 채우기(흰색), 테두리, 그림자(오프셋 아래쪽)
- 차트 영역 : 채우기(노랑)
  그림 영역 : 채우기(흰색)
- 데이터 서식 : 페이스북 계열을 표식이 있는 꺾은선형으로 변경 후 보조 축으로 지정
- 값 표시 : 페이스북 계열만

① 도형 삽입
   - 스타일 :
     미세 효과 – 황금색, 강조 4
   - 글꼴 : 돋움, 18pt

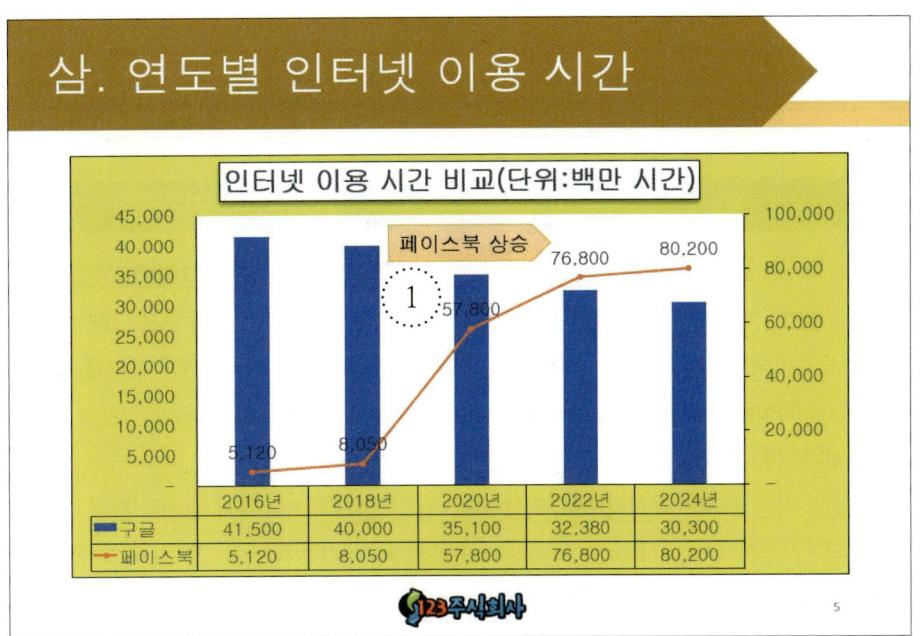

| 슬라이드 6 | ≪도형 슬라이드≫ | (100점) |

(1) 슬라이드와 같이 도형 및 스마트아트를 배치한다(글꼴 : 굴림, 18pt).
(2) 애니메이션 순서 : ① ⇒ ②

**세부조건**

① 도형 편집
   - 그룹화 후 애니메이션 효과 :
     밝기 변화

② 도형 및 스마트아트 편집
   - 스마트아트 디자인 : 3차원 만화, 3차원 경사
   - 그룹화 후 애니메이션 효과 :
     올라오기(서서히 아래로)

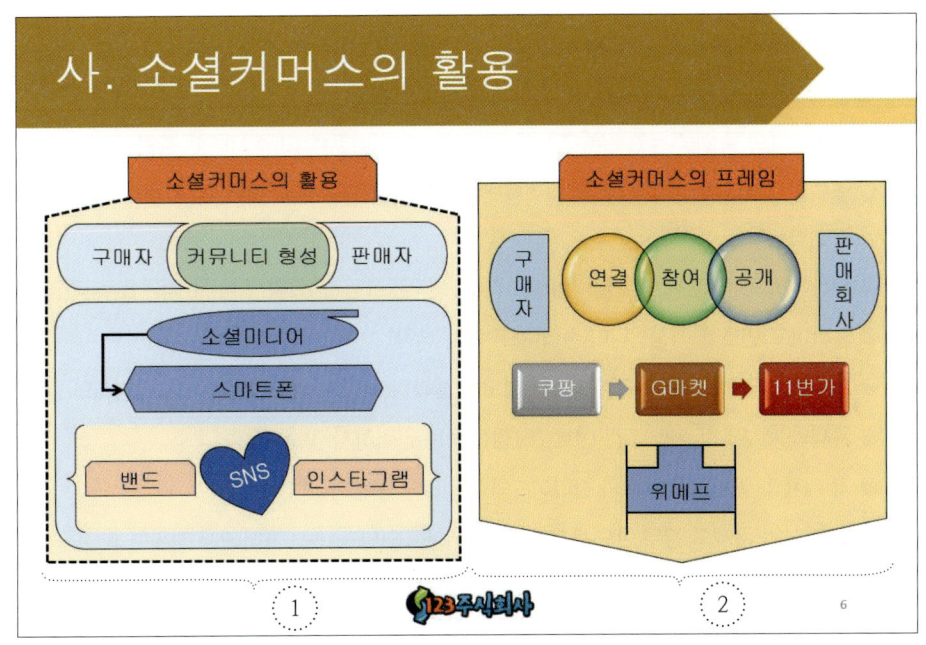

# 제 05 회 실전모의고사 (MS 오피스)

| 과목 | 코드 | 문제유형 | 시험시간 | 수험번호 | 성명 |
|---|---|---|---|---|---|
| 한글파워포인트 | 1142 | A | 60분 | | |

## 수험자 유의사항

- 수험자는 문제지를 받는 즉시 문제지와 **수험표상의 시험과목(프로그램)이 동일한지 반드시 확인**하여야 합니다.
- 파일명은 본인의 "수험번호-성명"으로 입력하여 답안폴더(내 PC\문서\ITQ)에 하나의 파일로 저장해야 하며, 답안문서 파일명이 "수험번호-성명"과 일치하지 않거나, 답안파일을 전송하지 않아 미제출로 처리될 경우 실격 처리합니다(예:12345678-홍길동.pptx).
- 답안 작성을 마치면 파일을 저장하고, '답안 전송' 버튼을 선택하여 감독위원 PC로 답안을 전송하십시오. 수험생 정보와 저장한 파일명이 다를 경우 전송되지 않으므로 주의하시기 바랍니다.
- 답안 작성 중에도 **주기적으로 저장하고, '답안 전송'**하여야 문제 발생을 줄일 수 있습니다. 작업한 내용을 저장하지 않고 전송할 경우 이전에 저장된 내용이 전송되오니 이점 유의하시기 바랍니다.
- 답안문서는 지정된 경로 외의 다른 보조기억장치에 저장하는 경우, 지정된 시험 시간 외에 작성된 파일을 활용할 경우, 기타 통신수단(이메일, 메신저, 네트워크 등)을 이용하여 타인에게 전달 또는 외부 반출하는 경우는 부정 처리합니다.
- 시험 중 부주의 또는 고의로 시스템을 파손한 경우는 수험자가 변상해야 하며, 〈수험자 유의사항〉에 기재된 방법대로 이행하지 않아 생기는 불이익은 수험생 당사자의 책임임을 알려 드립니다.
- 문제의 조건은 MS오피스 2021 버전으로 설정되어 있으니 유의하시기 바랍니다.
- 시험을 완료한 수험자는 답안파일이 전송되었는지 확인한 후 감독위원의 지시에 따라 문제지를 제출하고 퇴실합니다.

## 답안 작성요령

- 온라인 답안 작성 절차
  수험자 등록 ➡ 시험 시작 ➡ 답안파일 저장 ➡ 답안 전송 ➡ 시험 종료
- 슬라이드의 크기는 A4 Paper로 설정하여 작성합니다.
- 슬라이드의 총 개수는 6개로 구성되어 있으며 슬라이드 1부터 순서대로 작업하고 반드시 문제와 세부 조건대로 합니다.
- 별도의 지시사항이 없는 경우 출력형태를 참조하여 글꼴색은 검정 또는 흰색으로 작성하고, 기타사항은 전체적인 균형을 고려하여 작성합니다.
- 슬라이드 도형 및 개체에 출력형태와 다른 스타일(그림자, 외곽선 등)을 적용했을 경우 감점 처리됩니다.
- 슬라이드 번호를 작성합니다(슬라이드 1에는 생략).
- 2~6번 슬라이드 제목 도형과 하단 로고는 슬라이드 마스터를 이용하여 출력형태와 동일하게 작성합니다(슬라이드 1에는 생략).
- 문제와 세부조건, 세부조건 번호 ○(점선원)는 입력하지 않습니다.
- 각 개체의 위치는 오른쪽의 슬라이드와 동일하게 구성합니다.
- 그림 삽입 문제의 경우 반드시 「내 PC\문서\ITQ\Picture」 폴더에서 정확한 파일을 선택하여 삽입하십시오.
- 각 슬라이드를 각각의 파일로 작업해서 저장할 경우 실격 처리됩니다.

kpc 한국생산성본부

## 전체구성 (60점)

(1) 슬라이드 크기 및 순서 : 크기를 A4 용지로 설정하고 슬라이드 순서에 맞게 작성한다.
(2) 슬라이드 마스터 : 2~6 슬라이드의 제목, 하단 로고, 슬라이드 번호는 슬라이드 마스터를 이용하여 작성한다.
- 제목 글꼴(돋움, 40pt, 흰색), 가운데 맞춤, 도형(선 없음)
- 하단 로고(「내 PC\문서\ITQ\Picture\로고3.jpg」 배경(연보라) 투명색으로 설정)

## 슬라이드 1  ≪표지 디자인≫ (40점)

(1) 표지 디자인 : 도형, 워드아트 및 그림을 이용하여 작성한다.

**세부조건**
① 도형 편집
 - 도형에 그림 채우기 :
   「내 PC\문서\ITQ\Picture\그림1.jpg」, 투명도 50%
 - 도형 효과 :
   부드러운 가장자리 5포인트
② 워드아트 삽입
 - 변환 : 수축(아래쪽)
 - 글꼴 : 굴림, 굵게
 - 텍스트 반사 : 전체 반사, 터치
③ 그림 삽입
 - 「내 PC\문서\ITQ\Picture\로고3.jpg」
 - 배경(연보라) 투명색으로 설정

## 슬라이드 2  ≪목차 슬라이드≫ (60점)

(1) 출력형태와 같이 도형을 이용하여 목차를 작성한다(글꼴 : 굴림, 24pt).
(2) 도형 : 선 없음

**세부조건**
① 텍스트에 하이퍼링크 적용
  → '슬라이드 5'
② 그림 삽입
 - 「내 PC\문서\ITQ\Picture\그림4.jpg」
 - 자르기 기능 이용

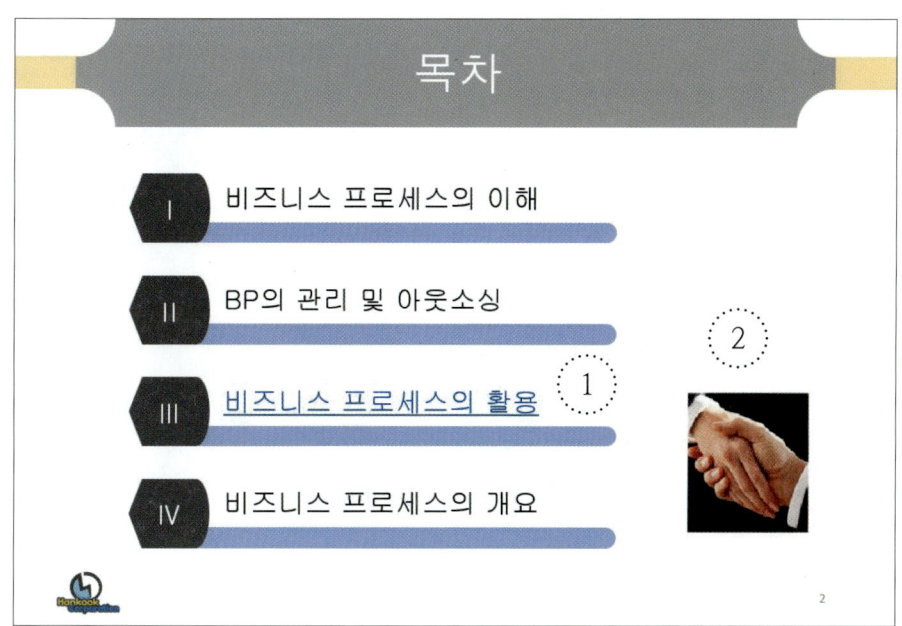

## 슬라이드 3  ≪텍스트/동영상 슬라이드≫  (60점)

(1) 텍스트 작성 : 글머리 기호 사용(◆, ✓)

◆문단(굴림, 24pt, 굵게, 줄 간격 : 1.5줄), ✓문단(굴림, 20pt, 줄 간격 : 1.5줄)

**세부조건**

① 동영상 삽입 :
- 「내 PC₩문서₩ITQ₩Picture₩동영상.wmv」
- 자동 실행, 반복 재생 설정

## 슬라이드 4  ≪표 슬라이드≫  (80점)

(1) 도형과 표 작성 기능을 이용하여 슬라이드를 작성한다(글꼴 : 돋움, 18pt).

**세부조건**

① 상단 도형 :
2개 도형의 조합으로 작성

② 좌측 도형 :
그라데이션 효과(오른쪽 아래 모서리에서)

③ 표 스타일 :
테마 스타일 1 - 강조 3

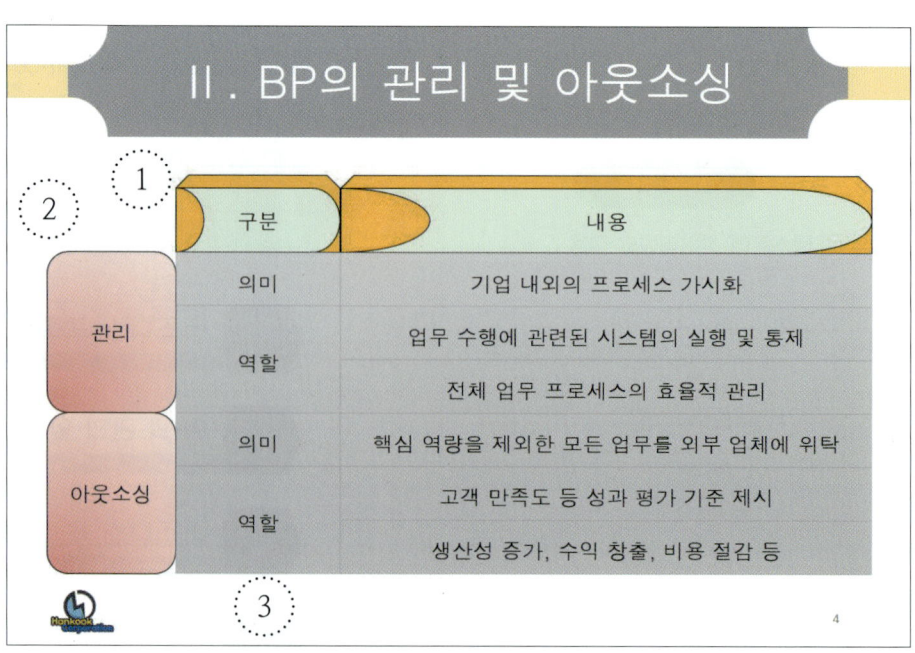

| 슬라이드 5 | ≪차트 슬라이드≫ | (100점) |

(1) 차트 작성 기능을 이용하여 슬라이드를 작성한다.
(2) 차트 : 종류(묶은 세로 막대형), 글꼴(돋움, 16pt), 외곽선

**세부조건**

※ 차트 설명
- 차트 제목 : 돋움, 24pt, 굵게, 채우기(흰색), 테두리, 그림자(오프셋 가운데)
- 차트 영역 : 채우기(노랑)
  그림 영역 : 채우기(흰색)
- 데이터 서식 : 2024년 계열을 표식이 있는 꺾은선형으로 변경 후 보조 축으로 지정
- 값 표시 : 제조계의 2024년 계열만
① 도형 삽입
  - 스타일 :
    미세 효과 – 회색, 강조 3
  - 글꼴 : 돋움, 18pt

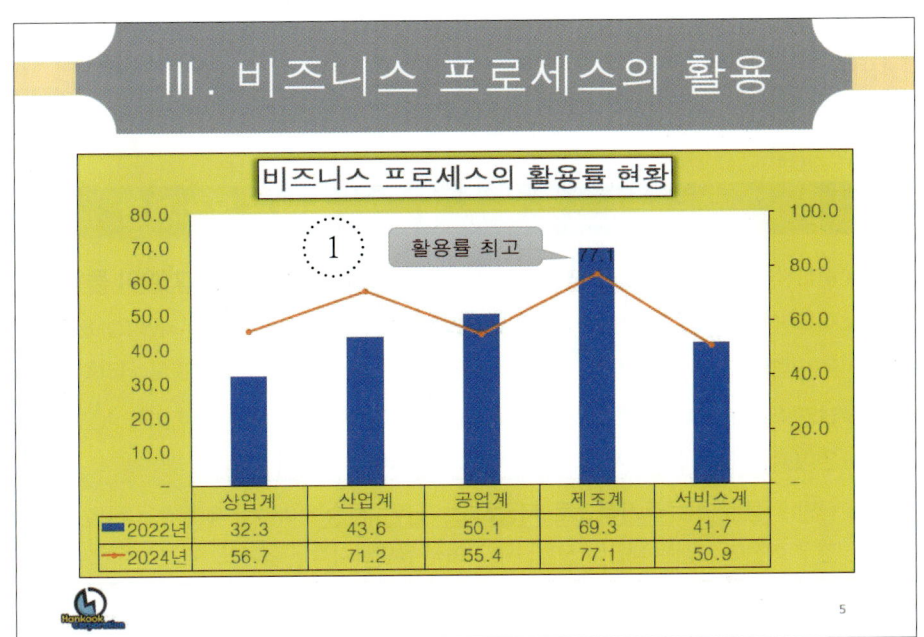

| 슬라이드 6 | ≪도형 슬라이드≫ | (100점) |

(1) 슬라이드와 같이 도형 및 스마트아트를 배치한다(글꼴 : 굴림, 18pt).
(2) 애니메이션 순서 : ① ⇒ ②

**세부조건**

① 도형 및 스마트아트 편집
  - 스마트아트 디자인 :
    강한 효과, 3차원 만화
  - 그룹화 후 애니메이션 효과 :
    도형(상자)
② 도형 편집
  - 그룹화 후 애니메이션 효과 :
    나타내기

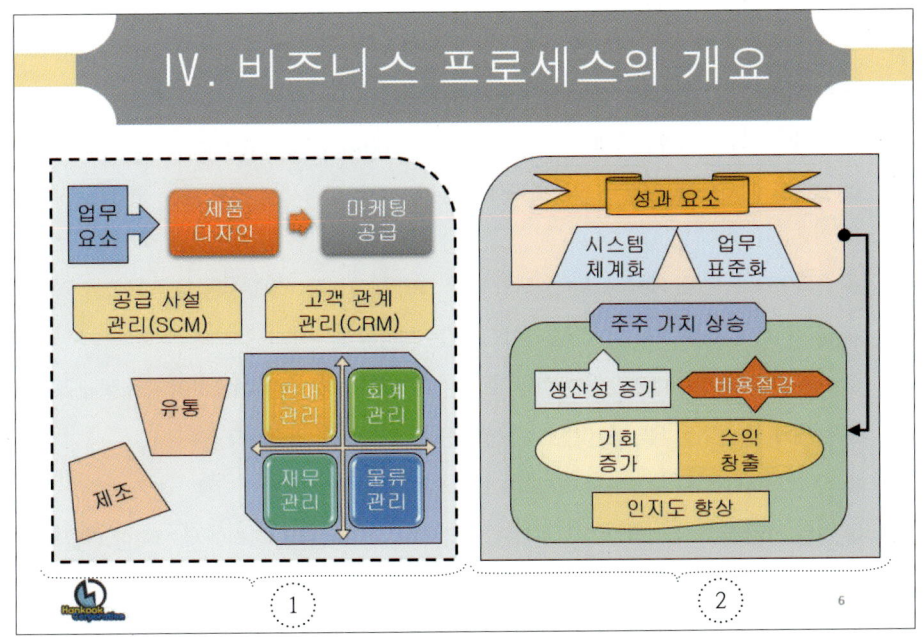

# 제 06 회 실전모의고사 (MS 오피스)

| 과목 | 코드 | 문제유형 | 시험시간 | 수험번호 | 성명 |
|---|---|---|---|---|---|
| 한글파워포인트 | 1142 | B | 60분 | | |

## 수험자 유의사항

- 수험자는 문제지를 받는 즉시 문제지와 **수험표상의 시험과목(프로그램)이 동일한지 반드시 확인**하여야 합니다.
- 파일명은 본인의 "수험번호-성명"으로 입력하여 답안폴더(내 PC₩문서₩ITQ)에 하나의 파일로 저장해야 하며, 답안문서 파일명이 "수험번호-성명"과 일치하지 않거나, 답안파일을 전송하지 않아 미제출로 처리될 경우 실격 처리합니다(예:12345678-홍길동.pptx).
- 답안 작성을 마치면 파일을 저장하고, '답안 전송' 버튼을 선택하여 감독위원 PC로 답안을 전송하십시오. 수험생 정보와 저장한 파일명이 다를 경우 전송되지 않으므로 주의하시기 바랍니다.
- 답안 작성 중에도 **주기적으로 저장하고, '답안 전송'**하여야 문제 발생을 줄일 수 있습니다. 작업한 내용을 저장하지 않고 전송할 경우 이전에 저장된 내용이 전송되오니 이점 유의하시기 바랍니다.
- 답안문서는 지정된 경로 외의 다른 보조기억장치에 저장하는 경우, 지정된 시험 시간 외에 작성된 파일을 활용할 경우, 기타 통신수단(이메일, 메신저, 네트워크 등)을 이용하여 타인에게 전달 또는 외부 반출하는 경우는 부정 처리합니다.
- 시험 중 부주의 또는 고의로 시스템을 파손한 경우는 수험자가 변상해야 하며, 〈수험자 유의사항〉에 기재된 방법대로 이행하지 않아 생기는 불이익은 수험생 당사자의 책임임을 알려 드립니다.
- 문제의 조건은 MS오피스 2021 버전으로 설정되어 있으니 유의하시기 바랍니다.
- 시험을 완료한 수험자는 답안파일이 전송되었는지 확인한 후 감독위원의 지시에 따라 문제지를 제출하고 퇴실합니다.

## 답안 작성요령

- 온라인 답안 작성 절차
  수험자 등록 ➡ 시험 시작 ➡ 답안파일 저장 ➡ 답안 전송 ➡ 시험 종료
- 슬라이드의 크기는 A4 Paper로 설정하여 작성합니다.
- 슬라이드의 총 개수는 6개로 구성되어 있으며 슬라이드 1부터 순서대로 작업하고 반드시 문제와 세부 조건대로 합니다.
- 별도의 지시사항이 없는 경우 출력형태를 참조하여 글꼴색은 검정 또는 흰색으로 작성하고, 기타사항은 전체적인 균형을 고려하여 작성합니다.
- 슬라이드 도형 및 개체에 출력형태와 다른 스타일(그림자, 외곽선 등)을 적용했을 경우 감점 처리됩니다.
- 슬라이드 번호를 작성합니다(슬라이드 1에는 생략).
- 2~6번 슬라이드 제목 도형과 하단 로고는 슬라이드 마스터를 이용하여 출력형태와 동일하게 작성합니다(슬라이드 1에는 생략).
- 문제와 세부조건, 세부조건 번호 ○ (점선원)는 입력하지 않습니다.
- 각 개체의 위치는 오른쪽의 슬라이드와 동일하게 구성합니다.
- 그림 삽입 문제의 경우 반드시 「내 PC₩문서₩ITQ₩Picture」 폴더에서 정확한 파일을 선택하여 삽입하십시오.
- 각 슬라이드를 각각의 파일로 작업해서 저장할 경우 실격 처리됩니다.

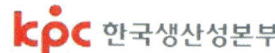

## 전체구성 (60점)

(1) 슬라이드 크기 및 순서 : 크기를 A4 용지로 설정하고 슬라이드 순서에 맞게 작성한다.
(2) 슬라이드 마스터 : 2~6 슬라이드의 제목, 하단 로고, 슬라이드 번호는 슬라이드 마스터를 이용하여 작성한다.
- 제목 글꼴(돋움, 40pt, 흰색), 왼쪽 맞춤, 도형(선 없음)
- 하단 로고(「내 PC\문서\ITQ\Picture\로고1.jpg」 배경(회색) 투명색으로 설정)

## 슬라이드 1 ≪표지 디자인≫ (40점)

(1) 표지 디자인 : 도형, 워드아트 및 그림을 이용하여 작성한다.

**세부조건**

① 도형 편집
- 도형에 그림 채우기 :
「내 PC\문서\ITQ\Picture\그림2.jpg」, 투명도 50%
- 도형 효과 :
부드러운 가장자리 5포인트

② 워드아트 삽입
- 변환 : 왼쪽 페이드
- 글꼴 : 궁서, 굵게
- 텍스트 반사 : 1/2 반사, 4pt 오프셋

③ 그림 삽입
- 「내 PC\문서\ITQ\Picture\로고1.jpg」
- 배경(회색) 투명색으로 설정

## 슬라이드 2 ≪목차 슬라이드≫ (60점)

(1) 출력형태와 같이 도형을 이용하여 목차를 작성한다(글꼴 : 돋움, 24pt).
(2) 도형 : 선 없음

**세부조건**

① 텍스트에 하이퍼링크 적용
→ '슬라이드 6'

② 그림 삽입
- 「내 PC\문서\ITQ\Picture\그림5.jpg」
- 자르기 기능 이용

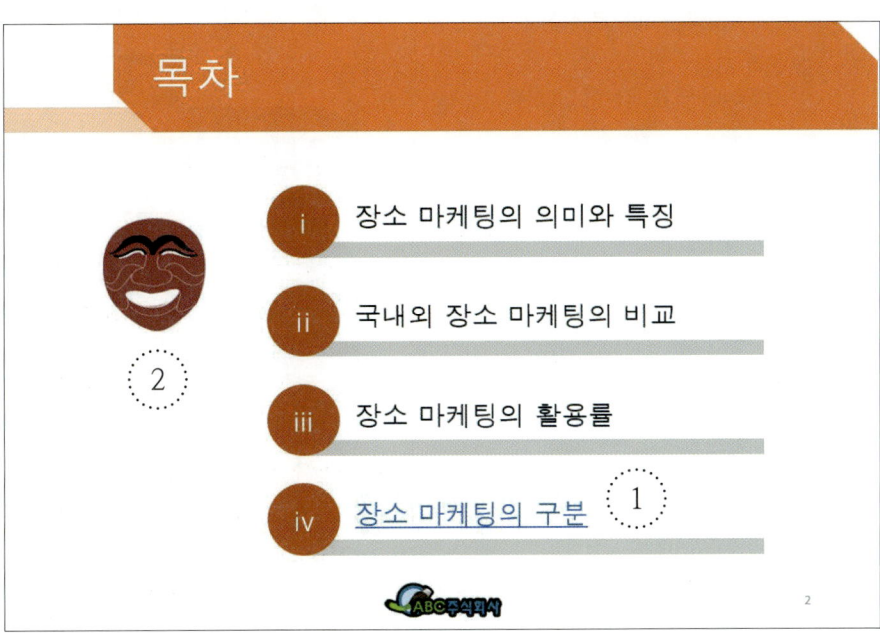

## 슬라이드 3  ≪텍스트/동영상 슬라이드≫ (60점)

(1) 텍스트 작성 : 글머리 기호 사용(●, ■)
　●문단(굴림, 24pt, 굵게, 줄 간격 : 1.5줄),　■문단(굴림, 20pt, 줄 간격 : 1.5줄)

**세부조건**

① 동영상 삽입 :
- 「내 PC₩문서₩ITQ₩Picture₩동영상.wmv」
- 자동 실행, 반복 재생 설정

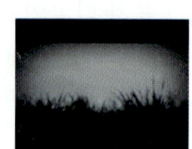

## 슬라이드 4  ≪표 슬라이드≫ (80점)

(1) 도형과 표 작성 기능을 이용하여 슬라이드를 작성한다(글꼴 : 돋움, 18pt).

**세부조건**

① 상단 도형 :
　2개 도형의 조합으로 작성
② 좌측 도형 :
　그라데이션 효과(선형 아래쪽)
③ 표 스타일 :
　테마 스타일 1 - 강조 2

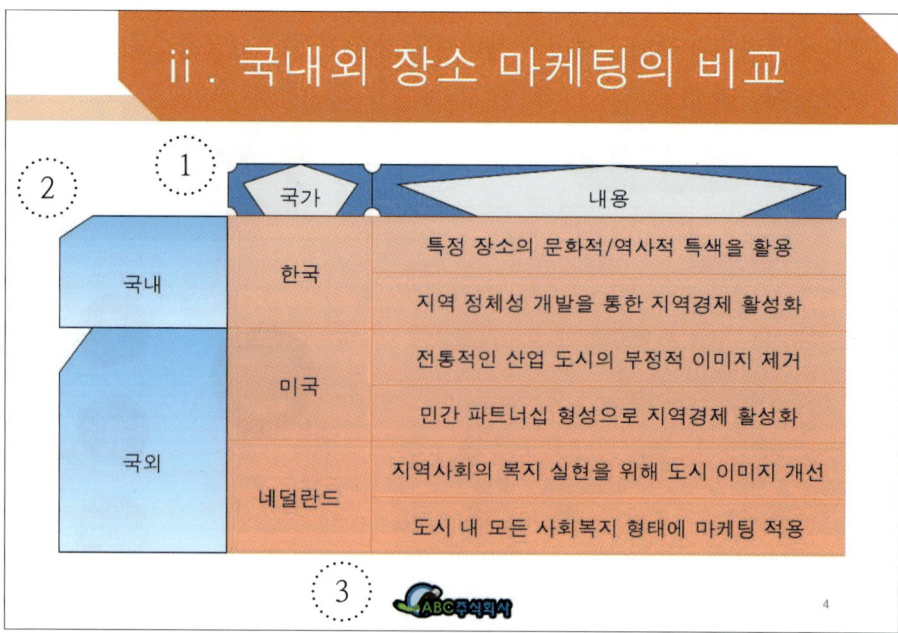

| 슬라이드 5 | ≪차트 슬라이드≫ | (100점) |

(1) 차트 작성 기능을 이용하여 슬라이드를 작성한다.
(2) 차트 : 종류(묶은 세로 막대형), 글꼴(돋움, 16pt), 외곽선

### 세부조건

※ 차트 설명
- 차트 제목 : 궁서, 24pt, 굵게, 채우기(흰색), 테두리, 그림자(오프셋 위쪽)
- 차트 영역 : 채우기(노랑)
  그림 영역 : 채우기(흰색)
- 데이터 서식 : 2024년 계열을 표식이 있는 꺾은선형으로 변경 후 보조 축으로 지정
- 값 표시 : 관광시설의 2024년 계열만

① 도형 삽입
  - 스타일 :
    미세 효과 - 주황, 강조 2
  - 글꼴 : 돋움, 18pt

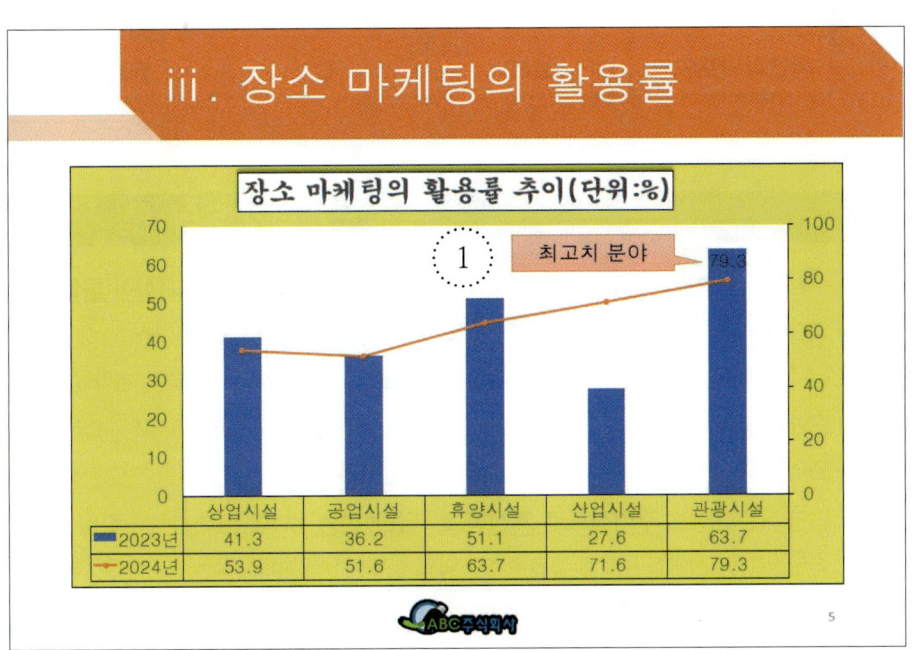

| 슬라이드 6 | ≪도형 슬라이드≫ | (100점) |

(1) 슬라이드와 같이 도형 및 스마트아트를 배치한다(글꼴 : 굴림, 18pt).
(2) 애니메이션 순서 : ① ⇒ ②

### 세부조건

① 도형 및 스마트아트 편집
  - 스마트아트 디자인 :
    3차원 만화, 3차원 경사
  - 그룹화 후 애니메이션 효과 :
    확대/축소(슬라이드 센터)

② 도형 편집
  - 그룹화 후 애니메이션 효과 :
    시계 방향 회전

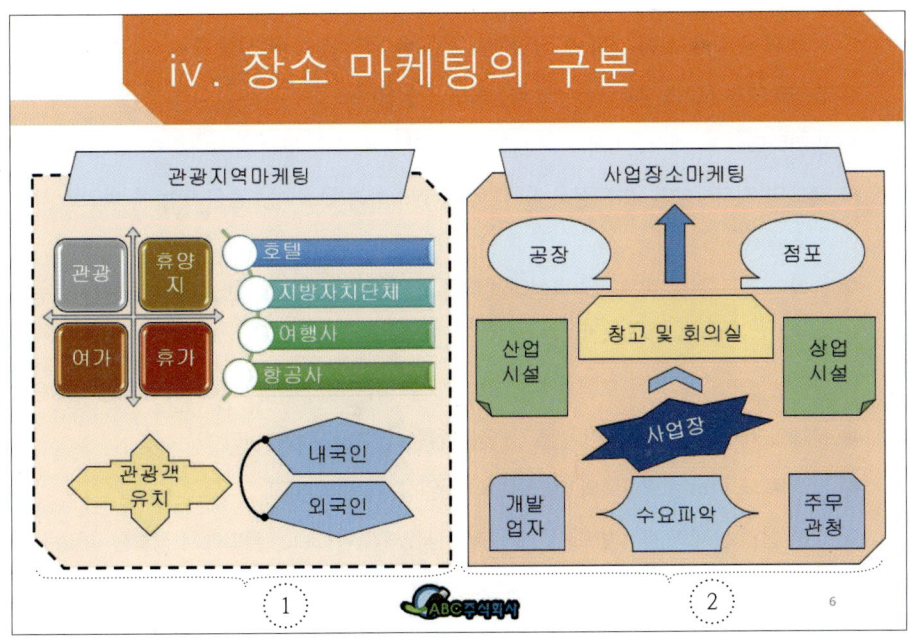

# 제 07 회 실전모의고사 (MS 오피스)

| 과목 | 코드 | 문제유형 | 시험시간 | 수험번호 | 성명 |
|---|---|---|---|---|---|
| 한글파워포인트 | 1142 | C | 60분 | | |

## 수험자 유의사항

- 수험자는 문제지를 받는 즉시 문제지와 **수험표상의 시험과목(프로그램)이 동일한지 반드시 확인**하여야 합니다.
- 파일명은 본인의 "수험번호-성명"으로 입력하여 답안폴더(내 PC₩문서₩ITQ)에 하나의 파일로 저장해야 하며, 답안문서 파일명이 "수험번호-성명"과 일치하지 않거나, 답안파일을 전송하지 않아 미제출로 처리될 경우 실격 처리합니다(예:12345678-홍길동.pptx).
- 답안 작성을 마치면 파일을 저장하고, '답안 전송' 버튼을 선택하여 감독위원 PC로 답안을 전송하십시오. 수험생 정보와 저장한 파일명이 다를 경우 전송되지 않으므로 주의하시기 바랍니다.
- 답안 작성 중에도 **주기적으로 저장하고, '답안 전송'**하여야 문제 발생을 줄일 수 있습니다. 작업한 내용을 저장하지 않고 전송할 경우 이전에 저장된 내용이 전송되오니 이점 유의하시기 바랍니다.
- 답안문서는 지정된 경로 외의 다른 보조기억장치에 저장하는 경우, 지정된 시험 시간 외에 작성된 파일을 활용할 경우, 기타 통신수단(이메일, 메신저, 네트워크 등)을 이용하여 타인에게 전달 또는 외부 반출하는 경우는 부정 처리합니다.
- 시험 중 부주의 또는 고의로 시스템을 파손한 경우는 수험자가 변상해야 하며, 〈수험자 유의사항〉에 기재된 방법대로 이행하지 않아 생기는 불이익은 수험생 당사자의 책임임을 알려 드립니다.
- 문제의 조건은 MS오피스 2021 버전으로 설정되어 있으니 유의하시기 바랍니다.
- 시험을 완료한 수험자는 답안파일이 전송되었는지 확인한 후 감독위원의 지시에 따라 문제지를 제출하고 퇴실합니다.

## 답안 작성요령

- 온라인 답안 작성 절차
  수험자 등록 ➡ 시험 시작 ➡ 답안파일 저장 ➡ 답안 전송 ➡ 시험 종료
- 슬라이드의 크기는 A4 Paper로 설정하여 작성합니다.
- 슬라이드의 총 개수는 6개로 구성되어 있으며 슬라이드 1부터 순서대로 작업하고 반드시 문제와 세부 조건대로 합니다.
- 별도의 지시사항이 없는 경우 출력형태를 참조하여 글꼴색은 검정 또는 흰색으로 작성하고, 기타사항은 전체적인 균형을 고려하여 작성합니다.
- 슬라이드 도형 및 개체에 출력형태와 다른 스타일(그림자, 외곽선 등)을 적용했을 경우 감점 처리됩니다.
- 슬라이드 번호를 작성합니다(슬라이드 1에는 생략).
- 2~6번 슬라이드 제목 도형과 하단 로고는 슬라이드 마스터를 이용하여 출력형태와 동일하게 작성합니다(슬라이드 1에는 생략).
- 문제와 세부조건, 세부조건 번호 ○ (점선원)는 입력하지 않습니다.
- 각 개체의 위치는 오른쪽의 슬라이드와 동일하게 구성합니다.
- 그림 삽입 문제의 경우 반드시 「내 PC₩문서₩ITQ₩Picture」 폴더에서 정확한 파일을 선택하여 삽입하십시오.
- 각 슬라이드를 각각의 파일로 작업해서 저장할 경우 실격 처리됩니다.

## 전체구성 (60점)

(1) 슬라이드 크기 및 순서 : 크기를 A4 용지로 설정하고 슬라이드 순서에 맞게 작성한다.
(2) 슬라이드 마스터 : 2~6 슬라이드의 제목, 하단 로고, 슬라이드 번호는 슬라이드 마스터를 이용하여 작성한다.
- 제목 글꼴(돋움, 40pt, 흰색), 가운데 맞춤, 도형(선 없음)
- 하단 로고(「내 PC₩문서₩ITQ₩Picture₩로고2.jpg」 배경(회색) 투명색으로 설정)

## 슬라이드 1  ≪표지 디자인≫ (40점)

(1) 표지 디자인 : 도형, 워드아트 및 그림을 이용하여 작성한다.

**세부조건**

① 도형 편집
 - 도형에 그림 채우기 :
  「내 PC₩문서₩ITQ₩Picture₩그림3.jpg」, 투명도 50%
 - 도형 효과 :
  부드러운 가장자리 10포인트
② 워드아트 삽입
 - 변환 : 계단식(위로)
 - 글꼴 : 돋움, 굵게
 - 텍스트 반사 : 전체 반사, 4pt 오프셋
③ 그림 삽입
 - 「내 PC₩문서₩ITQ₩Picture₩로고2.jpg」
 - 배경(회색) 투명색으로 설정

## 슬라이드 2  ≪목차 슬라이드≫ (60점)

(1) 출력형태와 같이 도형을 이용하여 목차를 작성한다(글꼴 : 굴림, 24pt).
(2) 도형 : 선 없음

**세부조건**

① 텍스트에 하이퍼링크 적용
 → '슬라이드 5'
② 그림 삽입
 - 「내 PC₩문서₩ITQ₩Picture₩그림4.jpg」
 - 자르기 기능 이용

## 슬라이드 3  ≪텍스트/동영상 슬라이드≫  (60점)

(1) 텍스트 작성 : 글머리 기호 사용(➤, ■)
　　➤문단(굴림, 24pt, 굵게, 줄 간격 : 1.5줄), ■문단(굴림, 20pt, 줄 간격 : 1.5줄)

**세부조건**
① 동영상 삽입 :
　- 「내 PC₩문서₩ITQ₩Picture₩동영상.wmv」
　- 자동 실행, 반복 재생 설정

## 슬라이드 4  ≪표 슬라이드≫  (80점)

(1) 도형과 표 작성 기능을 이용하여 슬라이드를 작성한다(글꼴 : 돋움, 18pt).

**세부조건**
① 상단 도형 :
　2개 도형의 조합으로 작성
② 좌측 도형 :
　그라데이션 효과(선형 위쪽)
③ 표 스타일 :
　테마 스타일 1 - 강조 5

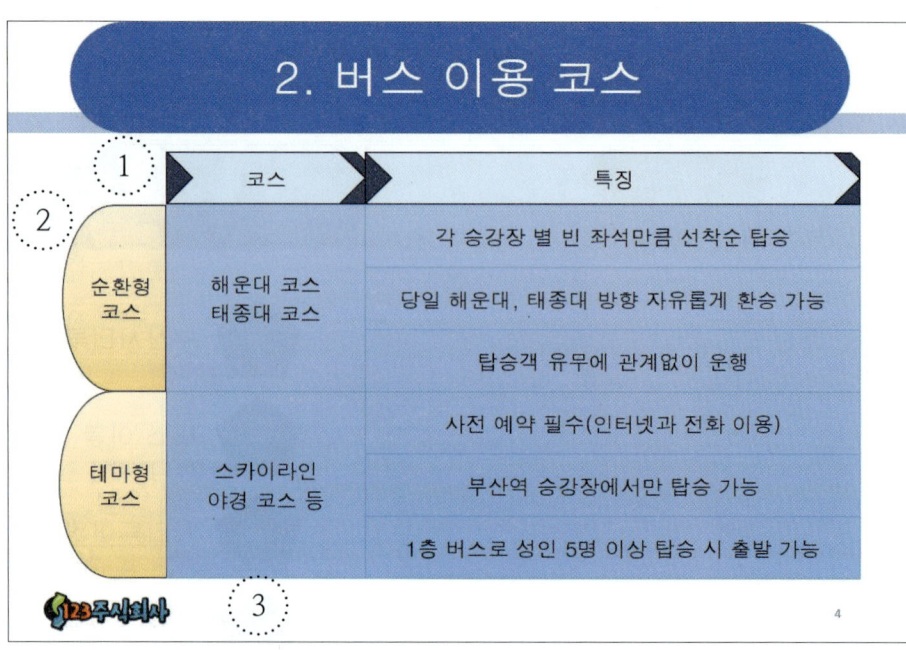

| 슬라이드 5 | ≪차트 슬라이드≫ | (100점) |

(1) 차트 작성 기능을 이용하여 슬라이드를 작성한다.
(2) 차트 : 종류(묶은 세로 막대형), 글꼴(돋움, 16pt), 외곽선

**세부조건**

※ 차트 설명
- 차트 제목 : 궁서, 24pt, 굵게, 채우기(흰색), 테두리, 그림자(오프셋 왼쪽 아래)
- 차트 영역 : 채우기(노랑) 그림 영역 : 채우기(흰색)
- 데이터 서식 : 외국인(만명) 계열을 표식이 있는 꺾은선형으로 변경 후 보조 축으로 지정
- 값 표시 : 2024년의 외국인(만명) 계열만

① 도형 삽입
　- 스타일 :
　　미세 효과 – 파랑, 강조 5
　- 글꼴 : 돋움, 18pt

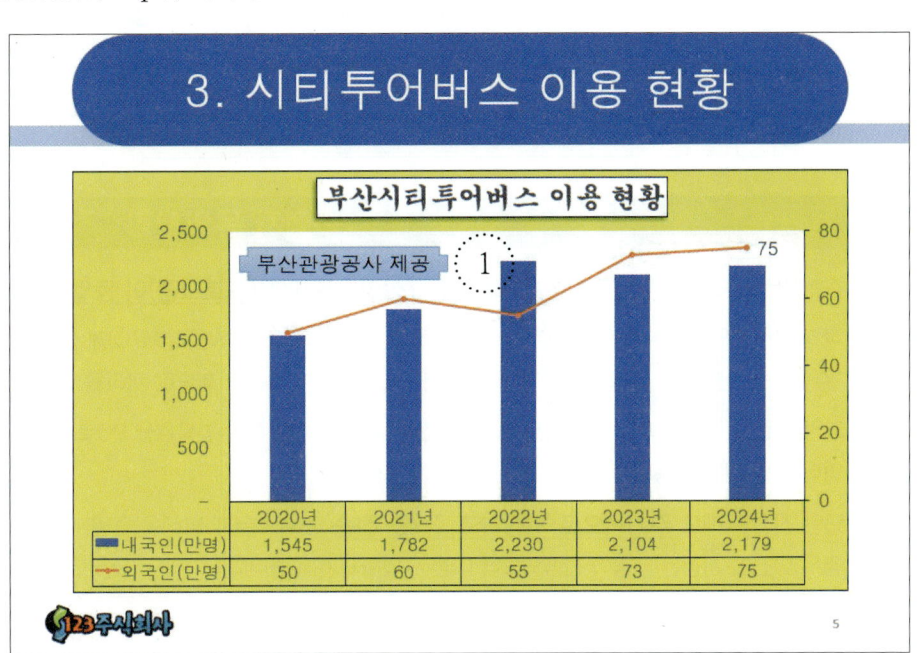

| 슬라이드 6 | ≪도형 슬라이드≫ | (100점) |

(1) 슬라이드와 같이 도형 및 스마트아트를 배치한다(글꼴 : 굴림, 18pt).
(2) 애니메이션 순서 : ① ⇒ ②

**세부조건**

① 도형 편집
　- 그룹화 후 애니메이션 효과 :
　　밝기 변화

② 도형 및 스마트아트 편집
　- 스마트아트 디자인 :
　　3차원 만화, 3차원 광택 처리
　- 그룹화 후 애니메이션 효과 :
　　실선 무늬(세로)

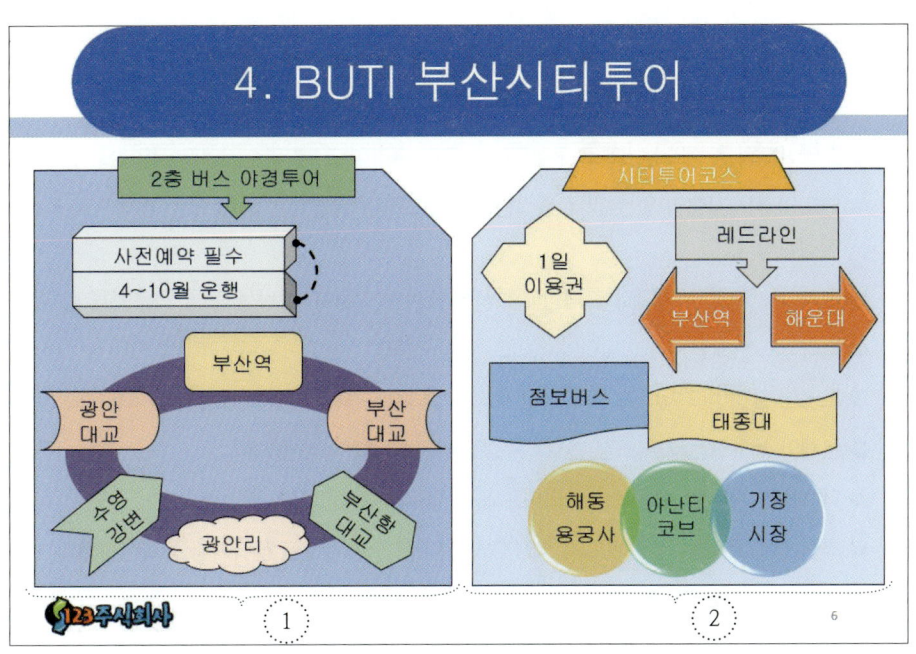

# 제 08 회 실전모의고사 (MS 오피스)

| 과목 | 코드 | 문제유형 | 시험시간 | 수험번호 | 성명 |
|---|---|---|---|---|---|
| 한글파워포인트 | 1142 | D | 60분 | | |

## 수험자 유의사항

- 수험자는 문제지를 받는 즉시 문제지와 **수험표상의 시험과목(프로그램)이 동일한지 반드시 확인**하여야 합니다.
- 파일명은 본인의 "수험번호-성명"으로 입력하여 답안폴더(내 PC₩문서₩ITQ)에 하나의 파일로 저장해야 하며, 답안문서 파일명이 "수험번호-성명"과 일치하지 않거나, 답안파일을 전송하지 않아 미제출로 처리될 경우 실격 처리합니다(예:12345678-홍길동.pptx).
- 답안 작성을 마치면 파일을 저장하고, '답안 전송' 버튼을 선택하여 감독위원 PC로 답안을 전송하십시오. 수험생 정보와 저장한 파일명이 다를 경우 전송되지 않으므로 주의하시기 바랍니다.
- 답안 작성 중에도 **주기적으로 저장하고, '답안 전송'**하여야 문제 발생을 줄일 수 있습니다. 작업한 내용을 저장하지 않고 전송할 경우 이전에 저장된 내용이 전송되오니 이점 유의하시기 바랍니다.
- 답안문서는 지정된 경로 외의 다른 보조기억장치에 저장하는 경우, 지정된 시험 시간 외에 작성된 파일을 활용할 경우, 기타 통신수단(이메일, 메신저, 네트워크 등)을 이용하여 타인에게 전달 또는 외부 반출하는 경우는 부정 처리합니다.
- 시험 중 부주의 또는 고의로 시스템을 파손한 경우는 수험자가 변상해야 하며, 〈수험자 유의사항〉에 기재된 방법대로 이행하지 않아 생기는 불이익은 수험생 당사자의 책임임을 알려 드립니다.
- 문제의 조건은 MS오피스 2021 버전으로 설정되어 있으니 유의하시기 바랍니다.
- 시험을 완료한 수험자는 답안파일이 전송되었는지 확인한 후 감독위원의 지시에 따라 문제지를 제출하고 퇴실합니다.

## 답안 작성요령

- 온라인 답안 작성 절차
  수험자 등록 ➡ 시험 시작 ➡ 답안파일 저장 ➡ 답안 전송 ➡ 시험 종료
- 슬라이드의 크기는 A4 Paper로 설정하여 작성합니다.
- 슬라이드의 총 개수는 6개로 구성되어 있으며 슬라이드 1부터 순서대로 작업하고 반드시 문제와 세부 조건대로 합니다.
- 별도의 지시사항이 없는 경우 출력형태를 참조하여 글꼴색은 검정 또는 흰색으로 작성하고, 기타사항은 전체적인 균형을 고려하여 작성합니다.
- 슬라이드 도형 및 개체에 출력형태와 다른 스타일(그림자, 외곽선 등)을 적용했을 경우 감점 처리됩니다.
- 슬라이드 번호를 작성합니다(슬라이드 1에는 생략).
- 2~6번 슬라이드 제목 도형과 하단 로고는 슬라이드 마스터를 이용하여 출력형태와 동일하게 작성합니다(슬라이드 1에는 생략).
- 문제와 세부조건, 세부조건 번호 ○ (점선원)는 입력하지 않습니다.
- 각 개체의 위치는 오른쪽의 슬라이드와 동일하게 구성합니다.
- 그림 삽입 문제의 경우 반드시 「내 PC₩문서₩ITQ₩Picture」 폴더에서 정확한 파일을 선택하여 삽입하십시오.
- 각 슬라이드를 각각의 파일로 작업해서 저장할 경우 실격 처리됩니다.

## 전체구성 (60점)

(1) 슬라이드 크기 및 순서 : 크기를 A4 용지로 설정하고 슬라이드 순서에 맞게 작성한다.
(2) 슬라이드 마스터 : 2~6 슬라이드의 제목, 하단 로고, 슬라이드 번호는 슬라이드 마스터를 이용하여 작성한다.
 - 제목 글꼴(돋움, 40pt, 흰색), 왼쪽 맞춤, 도형(선 없음)
 - 하단 로고(「내 PC₩문서₩ITQ₩Picture₩로고3.jpg」 배경(연보라) 투명색으로 설정)

## 슬라이드 1  ≪표지 디자인≫ (40점)

(1) 표지 디자인 : 도형, 워드아트 및 그림을 이용하여 작성한다.

**세부조건**
① 도형 편집
 - 도형에 그림 채우기 :
   「내 PC₩문서₩ITQ₩Picture₩그림1.jpg」, 투명도 50%
 - 도형 효과 :
   부드러운 가장자리 5포인트
② 워드아트 삽입
 - 변환 : 삼각형(아래로)
 - 글꼴 : 돋움, 굵게
 - 텍스트 반사 : 1/2 반사, 8pt 오프셋
③ 그림 삽입
 - 「내 PC₩문서₩ITQ₩Picture₩로고3.jpg」
 - 배경(연보라) 투명색으로 설정

## 슬라이드 2  ≪목차 슬라이드≫ (60점)

(1) 출력형태와 같이 도형을 이용하여 목차를 작성한다(글꼴 : 굴림, 24pt).
(2) 도형 : 선 없음

**세부조건**
① 텍스트에 하이퍼링크 적용
 → '슬라이드 5'
② 그림 삽입
 - 「내 PC₩문서₩ITQ₩Picture₩그림5.jpg」
 - 자르기 기능 이용

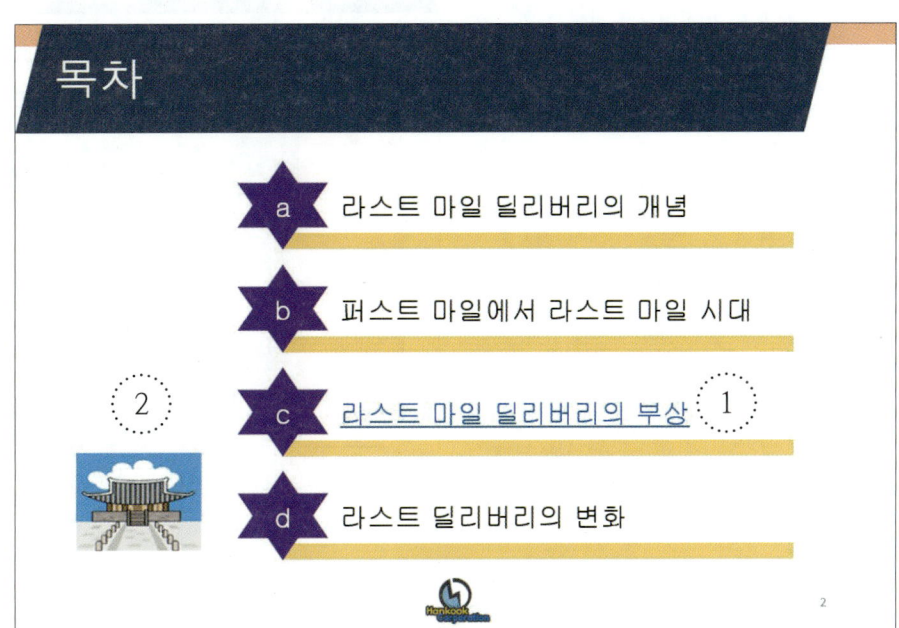

## 슬라이드 3  ≪텍스트/동영상 슬라이드≫  (60점)

(1) 텍스트 작성 : 글머리 기호 사용(➢, ✓)
   ➢문단(굴림, 24pt, 굵게, 줄 간격 : 1.5줄), ✓문단(굴림, 20pt, 줄 간격 : 1.5줄)

**세부조건**
① 동영상 삽입 :
  - 「내 PC₩문서₩ITQ₩Picture₩동영상.wmv」
  - 자동 실행, 반복 재생 설정

### a. 라스트 마일 딜리버리의 개념

➢ Last Mile Delivery
  ✓ All elements used to convey goods to their destination
  ✓ In order to save logistics freight costs from courier companies, distributors have to order products and ship them to consumers

➢ 라스트 마일 딜리버리
  ✓ 상품이 목적지까지 전달되기 위해 사용되는 모든 요소들로 택배업체에서 물류 운송비용을 절약하기 위한 기술적 방안으로 최근에는 유통업체가 제품을 주문 받아 소비자들에게 배송하는 것까지 포함

---

## 슬라이드 4  ≪표 슬라이드≫  (80점)

(1) 도형과 표 작성 기능을 이용하여 슬라이드를 작성한다(글꼴 : 돋움, 18pt).

**세부조건**
① 상단 도형 :
  2개 도형의 조합으로 작성
② 좌측 도형 :
  그라데이션 효과(가운데에서)
③ 표 스타일 :
  테마 스타일 1 – 강조 3

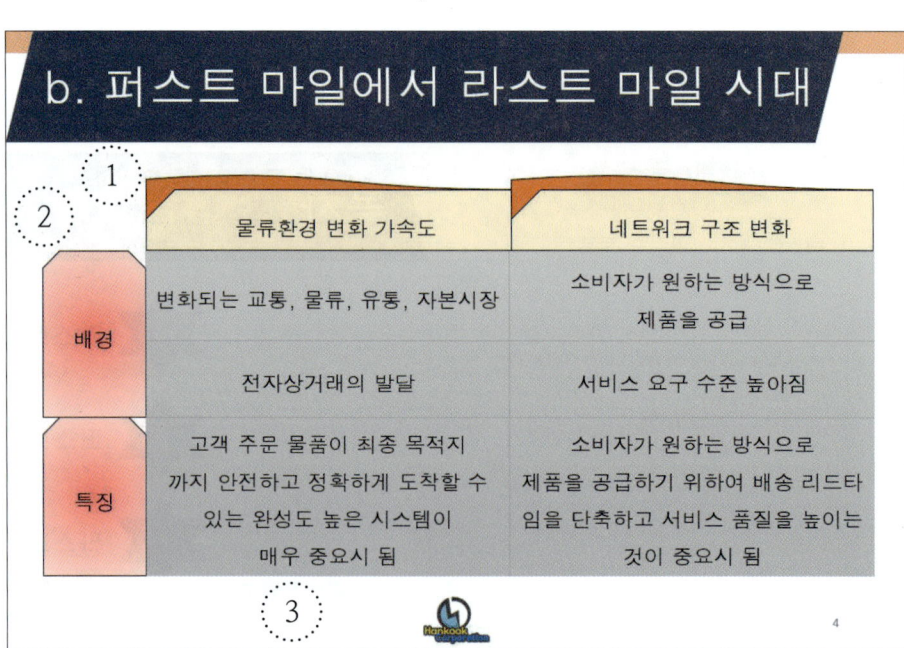

| 슬라이드 5 | ≪차트 슬라이드≫ | (100점) |

(1) 차트 작성 기능을 이용하여 슬라이드를 작성한다.
(2) 차트 : 종류(묶은 세로 막대형), 글꼴(돋움, 16pt), 외곽선

**세부조건**

※ 차트 설명
- 차트 제목 : 궁서, 24pt, 굵게, 채우기(흰색), 테두리, 그림자(오프셋 왼쪽)
- 차트 영역 : 채우기(노랑) 그림 영역 : 채우기(흰색)
- 데이터 서식 : 모바일 계열을 표식이 있는 꺾은선형으로 변경 후 보조축으로 지정
- 값 표시 : 2024년의 모바일 계열만
① 도형 삽입
 - 스타일 :
  미세 효과 – 파랑, 강조 1
 - 글꼴 : 돋움, 18pt

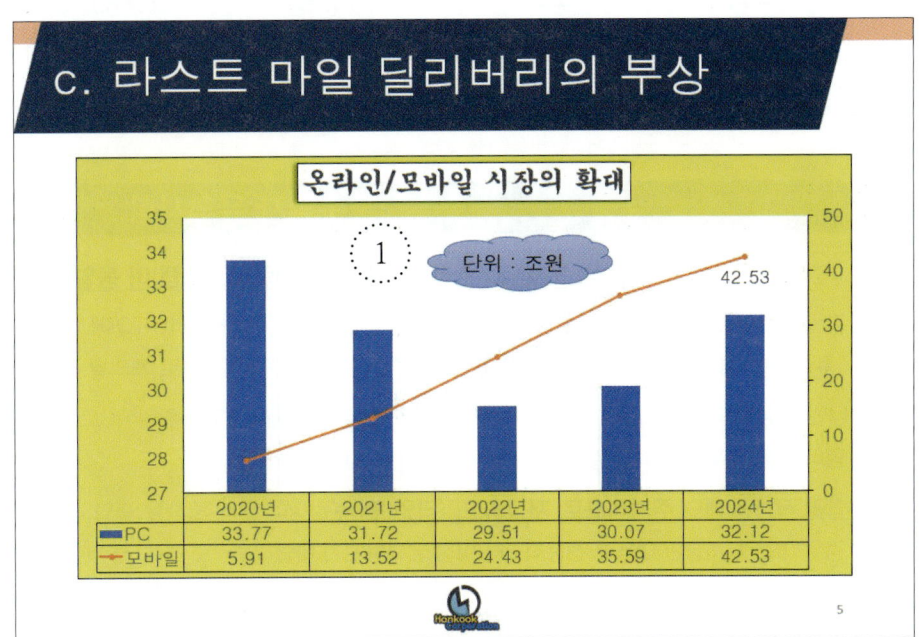

| 슬라이드 6 | ≪도형 슬라이드≫ | (100점) |

(1) 슬라이드와 같이 도형 및 스마트아트를 배치한다(글꼴 : 굴림, 18pt).
(2) 애니메이션 순서 : ① ⇒ ②

**세부조건**

① 도형 및 스마트아트 편집
 - 스마트아트 디자인 :
  3차원 광택 처리, 3차원 경사
 - 그룹화 후 애니메이션 효과 :
  날아오기(왼쪽에서)
② 도형 편집
 - 그룹화 후 애니메이션 효과 :
  밝기 변화

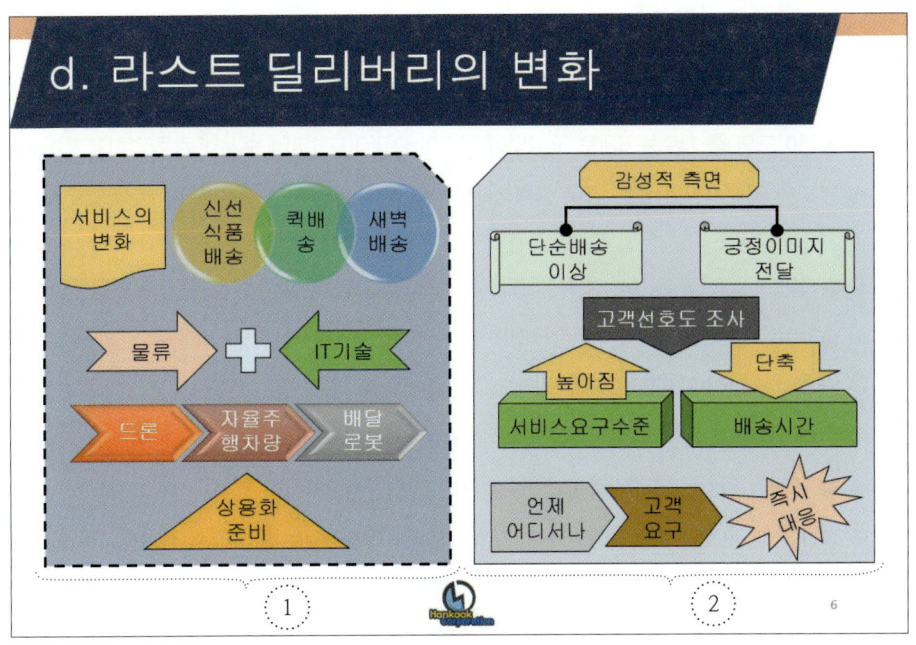

# 제 09 회 실전모의고사 (MS 오피스)

| 과목 | 코드 | 문제유형 | 시험시간 | 수험번호 | 성명 |
|---|---|---|---|---|---|
| 한글파워포인트 | 1142 | A | 60분 | | |

## 수험자 유의사항

- 수험자는 문제지를 받는 즉시 문제지와 **수험표상의 시험과목(프로그램)이 동일한지 반드시 확인**하여야 합니다.
- 파일명은 본인의 "수험번호-성명"으로 입력하여 답안폴더(내 PC₩문서₩ITQ)에 하나의 파일로 저장해야 하며, 답안문서 파일명이 "수험번호-성명"과 일치하지 않거나, 답안파일을 전송하지 않아 미제출로 처리될 경우 실격 처리합니다(예:12345678-홍길동.pptx).
- 답안 작성을 마치면 파일을 저장하고, '답안 전송' 버튼을 선택하여 감독위원 PC로 답안을 전송하십시오. 수험생 정보와 저장한 파일명이 다를 경우 전송되지 않으므로 주의하시기 바랍니다.
- 답안 작성 중에도 **주기적으로 저장하고, '답안 전송'**하여야 문제 발생을 줄일 수 있습니다. 작업한 내용을 저장하지 않고 전송할 경우 이전에 저장된 내용이 전송되오니 이점 유의하시기 바랍니다.
- 답안문서는 지정된 경로 외의 다른 보조기억장치에 저장하는 경우, 지정된 시험 시간 외에 작성된 파일을 활용할 경우, 기타 통신수단(이메일, 메신저, 네트워크 등)을 이용하여 타인에게 전달 또는 외부 반출하는 경우는 부정 처리합니다.
- 시험 중 부주의 또는 고의로 시스템을 파손한 경우는 수험자가 변상해야 하며, 〈수험자 유의사항〉에 기재된 방법대로 이행하지 않아 생기는 불이익은 수험생 당사자의 책임임을 알려 드립니다.
- 문제의 조건은 MS오피스 2021 버전으로 설정되어 있으니 유의하시기 바랍니다.
- 시험을 완료한 수험자는 답안파일이 전송되었는지 확인한 후 감독위원의 지시에 따라 문제지를 제출하고 퇴실합니다.

## 답안 작성요령

- 온라인 답안 작성 절차
  수험자 등록 ➡ 시험 시작 ➡ 답안파일 저장 ➡ 답안 전송 ➡ 시험 종료
- 슬라이드의 크기는 A4 Paper로 설정하여 작성합니다.
- 슬라이드의 총 개수는 6개로 구성되어 있으며 슬라이드 1부터 순서대로 작업하고 반드시 문제와 세부 조건대로 합니다.
- 별도의 지시사항이 없는 경우 출력형태를 참조하여 글꼴색은 검정 또는 흰색으로 작성하고, 기타사항은 전체적인 균형을 고려하여 작성합니다.
- 슬라이드 도형 및 개체에 출력형태와 다른 스타일(그림자, 외곽선 등)을 적용했을 경우 감점 처리됩니다.
- 슬라이드 번호를 작성합니다(슬라이드 1에는 생략).
- 2~6번 슬라이드 제목 도형과 하단 로고는 슬라이드 마스터를 이용하여 출력형태와 동일하게 작성합니다(슬라이드 1에는 생략).
- 문제와 세부조건, 세부조건 번호 ○ (점선원)는 입력하지 않습니다.
- 각 개체의 위치는 오른쪽의 슬라이드와 동일하게 구성합니다.
- 그림 삽입 문제의 경우 반드시 「내 PC₩문서₩ITQ₩Picture」 폴더에서 정확한 파일을 선택하여 삽입하십시오.
- 각 슬라이드를 각각의 파일로 작업해서 저장할 경우 실격 처리됩니다.

## 전체구성 (60점)

(1) 슬라이드 크기 및 순서 : 크기를 A4 용지로 설정하고 슬라이드 순서에 맞게 작성한다.
(2) 슬라이드 마스터 : 2~6 슬라이드의 제목, 하단 로고, 슬라이드 번호는 슬라이드 마스터를 이용하여 작성한다.
 - 제목 글꼴(굴림, 40pt, 흰색), 가운데 맞춤, 도형(선 없음)
 - 하단 로고(「내 PC\문서\ITQ\Picture\로고2.jpg」 배경(회색) 투명색으로 설정)

## 슬라이드 1  ≪표지 디자인≫ (40점)

(1) 표지 디자인 : 도형, 워드아트 및 그림을 이용하여 작성한다.

**세부조건**
① 도형 편집
 - 도형에 그림 채우기 :
  「내 PC\문서\ITQ\Picture\그림1.jpg」, 투명도 50%
 - 도형 효과 :
  부드러운 가장자리 10포인트
② 워드아트 삽입
 - 변환 : 아래쪽 수축
 - 글꼴 : 궁서, 굵게
 - 텍스트 반사 : 전체 반사, 4pt 오프셋
③ 그림 삽입
 - 「내 PC\문서\ITQ\Picture\로고2.jpg」
 - 배경(회색) 투명색으로 설정

## 슬라이드 2  ≪목차 슬라이드≫ (60점)

(1) 출력형태와 같이 도형을 이용하여 목차를 작성한다(글꼴 : 돋움, 24pt).
(2) 도형 : 선 없음

**세부조건**
① 텍스트에 하이퍼링크 적용
 → '슬라이드 5'
② 그림 삽입
 - 「내 PC\문서\ITQ\Picture\그림5.jpg」
 - 자르기 기능 이용

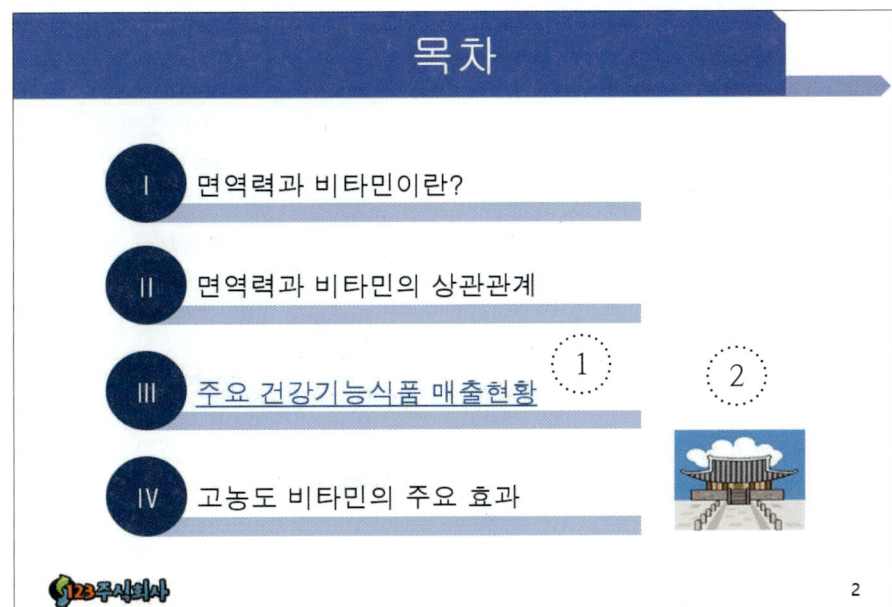

## 슬라이드 3  ≪텍스트/동영상 슬라이드≫ (60점)

(1) 텍스트 작성 : 글머리 기호 사용(❖, ■)

　❖문단(굴림, 24pt, 굵게, 줄 간격 : 1.5줄), ■문단(굴림, 20pt, 줄 간격 : 1.5줄)

**세부조건**

① 동영상 삽입 :
- 「내 PC₩문서₩ITQ₩Picture₩동영상.wmv」
- 자동 실행, 반복 재생 설정

## Ⅰ. 면역력과 비타민이란?

❖ **Immunity**
  - Specific defense against certain diseases
  - Defensive state against invasion of pathogens, pathogens or poisoning of antigenic substances from outside

❖ **비타민**
  - 동물체의 주 영양소가 아니면서 동물의 정상적인 발육과 생리 작용을 유지하는 데 없어서는 안 되는 유기 화합물을 통틀어 이르는 말로 비교적 소량이 필요하지만 체내에서 생성되지 않음

---

## 슬라이드 4  ≪표 슬라이드≫ (80점)

(1) 도형과 표 작성 기능을 이용하여 슬라이드를 작성한다(글꼴 : 궁서, 18pt).

**세부조건**

① 상단 도형 :
　2개 도형의 조합으로 작성
② 좌측 도형 :
　그라데이션 효과(선형 아래쪽)
③ 표 스타일 :
　테마 스타일 1 - 강조 5

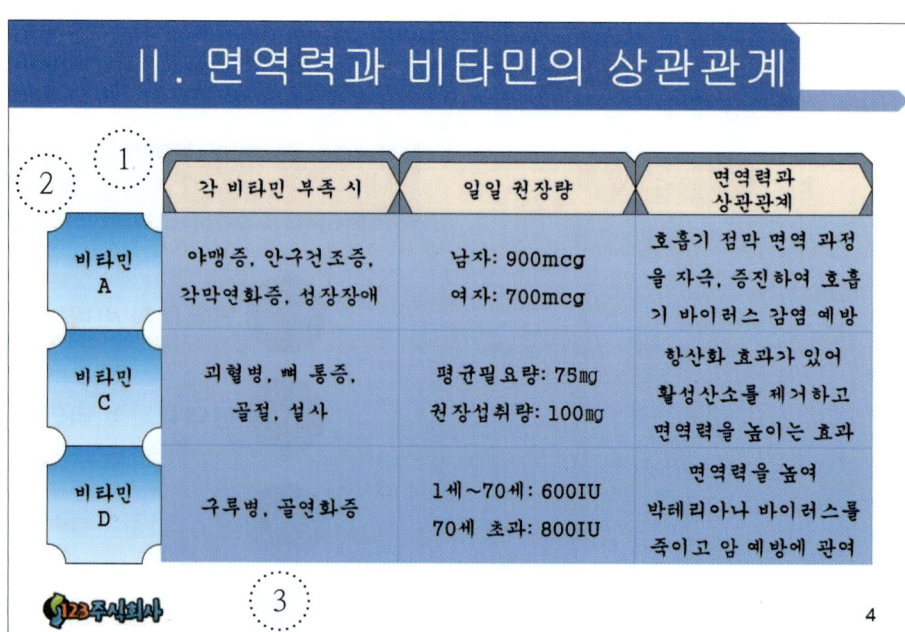

### 슬라이드 5    ≪차트 슬라이드≫    (100점)

(1) 차트 작성 기능을 이용하여 슬라이드를 작성한다.
(2) 차트 : 종류(묶은 세로 막대형), 글꼴(돋움, 16pt), 외곽선

**세부조건**

※ 차트 설명
- 차트 제목 : 돋움, 24pt, 굵게, 채우기(흰색), 테두리, 그림자(오프셋 아래쪽)
- 차트 영역 : 채우기(노랑)
  그림 영역 : 채우기(흰색)
- 데이터 서식 : 홍삼 계열을 표식이 있는 꺾은선형으로 변경 후 보조 축으로 지정
- 값 표시 : 2023년의 비타민 계열만

① 도형 삽입
  - 스타일 :
    미세 효과 – 파랑, 강조 1
  - 글꼴 : 굴림, 18pt

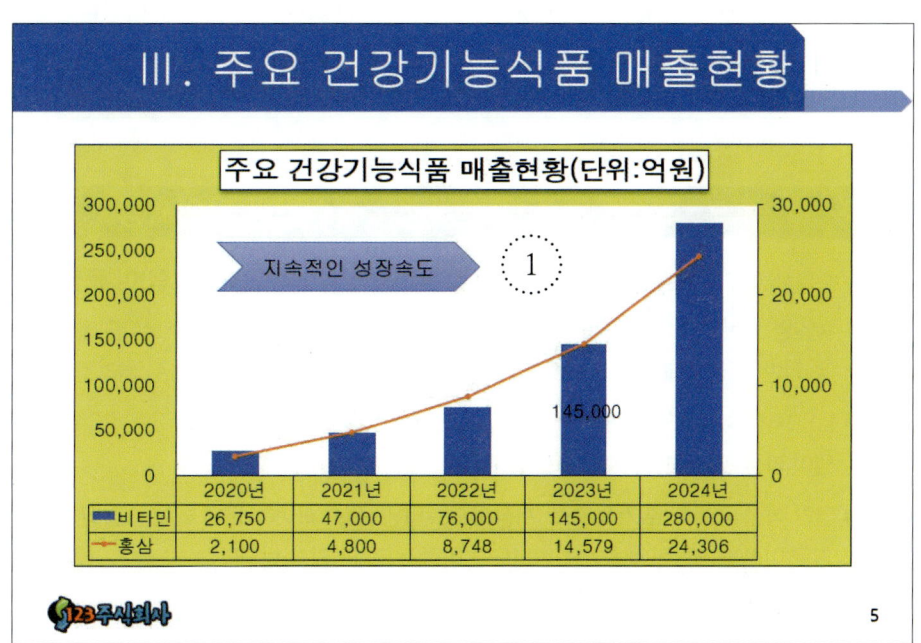

### 슬라이드 6    ≪도형 슬라이드≫    (100점)

(1) 슬라이드와 같이 도형 및 스마트아트를 배치한다(글꼴 : 돋움, 18pt).
(2) 애니메이션 순서 : ① ⇒ ②

**세부조건**

① 도형 및 스마트아트 편집
  - 스마트아트 디자인 :
    3차원 만화, 3차원 경사
  - 그룹화 후 애니메이션 효과 :
    도형(다이아몬드)
② 도형 편집
  - 그룹화 후 애니메이션 효과 :
    바운드

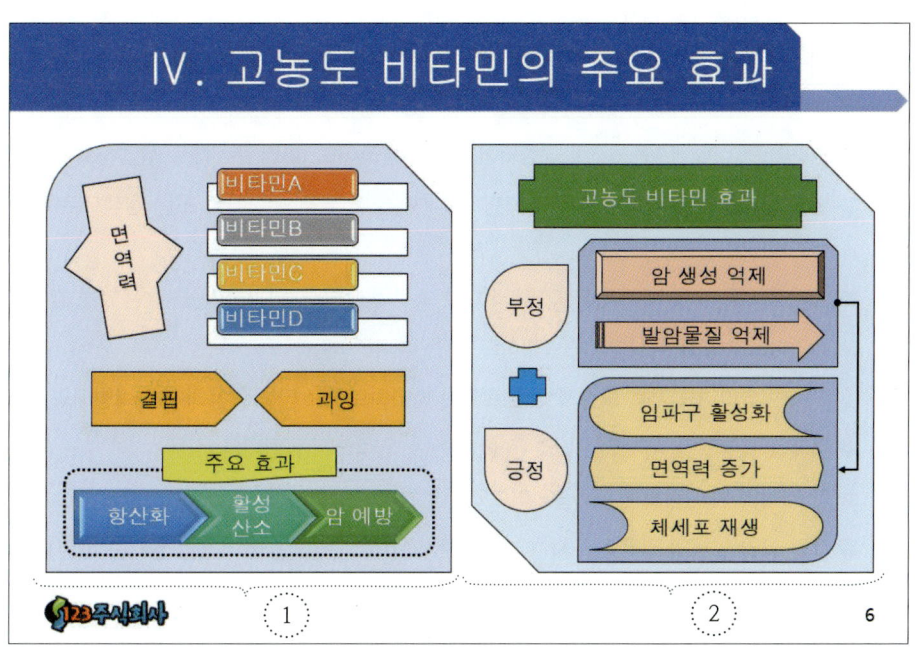

# 제10회 실전모의고사 (MS 오피스)

| 과목 | 코드 | 문제유형 | 시험시간 | 수험번호 | 성명 |
|---|---|---|---|---|---|
| 한글파워포인트 | 1142 | B | 60분 | | |

## 수험자 유의사항

- 수험자는 문제지를 받는 즉시 문제지와 **수험표상의 시험과목(프로그램)이 동일한지 반드시 확인**하여야 합니다.
- 파일명은 본인의 "수험번호-성명"으로 입력하여 답안폴더(내 PC₩문서₩ITQ)에 하나의 파일로 저장해야 하며, 답안문서 파일명이 "수험번호-성명"과 일치하지 않거나, 답안파일을 전송하지 않아 미제출로 처리될 경우 실격 처리합니다(예:12345678-홍길동.pptx).
- 답안 작성을 마치면 파일을 저장하고, '답안 전송' 버튼을 선택하여 감독위원 PC로 답안을 전송하십시오. 수험생 정보와 저장한 파일명이 다를 경우 전송되지 않으므로 주의하시기 바랍니다.
- 답안 작성 중에도 **주기적으로 저장하고, '답안 전송'**하여야 문제 발생을 줄일 수 있습니다. 작업한 내용을 저장하지 않고 전송할 경우 이전에 저장된 내용이 전송되오니 이점 유의하시기 바랍니다.
- 답안문서는 지정된 경로 외의 다른 보조기억장치에 저장하는 경우, 지정된 시험 시간 외에 작성된 파일을 활용할 경우, 기타 통신수단(이메일, 메신저, 네트워크 등)을 이용하여 타인에게 전달 또는 외부 반출하는 경우는 부정 처리합니다.
- 시험 중 부주의 또는 고의로 시스템을 파손한 경우는 수험자가 변상해야 하며, 〈수험자 유의사항〉에 기재된 방법대로 이행하지 않아 생기는 불이익은 수험생 당사자의 책임임을 알려 드립니다.
- 문제의 조건은 MS오피스 2021 버전으로 설정되어 있으니 유의하시기 바랍니다.
- 시험을 완료한 수험자는 답안파일이 전송되었는지 확인한 후 감독위원의 지시에 따라 문제지를 제출하고 퇴실합니다.

## 답안 작성요령

- 온라인 답안 작성 절차
  수험자 등록 ➡ 시험 시작 ➡ 답안파일 저장 ➡ 답안 전송 ➡ 시험 종료
- 슬라이드의 크기는 A4 Paper로 설정하여 작성합니다.
- 슬라이드의 총 개수는 6개로 구성되어 있으며 슬라이드 1부터 순서대로 작업하고 반드시 문제와 세부 조건대로 합니다.
- 별도의 지시사항이 없는 경우 출력형태를 참조하여 글꼴색은 검정 또는 흰색으로 작성하고, 기타사항은 전체적인 균형을 고려하여 작성합니다.
- 슬라이드 도형 및 개체에 출력형태와 다른 스타일(그림자, 외곽선 등)을 적용했을 경우 감점 처리됩니다.
- 슬라이드 번호를 작성합니다(슬라이드 1에는 생략).
- 2~6번 슬라이드 제목 도형과 하단 로고는 슬라이드 마스터를 이용하여 출력형태와 동일하게 작성합니다(슬라이드 1에는 생략).
- 문제와 세부조건, 세부조건 번호 ○ (점선원)는 입력하지 않습니다.
- 각 개체의 위치는 오른쪽의 슬라이드와 동일하게 구성합니다.
- 그림 삽입 문제의 경우 반드시 「내 PC₩문서₩ITQ₩Picture」 폴더에서 정확한 파일을 선택하여 삽입하십시오.
- 각 슬라이드를 각각의 파일로 작업해서 저장할 경우 실격 처리됩니다.

## 전체구성 (60점)

(1) 슬라이드 크기 및 순서 : 크기를 A4 용지로 설정하고 슬라이드 순서에 맞게 작성한다.
(2) 슬라이드 마스터 : 2~6 슬라이드의 제목, 하단 로고, 슬라이드 번호는 슬라이드 마스터를 이용하여 작성한다.
- 제목 글꼴(굴림, 40pt, 흰색), 가운데 맞춤, 도형(선 없음)
- 하단 로고(「내 PC₩문서₩ITQ₩Picture₩로고2.jpg」 배경(회색) 투명색으로 설정)

## 슬라이드 1  ≪표지 디자인≫ (40점)

(1) 표지 디자인 : 도형, 워드아트 및 그림을 이용하여 작성한다.

**세부조건**
① 도형 편집
- 도형에 그림 채우기 :
「내 PC₩문서₩ITQ₩Picture₩그림2.jpg」, 투명도 50%
- 도형 효과 :
부드러운 가장자리 5포인트
② 워드아트 삽입
- 변환 : 아래쪽 팽창
- 글꼴 : 돋움, 굵게
- 텍스트 반사 : 전체 반사, 4pt 오프셋
③ 그림 삽입
- 「내 PC₩문서₩ITQ₩Picture₩로고2.jpg」
- 배경(회색) 투명색으로 설정

## 슬라이드 2  ≪목차 슬라이드≫ (60점)

(1) 출력형태와 같이 도형을 이용하여 목차를 작성한다(글꼴 : 돋움, 24pt).
(2) 도형 : 선 없음

**세부조건**
① 텍스트에 하이퍼링크 적용
→ '슬라이드 5'
② 그림 삽입
- 「내 PC₩문서₩ITQ₩Picture₩그림5.jpg」
- 자르기 기능 이용

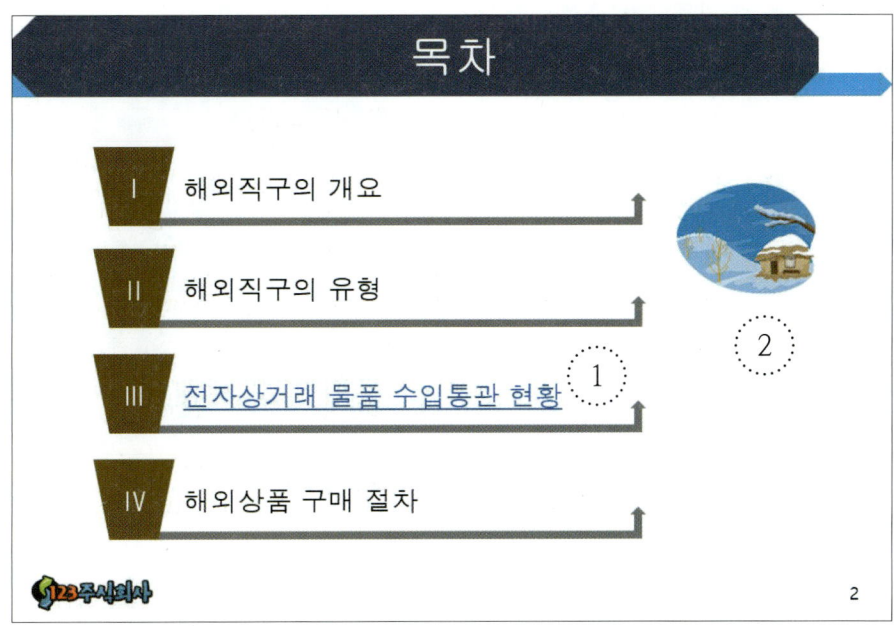

## 슬라이드 3  ≪텍스트/동영상 슬라이드≫   (60점)

(1) 텍스트 작성 : 글머리 기호 사용(❖, ■)

❖문단(굴림, 24pt, 굵게, 줄 간격 : 1.5줄), ■문단(굴림, 20pt, 줄 간격 : 1.5줄)

**세부조건**

① 동영상 삽입 :
 - 「내 PC₩문서₩ITQ₩Picture₩동영상.wmv」
 - 자동 실행, 반복 재생 설정

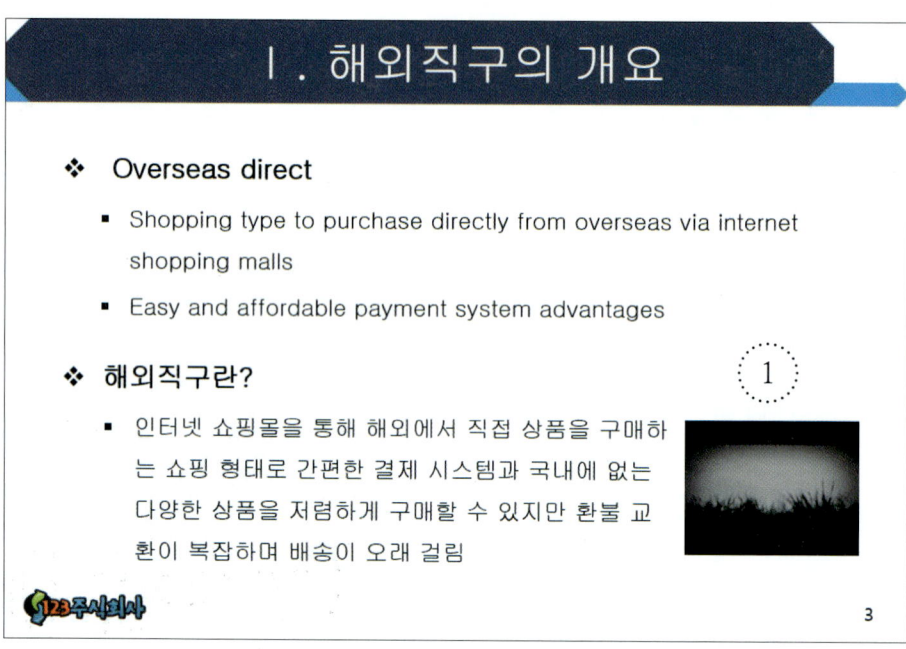

## 슬라이드 4  ≪표 슬라이드≫   (80점)

(1) 도형과 표 작성 기능을 이용하여 슬라이드를 작성한다(글꼴 : 굴림, 18pt).

**세부조건**

① 상단 도형 :
 2개 도형의 조합으로 작성
② 좌측 도형 :
 그라데이션 효과(선형 아래쪽)
③ 표 스타일 :
 테마 스타일 1 - 강조 5

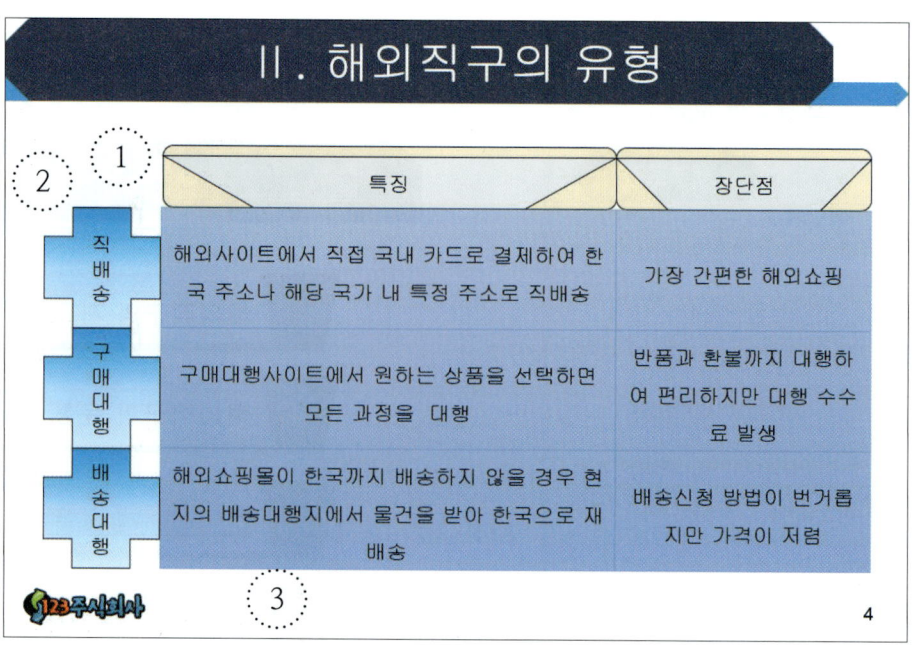

| 슬라이드 5 | ≪차트 슬라이드≫ | (100점) |

(1) 차트 작성 기능을 이용하여 슬라이드를 작성한다.
(2) 차트 : 종류(묶은 세로 막대형), 글꼴(돋움, 16pt), 외곽선

**세부조건**

※ 차트 설명
- 차트 제목 : 돋움, 24pt, 굵게, 채우기(흰색), 테두리, 그림자(오프셋 아래쪽)
- 차트 영역 : 채우기(노랑)
  그림 영역 : 채우기(흰색)
- 데이터 서식 : 비율 계열을 표식이 있는 꺾은선형으로 변경 후 보조축으로 지정
- 값 표시 : 의류, 신발의 비율 계열만

① 도형 삽입
  - 스타일 :
    미세 효과 – 파랑, 강조 5
  - 글꼴 : 굴림, 18pt

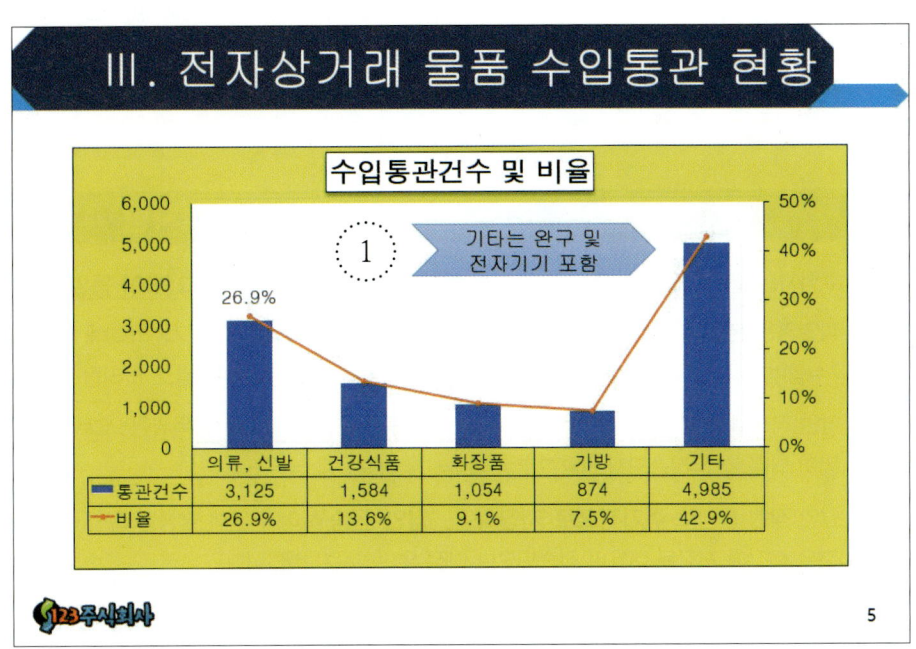

| 슬라이드 6 | ≪도형 슬라이드≫ | (100점) |

(1) 슬라이드와 같이 도형 및 스마트아트를 배치한다(글꼴 : 돋움, 18pt).
(2) 애니메이션 순서 : ① ⇒ ②

**세부조건**

① 도형 및 스마트아트 편집
  - 스마트아트 디자인 :
    3차원 만화, 3차원 경사
  - 그룹화 후 애니메이션 효과 :
    날아오기(왼쪽에서)

② 도형 편집
  - 그룹화 후 애니메이션 효과 :
    밝기 변화

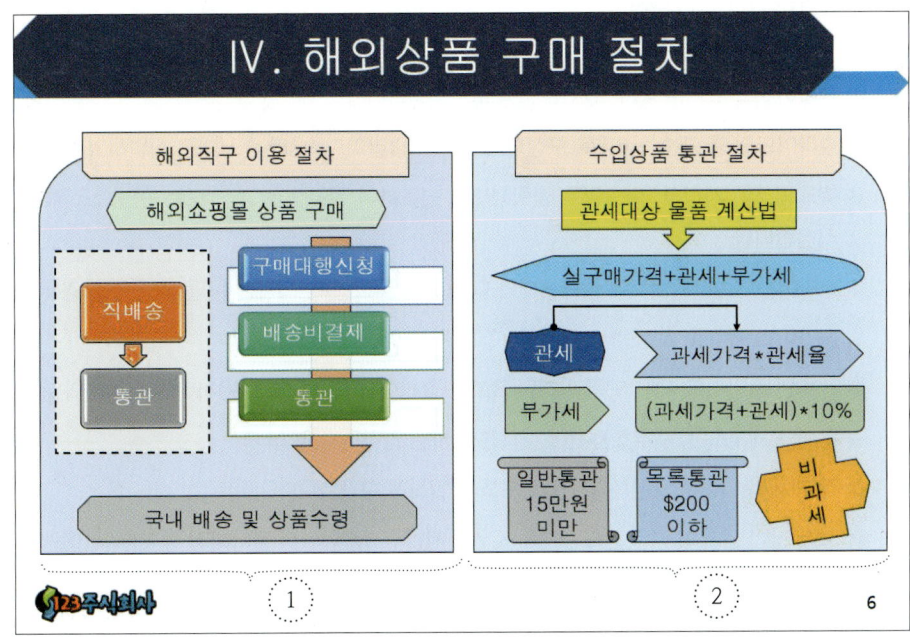

# 제 11 회 실전모의고사 (MS 오피스)

| 과목 | 코드 | 문제유형 | 시험시간 | 수험번호 | 성명 |
|---|---|---|---|---|---|
| 한글파워포인트 | 1142 | C | 60분 | | |

## 수험자 유의사항

- 수험자는 문제지를 받는 즉시 문제지와 **수험표상의 시험과목(프로그램)이 동일한지 반드시 확인**하여야 합니다.
- 파일명은 본인의 "수험번호-성명"으로 입력하여 답안폴더(내 PC₩문서₩ITQ)에 하나의 파일로 저장해야 하며, 답안문서 파일명이 "수험번호-성명"과 일치하지 않거나, 답안파일을 전송하지 않아 미제출로 처리될 경우 실격 처리합니다(예:12345678-홍길동.pptx).
- 답안 작성을 마치면 파일을 저장하고, '답안 전송' 버튼을 선택하여 감독위원 PC로 답안을 전송하십시오. 수험생 정보와 저장한 파일명이 다를 경우 전송되지 않으므로 주의하시기 바랍니다.
- 답안 작성 중에도 **주기적으로 저장하고, '답안 전송'**하여야 문제 발생을 줄일 수 있습니다. 작업한 내용을 저장하지 않고 전송할 경우 이전에 저장된 내용이 전송되오니 이점 유의하시기 바랍니다.
- 답안문서는 지정된 경로 외의 다른 보조기억장치에 저장하는 경우, 지정된 시험 시간 외에 작성된 파일을 활용할 경우, 기타 통신수단(이메일, 메신저, 네트워크 등)을 이용하여 타인에게 전달 또는 외부 반출하는 경우는 부정 처리합니다.
- 시험 중 부주의 또는 고의로 시스템을 파손한 경우는 수험자가 변상해야 하며, 〈수험자 유의사항〉에 기재된 방법대로 이행하지 않아 생기는 불이익은 수험생 당사자의 책임임을 알려 드립니다.
- 문제의 조건은 MS오피스 2021 버전으로 설정되어 있으니 유의하시기 바랍니다.
- 시험을 완료한 수험자는 답안파일이 전송되었는지 확인한 후 감독위원의 지시에 따라 문제지를 제출하고 퇴실합니다.

## 답안 작성요령

- 온라인 답안 작성 절차
  수험자 등록 ➡ 시험 시작 ➡ 답안파일 저장 ➡ 답안 전송 ➡ 시험 종료
- 슬라이드의 크기는 A4 Paper로 설정하여 작성합니다.
- 슬라이드의 총 개수는 6개로 구성되어 있으며 슬라이드 1부터 순서대로 작업하고 반드시 문제와 세부 조건대로 합니다.
- 별도의 지시사항이 없는 경우 출력형태를 참조하여 글꼴색은 검정 또는 흰색으로 작성하고, 기타사항은 전체적인 균형을 고려하여 작성합니다.
- 슬라이드 도형 및 개체에 출력형태와 다른 스타일(그림자, 외곽선 등)을 적용했을 경우 감점 처리됩니다.
- 슬라이드 번호를 작성합니다(슬라이드 1에는 생략).
- 2~6번 슬라이드 제목 도형과 하단 로고는 슬라이드 마스터를 이용하여 출력형태와 동일하게 작성합니다(슬라이드 1에는 생략).
- 문제와 세부조건, 세부조건 번호 ○ (점선원)는 입력하지 않습니다.
- 각 개체의 위치는 오른쪽의 슬라이드와 동일하게 구성합니다.
- 그림 삽입 문제의 경우 반드시 「내 PC₩문서₩ITQ₩Picture」 폴더에서 정확한 파일을 선택하여 삽입하십시오.
- 각 슬라이드를 각각의 파일로 작업해서 저장할 경우 실격 처리됩니다.

## 전체구성 (60점)

(1) 슬라이드 크기 및 순서 : 크기를 A4 용지로 설정하고 슬라이드 순서에 맞게 작성한다.
(2) 슬라이드 마스터 : 2~6 슬라이드의 제목, 하단 로고, 슬라이드 번호는 슬라이드 마스터를 이용하여 작성한다.
  - 제목 글꼴(굴림, 40pt, 흰색), 가운데 맞춤, 도형(선 없음)
  - 하단 로고(「내 PC₩문서₩ITQ₩Picture₩로고2.jpg」 배경(회색) 투명색으로 설정)

## 슬라이드 1  ≪표지 디자인≫ (40점)

(1) 표지 디자인 : 도형, 워드아트 및 그림을 이용하여 작성한다.

**세부조건**
① 도형 편집
  - 도형에 그림 채우기 :
    「내 PC₩문서₩ITQ₩Picture₩그림3.jpg」, 투명도 50%
  - 도형 효과 :
    부드러운 가장자리 5포인트
② 워드아트 삽입
  - 변환 : 수축
  - 글꼴 : 돋움, 굵게
  - 텍스트 반사 : 근접 반사, 4pt 오프셋
③ 그림 삽입
  - 「내 PC₩문서₩ITQ₩Picture₩로고2.jpg」
  - 배경(회색) 투명색으로 설정

## 슬라이드 2  ≪목차 슬라이드≫ (60점)

(1) 출력형태와 같이 도형을 이용하여 목차를 작성한다(글꼴 : 돋움, 24pt).
(2) 도형 : 선 없음

**세부조건**
① 텍스트에 하이퍼링크 적용
  → '슬라이드 6'
② 그림 삽입
  - 「내 PC₩문서₩ITQ₩Picture₩그림5.jpg」
  - 자르기 기능 이용

## 슬라이드 3  ≪텍스트/동영상 슬라이드≫ (60점)

(1) 텍스트 작성 : 글머리 기호 사용(❖, ■)

❖문단(굴림, 24pt, 굵게, 줄 간격 : 1.5줄), ■문단(굴림, 20pt, 줄 간격 : 1.5줄)

**세부조건**

① 동영상 삽입 :
- 「내 PC₩문서₩ITQ₩Picture₩동영상.wmv」
- 자동 실행, 반복 재생 설정

### 1. 비만이란

❖ **Obesity**
- Obesity has been connected with almost all diseases such as cardiovascular diseases, diabetes mellitus, cancers, joint disorders and other many diseases

❖ **소아 비만증**
- 유아기에서 사춘기까지의 비만
- 이 시기 비만의 80~85%가 성인비만으로 이행되고 동맥경화, 당뇨병, 심근경색 등이 조기에 나타날 수 있음

---

## 슬라이드 4  ≪표 슬라이드≫ (80점)

(1) 도형과 표 작성 기능을 이용하여 슬라이드를 작성한다(글꼴 : 돋움, 18pt).

**세부조건**

① 상단 도형 :
   2개 도형의 조합으로 작성
② 좌측 도형 :
   그라데이션 효과(선형 아래쪽)
③ 표 스타일 :
   테마 스타일 1 – 강조 5

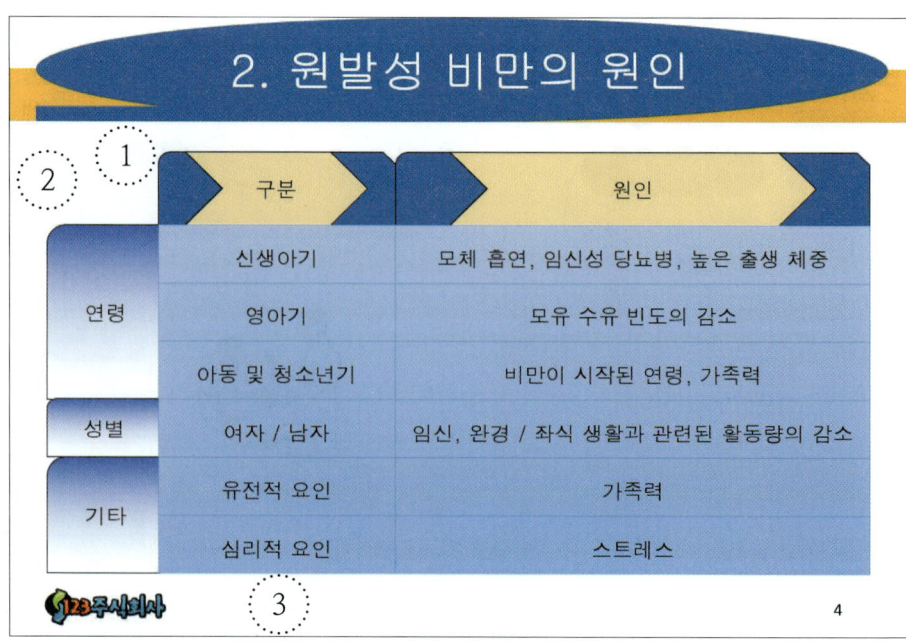

### 2. 원발성 비만의 원인

| 구분 | | 원인 |
|---|---|---|
| 연령 | 신생아기 | 모체 흡연, 임신성 당뇨병, 높은 출생 체중 |
| | 영아기 | 모유 수유 빈도의 감소 |
| | 아동 및 청소년기 | 비만이 시작된 연령, 가족력 |
| 성별 | 여자 / 남자 | 임신, 완경 / 좌식 생활과 관련된 활동량의 감소 |
| 기타 | 유전적 요인 | 가족력 |
| | 심리적 요인 | 스트레스 |

## 슬라이드 5  ≪차트 슬라이드≫  (100점)

(1) 차트 작성 기능을 이용하여 슬라이드를 작성한다.
(2) 차트 : 종류(묶은 세로 막대형), 글꼴(돋움, 16pt), 외곽선

**세부조건**

※ 차트 설명
- 차트 제목 : 궁서, 24pt, 굵게, 채우기(흰색), 테두리, 그림자(오프셋 오른쪽)
- 차트 영역 : 채우기(노랑) 그림 영역 : 채우기(흰색)
- 데이터 서식 : 남학생 계열을 표식이 있는 꺾은선형으로 변경 후 보조 축으로 지정
- 값 표시 : 인천의 남학생 계열만

① 도형 삽입
 - 스타일 :
  미세 효과 - 파랑, 강조 1
 - 글꼴 : 굴림, 18pt

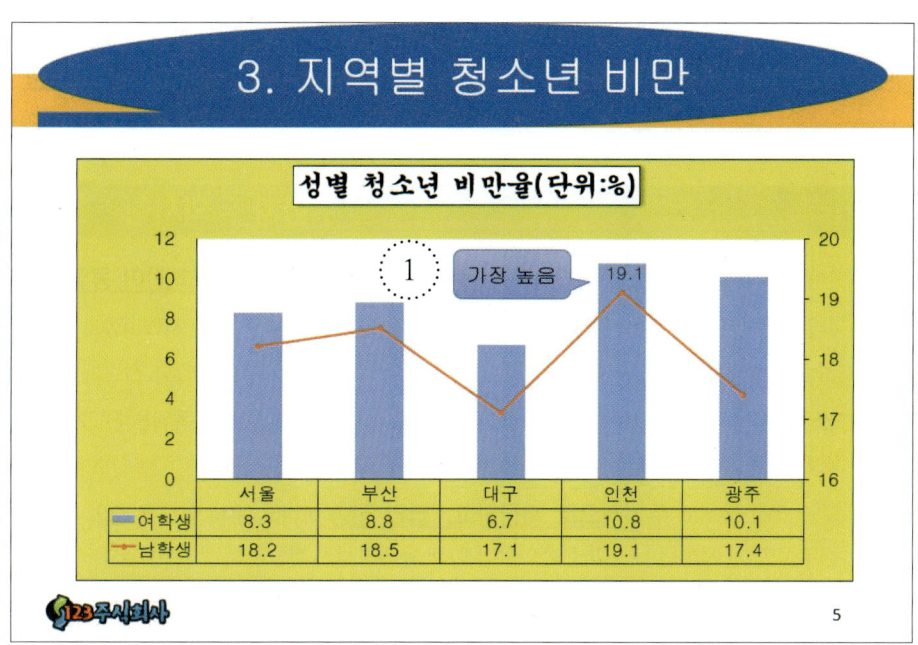

## 슬라이드 6  ≪도형 슬라이드≫  (100점)

(1) 슬라이드와 같이 도형 및 스마트아트를 배치한다(글꼴 :굴림, 18pt).
(2) 애니메이션 순서 : ① ⇒ ②

**세부조건**

① 도형 및 스마트아트 편집
 - 스마트아트 디자인 :
  3차원 벽돌, 3차원 만화
 - 그룹화 후 애니메이션 효과 :
  닦아내기(위에서)

② 도형 편집
 - 그룹화 후 애니메이션 효과 :
  바운드

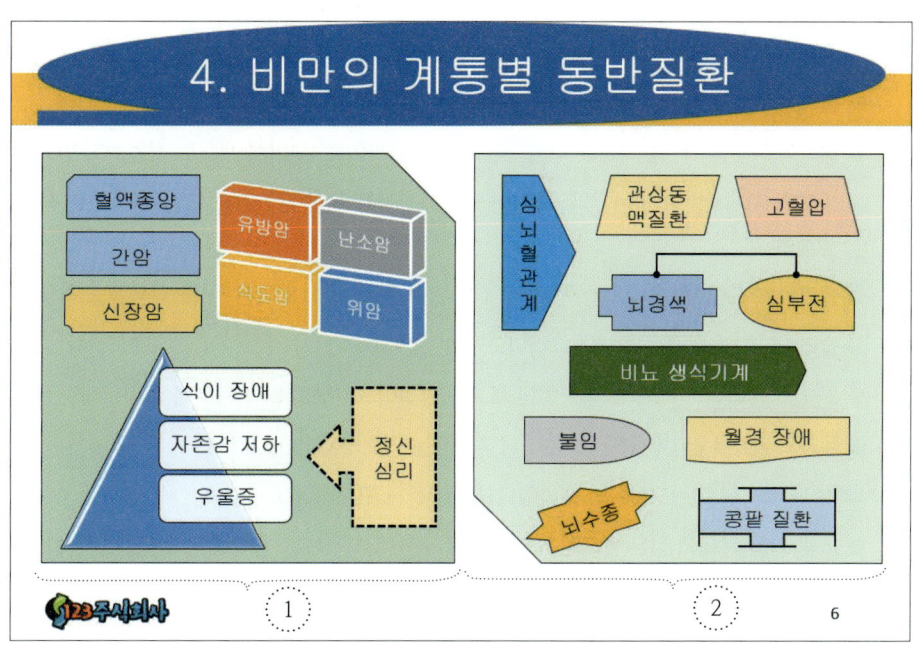

# 제12회 실전모의고사 (MS 오피스)

| 과목 | 코드 | 문제유형 | 시험시간 | 수험번호 | 성명 |
|---|---|---|---|---|---|
| 한글파워포인트 | 1142 | D | 60분 | | |

## 수험자 유의사항

- 수험자는 문제지를 받는 즉시 문제지와 **수험표상의 시험과목(프로그램)이 동일한지 반드시 확인**하여야 합니다.
- 파일명은 본인의 "수험번호-성명"으로 입력하여 답안폴더(내 PC\문서\ITQ)에 하나의 파일로 저장해야 하며, 답안문서 파일명이 "수험번호-성명"과 일치하지 않거나, 답안파일을 전송하지 않아 미제출로 처리될 경우 실격 처리합니다(예:12345678-홍길동.pptx).
- 답안 작성을 마치면 파일을 저장하고, '답안 전송' 버튼을 선택하여 감독위원 PC로 답안을 전송하십시오. 수험생 정보와 저장한 파일명이 다를 경우 전송되지 않으므로 주의하시기 바랍니다.
- 답안 작성 중에도 **주기적으로 저장하고, '답안 전송'**하여야 문제 발생을 줄일 수 있습니다. 작업한 내용을 저장하지 않고 전송할 경우 이전에 저장된 내용이 전송되오니 이점 유의하시기 바랍니다.
- 답안문서는 지정된 경로 외의 다른 보조기억장치에 저장하는 경우, 지정된 시험 시간 외에 작성된 파일을 활용할 경우, 기타 통신수단(이메일, 메신저, 네트워크 등)을 이용하여 타인에게 전달 또는 외부 반출하는 경우는 부정 처리합니다.
- 시험 중 부주의 또는 고의로 시스템을 파손한 경우는 수험자가 변상해야 하며, 〈수험자 유의사항〉에 기재된 방법대로 이행하지 않아 생기는 불이익은 수험생 당사자의 책임임을 알려 드립니다.
- 문제의 조건은 MS오피스 2021 버전으로 설정되어 있으니 유의하시기 바랍니다.
- 시험을 완료한 수험자는 답안파일이 전송되었는지 확인한 후 감독위원의 지시에 따라 문제지를 제출하고 퇴실합니다.

## 답안 작성요령

- 온라인 답안 작성 절차
  수험자 등록 ➡ 시험 시작 ➡ 답안파일 저장 ➡ 답안 전송 ➡ 시험 종료
- 슬라이드의 크기는 A4 Paper로 설정하여 작성합니다.
- 슬라이드의 총 개수는 6개로 구성되어 있으며 슬라이드 1부터 순서대로 작업하고 반드시 문제와 세부 조건대로 합니다.
- 별도의 지시사항이 없는 경우 출력형태를 참조하여 글꼴색은 검정 또는 흰색으로 작성하고, 기타사항은 전체적인 균형을 고려하여 작성합니다.
- 슬라이드 도형 및 개체에 출력형태와 다른 스타일(그림자, 외곽선 등)을 적용했을 경우 감점 처리됩니다.
- 슬라이드 번호를 작성합니다(슬라이드 1에는 생략).
- 2~6번 슬라이드 제목 도형과 하단 로고는 슬라이드 마스터를 이용하여 출력형태와 동일하게 작성합니다(슬라이드 1에는 생략).
- 문제와 세부조건, 세부조건 번호 ○ (점선원)는 입력하지 않습니다.
- 각 개체의 위치는 오른쪽의 슬라이드와 동일하게 구성합니다.
- 그림 삽입 문제의 경우 반드시 「내 PC\문서\ITQ\Picture」 폴더에서 정확한 파일을 선택하여 삽입하십시오.
- 각 슬라이드를 각각의 파일로 작업해서 저장할 경우 실격 처리됩니다.

## 전체구성 (60점)

(1) 슬라이드 크기 및 순서 : 크기를 A4 용지로 설정하고 슬라이드 순서에 맞게 작성한다.
(2) 슬라이드 마스터 : 2~6 슬라이드의 제목, 하단 로고, 슬라이드 번호는 슬라이드 마스터를 이용하여 작성한다.
　　- 제목 글꼴(돋움, 40pt, 흰색), 가운데 맞춤, 도형(선 없음)
　　- 하단 로고(「내 PC₩문서₩ITQ₩Picture₩로고2.jpg」 배경(회색) 투명색으로 설정)

## 슬라이드 1　　≪표지 디자인≫ (40점)

(1) 표지 디자인 : 도형, 워드아트 및 그림을 이용하여 작성한다.

**세부조건**

① 도형 편집
　- 도형에 그림 채우기 :
　　「내 PC₩문서₩ITQ₩Picture₩
　　그림1.jpg」, 투명도 50%
　- 도형 효과 :
　　부드러운 가장자리 10포인트
② 워드아트 삽입
　- 변환 : 갈매기형 수장
　- 글꼴 : 돋움, 굵게
　- 텍스트 반사 : 1/2 반사, 터치
③ 그림 삽입
　-「내 PC₩문서₩ITQ₩Picture₩
　　로고2.jpg」
　- 배경(회색) 투명색으로 설정

## 슬라이드 2　　≪목차 슬라이드≫ (60점)

(1) 출력형태와 같이 도형을 이용하여 목차를 작성한다(글꼴 : 굴림, 24pt).
(2) 도형 : 선 없음

**세부조건**

① 텍스트에 하이퍼링크 적용
　→ '슬라이드 6'
② 그림 삽입
　-「내 PC₩문서₩ITQ₩Picture₩
　　그림4.jpg」
　- 자르기 기능 이용

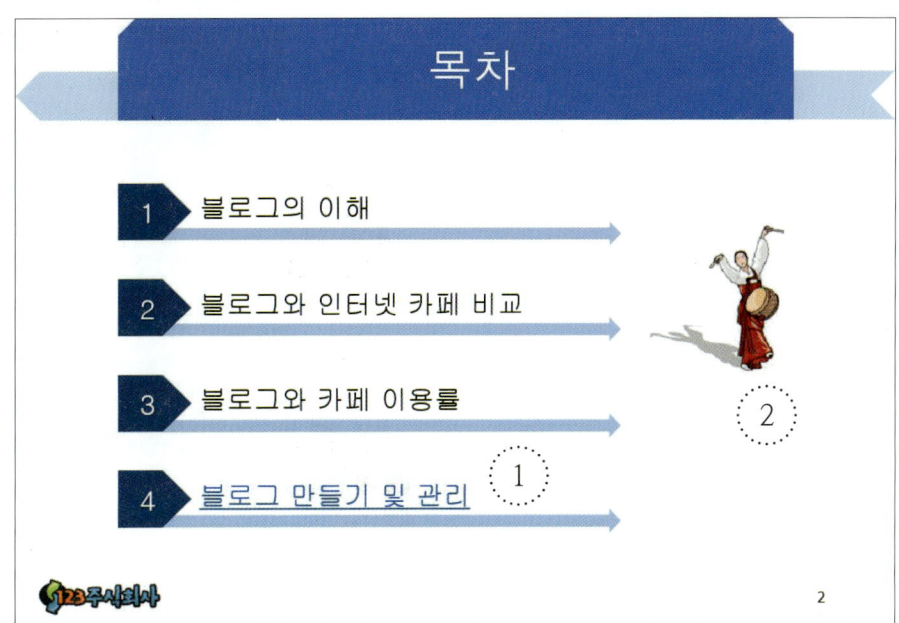

## 슬라이드 3   ≪텍스트/동영상 슬라이드≫   (60점)

(1) 텍스트 작성 : 글머리 기호 사용(❖, ✓)

❖문단(굴림, 24pt, 굵게, 줄 간격 : 1.5줄), ✓문단(굴림, 20pt, 줄 간격 : 1.5줄)

**세부조건**

① 동영상 삽입 :
- 「내 PC₩문서₩ITQ₩Picture₩동영상.wmv」
- 자동 실행, 반복 재생 설정

### 1. 블로그의 이해

❖ What is a Weblog?
- ✓ A weblog is a website that consists of a series of entries arranged in reverse chronological order
- ✓ The information can be written by the site owner, gleaned from other Web site

❖ 블로그의 의미
- ✓ 자신의 관심사에 따라 자신의 일상이나 사회적인 이슈까지 글과 사진, 동영상 등을 자유롭게 올릴 수 있는 웹 사이트

---

## 슬라이드 4   ≪표 슬라이드≫   (80점)

(1) 도형과 표 작성 기능을 이용하여 슬라이드를 작성한다(글꼴 : 돋움, 18pt).

**세부조건**

① 상단 도형 :
  2개 도형의 조합으로 작성
② 좌측 도형 :
  그라데이션 효과(선형 위쪽)
③ 표 스타일 :
  테마 스타일 1 – 강조 6

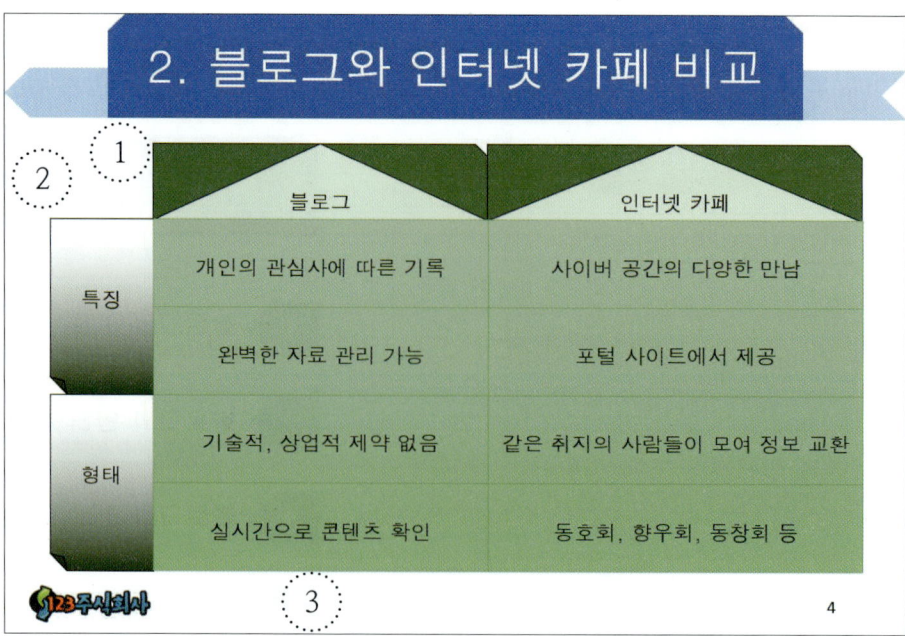

| 슬라이드 5 | ≪차트 슬라이드≫ | (100점) |

(1) 차트 작성 기능을 이용하여 슬라이드를 작성한다.
(2) 차트 : 종류(묶은 세로 막대형), 글꼴(돋움, 16pt), 외곽선

**세부조건**

※ 차트 설명
- 차트 제목 : 굴림, 24pt, 굵게, 채우기(흰색), 테두리, 그림자(오프셋 오른쪽 위)
- 차트 영역 : 채우기(노랑) 그림 영역 : 채우기(흰색)
- 데이터 서식 : 사용시간 분포(%) 계열을 표식이 있는 꺾은선형으로 변경 후 보조 축으로 지정
- 값 표시 : 30대의 평균 사용시간 계열만

① 도형 삽입
  - 스타일 : 미세 효과 – 주황, 강조 2
  - 글꼴 : 굴림, 18pt

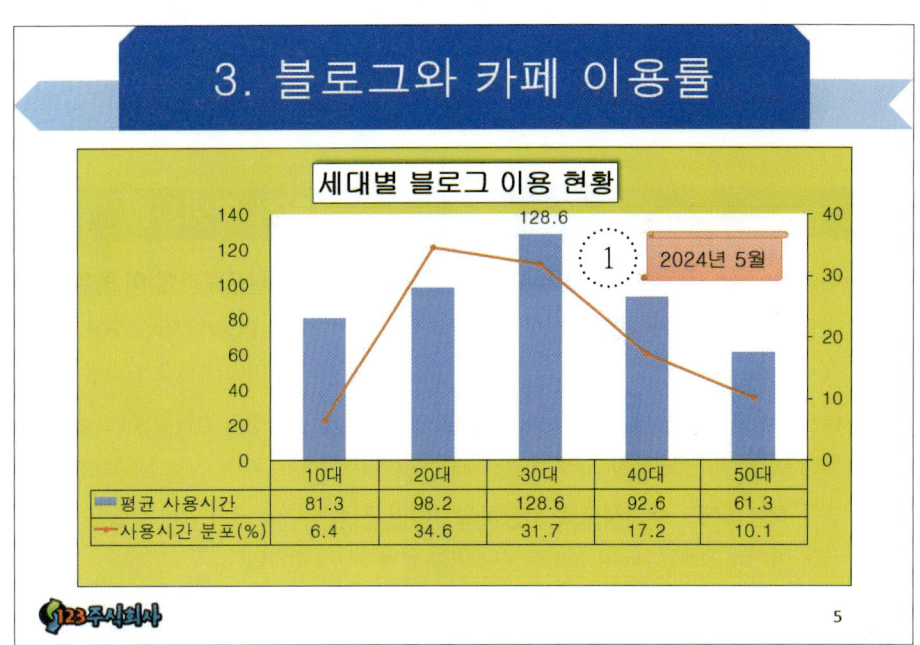

| 슬라이드 6 | ≪도형 슬라이드≫ | (100점) |

(1) 슬라이드와 같이 도형 및 스마트아트를 배치한다(글꼴 : 굴림, 18pt).
(2) 애니메이션 순서 : ① ⇒ ②

**세부조건**

① 도형 및 스마트아트 편집
  - 스마트아트 디자인 : 3차원 경사, 3차원 만화
  - 그룹화 후 애니메이션 효과 : 나누기(세로 바깥쪽으로)
② 도형 편집
  - 그룹화 후 애니메이션 효과 : 시계 방향 회전

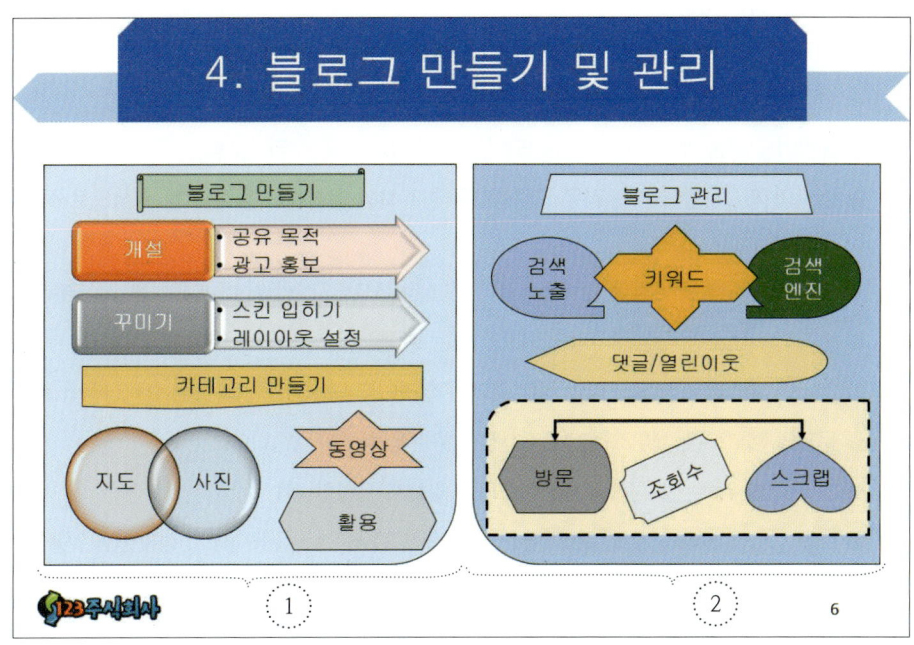

# 제13회 실전모의고사 (MS 오피스)

| 과목 | 코드 | 문제유형 | 시험시간 | 수험번호 | 성명 |
|---|---|---|---|---|---|
| 한글파워포인트 | 1142 | A | 60분 | | |

## 수험자 유의사항

- 수험자는 문제지를 받는 즉시 문제지와 **수험표상의 시험과목(프로그램)이 동일한지 반드시 확인**하여야 합니다.
- 파일명은 본인의 "수험번호-성명"으로 입력하여 답안폴더(내 PC₩문서₩ITQ)에 하나의 파일로 저장해야 하며, 답안문서 파일명이 "수험번호-성명"과 일치하지 않거나, 답안파일을 전송하지 않아 미제출로 처리될 경우 실격 처리합니다(예:12345678-홍길동.pptx).
- 답안 작성을 마치면 파일을 저장하고, '답안 전송' 버튼을 선택하여 감독위원 PC로 답안을 전송하십시오. 수험생 정보와 저장한 파일명이 다를 경우 전송되지 않으므로 주의하시기 바랍니다.
- 답안 작성 중에도 **주기적으로 저장하고, '답안 전송'**하여야 문제 발생을 줄일 수 있습니다. 작업한 내용을 저장하지 않고 전송할 경우 이전에 저장된 내용이 전송되오니 이점 유의하시기 바랍니다.
- 답안문서는 지정된 경로 외의 다른 보조기억장치에 저장하는 경우, 지정된 시험 시간 외에 작성된 파일을 활용할 경우, 기타 통신수단(이메일, 메신저, 네트워크 등)을 이용하여 타인에게 전달 또는 외부 반출하는 경우는 부정 처리합니다.
- 시험 중 부주의 또는 고의로 시스템을 파손한 경우는 수험자가 변상해야 하며, 〈수험자 유의사항〉에 기재된 방법대로 이행하지 않아 생기는 불이익은 수험생 당사자의 책임임을 알려 드립니다.
- 문제의 조건은 MS오피스 2021 버전으로 설정되어 있으니 유의하시기 바랍니다.
- 시험을 완료한 수험자는 답안파일이 전송되었는지 확인한 후 감독위원의 지시에 따라 문제지를 제출하고 퇴실합니다.

## 답안 작성요령

- 온라인 답안 작성 절차
  수험자 등록 ➡ 시험 시작 ➡ 답안파일 저장 ➡ 답안 전송 ➡ 시험 종료
- 슬라이드의 크기는 A4 Paper로 설정하여 작성합니다.
- 슬라이드의 총 개수는 6개로 구성되어 있으며 슬라이드 1부터 순서대로 작업하고 반드시 문제와 세부 조건대로 합니다.
- 별도의 지시사항이 없는 경우 출력형태를 참조하여 글꼴색은 검정 또는 흰색으로 작성하고, 기타사항은 전체적인 균형을 고려하여 작성합니다.
- 슬라이드 도형 및 개체에 출력형태와 다른 스타일(그림자, 외곽선 등)을 적용했을 경우 감점 처리됩니다.
- 슬라이드 번호를 작성합니다(슬라이드 1에는 생략).
- 2~6번 슬라이드 제목 도형과 하단 로고는 슬라이드 마스터를 이용하여 출력형태와 동일하게 작성합니다(슬라이드 1에는 생략).
- 문제와 세부조건, 세부조건 번호 ○ (점선원)는 입력하지 않습니다.
- 각 개체의 위치는 오른쪽의 슬라이드와 동일하게 구성합니다.
- 그림 삽입 문제의 경우 반드시 「내 PC₩문서₩ITQ₩Picture」 폴더에서 정확한 파일을 선택하여 삽입하십시오.
- 각 슬라이드를 각각의 파일로 작업해서 저장할 경우 실격 처리됩니다.

## 전체구성 (60점)

(1) 슬라이드 크기 및 순서 : 크기를 A4 용지로 설정하고 슬라이드 순서에 맞게 작성한다.
(2) 슬라이드 마스터 : 2~6 슬라이드의 제목, 하단 로고, 슬라이드 번호는 슬라이드 마스터를 이용하여 작성한다.
 - 제목 글꼴(돋움, 40pt, 흰색), 가운데 맞춤, 도형(선 없음)
 - 하단 로고(「내 PC₩문서₩ITQ₩Picture₩로고1.jpg」배경(회색) 투명색으로 설정)

## 슬라이드 1  ≪표지 디자인≫ (40점)

(1) 표지 디자인 : 도형, 워드아트 및 그림을 이용하여 작성한다.

**세부조건**

① 도형 편집
 - 도형에 그림 채우기 :
  「내 PC₩문서₩ITQ₩Picture₩그림2.jpg」, 투명도 50%
 - 도형 효과 :
  부드러운 가장자리 5포인트
② 워드아트 삽입
 - 변환 : 갈매기형 수장
 - 글꼴 : 돋움, 굵게
 - 텍스트 반사 : 1/2 반사, 4pt 오프셋
③ 그림 삽입
 - 「내 PC₩문서₩ITQ₩Picture₩로고1.jpg」
 - 배경(회색) 투명색으로 설정

## 슬라이드 2  ≪목차 슬라이드≫ (60점)

(1) 출력형태와 같이 도형을 이용하여 목차를 작성한다(글꼴 : 굴림, 24pt).
(2) 도형 : 선 없음

**세부조건**

① 텍스트에 하이퍼링크 적용
  → '슬라이드 6'
② 그림 삽입
 - 「내 PC₩문서₩ITQ₩Picture₩그림5.jpg」
 - 자르기 기능 이용

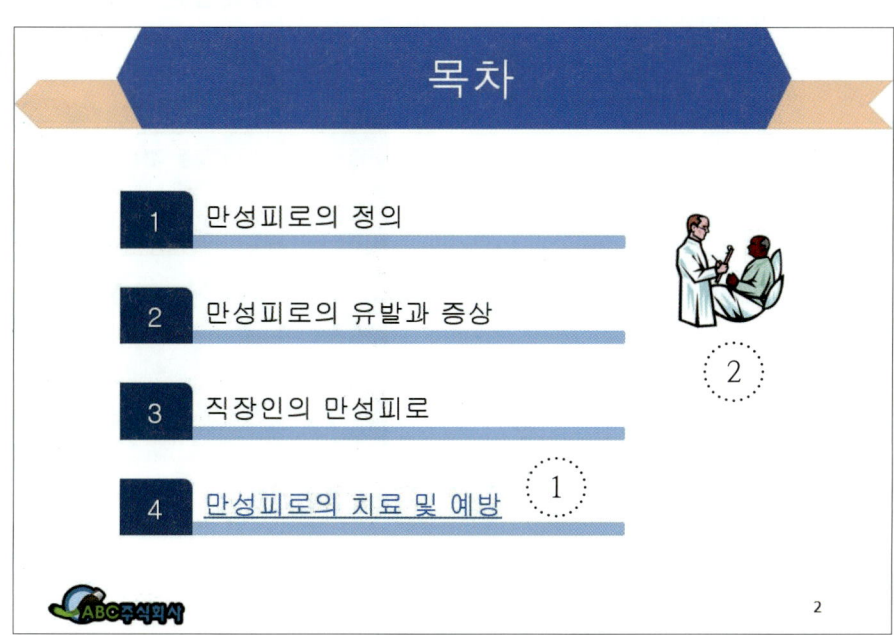

| 슬라이드 3 | ≪텍스트/동영상 슬라이드≫ | (60점) |

(1) 텍스트 작성 : 글머리 기호 사용(❖, ✓)

　　❖문단(굴림, 24pt, 굵게, 줄 간격 : 1.5줄), ✓문단(굴림, 20pt, 줄 간격 : 1.5줄)

**세부조건**

① 동영상 삽입 :
- 「내 PC₩문서₩ITQ₩Picture₩동영상.wmv」
- 자동 실행, 반복 재생 설정

---

| 슬라이드 4 | ≪표 슬라이드≫ | (80점) |

(1) 도형과 표 작성 기능을 이용하여 슬라이드를 작성한다(글꼴 : 돋움, 18pt).

**세부조건**

① 상단 도형 :
2개 도형의 조합으로 작성

② 좌측 도형 :
그라데이션 효과(선형 왼쪽)

③ 표 스타일 :
테마 스타일 1 – 강조 6

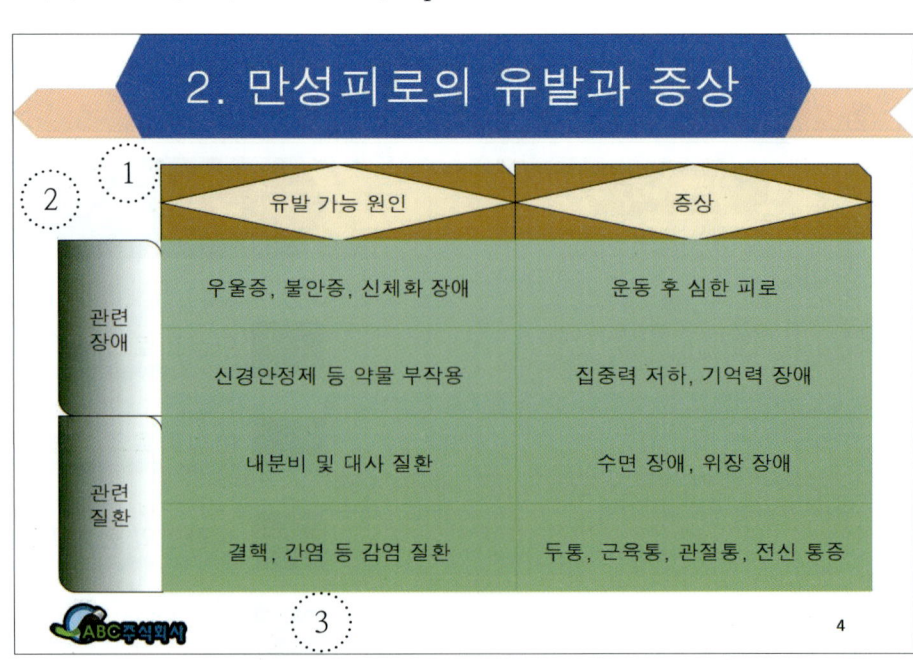

# 슬라이드 5  ≪차트 슬라이드≫  (100점)

(1) 차트 작성 기능을 이용하여 슬라이드를 작성한다.
(2) 차트 : 종류(묶은 세로 막대형), 글꼴(돋움, 16pt), 외곽선

### 세부조건

※ 차트 설명
- 차트 제목 : 궁서, 24pt, 굵게, 채우기(흰색), 테두리, 그림자(오프셋 오른쪽)
- 차트 영역 : 채우기(노랑)
  그림 영역 : 채우기(흰색)
- 데이터 서식 : 남자 계열을 표식이 있는 꺾은선형으로 변경 후 보조축으로 지정
- 값 표시 : 2024년의 여자 계열만

① 도형 삽입
- 스타일 :
  미세 효과 – 파랑, 강조 1
- 글꼴 : 굴림, 18pt

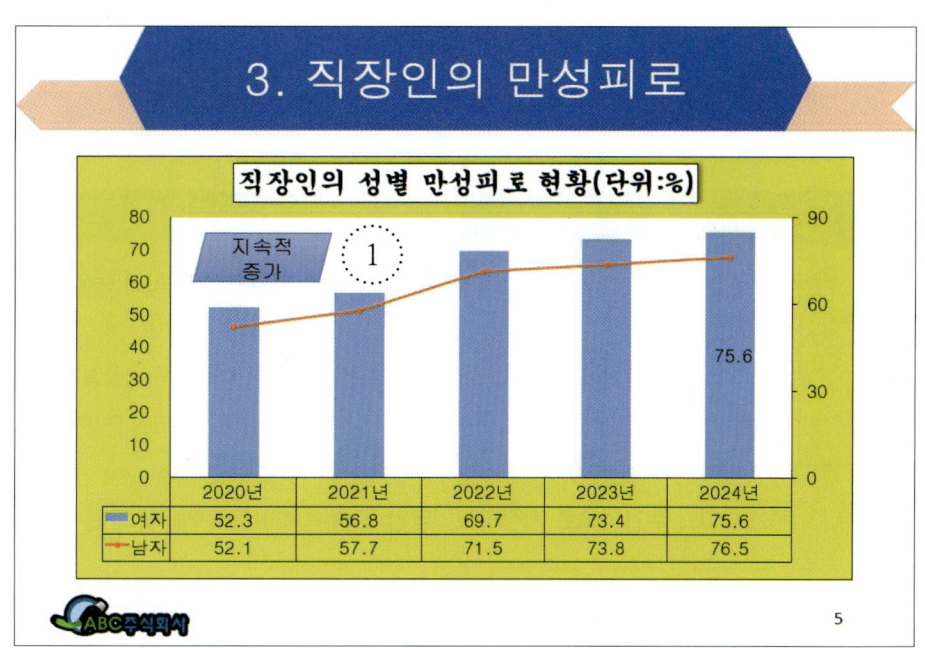

# 슬라이드 6  ≪도형 슬라이드≫  (100점)

(1) 슬라이드와 같이 도형 및 스마트아트를 배치한다(글꼴 : 굴림, 18pt).
(2) 애니메이션 순서 : ① ⇒ ②

### 세부조건

① 도형 및 스마트아트 편집
- 스마트아트 디자인 :
  3차원 경사, 3차원 광택 처리
- 그룹화 후 애니메이션 효과 :
  실선 무늬(세로)

② 도형 편집
- 그룹화 후 애니메이션 효과 :
  회전

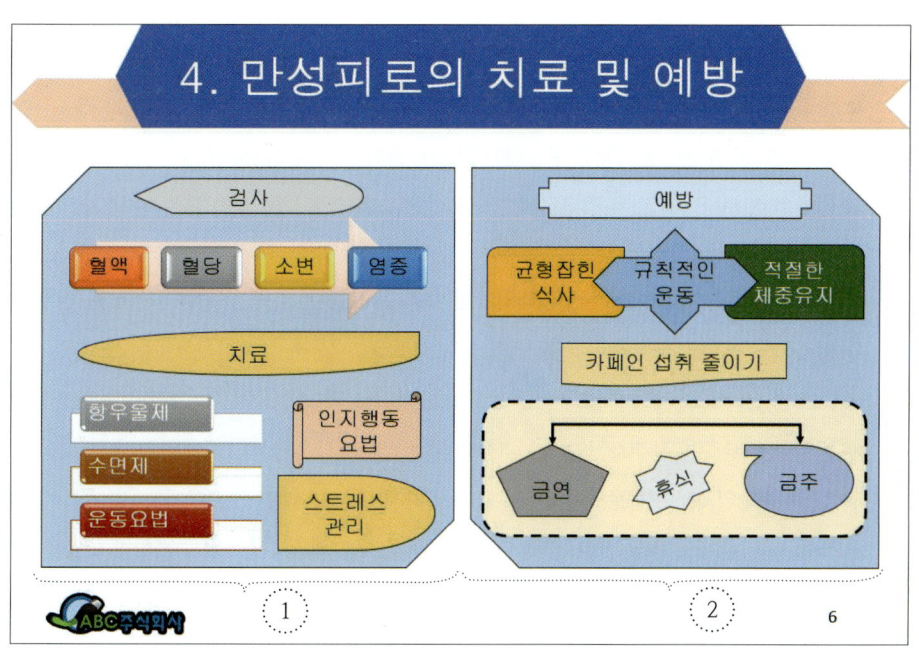

# 제14회 실전모의고사 (MS 오피스)

| 과목 | 코드 | 문제유형 | 시험시간 | 수험번호 | 성명 |
|---|---|---|---|---|---|
| 한글파워포인트 | 1142 | B | 60분 | | |

## 수험자 유의사항

- 수험자는 문제지를 받는 즉시 문제지와 **수험표상의 시험과목(프로그램)이 동일한지 반드시 확인**하여야 합니다.
- 파일명은 본인의 "수험번호-성명"으로 입력하여 답안폴더(내 PC\문서\ITQ)에 하나의 파일로 저장해야 하며, 답안문서 파일명이 "수험번호-성명"과 일치하지 않거나, 답안파일을 전송하지 않아 미제출로 처리될 경우 실격 처리합니다(예:12345678-홍길동.pptx).
- 답안 작성을 마치면 파일을 저장하고, '답안 전송' 버튼을 선택하여 감독위원 PC로 답안을 전송하십시오. 수험생 정보와 저장한 파일명이 다를 경우 전송되지 않으므로 주의하시기 바랍니다.
- 답안 작성 중에도 **주기적으로 저장하고, '답안 전송'**하여야 문제 발생을 줄일 수 있습니다. 작업한 내용을 저장하지 않고 전송할 경우 이전에 저장된 내용이 전송되오니 이점 유의하시기 바랍니다.
- 답안문서는 지정된 경로 외의 다른 보조기억장치에 저장하는 경우, 지정된 시험 시간 외에 작성된 파일을 활용할 경우, 기타 통신수단(이메일, 메신저, 네트워크 등)을 이용하여 타인에게 전달 또는 외부 반출하는 경우는 부정 처리합니다.
- 시험 중 부주의 또는 고의로 시스템을 파손한 경우는 수험자가 변상해야 하며, 〈수험자 유의사항〉에 기재된 방법대로 이행하지 않아 생기는 불이익은 수험생 당사자의 책임임을 알려 드립니다.
- 문제의 조건은 MS오피스 2021 버전으로 설정되어 있으니 유의하시기 바랍니다.
- 시험을 완료한 수험자는 답안파일이 전송되었는지 확인한 후 감독위원의 지시에 따라 문제지를 제출하고 퇴실합니다.

## 답안 작성요령

- 온라인 답안 작성 절차
  수험자 등록 ➡ 시험 시작 ➡ 답안파일 저장 ➡ 답안 전송 ➡ 시험 종료
- 슬라이드의 크기는 A4 Paper로 설정하여 작성합니다.
- 슬라이드의 총 개수는 6개로 구성되어 있으며 슬라이드 1부터 순서대로 작업하고 반드시 문제와 세부 조건대로 합니다.
- 별도의 지시사항이 없는 경우 출력형태를 참조하여 글꼴색은 검정 또는 흰색으로 작성하고, 기타사항은 전체적인 균형을 고려하여 작성합니다.
- 슬라이드 도형 및 개체에 출력형태와 다른 스타일(그림자, 외곽선 등)을 적용했을 경우 감점 처리됩니다.
- 슬라이드 번호를 작성합니다(슬라이드 1에는 생략).
- 2~6번 슬라이드 제목 도형과 하단 로고는 슬라이드 마스터를 이용하여 출력형태와 동일하게 작성합니다(슬라이드 1에는 생략).
- 문제와 세부조건, 세부조건 번호 ○ (점선원)는 입력하지 않습니다.
- 각 개체의 위치는 오른쪽의 슬라이드와 동일하게 구성합니다.
- 그림 삽입 문제의 경우 반드시 「내 PC\문서\ITQ\Picture」 폴더에서 정확한 파일을 선택하여 삽입하십시오.
- 각 슬라이드를 각각의 파일로 작업해서 저장할 경우 실격 처리됩니다.

## 전체구성 (60점)

(1) 슬라이드 크기 및 순서 : 크기를 A4 용지로 설정하고 슬라이드 순서에 맞게 작성한다.
(2) 슬라이드 마스터 : 2~6 슬라이드의 제목, 하단 로고, 슬라이드 번호는 슬라이드 마스터를 이용하여 작성한다.
  - 제목 글꼴(돋움, 40pt, 흰색), 가운데 맞춤, 도형(선 없음)
  - 하단 로고(「내 PC₩문서₩ITQ₩Picture₩로고2.jpg」 배경(회색) 투명색으로 설정)

## 슬라이드 1  ≪표지 디자인≫ (40점)

(1) 표지 디자인 : 도형, 워드아트 및 그림을 이용하여 작성한다.

**세부조건**
① 도형 편집
  - 도형에 그림 채우기 :
    「내 PC₩문서₩ITQ₩Picture₩그림1.jpg」, 투명도 50%
  - 도형 효과 :
    부드러운 가장자리 10포인트
② 워드아트 삽입
  - 변환 : 중지
  - 글꼴 : 돋움, 굵게
  - 텍스트 반사 : 근접 반사, 터치
③ 그림 삽입
  - 「내 PC₩문서₩ITQ₩Picture₩로고2.jpg」
  - 배경(회색) 투명색으로 설정

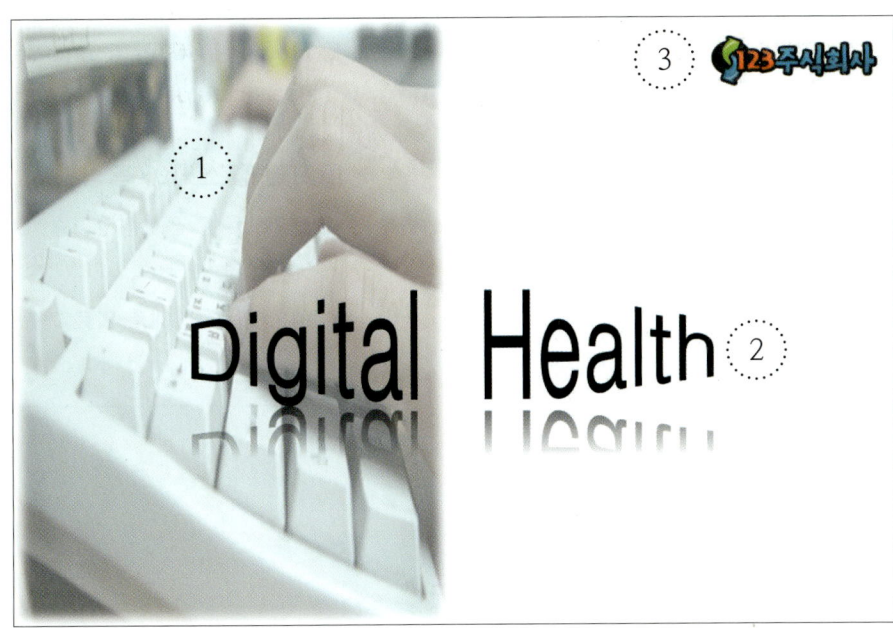

## 슬라이드 2  ≪목차 슬라이드≫ (60점)

(1) 출력형태와 같이 도형을 이용하여 목차를 작성한다(글꼴 : 굴림, 24pt).
(2) 도형 : 선 없음

**세부조건**
① 텍스트에 하이퍼링크 적용
  → '슬라이드 6'
② 그림 삽입
  - 「내 PC₩문서₩ITQ₩Picture₩그림4.jpg」
  - 자르기 기능 이용

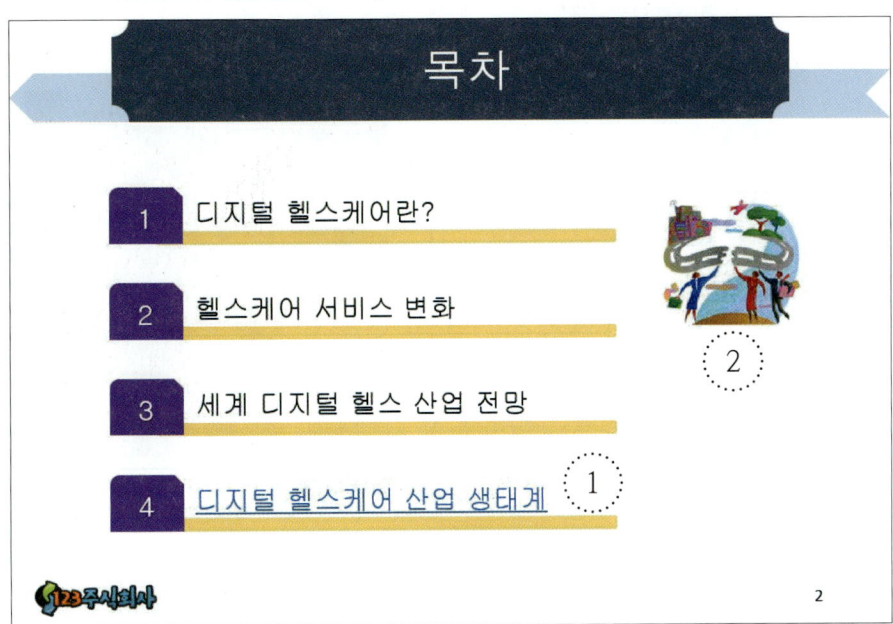

| 슬라이드 3 | ≪텍스트/동영상 슬라이드≫ | (60점) |

(1) 텍스트 작성 : 글머리 기호 사용(❖, ✓)
  ❖문단(굴림, 24pt, 굵게, 줄 간격 : 1.5줄), ✓문단(굴림, 20pt, 줄 간격 : 1.5줄)

**세부조건**
① 동영상 삽입 :
  - 「내 PC\문서\ITQ\Picture\동영상.wmv」
  - 자동 실행, 반복 재생 설정

| 슬라이드 4 | ≪표 슬라이드≫ | (80점) |

(1) 도형과 표 작성 기능을 이용하여 슬라이드를 작성한다(글꼴 : 돋움, 18pt).

**세부조건**
① 상단 도형 :
  2개 도형의 조합으로 작성
② 좌측 도형 :
  그라데이션 효과(선형 아래쪽)
③ 표 스타일 :
  테마 스타일 1 - 강조 6

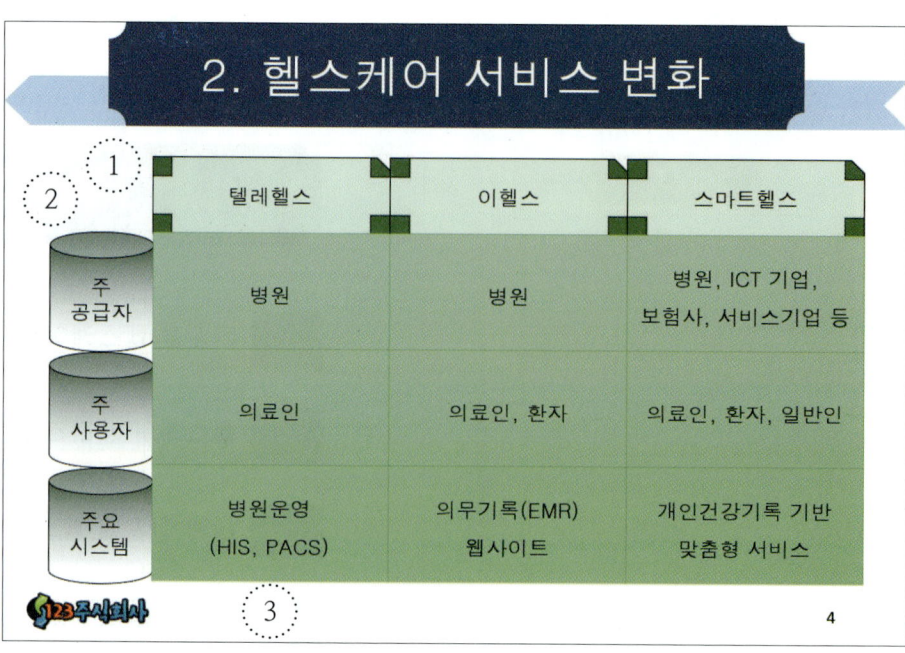

| 슬라이드 5 | ≪차트 슬라이드≫ | (100점) |

(1) 차트 작성 기능을 이용하여 슬라이드를 작성한다.
(2) 차트 : 종류(묶은 세로 막대형), 글꼴(돋움, 16pt), 외곽선

**세부조건**

※ 차트 설명
- 차트 제목 : 궁서, 24pt, 굵게, 채우기(흰색), 테두리, 그림자(오프셋 가운데)
- 차트 영역 : 채우기(노랑) 그림 영역 : 채우기(흰색)
- 데이터 서식 : 2027년 계열을 표식이 있는 꺾은선형으로 변경 후 보조 축으로 지정
- 값 표시 : 전체의 2020년 계열만
① 도형 삽입
  - 스타일 :
    미세 효과 - 주황, 강조 2
  - 글꼴 : 굴림, 18pt

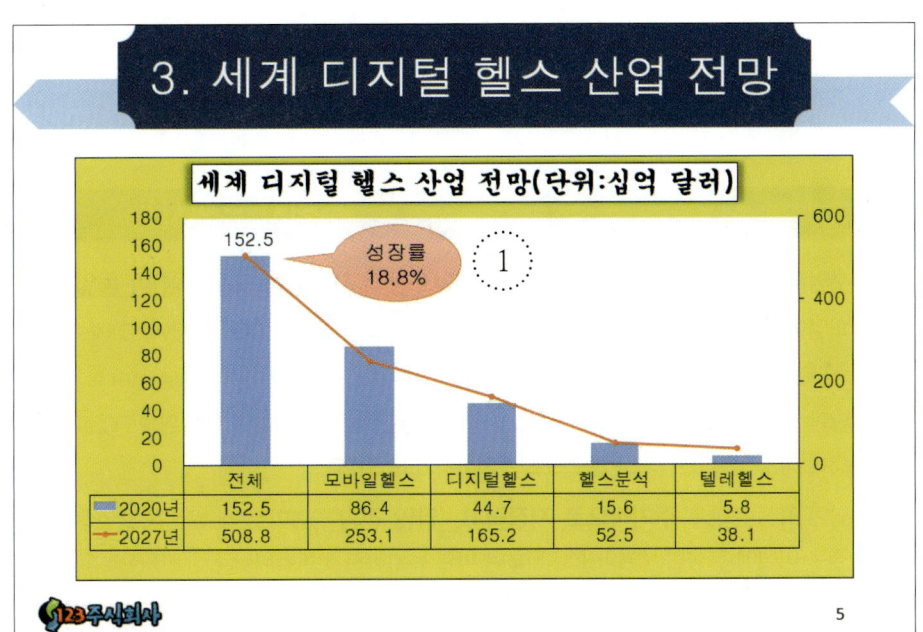

| 슬라이드 6 | ≪도형 슬라이드≫ | (100점) |

(1) 슬라이드와 같이 도형 및 스마트아트를 배치한다(글꼴 : 굴림, 18pt).
(2) 애니메이션 순서 : ① ⇒ ②

**세부조건**

① 도형 및 스마트아트 편집
  - 스마트아트 디자인 :
    3차원 만화, 3차원 경사
  - 그룹화 후 애니메이션 효과 :
    닦아내기(위에서)
② 도형 편집
  - 그룹화 후 애니메이션 효과 :
    바운드

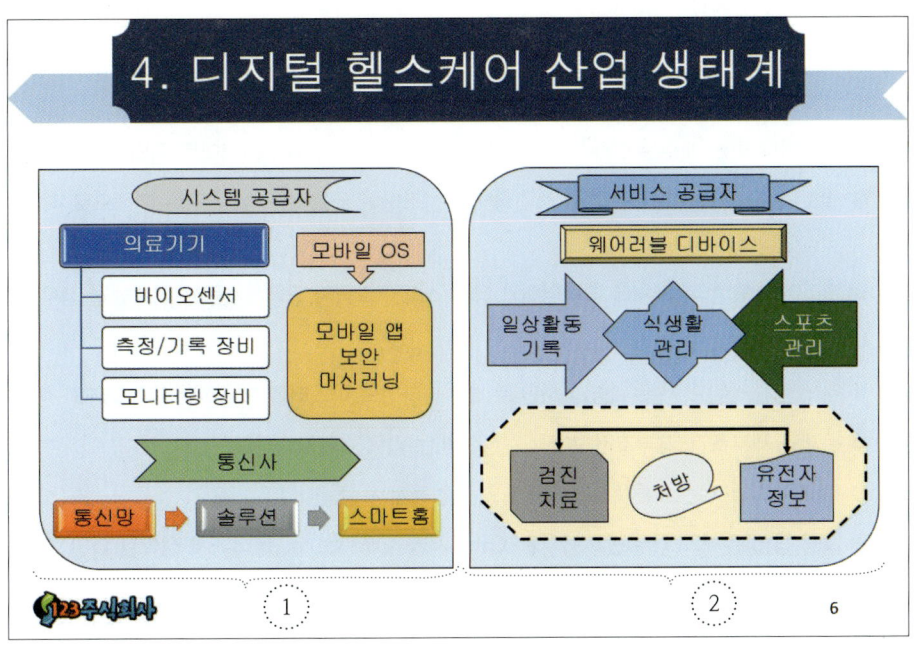

# 제15회 실전모의고사 (MS 오피스)

| 과목 | 코드 | 문제유형 | 시험시간 | 수험번호 | 성명 |
|---|---|---|---|---|---|
| 한글파워포인트 | 1142 | C | 60분 | | |

## 수험자 유의사항

- 수험자는 문제지를 받는 즉시 문제지와 **수험표상의 시험과목(프로그램)이 동일한지 반드시 확인**하여야 합니다.
- 파일명은 본인의 "수험번호-성명"으로 입력하여 답안폴더(내 PC\문서\ITQ)에 하나의 파일로 저장해야 하며, 답안문서 파일명이 "수험번호-성명"과 일치하지 않거나, 답안파일을 전송하지 않아 미제출로 처리될 경우 실격 처리합니다(예:12345678-홍길동.pptx).
- 답안 작성을 마치면 파일을 저장하고, '답안 전송' 버튼을 선택하여 감독위원 PC로 답안을 전송하십시오. 수험생 정보와 저장한 파일명이 다를 경우 전송되지 않으므로 주의하시기 바랍니다.
- 답안 작성 중에도 **주기적으로 저장하고, '답안 전송'**하여야 문제 발생을 줄일 수 있습니다. 작업한 내용을 저장하지 않고 전송할 경우 이전에 저장된 내용이 전송되오니 이점 유의하시기 바랍니다.
- 답안문서는 지정된 경로 외의 다른 보조기억장치에 저장하는 경우, 지정된 시험 시간 외에 작성된 파일을 활용할 경우, 기타 통신수단(이메일, 메신저, 네트워크 등)을 이용하여 타인에게 전달 또는 외부 반출하는 경우는 부정 처리합니다.
- 시험 중 부주의 또는 고의로 시스템을 파손한 경우는 수험자가 변상해야 하며, 〈수험자 유의사항〉에 기재된 방법대로 이행하지 않아 생기는 불이익은 수험생 당사자의 책임임을 알려 드립니다.
- 문제의 조건은 MS오피스 2021 버전으로 설정되어 있으니 유의하시기 바랍니다.
- 시험을 완료한 수험자는 답안파일이 전송되었는지 확인한 후 감독위원의 지시에 따라 문제지를 제출하고 퇴실합니다.

## 답안 작성요령

- 온라인 답안 작성 절차
  수험자 등록 ➡ 시험 시작 ➡ 답안파일 저장 ➡ 답안 전송 ➡ 시험 종료
- 슬라이드의 크기는 A4 Paper로 설정하여 작성합니다.
- 슬라이드의 총 개수는 6개로 구성되어 있으며 슬라이드 1부터 순서대로 작업하고 반드시 문제와 세부 조건대로 합니다.
- 별도의 지시사항이 없는 경우 출력형태를 참조하여 글꼴색은 검정 또는 흰색으로 작성하고, 기타사항은 전체적인 균형을 고려하여 작성합니다.
- 슬라이드 도형 및 개체에 출력형태와 다른 스타일(그림자, 외곽선 등)을 적용했을 경우 감점 처리됩니다.
- 슬라이드 번호를 작성합니다(슬라이드 1에는 생략).
- 2~6번 슬라이드 제목 도형과 하단 로고는 슬라이드 마스터를 이용하여 출력형태와 동일하게 작성합니다(슬라이드 1에는 생략).
- 문제와 세부조건, 세부조건 번호 ○ (점선원)는 입력하지 않습니다.
- 각 개체의 위치는 오른쪽의 슬라이드와 동일하게 구성합니다.
- 그림 삽입 문제의 경우 반드시 「내 PC\문서\ITQ\Picture」 폴더에서 정확한 파일을 선택하여 삽입하십시오.
- 각 슬라이드를 각각의 파일로 작업해서 저장할 경우 실격 처리됩니다.

 한국생산성본부

## 전체구성 (60점)

(1) 슬라이드 크기 및 순서 : 크기를 A4 용지로 설정하고 슬라이드 순서에 맞게 작성한다.
(2) 슬라이드 마스터 : 2~6 슬라이드의 제목, 하단 로고, 슬라이드 번호는 슬라이드 마스터를 이용하여 작성한다.
- 제목 글꼴(돋움, 40pt, 흰색), 왼쪽 맞춤, 도형(선 없음)
- 하단 로고(「내 PC\문서\ITQ\Picture\로고3.jpg」 배경(연보라) 투명색으로 설정)

## 슬라이드 1  ≪표지 디자인≫ (40점)

(1) 표지 디자인 : 도형, 워드아트 및 그림을 이용하여 작성한다.

**세부조건**

① 도형 편집
- 도형에 그림 채우기 :
「내 PC\문서\ITQ\Picture\그림3.jpg」, 투명도 50%
- 도형 효과 :
부드러운 가장자리 10포인트

② 워드아트 삽입
- 변환 : 물결(위로)
- 글꼴 : 돋움, 굵게
- 텍스트 반사 : 전체 반사, 터치

③ 그림 삽입
- 「내 PC\문서\ITQ\Picture\로고3.jpg」
- 배경(연보라) 투명색으로 설정

## 슬라이드 2  ≪목차 슬라이드≫ (60점)

(1) 출력형태와 같이 도형을 이용하여 목차를 작성한다(글꼴 : 굴림, 24pt).
(2) 도형 : 선 없음

**세부조건**

① 텍스트에 하이퍼링크 적용
→ '슬라이드 4'

② 그림 삽입
- 「내 PC\문서\ITQ\Picture\그림4.jpg」
- 자르기 기능 이용

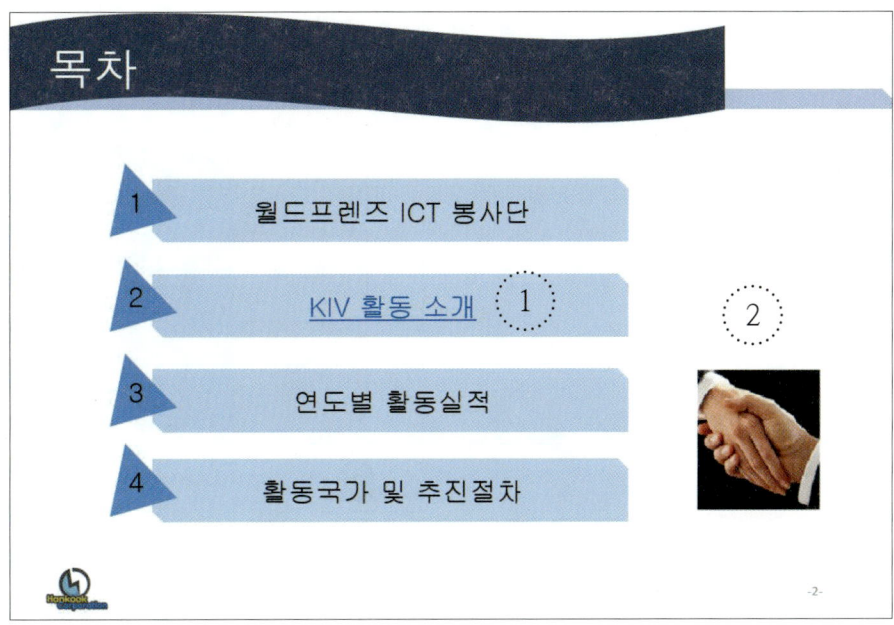

## 슬라이드 3    ≪텍스트/동영상 슬라이드≫    (60점)

(1) 텍스트 작성 : 글머리 기호 사용(❖, ■)
   ❖문단(굴림, 24pt, 굵게, 줄 간격 : 1.5줄), ■문단(굴림, 20pt, 줄 간격 : 1.5줄)

**세부조건**
① 동영상 삽입 :
   -「내 PC₩문서₩ITQ₩Picture₩동영상.wmv」
   - 자동 실행, 반복 재생 설정

### 1. 월드프렌즈 ICT 봉사단

❖ **Korea IT Volunteer Program**
  ■ KIV Program is one of the overseas volunteer programs focusing on global digital inclusion under the Korean government's 'World Friends Korea' brand

❖ **월드프렌즈 ICT 봉사단 개요**
  ■ 글로벌 감각을 지닌 청년 ICT인재 육성
  ■ ICT인재를 해외에 파견하여 국가간 정보격차 해소에 기여하며 더불어 사는 평등한 정보사회를 지향하는 대한민국의 실천적 노력

---

## 슬라이드 4    ≪표 슬라이드≫    (80점)

(1) 도형과 표 작성 기능을 이용하여 슬라이드를 작성한다(글꼴 : 돋움, 18pt).

**세부조건**
① 상단 도형 :
   2개 도형의 조합으로 작성
② 좌측 도형 :
   그라데이션 효과(선형 아래쪽)
③ 표 스타일 :
   테마 스타일 1 - 강조 1

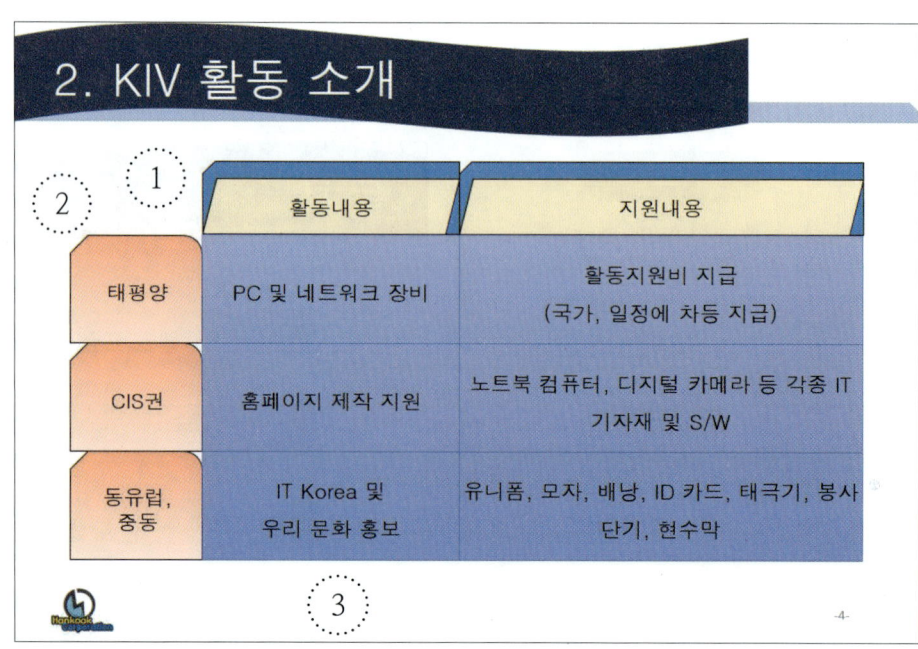

### 2. KIV 활동 소개

| | 활동내용 | 지원내용 |
|---|---|---|
| 태평양 | PC 및 네트워크 장비 | 활동지원비 지급 (국가, 일정에 차등 지급) |
| CIS권 | 홈페이지 제작 지원 | 노트북 컴퓨터, 디지털 카메라 등 각종 IT 기자재 및 S/W |
| 동유럽, 중동 | IT Korea 및 우리 문화 홍보 | 유니폼, 모자, 배낭, ID 카드, 태극기, 봉사 단기, 현수막 |

| 슬라이드 5 | ≪차트 슬라이드≫ | (100점) |

(1) 차트 작성 기능을 이용하여 슬라이드를 작성한다.
(2) 차트 : 종류(묶은 세로 막대형), 글꼴(돋움, 16pt), 외곽선

**세부조건**

※ 차트 설명
- 차트 제목 : 돋움, 24pt, 굵게, 채우기(흰색), 테두리, 그림자(오프셋 위쪽)
- 차트 영역 : 채우기(노랑)
  그림 영역 : 채우기(흰색)
- 데이터 서식 : 파견국가(개국) 계열을 표식이 있는 꺾은선형으로 변경 후 보조 축으로 지정
- 값 표시 : 2021년의 파견인원(명) 계열만
① 도형 삽입
  – 스타일 :
    미세 효과 – 파랑, 강조 1
  – 글꼴 : 굴림, 18pt

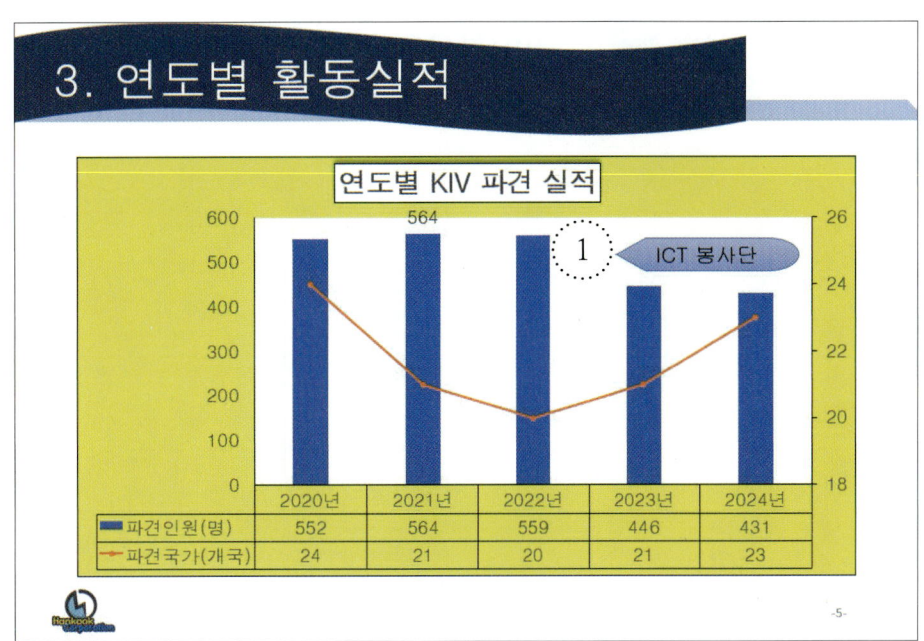

| 슬라이드 6 | ≪도형 슬라이드≫ | (100점) |

(1) 슬라이드와 같이 도형 및 스마트아트를 배치한다(글꼴 : 굴림, 18pt).
(2) 애니메이션 순서 : ① ⇒ ②

**세부조건**

① 도형 및 스마트아트 편집
  – 스마트아트 디자인 :
    3차원 벽돌, 3차원 만화
  – 그룹화 후 애니메이션 효과 :
    올라오기(서서히 아래로)
② 도형 편집
  – 그룹화 후 애니메이션 효과 :
    회전

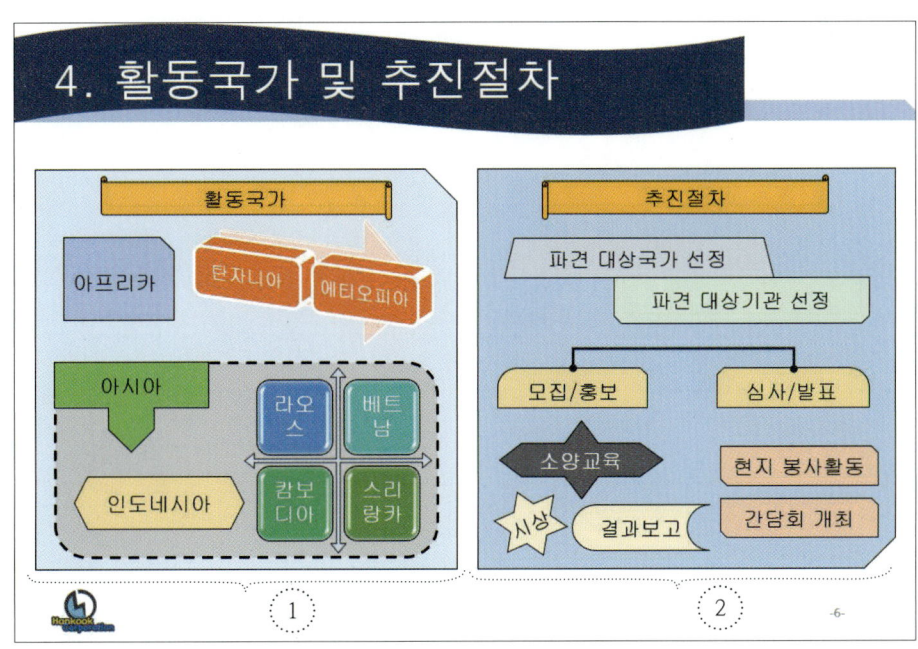

 Memo

# PART 03

## 최신기출유형

제 **01** 회　최신기출유형
제 **02** 회　최신기출유형
제 **03** 회　최신기출유형
제 **04** 회　최신기출유형
제 **05** 회　최신기출유형
제 **06** 회　최신기출유형
제 **07** 회　최신기출유형
제 **08** 회　최신기출유형
제 **09** 회　최신기출유형
제 **10** 회　최신기출유형

**I**nformation **T**echnology **Q**ualification

# 제 01 회 최신기출유형

**MS 오피스**

| 과목 | 코드 | 문제유형 | 시험시간 | 수험번호 | 성명 |
|---|---|---|---|---|---|
| 한글파워포인트 | 1142 | A | 60분 | | |

## 수험자 유의사항

- 수험자는 문제지를 받는 즉시 문제지와 **수험표상의 시험과목(프로그램)이 동일한지 반드시 확인**하여야 합니다.
- 파일명은 본인의 "수험번호-성명"으로 입력하여 답안폴더(내 PC\문서\ITQ)에 하나의 파일로 저장해야 하며, 답안문서 파일명이 "수험번호-성명"과 일치하지 않거나, 답안파일을 전송하지 않아 미제출로 처리될 경우 실격 처리합니다(예:12345678-홍길동.pptx).
- 답안 작성을 마치면 파일을 저장하고, '답안 전송' 버튼을 선택하여 감독위원 PC로 답안을 전송하십시오. 수험생 정보와 저장한 파일명이 다를 경우 전송되지 않으므로 주의하시기 바랍니다.
- 답안 작성 중에도 **주기적으로 저장하고, '답안 전송'**하여야 문제 발생을 줄일 수 있습니다. 작업한 내용을 저장하지 않고 전송할 경우 이전에 저장된 내용이 전송되오니 이점 유의하시기 바랍니다.
- 답안문서는 지정된 경로 외의 다른 보조기억장치에 저장하는 경우, 지정된 시험 시간 외에 작성된 파일을 활용할 경우, 기타 통신수단(이메일, 메신저, 네트워크 등)을 이용하여 타인에게 전달 또는 외부 반출하는 경우는 부정 처리합니다.
- 시험 중 부주의 또는 고의로 시스템을 파손한 경우는 수험자가 변상해야 하며, 〈수험자 유의사항〉에 기재된 방법대로 이행하지 않아 생기는 불이익은 수험생 당사자의 책임임을 알려 드립니다.
- 문제의 조건은 MS오피스 2021 버전으로 설정되어 있으니 유의하시기 바랍니다.
- 시험을 완료한 수험자는 답안파일이 전송되었는지 확인한 후 감독위원의 지시에 따라 문제지를 제출하고 퇴실합니다.

## 답안 작성요령

- 온라인 답안 작성 절차
  수험자 등록 ➡ 시험 시작 ➡ 답안파일 저장 ➡ 답안 전송 ➡ 시험 종료
- 슬라이드의 크기는 A4 Paper로 설정하여 작성합니다.
- 슬라이드의 총 개수는 6개로 구성되어 있으며 슬라이드 1부터 순서대로 작업하고 반드시 문제와 세부 조건대로 합니다.
- 별도의 지시사항이 없는 경우 출력형태를 참조하여 글꼴색은 검정 또는 흰색으로 작성하고, 기타사항은 전체적인 균형을 고려하여 작성합니다.
- 슬라이드 도형 및 개체에 출력형태와 다른 스타일(그림자, 외곽선 등)을 적용했을 경우 감점 처리됩니다.
- 슬라이드 번호를 작성합니다(슬라이드 1에는 생략).
- 2~6번 슬라이드 제목 도형과 하단 로고는 슬라이드 마스터를 이용하여 출력형태와 동일하게 작성합니다(슬라이드 1에는 생략).
- 문제와 세부조건, 세부조건 번호 ○ (점선원)는 입력하지 않습니다.
- 각 개체의 위치는 오른쪽의 슬라이드와 동일하게 구성합니다.
- 그림 삽입 문제의 경우 반드시 「내 PC\문서\ITQ\Picture」 폴더에서 정확한 파일을 선택하여 삽입하십시오.
- 각 슬라이드를 각각의 파일로 작업해서 저장할 경우 실격 처리됩니다.

## 전체구성 (60점)

(1) 슬라이드 크기 및 순서 : 크기를 A4 용지로 설정하고 슬라이드 순서에 맞게 작성한다.
(2) 슬라이드 마스터 : 2~6 슬라이드의 제목, 하단 로고, 슬라이드 번호는 슬라이드 마스터를 이용하여 작성한다.
  - 제목 글꼴(돋움, 40pt, 흰색), 가운데 맞춤, 도형(선 없음)
  - 하단 로고(「내 PC\문서\ITQ\Picture\로고1.jpg」 배경(회색) 투명색으로 설정)

## 슬라이드 1   ≪표지 디자인≫ (40점)

(1) 표지 디자인 : 도형, 워드아트 및 그림을 이용하여 작성한다.

**세부조건**
① 도형 편집
  - 도형에 그림 채우기 :
    「내 PC\문서\ITQ\Picture\
    그림2.jpg」, 투명도 50%
  - 도형 효과 :
    부드러운 가장자리 5포인트
② 워드아트 삽입
  - 변환 : 삼각형
  - 글꼴 : 돋움, 굵게
  - 텍스트 반사 : 근접 반사, 8pt
    오프셋
③ 그림 삽입
  - 「내 PC\문서\ITQ\Picture\
    로고1.jpg」
  - 배경(회색) 투명색으로 설정

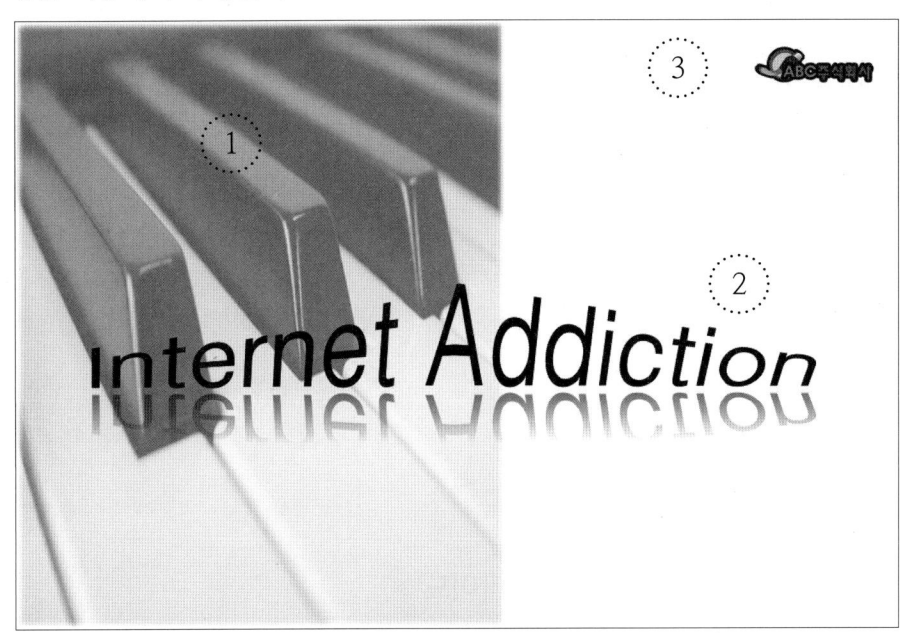

## 슬라이드 2   ≪목차 슬라이드≫ (60점)

(1) 출력형태와 같이 도형을 이용하여 목차를 작성한다(글꼴 : 돋움, 24pt).
(2) 도형 : 선 없음

**세부조건**
① 텍스트에 하이퍼링크 적용
  → '슬라이드 3'
② 그림 삽입
  - 「내 PC\문서\ITQ\Picture\
    그림4.jpg」
  - 자르기 기능 이용

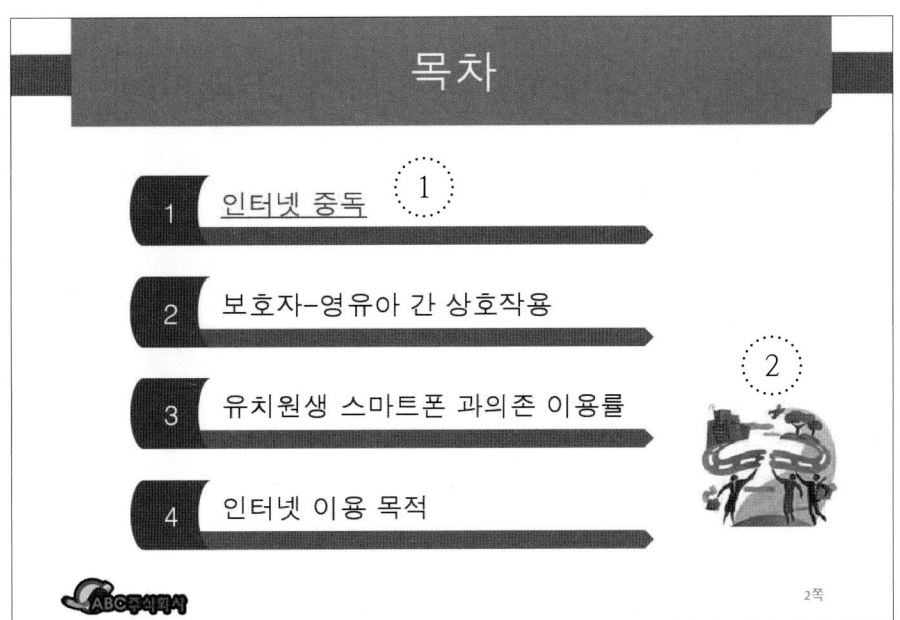

## 슬라이드 3 ≪텍스트/동영상 슬라이드≫ (60점)

(1) 텍스트 작성 : 글머리 기호 사용(❖, ✓)

　　❖문단(굴림, 24pt, 굵게, 줄 간격 : 1.5줄), ✓문단(굴림, 20pt, 줄 간격 : 1.5줄)

**세부조건**
① 동영상 삽입 :
　-「내 PC₩문서₩ITQ₩Picture₩동영상.wmv」
　- 자동 실행, 반복 재생 설정

### 1. 인터넷 중독

❖ Internet Addiction Test
　✓ The Internet Addiction Test is the first validated and reliable measure of addictive use of the Internet
　✓ How do you know if you're already addicted or rapidly tumbling toward trouble

❖ 인터넷 중독
　✓ 과다한 인터넷 이용으로 인해 가정, 학교, 사회에서 수행해야 할 일들에 지장이 생기거나 일상생활의 유지가 불가능한 상태로 습관적 행위로 굳어짐

---

## 슬라이드 4 ≪표 슬라이드≫ (80점)

(1) 도형과 표 작성 기능을 이용하여 슬라이드를 작성한다(글꼴 : 돋움, 18pt).

**세부조건**
① 상단 도형 :
　2개 도형의 조합으로 작성
② 좌측 도형 :
　그라데이션 효과(선형 아래쪽)
③ 표 스타일 :
　테마 스타일 1 - 강조 1

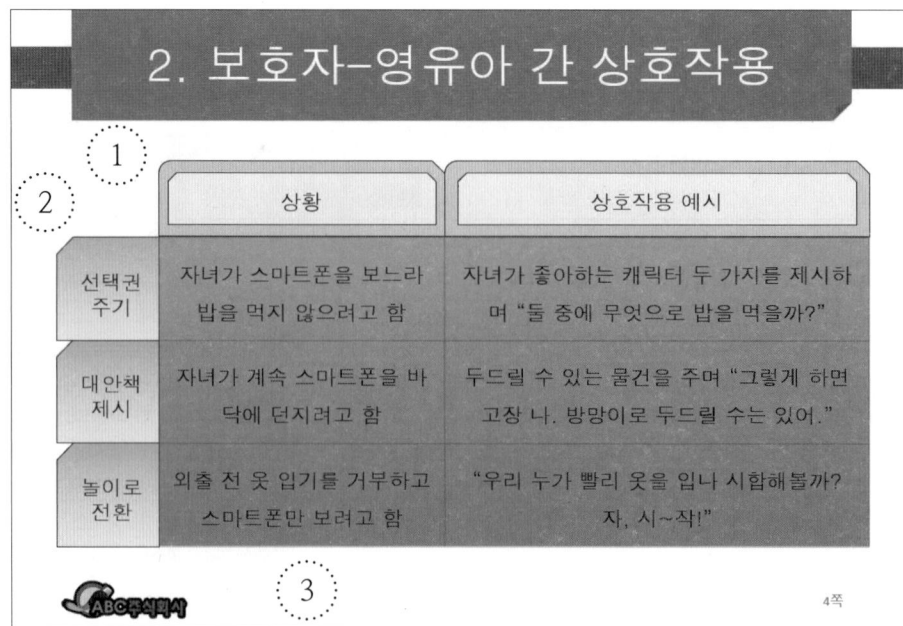

| 슬라이드 5 | ≪차트 슬라이드≫ | (100점) |

(1) 차트 작성 기능을 이용하여 슬라이드를 작성한다.
(2) 차트 : 종류(묶은 세로 막대형), 글꼴(돋움, 16pt), 외곽선

**세부조건**

※ 차트 설명
- 차트 제목 : 궁서, 24pt, 굵게, 채우기(흰색), 테두리, 그림자(오프셋 오른쪽 위)
- 차트 영역 : 채우기(노랑)
  그림 영역 : 채우기(흰색)
- 데이터 서식 : 과의존 위험군 계열을 표식이 있는 꺾은선형으로 변경 후 보조 축으로 지정
- 값 표시 : SNS의 과의존 위험군 계열만
① 도형 삽입
  - 스타일 :
    미세 효과 - 파랑, 강조 5
  - 글꼴 : 굴림, 18pt

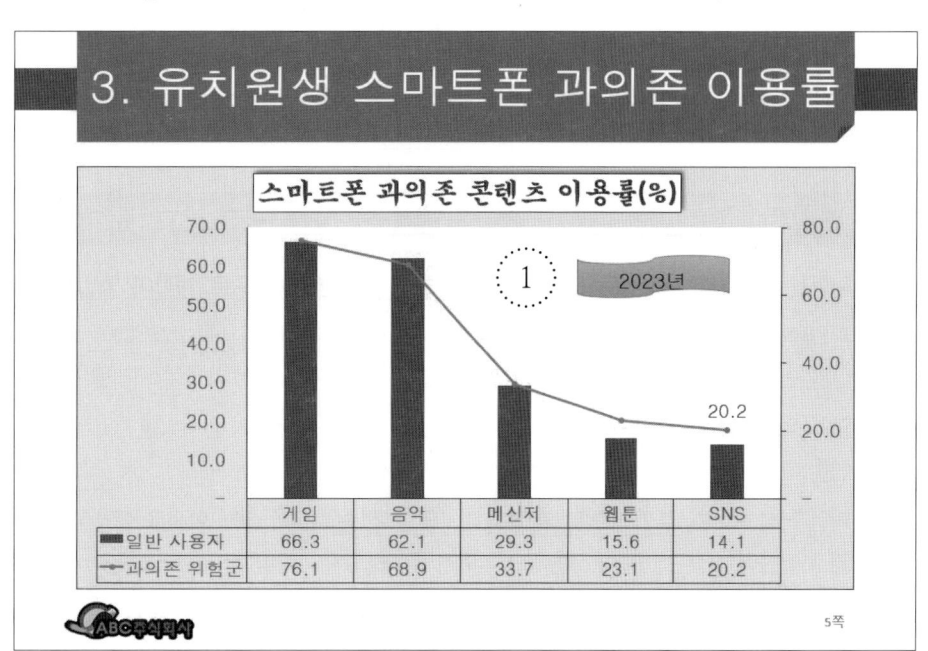

| 슬라이드 6 | ≪도형 슬라이드≫ | (100점) |

(1) 슬라이드와 같이 도형 및 스마트아트를 배치한다(글꼴 : 굴림, 18pt).
(2) 애니메이션 순서 : ① ⇒ ②

**세부조건**

① 도형 및 스마트아트 편집
  - 스마트아트 디자인 :
    3차원 경사, 3차원 만화
  - 그룹화 후 애니메이션 효과 :
    나누기(세로 바깥쪽으로)
② 도형 편집
  - 그룹화 후 애니메이션 효과 :
    시계 방향 회전

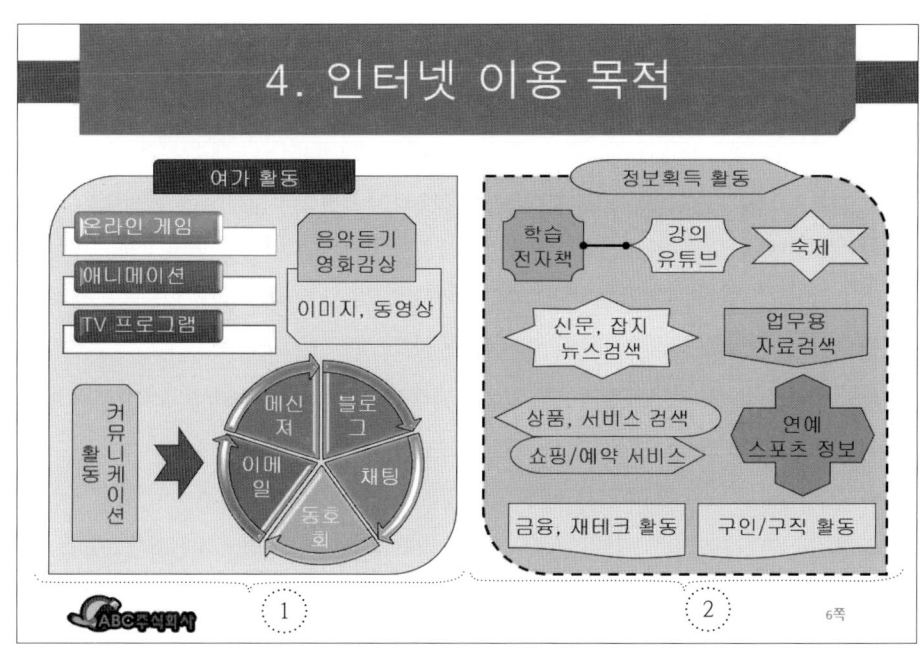

# 제 02 회 최신기출유형

MS 오피스

| 과목 | 코드 | 문제유형 | 시험시간 | 수험번호 | 성명 |
|---|---|---|---|---|---|
| 한글파워포인트 | 1142 | B | 60분 | | |

## 수험자 유의사항

- 수험자는 문제지를 받는 즉시 문제지와 **수험표상의 시험과목(프로그램)이 동일한지 반드시 확인**하여야 합니다.
- 파일명은 본인의 "수험번호-성명"으로 입력하여 답안폴더(내 PC\문서\ITQ)에 하나의 파일로 저장해야 하며, 답안문서 파일명이 "수험번호-성명"과 일치하지 않거나, 답안파일을 전송하지 않아 미제출로 처리될 경우 실격 처리합니다(예:12345678-홍길동.pptx).
- 답안 작성을 마치면 파일을 저장하고, '답안 전송' 버튼을 선택하여 감독위원 PC로 답안을 전송하십시오. 수험생 정보와 저장한 파일명이 다를 경우 전송되지 않으므로 주의하시기 바랍니다.
- 답안 작성 중에도 **주기적으로 저장하고, '답안 전송'**하여야 문제 발생을 줄일 수 있습니다. 작업한 내용을 저장하지 않고 전송할 경우 이전에 저장된 내용이 전송되오니 이점 유의하시기 바랍니다.
- 답안문서는 지정된 경로 외의 다른 보조기억장치에 저장하는 경우, 지정된 시험 시간 외에 작성된 파일을 활용할 경우, 기타 통신수단(이메일, 메신저, 네트워크 등)을 이용하여 타인에게 전달 또는 외부 반출하는 경우는 부정 처리합니다.
- 시험 중 부주의 또는 고의로 시스템을 파손한 경우는 수험자가 변상해야 하며, 〈수험자 유의사항〉에 기재된 방법대로 이행하지 않아 생기는 불이익은 수험생 당사자의 책임임을 알려 드립니다.
- 문제의 조건은 MS오피스 2021 버전으로 설정되어 있으니 유의하시기 바랍니다.
- 시험을 완료한 수험자는 답안파일이 전송되었는지 확인한 후 감독위원의 지시에 따라 문제지를 제출하고 퇴실합니다.

## 답안 작성요령

- 온라인 답안 작성 절차
  수험자 등록 ➡ 시험 시작 ➡ 답안파일 저장 ➡ 답안 전송 ➡ 시험 종료
- 슬라이드의 크기는 A4 Paper로 설정하여 작성합니다.
- 슬라이드의 총 개수는 6개로 구성되어 있으며 슬라이드 1부터 순서대로 작업하고 반드시 문제와 세부 조건대로 합니다.
- 별도의 지시사항이 없는 경우 출력형태를 참조하여 글꼴색은 검정 또는 흰색으로 작성하고, 기타사항은 전체적인 균형을 고려하여 작성합니다.
- 슬라이드 도형 및 개체에 출력형태와 다른 스타일(그림자, 외곽선 등)을 적용했을 경우 감점 처리됩니다.
- 슬라이드 번호를 작성합니다(슬라이드 1에는 생략).
- 2~6번 슬라이드 제목 도형과 하단 로고는 슬라이드 마스터를 이용하여 출력형태와 동일하게 작성합니다(슬라이드 1에는 생략).
- 문제와 세부조건, 세부조건 번호 ○ (점선원)는 입력하지 않습니다.
- 각 개체의 위치는 오른쪽의 슬라이드와 동일하게 구성합니다.
- 그림 삽입 문제의 경우 반드시 「내 PC\문서\ITQ\Picture」 폴더에서 정확한 파일을 선택하여 삽입하십시오.
- 각 슬라이드를 각각의 파일로 작업해서 저장할 경우 실격 처리됩니다.

**kpc 한국생산성본부**

## 전체구성 (60점)

(1) 슬라이드 크기 및 순서 : 크기를 A4 용지로 설정하고 슬라이드 순서에 맞게 작성한다.
(2) 슬라이드 마스터 : 2~6 슬라이드의 제목, 하단 로고, 슬라이드 번호는 슬라이드 마스터를 이용하여 작성한다.
　　- 제목 글꼴(돋움, 40pt, 흰색), 가운데 맞춤, 도형(선 없음)
　　- 하단 로고(「내 PC\문서\ITQ\Picture\로고2.jpg」 배경(회색) 투명색으로 설정)

## 슬라이드 1　≪표지 디자인≫ (40점)

(1) 표지 디자인 : 도형, 워드아트 및 그림을 이용하여 작성한다.

**세부조건**

① 도형 편집
　- 도형에 그림 채우기 :
　　「내 PC\문서\ITQ\Picture\
　　그림1.jpg」, 투명도 50%
　- 도형 효과 :
　　부드러운 가장자리 5포인트
② 워드아트 삽입
　- 변환 : 페이드(왼쪽)
　- 글꼴 : 돋움, 굵게
　- 텍스트 반사 : 전체 반사, 터치
③ 그림 삽입
　- 「내 PC\문서\ITQ\Picture\
　　로고2.jpg」
　- 배경(회색) 투명색으로 설정

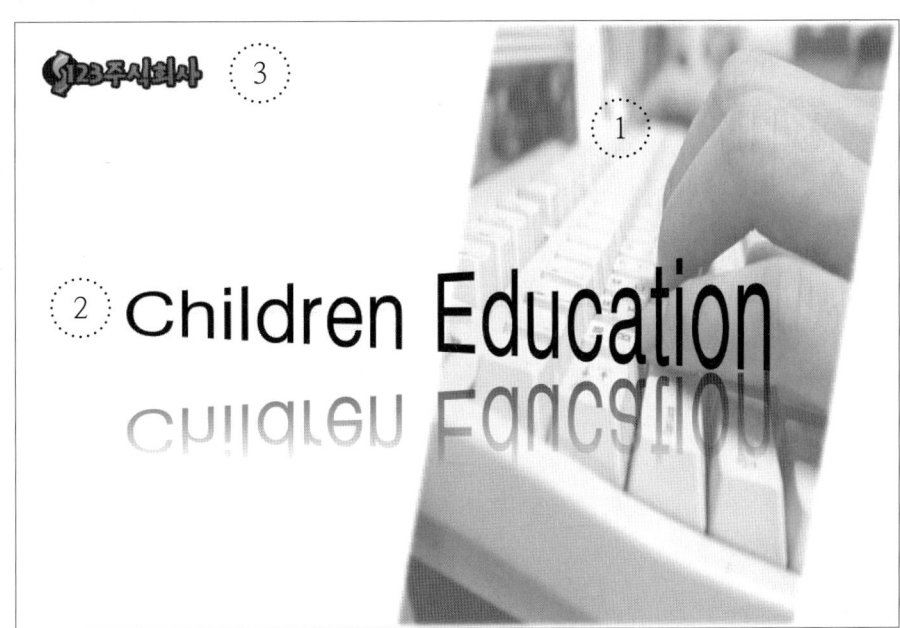

## 슬라이드 2　≪목차 슬라이드≫ (60점)

(1) 출력형태와 같이 도형을 이용하여 목차를 작성한다(글꼴 : 굴림, 24pt).
(2) 도형 : 선 없음

**세부조건**

① 텍스트에 하이퍼링크 적용
　→ '슬라이드 5'
② 그림 삽입
　- 「내 PC\문서\ITQ\Picture\
　　그림4.jpg」
　- 자르기 기능 이용

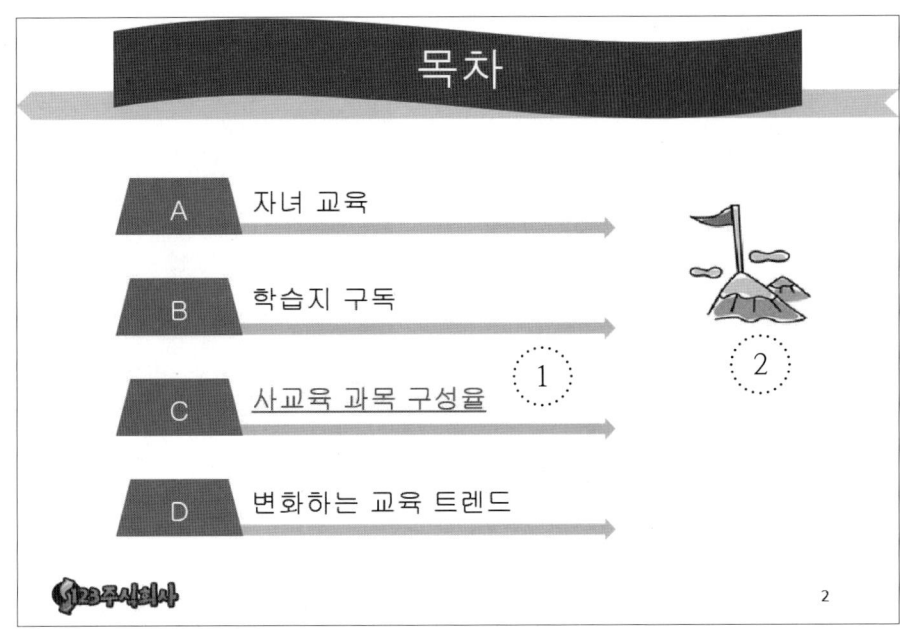

## 슬라이드 3  ≪텍스트/동영상 슬라이드≫ (60점)

(1) 텍스트 작성 : 글머리 기호 사용(➢, ✓)

➢문단(돋움, 24pt, 굵게, 줄 간격 : 1.5줄), ✓문단(돋움, 20pt, 줄 간격 : 1.5줄)

**세부조건**
① 동영상 삽입 :
 - 「내 PC₩문서₩ITQ₩Picture₩동영상.wmv」
 - 자동 실행, 반복 재생 설정

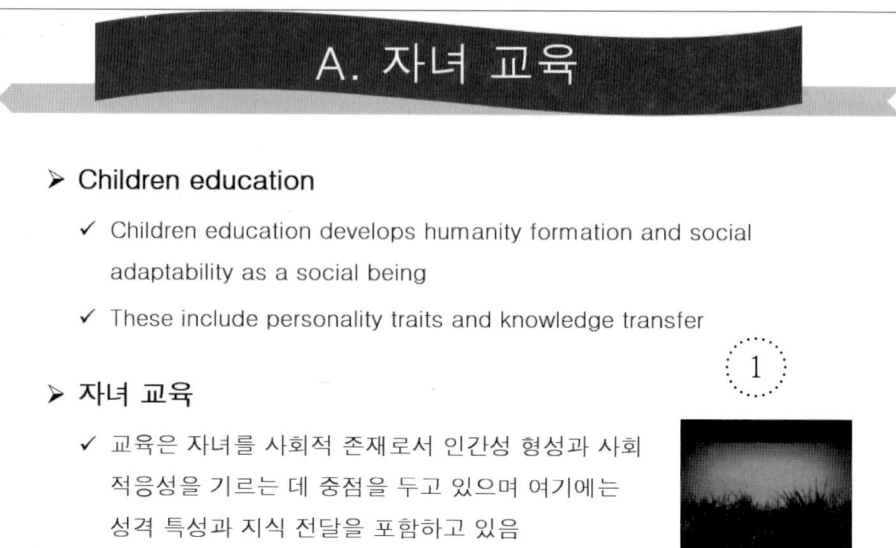

## 슬라이드 4  ≪표 슬라이드≫ (80점)

(1) 도형과 표 작성 기능을 이용하여 슬라이드를 작성한다(글꼴 : 돋움, 18pt).

**세부조건**
① 상단 도형 :
 2개 도형의 조합으로 작성
② 좌측 도형 :
 그라데이션 효과(선형 아래쪽)
③ 표 스타일 :
 테마 스타일 1 - 강조 6

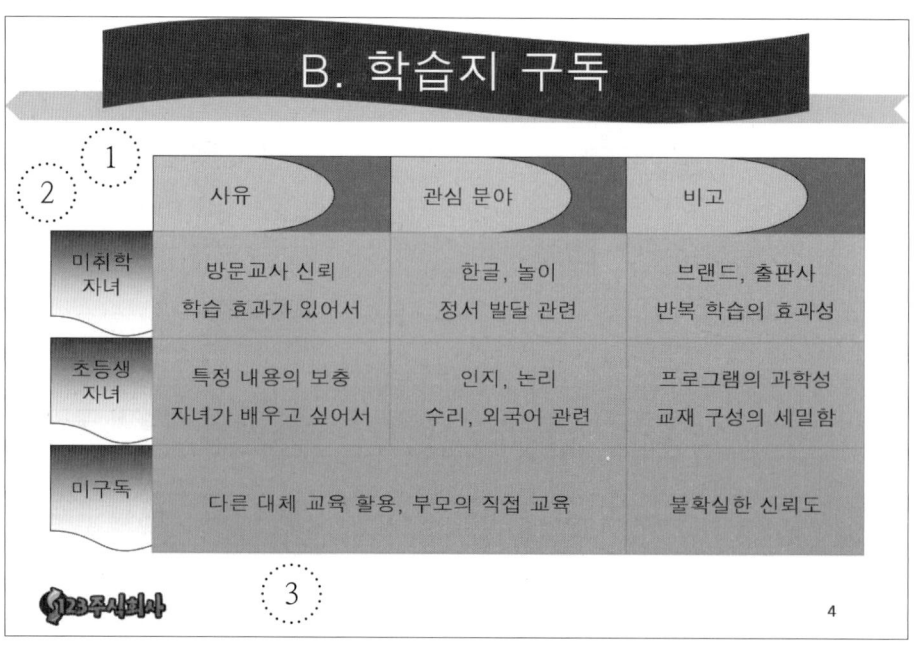

## 슬라이드 5    ≪차트 슬라이드≫    (100점)

(1) 차트 작성 기능을 이용하여 슬라이드를 작성한다.
(2) 차트 : 종류(묶은 세로 막대형), 글꼴(돋움, 16pt), 외곽선

**세부조건**

※ 차트 설명
- 차트 제목 : 궁서, 24pt, 굵게, 채우기(흰색), 테두리, 그림자(오프셋 아래쪽)
- 차트 영역 : 채우기(노랑)
  그림 영역 : 채우기(흰색)
- 데이터 서식 : 여자아동 계열을 표식이 있는 꺾은선형으로 변경 후 보조 축으로 지정
- 값 표시 : 국어의 남자아동 계열만
① 도형 삽입
  - 스타일 :
    미세 효과 – 파랑, 강조 1
  - 글꼴 : 굴림, 18pt

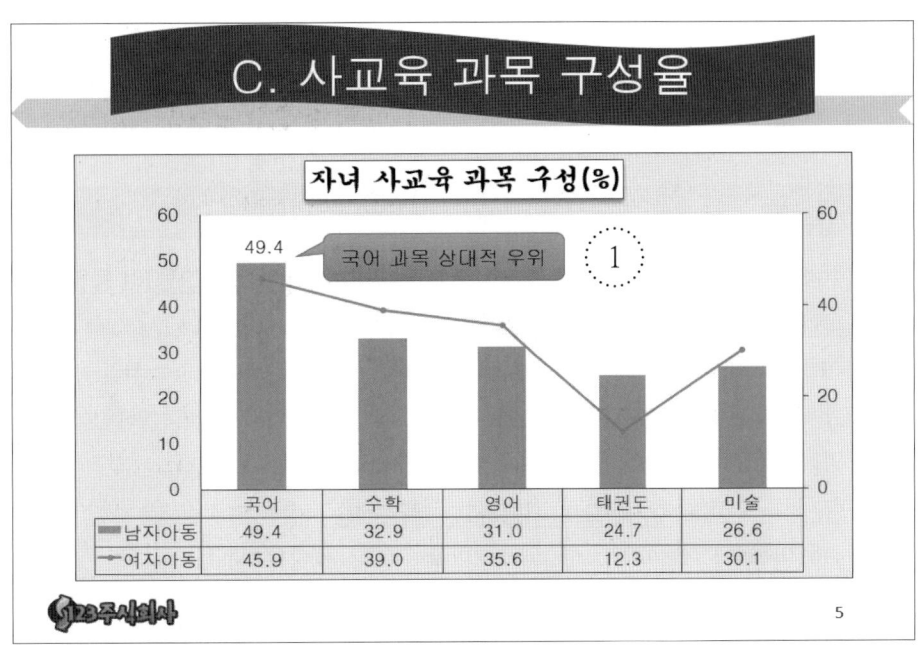

## 슬라이드 6    ≪도형 슬라이드≫    (100점)

(1) 슬라이드와 같이 도형 및 스마트아트를 배치한다(글꼴 : 굴림, 18pt).
(2) 애니메이션 순서 : ① ⇒ ②

**세부조건**

① 도형 및 스마트아트 편집
  - 스마트아트 디자인 :
    3차원 벽돌, 3차원 광택 처리
  - 그룹화 후 애니메이션 효과 :
    바운드
② 도형 편집
  - 그룹화 후 애니메이션 효과 :
    나누기(세로 바깥쪽으로)

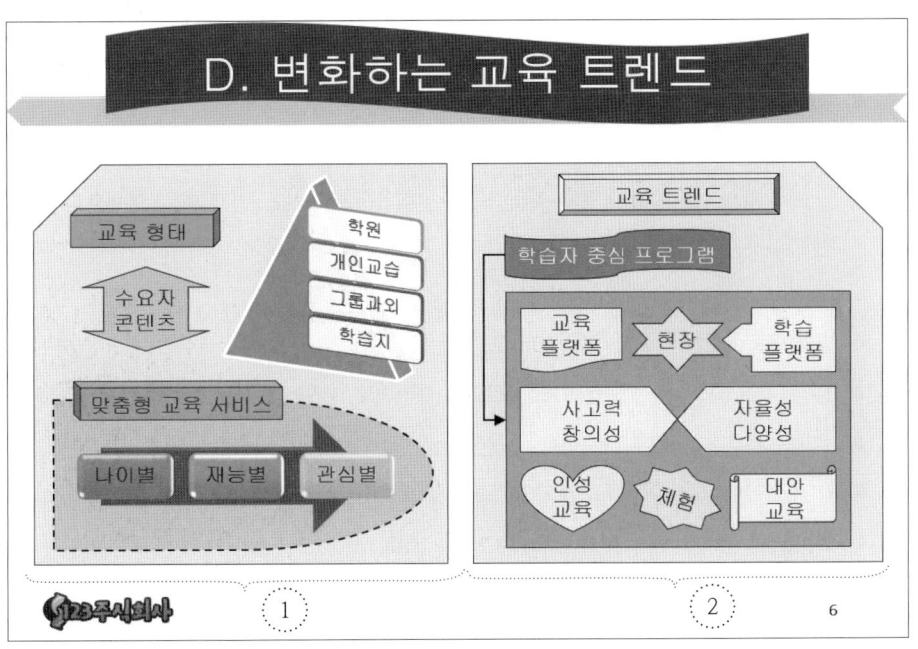

# 제 03 회 최신기출유형

MS 오피스

| 과목 | 코드 | 문제유형 | 시험시간 | 수험번호 | 성명 |
|---|---|---|---|---|---|
| 한글파워포인트 | 1142 | C | 60분 | | |

## 수험자 유의사항

- 수험자는 문제지를 받는 즉시 문제지와 **수험표상의 시험과목(프로그램)이 동일한지 반드시 확인**하여야 합니다.
- 파일명은 본인의 "수험번호-성명"으로 입력하여 답안폴더(내 PC₩문서₩ITQ)에 하나의 파일로 저장해야 하며, 답안문서 파일명이 "수험번호-성명"과 일치하지 않거나, 답안파일을 전송하지 않아 미제출로 처리될 경우 실격 처리합니다(예:12345678-홍길동.pptx).
- 답안 작성을 마치면 파일을 저장하고, '답안 전송' 버튼을 선택하여 감독위원 PC로 답안을 전송하십시오. 수험생 정보와 저장한 파일 명이 다를 경우 전송되지 않으므로 주의하시기 바랍니다.
- 답안 작성 중에도 **주기적으로 저장하고, '답안 전송'**하여야 문제 발생을 줄일 수 있습니다. 작업한 내용을 저장하지 않고 전송할 경우 이전에 저장된 내용이 전송되오니 이점 유의하시기 바랍니다.
- 답안문서는 지정된 경로 외의 다른 보조기억장치에 저장하는 경우, 지정된 시험 시간 외에 작성된 파일을 활용할 경우, 기타 통신수단(이메일, 메신저, 네트워크 등)을 이용하여 타인에게 전달 또는 외부 반출하는 경우는 부정 처리합니다.
- 시험 중 부주의 또는 고의로 시스템을 파손한 경우는 수험자가 변상해야 하며, 〈수험자 유의사항〉에 기재된 방법대로 이행하지 않아 생기는 불이익은 수험생 당사자의 책임임을 알려 드립니다.
- 문제의 조건은 MS오피스 2021 버전으로 설정되어 있으니 유의하시기 바랍니다.
- 시험을 완료한 수험자는 답안파일이 전송되었는지 확인한 후 감독위원의 지시에 따라 문제지를 제출하고 퇴실합니다.

## 답안 작성요령

- 온라인 답안 작성 절차
  수험자 등록 ➡ 시험 시작 ➡ 답안파일 저장 ➡ 답안 전송 ➡ 시험 종료
- 슬라이드의 크기는 A4 Paper로 설정하여 작성합니다.
- 슬라이드의 총 개수는 6개로 구성되어 있으며 슬라이드 1부터 순서대로 작업하고 반드시 문제와 세부 조건대로 합니다.
- 별도의 지시사항이 없는 경우 출력형태를 참조하여 글꼴색은 검정 또는 흰색으로 작성하고, 기타사항은 전체적인 균형을 고려하여 작성합니다.
- 슬라이드 도형 및 개체에 출력형태와 다른 스타일(그림자, 외곽선 등)을 적용했을 경우 감점 처리됩니다.
- 슬라이드 번호를 작성합니다(슬라이드 1에는 생략).
- 2~6번 슬라이드 제목 도형과 하단 로고는 슬라이드 마스터를 이용하여 출력형태와 동일하게 작성합니다(슬라이드 1에는 생략).
- 문제와 세부조건, 세부조건 번호 ○ (점선원)는 입력하지 않습니다.
- 각 개체의 위치는 오른쪽의 슬라이드와 동일하게 구성합니다.
- 그림 삽입 문제의 경우 반드시 「내 PC₩문서₩ITQ₩Picture」 폴더에서 정확한 파일을 선택하여 삽입하십시오.
- 각 슬라이드를 각각의 파일로 작업해서 저장할 경우 실격 처리됩니다.

**kpc 한국생산성본부**

## 전체구성 (60점)

(1) 슬라이드 크기 및 순서 : 크기를 A4 용지로 설정하고 슬라이드 순서에 맞게 작성한다.
(2) 슬라이드 마스터 : 2~6 슬라이드의 제목, 하단 로고, 슬라이드 번호는 슬라이드 마스터를 이용하여 작성한다.
  - 제목 글꼴(돋움, 40pt, 흰색), 가운데 맞춤, 도형(선 없음)
  - 하단 로고(「내 PC₩문서₩ITQ₩Picture₩로고2.jpg」 배경(회색) 투명색으로 설정)

## 슬라이드 1  ≪표지 디자인≫ (40점)

(1) 표지 디자인 : 도형, 워드아트 및 그림을 이용하여 작성한다.

**세부조건**

① 도형 편집
  - 도형에 그림 채우기 :
    「내 PC₩문서₩ITQ₩Picture₩그림1.jpg」, 투명도 50%
  - 도형 효과 :
    부드러운 가장자리 5포인트
② 워드아트 삽입
  - 변환 : 팽창(위쪽)
  - 글꼴 : 돋움, 굵게
  - 텍스트 반사 : 전체 반사, 터치
③ 그림 삽입
  - 「내 PC₩문서₩ITQ₩Picture₩로고2.jpg」
  - 배경(회색) 투명색으로 설정

## 슬라이드 2  ≪목차 슬라이드≫ (60점)

(1) 출력형태와 같이 도형을 이용하여 목차를 작성한다(글꼴 : 굴림, 24pt).
(2) 도형 : 선 없음

**세부조건**

① 텍스트에 하이퍼링크 적용
  → '슬라이드 5'
② 그림 삽입
  - 「내 PC₩문서₩ITQ₩Picture₩그림4.jpg」
  - 자르기 기능 이용

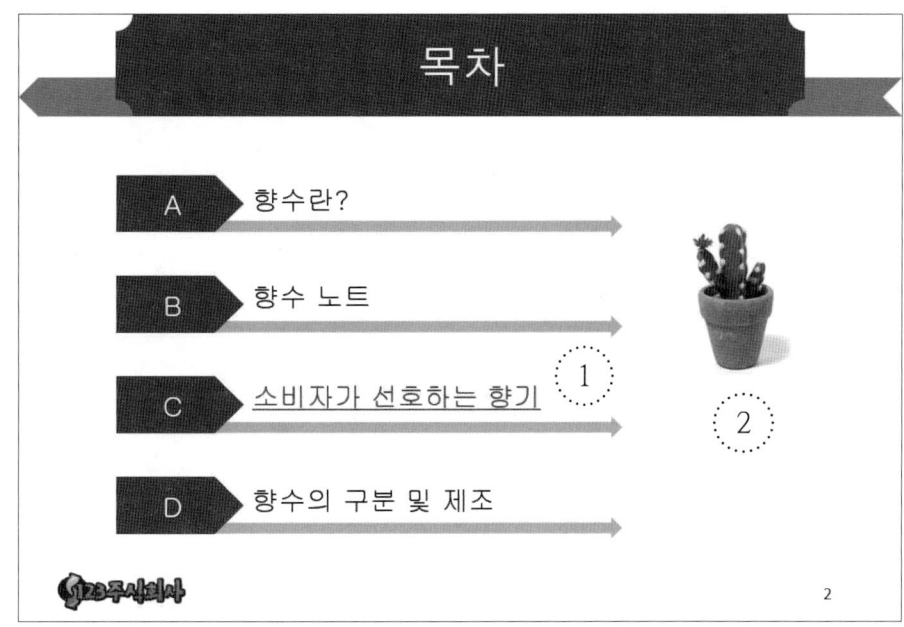

## 슬라이드 3 ≪텍스트/동영상 슬라이드≫ (60점)

(1) 텍스트 작성 : 글머리 기호 사용(➤, ✓)

➤문단(돋움, 24pt, 굵게, 줄 간격 : 1.5줄), ✓문단(돋움, 20pt, 줄 간격 : 1.5줄)

**세부조건**

① 동영상 삽입 :
- 「내 PC₩문서₩ITQ₩Picture₩동영상.wmv」
- 자동 실행, 반복 재생 설정

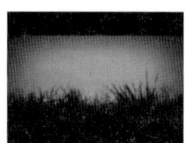

## 슬라이드 4 ≪표 슬라이드≫ (80점)

(1) 도형과 표 작성 기능을 이용하여 슬라이드를 작성한다(글꼴 : 돋움, 18pt).

**세부조건**

① 상단 도형 :
2개 도형의 조합으로 작성

② 좌측 도형 :
그라데이션 효과(선형 왼쪽)

③ 표 스타일 :
테마 스타일 1 - 강조 6

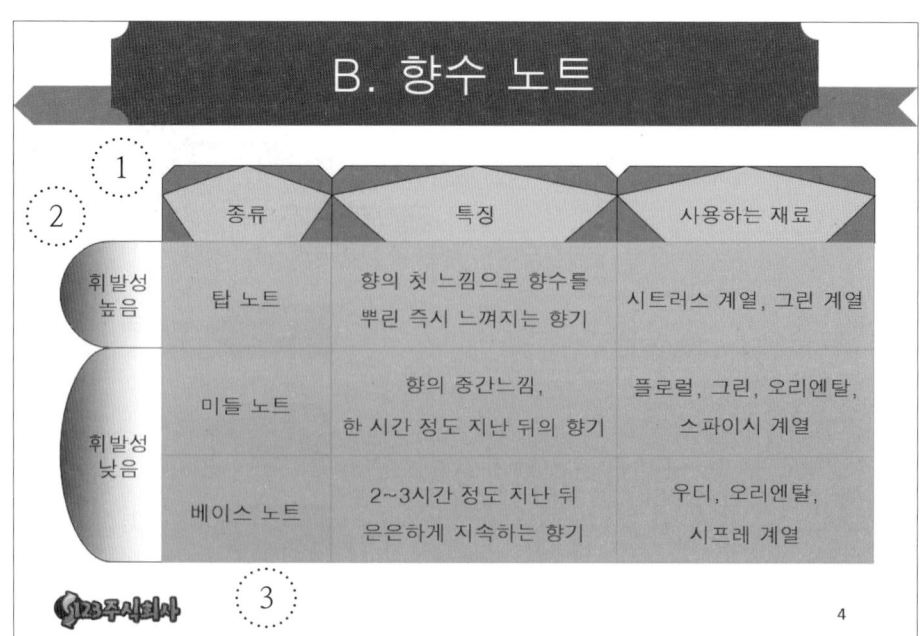

슬라이드 5   ≪차트 슬라이드≫   (100점)

(1) 차트 작성 기능을 이용하여 슬라이드를 작성한다.
(2) 차트 : 종류(묶은 세로 막대형), 글꼴(돋움, 16pt), 외곽선

**세부조건**

※ 차트 설명
- 차트 제목 : 돋움, 24pt, 굵게, 채우기(흰색), 테두리, 그림자(오프셋 오른쪽)
- 차트 영역 : 채우기(노랑) 그림 영역 : 채우기(흰색)
- 데이터 서식 : 2023년 계열을 표식이 있는 꺾은선형으로 변경 후 보조 축으로 지정
- 값 표시 : 플로럴의 2023년 계열만

① 도형 삽입
  - 스타일 :
    미세 효과 - 주황, 강조 2
  - 글꼴 : 굴림, 18pt

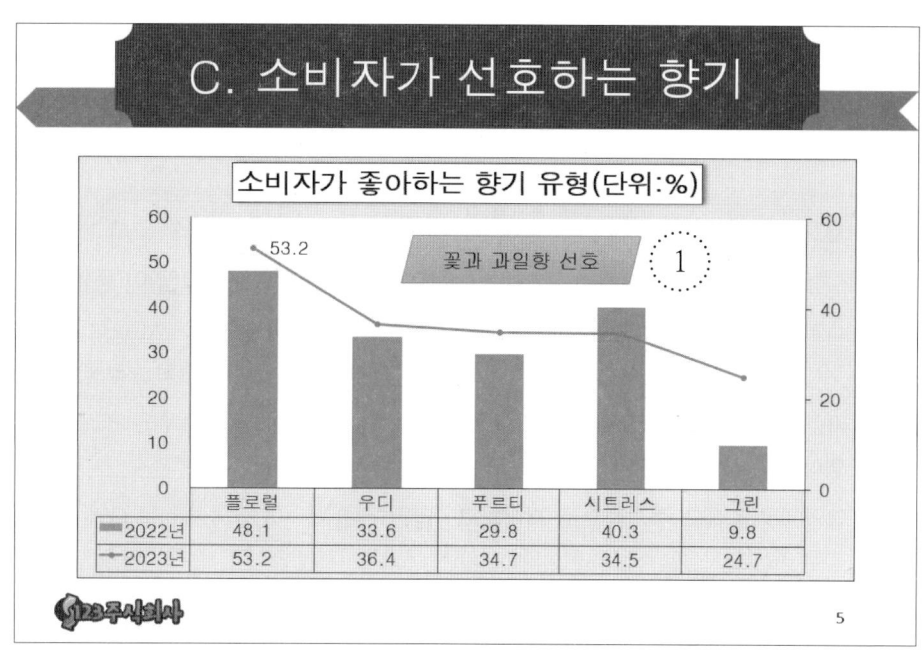

슬라이드 6   ≪도형 슬라이드≫   (100점)

(1) 슬라이드와 같이 도형 및 스마트아트를 배치한다(글꼴 : 굴림, 18pt).
(2) 애니메이션 순서 : ① ⇒ ②

**세부조건**

① 도형 및 스마트아트 편집
  - 스마트아트 디자인 :
    3차원 만화, 3차원 광택 처리
  - 그룹화 후 애니메이션 효과 :
    실선 무늬(세로)
② 도형 편집
  - 그룹화 후 애니메이션 효과 :
    바운드

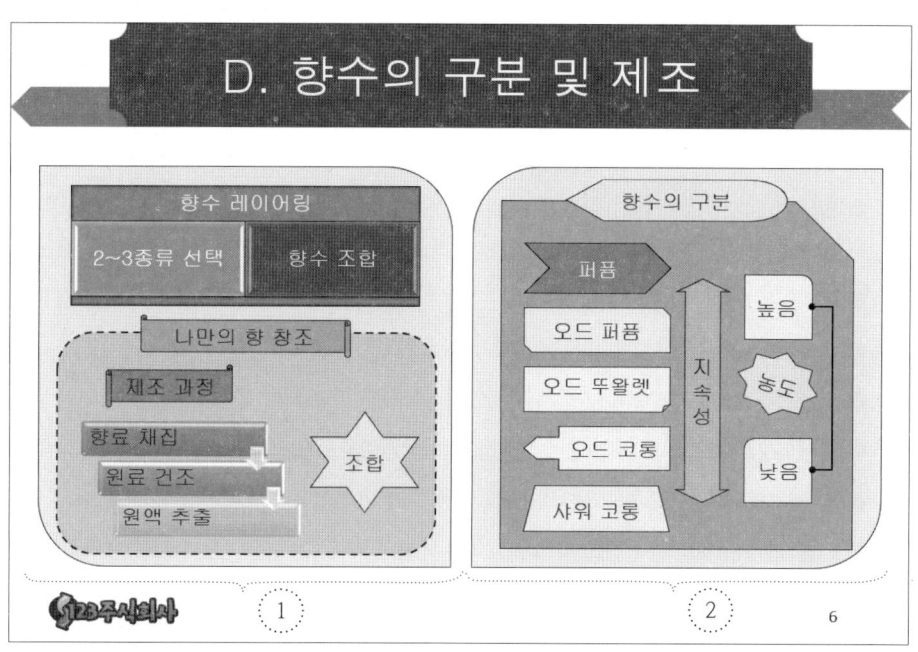

# 제 04 회 최신기출유형

**MS 오피스**

| 과목 | 코드 | 문제유형 | 시험시간 | 수험번호 | 성명 |
|---|---|---|---|---|---|
| 한글파워포인트 | 1142 | D | 60분 | | |

## 수험자 유의사항

- 수험자는 문제지를 받는 즉시 문제지와 **수험표상의 시험과목(프로그램)이 동일한지 반드시 확인**하여야 합니다.
- 파일명은 본인의 "수험번호-성명"으로 입력하여 답안폴더(내 PC\문서\ITQ)에 하나의 파일로 저장해야 하며, 답안문서 파일명이 "수험번호-성명"과 일치하지 않거나, 답안파일을 전송하지 않아 미제출로 처리될 경우 실격 처리합니다(예:12345678-홍길동.pptx).
- 답안 작성을 마치면 파일을 저장하고, '답안 전송' 버튼을 선택하여 감독위원 PC로 답안을 전송하십시오. 수험생 정보와 저장한 파일명이 다를 경우 전송되지 않으므로 주의하시기 바랍니다.
- 답안 작성 중에도 **주기적으로 저장하고, '답안 전송'**하여야 문제 발생을 줄일 수 있습니다. 작업한 내용을 저장하지 않고 전송할 경우 이전에 저장된 내용이 전송되오니 이점 유의하시기 바랍니다.
- 답안문서는 지정된 경로 외의 다른 보조기억장치에 저장하는 경우, 지정된 시험 시간 외에 작성된 파일을 활용할 경우, 기타 통신수단(이메일, 메신저, 네트워크 등)을 이용하여 타인에게 전달 또는 외부 반출하는 경우는 부정 처리합니다.
- 시험 중 부주의 또는 고의로 시스템을 파손한 경우는 수험자가 변상해야 하며, 〈수험자 유의사항〉에 기재된 방법대로 이행하지 않아 생기는 불이익은 수험생 당사자의 책임임을 알려 드립니다.
- 문제의 조건은 MS오피스 2021 버전으로 설정되어 있으니 유의하시기 바랍니다.
- 시험을 완료한 수험자는 답안파일이 전송되었는지 확인한 후 감독위원의 지시에 따라 문제지를 제출하고 퇴실합니다.

## 답안 작성요령

- 온라인 답안 작성 절차
  수험자 등록 ➡ 시험 시작 ➡ 답안파일 저장 ➡ 답안 전송 ➡ 시험 종료
- 슬라이드의 크기는 A4 Paper로 설정하여 작성합니다.
- 슬라이드의 총 개수는 6개로 구성되어 있으며 슬라이드 1부터 순서대로 작업하고 반드시 문제와 세부 조건대로 합니다.
- 별도의 지시사항이 없는 경우 출력형태를 참조하여 글꼴색은 검정 또는 흰색으로 작성하고, 기타사항은 전체적인 균형을 고려하여 작성합니다.
- 슬라이드 도형 및 개체에 출력형태와 다른 스타일(그림자, 외곽선 등)을 적용했을 경우 감점 처리됩니다.
- 슬라이드 번호를 작성합니다(슬라이드 1에는 생략).
- 2~6번 슬라이드 제목 도형과 하단 로고는 슬라이드 마스터를 이용하여 출력형태와 동일하게 작성합니다(슬라이드 1에는 생략).
- 문제와 세부조건, 세부조건 번호 ○ (점선원)는 입력하지 않습니다.
- 각 개체의 위치는 오른쪽의 슬라이드와 동일하게 구성합니다.
- 그림 삽입 문제의 경우 반드시 「내 PC\문서\ITQ\Picture」 폴더에서 정확한 파일을 선택하여 삽입하십시오.
- 각 슬라이드를 각각의 파일로 작업해서 저장할 경우 실격 처리됩니다.

**kpc 한국생산성본부**

## 전체구성 (60점)

(1) 슬라이드 크기 및 순서 : 크기를 A4 용지로 설정하고 슬라이드 순서에 맞게 작성한다.
(2) 슬라이드 마스터 : 2~6 슬라이드의 제목, 하단 로고, 슬라이드 번호는 슬라이드 마스터를 이용하여 작성한다.
 - 제목 글꼴(돋움, 40pt, 흰색), 가운데 맞춤, 도형(선 없음)
 - 하단 로고(「내 PC\문서\ITQ\Picture\로고2.jpg」 배경(회색) 투명색으로 설정)

## 슬라이드 1  ≪표지 디자인≫ (40점)

(1) 표지 디자인 : 도형, 워드아트 및 그림을 이용하여 작성한다.

**세부조건**

① 도형 편집
 - 도형에 그림 채우기 :
  「내 PC\문서\ITQ\Picture\
  그림1.jpg」, 투명도 50%
 - 도형 효과 :
  부드러운 가장자리 5포인트
② 워드아트 삽입
 - 변환 : 갈매기형 수장
 - 글꼴 : 돋움, 굵게
 - 텍스트 반사 : 1/2 반사, 터치
③ 그림 삽입
 - 「내 PC\문서\ITQ\Picture\
  로고2.jpg」
 - 배경(회색) 투명색으로 설정

## 슬라이드 2  ≪목차 슬라이드≫ (60점)

(1) 출력형태와 같이 도형을 이용하여 목차를 작성한다(글꼴 : 굴림, 24pt).
(2) 도형 : 선 없음

**세부조건**

① 텍스트에 하이퍼링크 적용
 → '슬라이드 5'
② 그림 삽입
 - 「내 PC\문서\ITQ\Picture\
  그림4.jpg」
 - 자르기 기능 이용

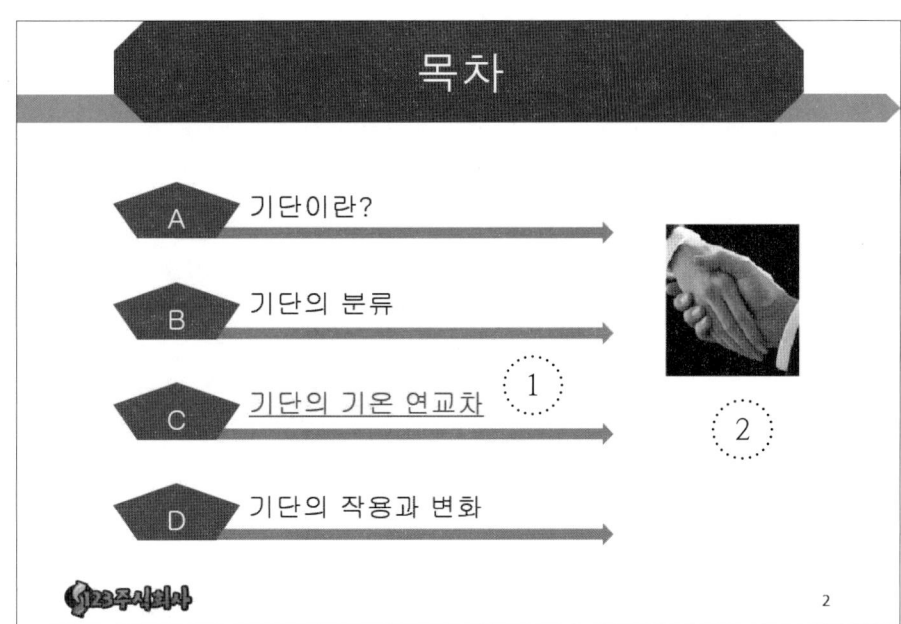

## 슬라이드 3 ≪텍스트/동영상 슬라이드≫ (60점)

(1) 텍스트 작성 : 글머리 기호 사용(➤, ✓)

➤문단(돋움, 24pt, 굵게, 줄 간격 : 1.5줄), ✓문단(돋움, 20pt, 줄 간격 : 1.5줄)

**세부조건**

① 동영상 삽입 :
- 「내 PC₩문서₩ITQ₩Picture₩동영상.wmv」
- 자동 실행, 반복 재생 설정

### A. 기단이란?

➤ Air mass
  ✓ Air masses cover many hundreds or thousands of square miles, and adopt the characteristics of the surface below them

➤ 기단이란?
  ✓ 기온과 습도 등의 물리적 성질이 수평방향으로 같은 커다란 공기 덩어리
  ✓ 발원지의 온도 및 습도에 따라 열대기단, 한대기단, 극기단, 대륙성기단과 해양성기단으로 분류

---

## 슬라이드 4 ≪표 슬라이드≫ (80점)

(1) 도형과 표 작성 기능을 이용하여 슬라이드를 작성한다(글꼴 : 돋움, 18pt).

**세부조건**

① 상단 도형 :
  2개 도형의 조합으로 작성
② 좌측 도형 :
  그라데이션 효과(선형 위쪽)
③ 표 스타일 :
  테마 스타일 1 - 강조 6

### B. 기단의 분류

| 구분 | 기단명 | 발원 지역 |
|---|---|---|
| 저위도 | 열대기단 | 남북위 20~30도의 대륙과 해양 |
|  |  | 적도 지방의 해양 |
|  | (적도기단) |  |
| 고위도 | 한대기단 | 북극해와 주변의 육지 |
|  | (북극기단) |  |
|  | (남극기단) | 남극대륙 |
|  | (한대기단) | 남북위 40~60도의 대륙과 해양 |

## 슬라이드 5 ≪차트 슬라이드≫ (100점)

(1) 차트 작성 기능을 이용하여 슬라이드를 작성한다.
(2) 차트 : 종류(묶은 세로 막대형), 글꼴(돋움, 16pt), 외곽선

**세부조건**

※ 차트 설명
- 차트 제목 : 굴림, 24pt, 굵게, 채우기(흰색), 테두리, 그림자(오프셋 아래쪽)
- 차트 영역 : 채우기(노랑)
  그림 영역 : 채우기(흰색)
- 데이터 서식 : 남쪽 기단 계열을 표식이 있는 꺾은선형으로 변경 후 보조 축으로 지정
- 값 표시 : 봄의 북쪽 기단 계열만
① 도형 삽입
  - 스타일 :
    미세 효과 – 녹색, 강조 6
  - 글꼴 : 굴림, 18pt

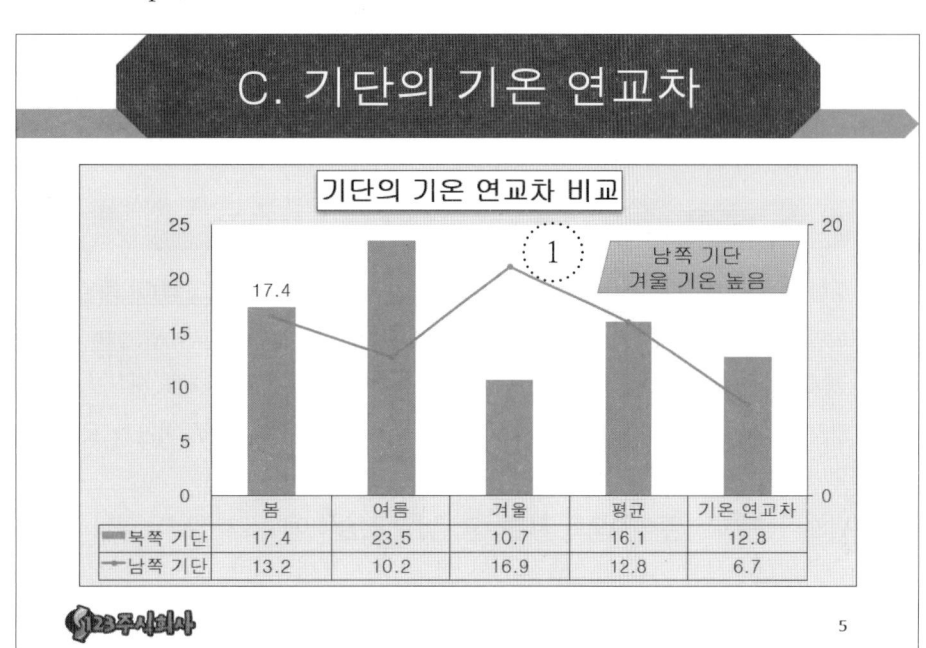

## 슬라이드 6 ≪도형 슬라이드≫ (100점)

(1) 슬라이드와 같이 도형 및 스마트아트를 배치한다(글꼴 : 굴림, 18pt).
(2) 애니메이션 순서 : ① ⇒ ②

**세부조건**

① 도형 및 스마트아트 편집
  - 스마트아트 디자인 :
    3차원 만화, 3차원 경사
  - 그룹화 후 애니메이션 효과 :
    바운드
② 도형 편집
  - 그룹화 후 애니메이션 효과 :
    올라오기(서서히 아래로)

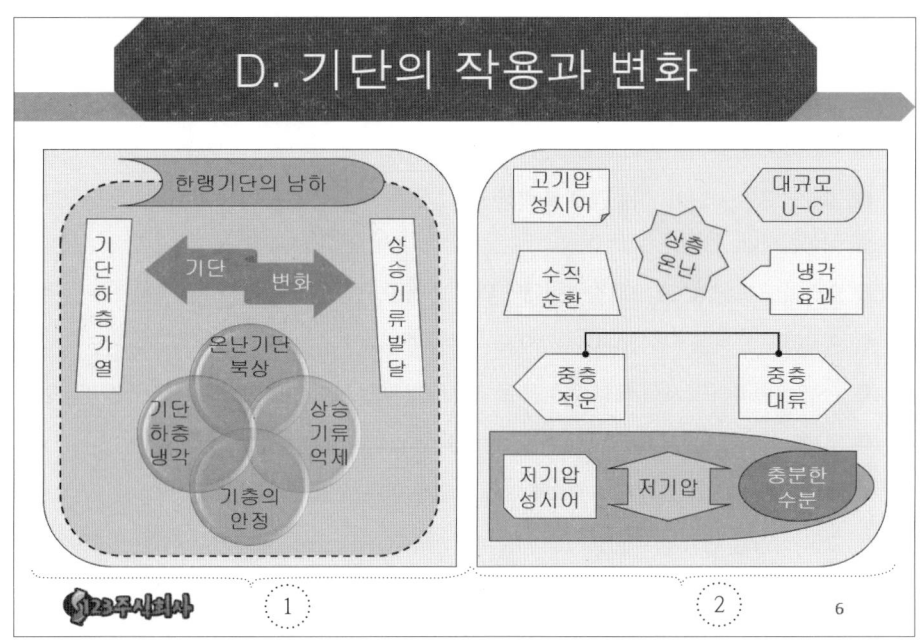

# 제 05 회 최신기출유형　MS 오피스

| 과목 | 코드 | 문제유형 | 시험시간 | 수험번호 | 성명 |
|---|---|---|---|---|---|
| 한글파워포인트 | 1142 | A | 60분 | | |

## 수험자 유의사항

- 수험자는 문제지를 받는 즉시 문제지와 **수험표상의 시험과목(프로그램)이 동일한지 반드시 확인**하여야 합니다.
- 파일명은 본인의 "수험번호-성명"으로 입력하여 답안폴더(내 PC₩문서₩ITQ)에 하나의 파일로 저장해야 하며, 답안문서 파일명이 "수험번호-성명"과 일치하지 않거나, 답안파일을 전송하지 않아 미제출로 처리될 경우 실격 처리합니다(예:12345678-홍길동.pptx).
- 답안 작성을 마치면 파일을 저장하고, '답안 전송' 버튼을 선택하여 감독위원 PC로 답안을 전송하십시오. 수험생 정보와 저장한 파일명이 다를 경우 전송되지 않으므로 주의하시기 바랍니다.
- 답안 작성 중에도 **주기적으로 저장하고, '답안 전송'**하여야 문제 발생을 줄일 수 있습니다. 작업한 내용을 저장하지 않고 전송할 경우 이전에 저장된 내용이 전송되오니 이점 유의하시기 바랍니다.
- 답안문서는 지정된 경로 외의 다른 보조기억장치에 저장하는 경우, 지정된 시험 시간 외에 작성된 파일을 활용할 경우, 기타 통신수단(이메일, 메신저, 네트워크 등)을 이용하여 타인에게 전달 또는 외부 반출하는 경우는 부정 처리합니다.
- 시험 중 부주의 또는 고의로 시스템을 파손한 경우는 수험자가 변상해야 하며, 〈수험자 유의사항〉에 기재된 방법대로 이행하지 않아 생기는 불이익은 수험생 당사자의 책임임을 알려 드립니다.
- 문제의 조건은 MS오피스 2021 버전으로 설정되어 있으니 유의하시기 바랍니다.
- 시험을 완료한 수험자는 답안파일이 전송되었는지 확인한 후 감독위원의 지시에 따라 문제지를 제출하고 퇴실합니다.

## 답안 작성요령

- 온라인 답안 작성 절차
  수험자 등록 ➡ 시험 시작 ➡ 답안파일 저장 ➡ 답안 전송 ➡ 시험 종료
- 슬라이드의 크기는 A4 Paper로 설정하여 작성합니다.
- 슬라이드의 총 개수는 6개로 구성되어 있으며 슬라이드 1부터 순서대로 작업하고 반드시 문제와 세부 조건대로 합니다.
- 별도의 지시사항이 없는 경우 출력형태를 참조하여 글꼴색은 검정 또는 흰색으로 작성하고, 기타사항은 전체적인 균형을 고려하여 작성합니다.
- 슬라이드 도형 및 개체에 출력형태와 다른 스타일(그림자, 외곽선 등)을 적용했을 경우 감점 처리됩니다.
- 슬라이드 번호를 작성합니다(슬라이드 1에는 생략).
- 2~6번 슬라이드 제목 도형과 하단 로고는 슬라이드 마스터를 이용하여 출력형태와 동일하게 작성합니다(슬라이드 1에는 생략).
- 문제와 세부조건, 세부조건 번호 ○ (점선원)는 입력하지 않습니다.
- 각 개체의 위치는 오른쪽의 슬라이드와 동일하게 구성합니다.
- 그림 삽입 문제의 경우 반드시 「내 PC₩문서₩ITQ₩Picture」 폴더에서 정확한 파일을 선택하여 삽입하십시오.
- 각 슬라이드를 각각의 파일로 작업해서 저장할 경우 실격 처리됩니다.

**kpc 한국생산성본부**

# 전체구성 (60점)

(1) 슬라이드 크기 및 순서 : 크기를 A4 용지로 설정하고 슬라이드 순서에 맞게 작성한다.
(2) 슬라이드 마스터 : 2~6 슬라이드의 제목, 하단 로고, 슬라이드 번호는 슬라이드 마스터를 이용하여 작성한다.
- 제목 글꼴(돋움, 36pt, 흰색), 가운데 맞춤, 도형(선 없음)
- 하단 로고(「내 PC₩문서₩ITQ₩Picture₩로고1.jpg」 배경(회색) 투명색으로 설정)

# 슬라이드 1  ≪표지 디자인≫ (40점)

(1) 표지 디자인 : 도형, 워드아트 및 그림을 이용하여 작성한다.

### 세부조건
① 도형 편집
 - 도형에 그림 채우기 :
  「내 PC₩문서₩ITQ₩Picture₩그림1.jpg」, 투명도 50%
 - 도형 효과 :
  부드러운 가장자리 5포인트
② 워드아트 삽입
 - 변환 : 수축
 - 글꼴 : 돋움, 굵게
 - 텍스트 반사 : 근접 반사, 4pt 오프셋
③ 그림 삽입
 -「내 PC₩문서₩ITQ₩Picture₩로고1.jpg」
 - 배경(회색) 투명색으로 설정

# 슬라이드 2  ≪목차 슬라이드≫ (60점)

(1) 출력형태와 같이 도형을 이용하여 목차를 작성한다(글꼴 : 굴림, 24pt).
(2) 도형 : 선 없음

### 세부조건
① 텍스트에 하이퍼링크 적용
 → '슬라이드 4'
② 그림 삽입
 -「내 PC₩문서₩ITQ₩Picture₩그림5.jpg」
 - 자르기 기능 이용

## 슬라이드 3  ≪텍스트/동영상 슬라이드≫  (60점)

(1) 텍스트 작성 : 글머리 기호 사용(❖, ■)

❖문단(굴림, 24pt, 굵게, 줄 간격 : 1.5줄),  ■문단(굴림, 20pt, 줄 간격 : 1.5줄)

**세부조건**
① 동영상 삽입 :
  - 「내 PC\문서\ITQ\Picture\동영상.wmv」
  - 자동 실행, 반복 재생 설정

### 1. 챗GPT란?

❖ ChatGPT
  ■ ChatGPT is OpenAI's AI model, 'GPT-3.5' Chatbot made available in a way
  ■ GPT stands for Generative Pretrained Transformer

❖ 챗GPT
  ■ 챗GPT는 초거대 인공지능 모델 GPT-3.5를 누구나 쉽게 사용할 수 있도록 만든 미국 오픈에이아이의 챗봇으로 질문을 하면 체계적인 구성을 가진 문서로 만들어 주는 생성형 AI 모델

---

## 슬라이드 4  ≪표 슬라이드≫  (80점)

(1) 도형과 표 작성 기능을 이용하여 슬라이드를 작성한다(글꼴 : 돋움, 18pt).

**세부조건**
① 상단 도형 :
  2개 도형의 조합으로 작성
② 좌측 도형 :
  그라데이션 효과(선형 아래쪽)
③ 표 스타일 :
  테마 스타일 1 - 강조 5

### 2. 챗GPT와 검색 엔진 차이점

| | 챗GPT | 검색 엔진 |
|---|---|---|
| 인공지능 기술 | 인공지능 기술인 언어 모델링을 사용해 사용자의 질문에 답변 | 키워드 검색을 통한 정보 제공 |
| 생산성 | 사용자 질문에 새로운 질문을 생성하는 답변 제공 | 새로운 정보를 생성할 수 없음 |
| 상호작용 | 사용자 친화적 상호작용을 통해 질문을 이해하고 대답하는 방식 | 사용자와 상호작용 없음 |

## 슬라이드 5 ≪차트 슬라이드≫ (100점)

(1) 차트 작성 기능을 이용하여 슬라이드를 작성한다.
(2) 차트 : 종류(묶은 세로 막대형), 글꼴(돋움, 16pt), 외곽선

**세부조건**

※ 차트 설명
- 차트 제목 : 굴림, 20pt, 굵게, 채우기(흰색), 테두리, 그림자(오프셋 오른쪽)
- 차트 영역 : 채우기(노랑)
  그림 영역 : 채우기(흰색)
- 데이터 서식 : 기술 격차(년) 계열을 표식이 있는 꺾은선형으로 변경 후 보조 축으로 지정
- 값 표시 : 한국의 기술 수준 계열만
① 도형 삽입
  - 스타일 :
    미세 효과 – 파랑, 강조 1
  - 글꼴 : 굴림, 18pt

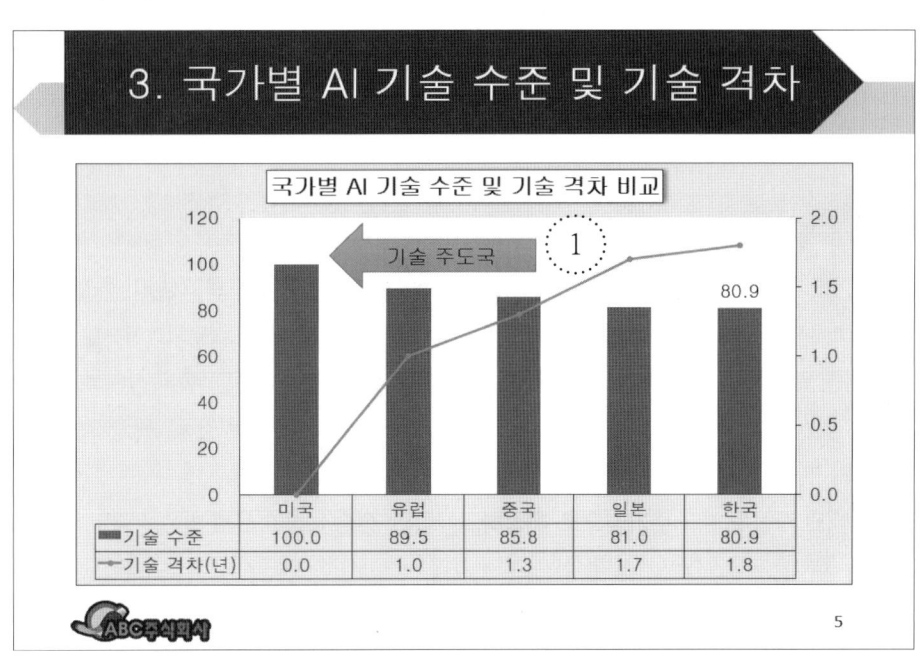

## 슬라이드 6 ≪도형 슬라이드≫ (100점)

(1) 슬라이드와 같이 도형 및 스마트아트를 배치한다(글꼴 : 돋움, 18pt).
(2) 애니메이션 순서 : ① ⇒ ②

**세부조건**

① 도형 및 스마트아트 편집
  - 스마트아트 디자인 :
    3차원 경사, 3차원 광택 처리
  - 그룹화 후 애니메이션 효과 :
    닦아내기(위에서)
② 도형 편집
  - 그룹화 후 애니메이션 효과 :
    회전

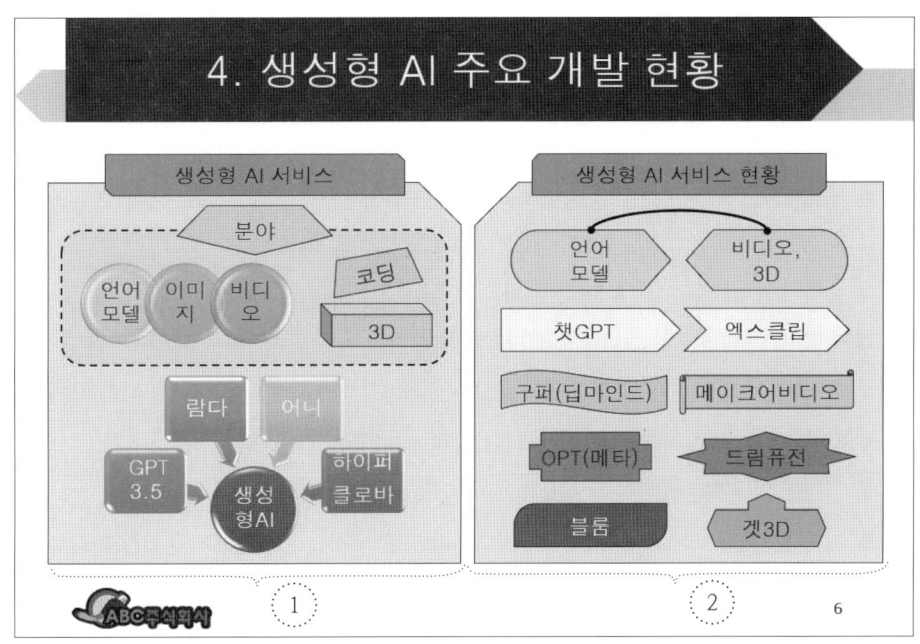

# 제 06 회 최신기출유형

MS 오피스

| 과목 | 코드 | 문제유형 | 시험시간 | 수험번호 | 성명 |
|---|---|---|---|---|---|
| 한글파워포인트 | 1142 | B | 60분 | | |

## 수험자 유의사항

- 수험자는 문제지를 받는 즉시 문제지와 **수험표상의 시험과목(프로그램)이 동일한지 반드시 확인**하여야 합니다.
- 파일명은 본인의 "수험번호-성명"으로 입력하여 답안폴더(내 PC\문서\ITQ)에 하나의 파일로 저장해야 하며, 답안문서 파일명이 "수험번호-성명"과 일치하지 않거나, 답안파일을 전송하지 않아 미제출로 처리될 경우 실격 처리합니다(예:12345678-홍길동.pptx).
- 답안 작성을 마치면 파일을 저장하고, '답안 전송' 버튼을 선택하여 감독위원 PC로 답안을 전송하십시오. 수험생 정보와 저장한 파일명이 다를 경우 전송되지 않으므로 주의하시기 바랍니다.
- 답안 작성 중에도 **주기적으로 저장하고, '답안 전송'**하여야 문제 발생을 줄일 수 있습니다. 작업한 내용을 저장하지 않고 전송할 경우 이전에 저장된 내용이 전송되오니 이점 유의하시기 바랍니다.
- 답안문서는 지정된 경로 외의 다른 보조기억장치에 저장하는 경우, 지정된 시험 시간 외에 작성된 파일을 활용할 경우, 기타 통신수단(이메일, 메신저, 네트워크 등)을 이용하여 타인에게 전달 또는 외부 반출하는 경우는 부정 처리합니다.
- 시험 중 부주의 또는 고의로 시스템을 파손한 경우는 수험자가 변상해야 하며, 〈수험자 유의사항〉에 기재된 방법대로 이행하지 않아 생기는 불이익은 수험생 당사자의 책임임을 알려 드립니다.
- 문제의 조건은 MS오피스 2021 버전으로 설정되어 있으니 유의하시기 바랍니다.
- 시험을 완료한 수험자는 답안파일이 전송되었는지 확인한 후 감독위원의 지시에 따라 문제지를 제출하고 퇴실합니다.

## 답안 작성요령

- 온라인 답안 작성 절차
  수험자 등록 ➡ 시험 시작 ➡ 답안파일 저장 ➡ 답안 전송 ➡ 시험 종료
- 슬라이드의 크기는 A4 Paper로 설정하여 작성합니다.
- 슬라이드의 총 개수는 6개로 구성되어 있으며 슬라이드 1부터 순서대로 작업하고 반드시 문제와 세부 조건대로 합니다.
- 별도의 지시사항이 없는 경우 출력형태를 참조하여 글꼴색은 검정 또는 흰색으로 작성하고, 기타사항은 전체적인 균형을 고려하여 작성합니다.
- 슬라이드 도형 및 개체에 출력형태와 다른 스타일(그림자, 외곽선 등)을 적용했을 경우 감점 처리됩니다.
- 슬라이드 번호를 작성합니다(슬라이드 1에는 생략).
- 2~6번 슬라이드 제목 도형과 하단 로고는 슬라이드 마스터를 이용하여 출력형태와 동일하게 작성합니다(슬라이드 1에는 생략).
- 문제와 세부조건, 세부조건 번호 ○ (점선원)는 입력하지 않습니다.
- 각 개체의 위치는 오른쪽의 슬라이드와 동일하게 구성합니다.
- 그림 삽입 문제의 경우 반드시 「내 PC\문서\ITQ\Picture」 폴더에서 정확한 파일을 선택하여 삽입하십시오.
- 각 슬라이드를 각각의 파일로 작업해서 저장할 경우 실격 처리됩니다.

kpc 한국생산성본부

# 전체구성 (60점)

(1) 슬라이드 크기 및 순서 : 크기를 A4 용지로 설정하고 슬라이드 순서에 맞게 작성한다.
(2) 슬라이드 마스터 : 2~6 슬라이드의 제목, 하단 로고, 슬라이드 번호는 슬라이드 마스터를 이용하여 작성한다.
- 제목 글꼴(돋움, 36pt, 흰색), 가운데 맞춤, 도형(선 없음)
- 하단 로고(「내 PC\문서\ITQ\Picture\로고2.jpg」 배경(회색) 투명색으로 설정)

# 슬라이드 1  ≪표지 디자인≫ (40점)

(1) 표지 디자인 : 도형, 워드아트 및 그림을 이용하여 작성한다.

**세부조건**

① 도형 편집
- 도형에 그림 채우기 :
「내 PC\문서\ITQ\Picture\그림3.jpg」, 투명도 50%
- 도형 효과 :
부드러운 가장자리 5포인트

② 워드아트 삽입
- 변환 : 물결
- 글꼴 : 돋움, 굵게
- 텍스트 반사 : 근접 반사, 4pt 오프셋

③ 그림 삽입
- 「내 PC\문서\ITQ\Picture\로고2.jpg」
- 배경(회색) 투명색으로 설정

# 슬라이드 2  ≪목차 슬라이드≫ (60점)

(1) 출력형태와 같이 도형을 이용하여 목차를 작성한다(글꼴 : 굴림, 24pt).
(2) 도형 : 선 없음

**세부조건**

① 텍스트에 하이퍼링크 적용
→ '슬라이드 4'

② 그림 삽입
- 「내 PC\문서\ITQ\Picture\그림5.jpg」
- 자르기 기능 이용

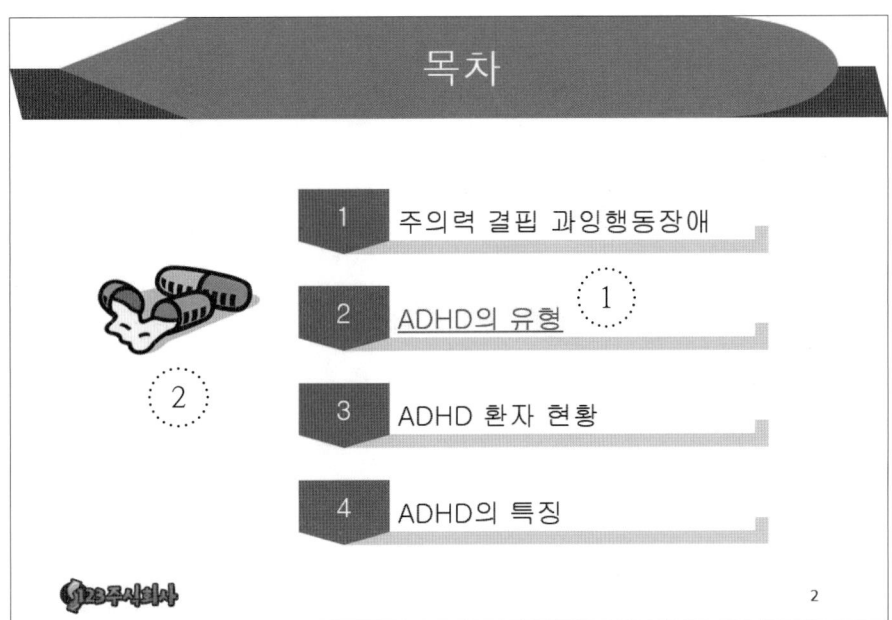

## 슬라이드 3  ≪텍스트/동영상 슬라이드≫ (60점)

(1) 텍스트 작성 : 글머리 기호 사용(❖, ■)

　　❖문단(굴림, 24pt, 굵게, 줄 간격 : 1.5줄),　■문단(굴림, 20pt, 줄 간격 : 1.5줄)

**세부조건**

① 동영상 삽입 :
 - 「내 PC₩문서₩ITQ₩Picture₩동영상.wmv」
 - 자동 실행, 반복 재생 설정

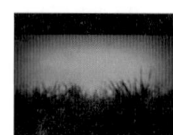

## 슬라이드 4  ≪표 슬라이드≫ (80점)

(1) 도형과 표 작성 기능을 이용하여 슬라이드를 작성한다(글꼴 : 돋움, 18pt).

**세부조건**

① 상단 도형 :
　2개 도형의 조합으로 작성

② 좌측 도형 :
　그라데이션 효과(선형 오른쪽)

③ 표 스타일 :
　테마 스타일 1 - 강조 5

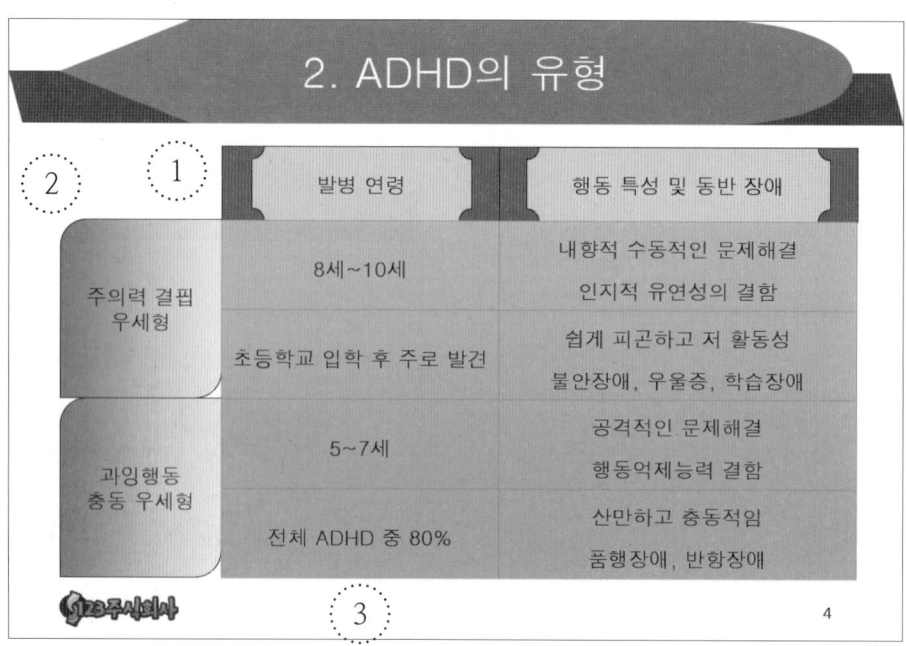

## 슬라이드 5  ≪차트 슬라이드≫  (100점)

(1) 차트 작성 기능을 이용하여 슬라이드를 작성한다.
(2) 차트 : 종류(묶은 세로 막대형), 글꼴(돋움, 16pt), 외곽선

**세부조건**

※ 차트 설명
- 차트 제목 : 굴림, 20pt, 굵게, 채우기(흰색), 테두리, 그림자(오프셋 아래쪽)
- 차트 영역 : 채우기(노랑)
  그림 영역 : 채우기(흰색)
- 데이터 서식 : 남성 계열을 표식이 있는 꺾은선형으로 변경 후 보조축으로 지정
- 값 표시 : 2023년의 남성 계열만

① 도형 삽입
  - 스타일 :
    미세 효과 – 녹색, 강조 6
  - 글꼴 : 굴림, 18pt

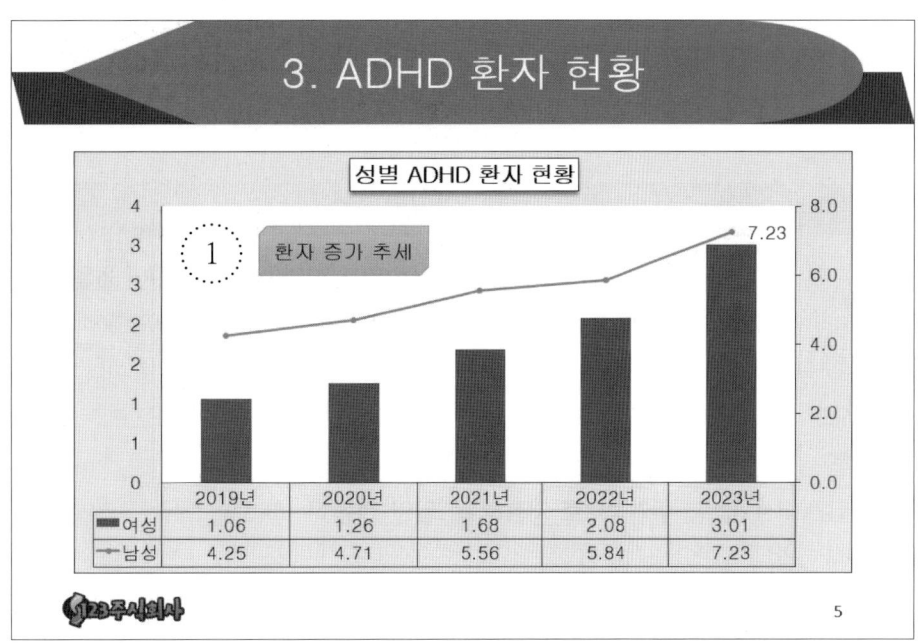

## 슬라이드 6  ≪도형 슬라이드≫  (100점)

(1) 슬라이드와 같이 도형 및 스마트아트를 배치한다(글꼴 : 돋움, 18pt).
(2) 애니메이션 순서 : ① ⇒ ②

**세부조건**

① 도형 및 스마트아트 편집
  - 스마트아트 디자인 :
    3차원 경사, 3차원 광택 처리
  - 그룹화 후 애니메이션 효과 :
    확대/축소(슬라이드 센터)

② 도형 편집
  - 그룹화 후 애니메이션 효과 :
    시계 방향 회전

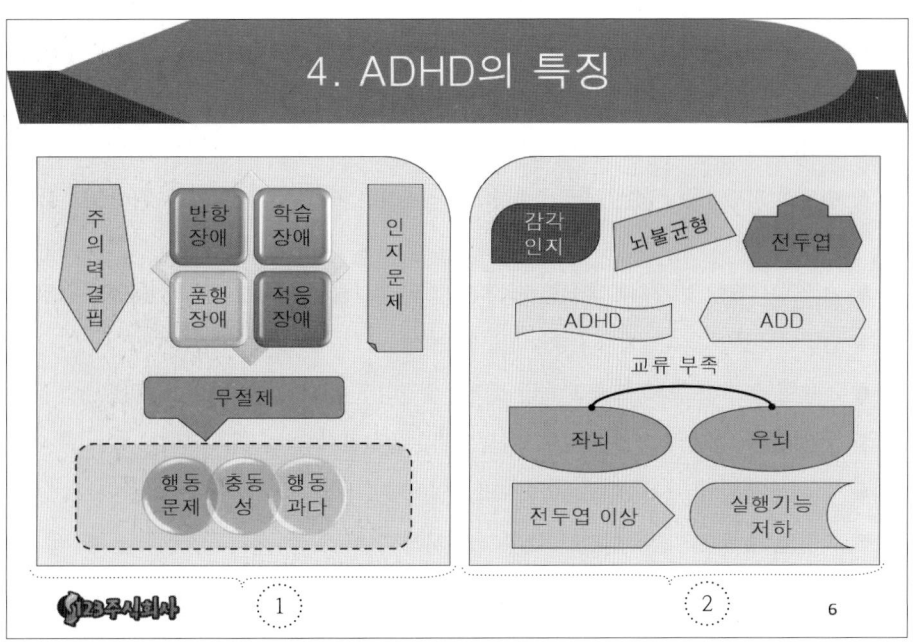

# 제 07 회 최신기출유형

MS 오피스

| 과목 | 코드 | 문제유형 | 시험시간 | 수험번호 | 성명 |
|---|---|---|---|---|---|
| 한글파워포인트 | 1142 | C | 60분 | | |

## 수험자 유의사항

- 수험자는 문제지를 받는 즉시 문제지와 **수험표상의 시험과목(프로그램)이 동일한지 반드시 확인**하여야 합니다.
- 파일명은 본인의 "수험번호-성명"으로 입력하여 답안폴더(내 PC\문서\ITQ)에 하나의 파일로 저장해야 하며, 답안문서 파일명이 "수험번호-성명"과 일치하지 않거나, 답안파일을 전송하지 않아 미제출로 처리될 경우 실격 처리합니다(예:12345678-홍길동.pptx).
- 답안 작성을 마치면 파일을 저장하고, '답안 전송' 버튼을 선택하여 감독위원 PC로 답안을 전송하십시오. 수험생 정보와 저장한 파일명이 다를 경우 전송되지 않으므로 주의하시기 바랍니다.
- 답안 작성 중에도 **주기적으로 저장하고, '답안 전송'**하여야 문제 발생을 줄일 수 있습니다. 작업한 내용을 저장하지 않고 전송할 경우 이전에 저장된 내용이 전송되오니 이점 유의하시기 바랍니다.
- 답안문서는 지정된 경로 외의 다른 보조기억장치에 저장하는 경우, 지정된 시험 시간 외에 작성된 파일을 활용할 경우, 기타 통신수단(이메일, 메신저, 네트워크 등)을 이용하여 타인에게 전달 또는 외부 반출하는 경우는 부정 처리합니다.
- 시험 중 부주의 또는 고의로 시스템을 파손한 경우는 수험자가 변상해야 하며, 〈수험자 유의사항〉에 기재된 방법대로 이행하지 않아 생기는 불이익은 수험생 당사자의 책임임을 알려 드립니다.
- 문제의 조건은 MS오피스 2021 버전으로 설정되어 있으니 유의하시기 바랍니다.
- 시험을 완료한 수험자는 답안파일이 전송되었는지 확인한 후 감독위원의 지시에 따라 문제지를 제출하고 퇴실합니다.

## 답안 작성요령

- 온라인 답안 작성 절차
  수험자 등록 ➡ 시험 시작 ➡ 답안파일 저장 ➡ 답안 전송 ➡ 시험 종료
- 슬라이드의 크기는 A4 Paper로 설정하여 작성합니다.
- 슬라이드의 총 개수는 6개로 구성되어 있으며 슬라이드 1부터 순서대로 작업하고 반드시 문제와 세부 조건대로 합니다.
- 별도의 지시사항이 없는 경우 출력형태를 참조하여 글꼴색은 검정 또는 흰색으로 작성하고, 기타사항은 전체적인 균형을 고려하여 작성합니다.
- 슬라이드 도형 및 개체에 출력형태와 다른 스타일(그림자, 외곽선 등)을 적용했을 경우 감점 처리됩니다.
- 슬라이드 번호를 작성합니다(슬라이드 1에는 생략).
- 2~6번 슬라이드 제목 도형과 하단 로고는 슬라이드 마스터를 이용하여 출력형태와 동일하게 작성합니다(슬라이드 1에는 생략).
- 문제와 세부조건, 세부조건 번호 ○ (점선원)는 입력하지 않습니다.
- 각 개체의 위치는 오른쪽의 슬라이드와 동일하게 구성합니다.
- 그림 삽입 문제의 경우 반드시 「내 PC\문서\ITQ\Picture」 폴더에서 정확한 파일을 선택하여 삽입하십시오.
- 각 슬라이드를 각각의 파일로 작업해서 저장할 경우 실격 처리됩니다.

**kpc** 한국생산성본부

## 전체구성 (60점)

(1) 슬라이드 크기 및 순서 : 크기를 A4 용지로 설정하고 슬라이드 순서에 맞게 작성한다.
(2) 슬라이드 마스터 : 2~6 슬라이드의 제목, 하단 로고, 슬라이드 번호는 슬라이드 마스터를 이용하여 작성한다.
- 제목 글꼴(돋움, 36pt, 흰색), 가운데 맞춤, 도형(선 없음)
- 하단 로고(「내 PC₩문서₩ITQ₩Picture₩로고1.jpg」배경(회색) 투명색으로 설정)

## 슬라이드 1  ≪표지 디자인≫ (40점)

(1) 표지 디자인 : 도형, 워드아트 및 그림을 이용하여 작성한다.

**세부조건**
① 도형 편집
- 도형에 그림 채우기 : 「내 PC₩문서₩ITQ₩Picture₩그림2.jpg」, 투명도 50%
- 도형 효과 : 부드러운 가장자리 5포인트
② 워드아트 삽입
- 변환 : 계단식
- 글꼴 : 돋움, 굵게
- 텍스트 반사 : 근접 반사, 4pt 오프셋
③ 그림 삽입
- 「내 PC₩문서₩ITQ₩Picture₩로고1.jpg」
- 배경(회색) 투명색으로 설정

## 슬라이드 2  ≪목차 슬라이드≫ (60점)

(1) 출력형태와 같이 도형을 이용하여 목차를 작성한다(글꼴 : 굴림, 24pt).
(2) 도형 : 선 없음

**세부조건**
① 텍스트에 하이퍼링크 적용
 → '슬라이드 4'
② 그림 삽입
- 「내 PC₩문서₩ITQ₩Picture₩그림5.jpg」
- 자르기 기능 이용

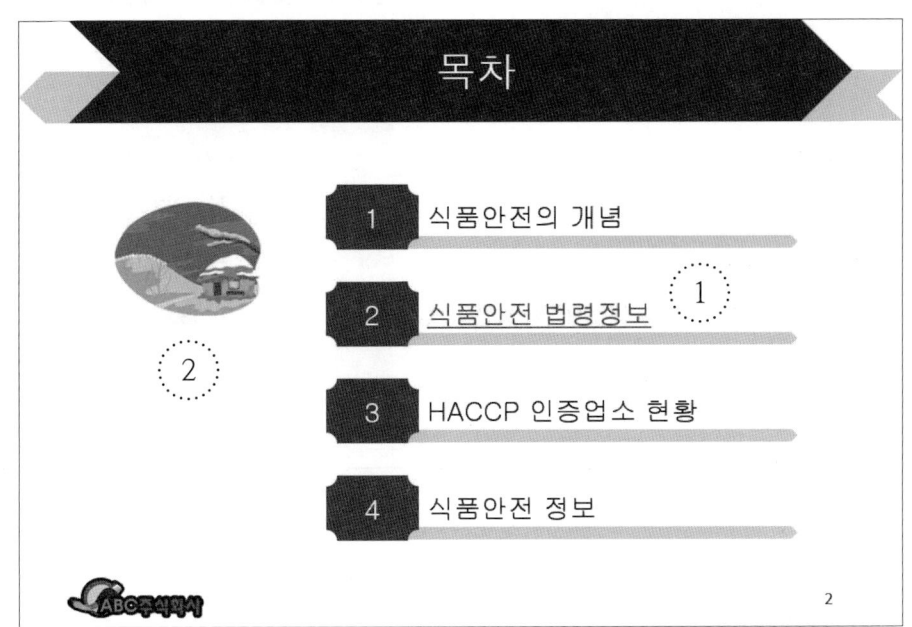

## 슬라이드 3  ≪텍스트/동영상 슬라이드≫ (60점)

(1) 텍스트 작성 : 글머리 기호 사용(❖, ■)

❖문단(굴림, 24pt, 굵게, 줄 간격 : 1.5줄), ■문단(굴림, 20pt, 줄 간격 : 1.5줄)

**세부조건**

① 동영상 삽입 :
- 「내 PC₩문서₩ITQ₩Picture₩동영상.wmv」
- 자동 실행, 반복 재생 설정

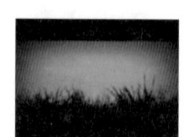

## 슬라이드 4  ≪표 슬라이드≫ (80점)

(1) 도형과 표 작성 기능을 이용하여 슬라이드를 작성한다(글꼴 : 돋움, 18pt).

**세부조건**

① 상단 도형 :
2개 도형의 조합으로 작성

② 좌측 도형 :
그라데이션 효과(선형 아래쪽)

③ 표 스타일 :
테마 스타일 1 - 강조 5

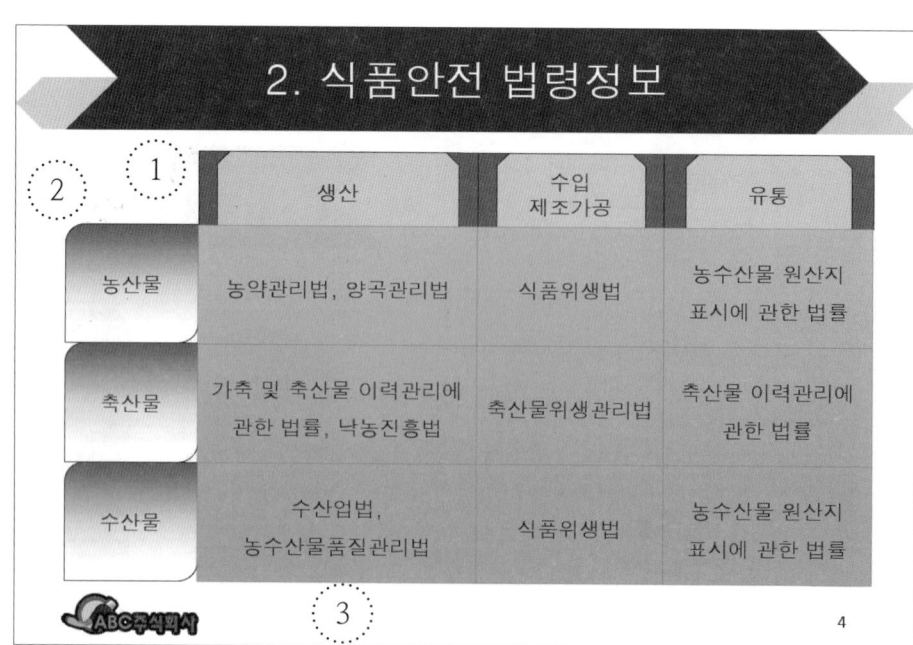

| 슬라이드 5 | ≪차트 슬라이드≫ | (100점) |

(1) 차트 작성 기능을 이용하여 슬라이드를 작성한다.
(2) 차트 : 종류(묶은 세로 막대형), 글꼴(돋움, 16pt), 외곽선

**세부조건**

※ 차트 설명
- 차트 제목 : 굴림, 20pt, 굵게, 채우기(흰색), 테두리, 그림자(오프셋 오른쪽 아래)
- 차트 영역 : 채우기(노랑) 그림 영역 : 채우기(흰색)
- 데이터 서식 : 식품 계열을 표식이 있는 꺾은선형으로 변경 후 보조 축으로 지정
- 값 표시 : 인천의 식품 계열만

① 도형 삽입
  - 스타일 :
    미세 효과 - 파랑, 강조 1
  - 글꼴 : 굴림, 18pt

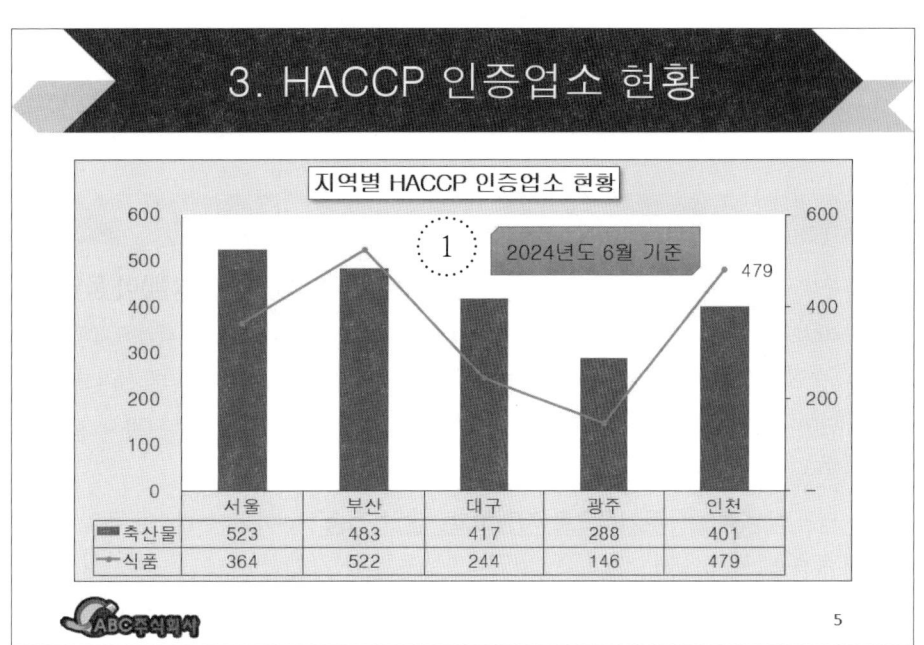

| 슬라이드 6 | ≪도형 슬라이드≫ | (100점) |

(1) 슬라이드와 같이 도형 및 스마트아트를 배치한다(글꼴 : 돋움, 18pt).
(2) 애니메이션 순서 : ① ⇒ ②

**세부조건**

① 도형 및 스마트아트 편집
  - 스마트아트 디자인 :
    3차원 경사, 3차원 광택 처리
  - 그룹화 후 애니메이션 효과 :
    실선 무늬(세로)
② 도형 편집
  - 그룹화 후 애니메이션 효과 :
    밝기 변화

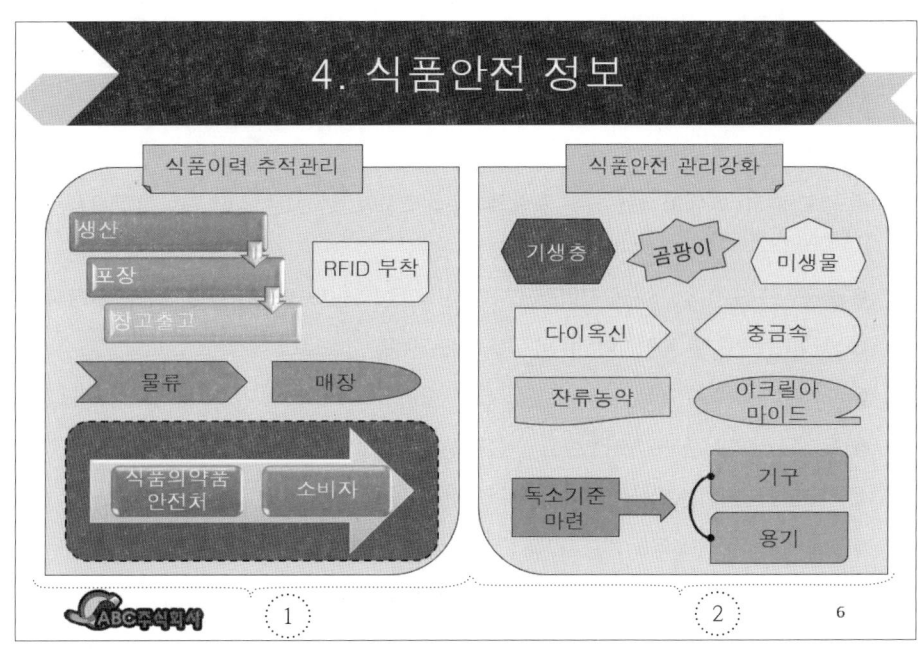

# 제 08 회 최신기출유형

MS 오피스

| 과목 | 코드 | 문제유형 | 시험시간 | 수험번호 | 성명 |
|---|---|---|---|---|---|
| 한글파워포인트 | 1142 | D | 60분 | | |

## 수험자 유의사항

- 수험자는 문제지를 받는 즉시 문제지와 **수험표상의 시험과목(프로그램)이 동일한지 반드시 확인**하여야 합니다.
- 파일명은 본인의 "수험번호-성명"으로 입력하여 답안폴더(내 PC₩문서₩ITQ)에 하나의 파일로 저장해야 하며, 답안문서 파일명이 "수험번호-성명"과 일치하지 않거나, 답안파일을 전송하지 않아 미제출로 처리될 경우 실격 처리합니다(예:12345678-홍길동.pptx).
- 답안 작성을 마치면 파일을 저장하고, '답안 전송' 버튼을 선택하여 감독위원 PC로 답안을 전송하십시오. 수험생 정보와 저장한 파일명이 다를 경우 전송되지 않으므로 주의하시기 바랍니다.
- 답안 작성 중에도 **주기적으로 저장하고, '답안 전송'**하여야 문제 발생을 줄일 수 있습니다. 작업한 내용을 저장하지 않고 전송할 경우 이전에 저장된 내용이 전송되오니 이점 유의하시기 바랍니다.
- 답안문서는 지정된 경로 외의 다른 보조기억장치에 저장하는 경우, 지정된 시험 시간 외에 작성된 파일을 활용할 경우, 기타 통신수단(이메일, 메신저, 네트워크 등)을 이용하여 타인에게 전달 또는 외부 반출하는 경우는 부정 처리합니다.
- 시험 중 부주의 또는 고의로 시스템을 파손한 경우는 수험자가 변상해야 하며, 〈수험자 유의사항〉에 기재된 방법대로 이행하지 않아 생기는 불이익은 수험생 당사자의 책임임을 알려 드립니다.
- 문제의 조건은 MS오피스 2021 버전으로 설정되어 있으니 유의하시기 바랍니다.
- 시험을 완료한 수험자는 답안파일이 전송되었는지 확인한 후 감독위원의 지시에 따라 문제지를 제출하고 퇴실합니다.

## 답안 작성요령

- 온라인 답안 작성 절차
  수험자 등록 ➡ 시험 시작 ➡ 답안파일 저장 ➡ 답안 전송 ➡ 시험 종료
- 슬라이드의 크기는 A4 Paper로 설정하여 작성합니다.
- 슬라이드의 총 개수는 6개로 구성되어 있으며 슬라이드 1부터 순서대로 작업하고 반드시 문제와 세부 조건대로 합니다.
- 별도의 지시사항이 없는 경우 출력형태를 참조하여 글꼴색은 검정 또는 흰색으로 작성하고, 기타사항은 전체적인 균형을 고려하여 작성합니다.
- 슬라이드 도형 및 개체에 출력형태와 다른 스타일(그림자, 외곽선 등)을 적용했을 경우 감점 처리됩니다.
- 슬라이드 번호를 작성합니다(슬라이드 1에는 생략).
- 2~6번 슬라이드 제목 도형과 하단 로고는 슬라이드 마스터를 이용하여 출력형태와 동일하게 작성합니다(슬라이드 1에는 생략).
- 문제와 세부조건, 세부조건 번호 ○ (점선원)는 입력하지 않습니다.
- 각 개체의 위치는 오른쪽의 슬라이드와 동일하게 구성합니다.
- 그림 삽입 문제의 경우 반드시 「내 PC₩문서₩ITQ₩Picture」 폴더에서 정확한 파일을 선택하여 삽입하십시오.
- 각 슬라이드를 각각의 파일로 작업해서 저장할 경우 실격 처리됩니다.

**kpc 한국생산성본부**

## 전체구성 (60점)

(1) 슬라이드 크기 및 순서 : 크기를 A4 용지로 설정하고 슬라이드 순서에 맞게 작성한다.
(2) 슬라이드 마스터 : 2~6 슬라이드의 제목, 하단 로고, 슬라이드 번호는 슬라이드 마스터를 이용하여 작성한다.
 - 제목 글꼴(돋움, 40pt, 흰색), 가운데 맞춤, 도형(선 없음)
 - 하단 로고(「내 PC\문서\ITQ\Picture\로고1.jpg」배경(회색) 투명색으로 설정)

## 슬라이드 1  ≪표지 디자인≫ (40점)

(1) 표지 디자인 : 도형, 워드아트 및 그림을 이용하여 작성한다.

**세부조건**

① 도형 편집
 - 도형에 그림 채우기 :
  「내 PC\문서\ITQ\Picture\
  그림1.jpg」, 투명도 50%
 - 도형 효과 :
  부드러운 가장자리 5포인트
② 워드아트 삽입
 - 변환 : 갈매기형 수장
 - 글꼴 : 굴림, 굵게
 - 텍스트 반사 : 근접 반사, 터치
③ 그림 삽입
 -「내 PC\문서\ITQ\Picture\
  로고1.jpg」
 - 배경(회색) 투명색으로 설정

## 슬라이드 2  ≪목차 슬라이드≫ (60점)

(1) 출력형태와 같이 도형을 이용하여 목차를 작성한다(글꼴 : 돋움, 24pt).
(2) 도형 : 선 없음

**세부조건**

① 텍스트에 하이퍼링크 적용
 → '슬라이드 4'
② 그림 삽입
 -「내 PC\문서\ITQ\Picture\
  그림5.jpg」
 - 자르기 기능 이용

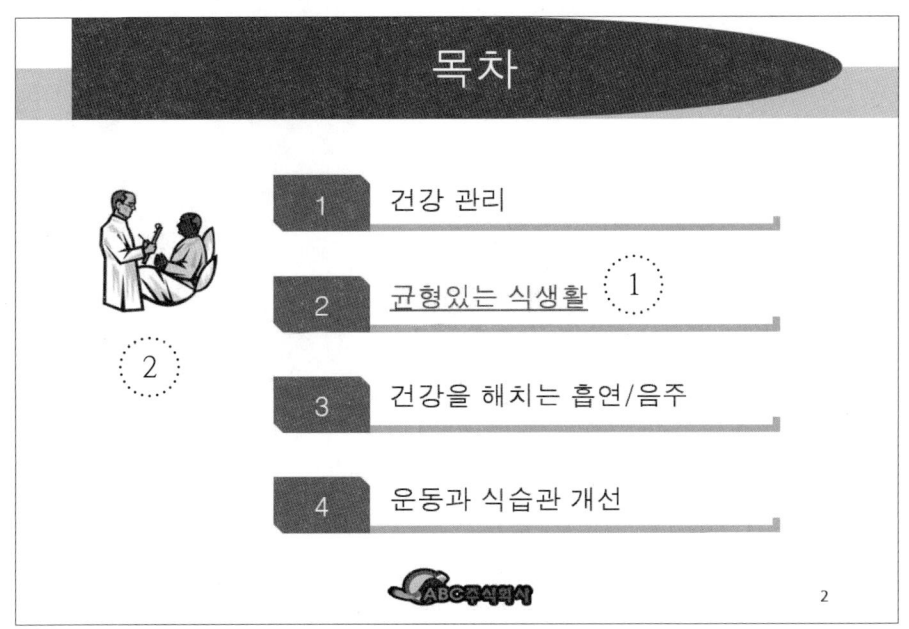

## 슬라이드 3　≪텍스트/동영상 슬라이드≫　(60점)

(1) 텍스트 작성 : 글머리 기호 사용(➤, ✓)

　➤문단(굴림, 24pt, 굵게, 줄 간격 : 1.5줄), ✓문단(굴림, 20pt, 줄 간격 : 1.5줄)

**세부조건**

① 동영상 삽입 :
- 「내 PC₩문서₩ITQ₩Picture₩동영상.wmv」
- 자동 실행, 반복 재생 설정

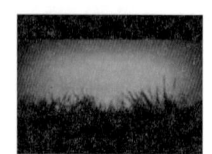

**1. 건강 관리**

➤ Health care
　✓ In general, health care refers to physical health
　✓ Regular health care satisfies one's desire for health and makes one mentally happy

➤ 건강 관리
　✓ 일반적으로 신체적 건강을 가리키는 경우가 많으며 규칙적인 건강 관리는 자신의 건강을 향한 욕구를 충족시키는 동시에 정신적으로도 행복하게 함

---

## 슬라이드 4　≪표 슬라이드≫　(80점)

(1) 도형과 표 작성 기능을 이용하여 슬라이드를 작성한다(글꼴 : 굴림, 18pt).

**세부조건**

① 상단 도형 :
　2개 도형의 조합으로 작성
② 좌측 도형 :
　그라데이션 효과(선형 왼쪽)
③ 표 스타일 :
　테마 스타일 1 - 강조 5

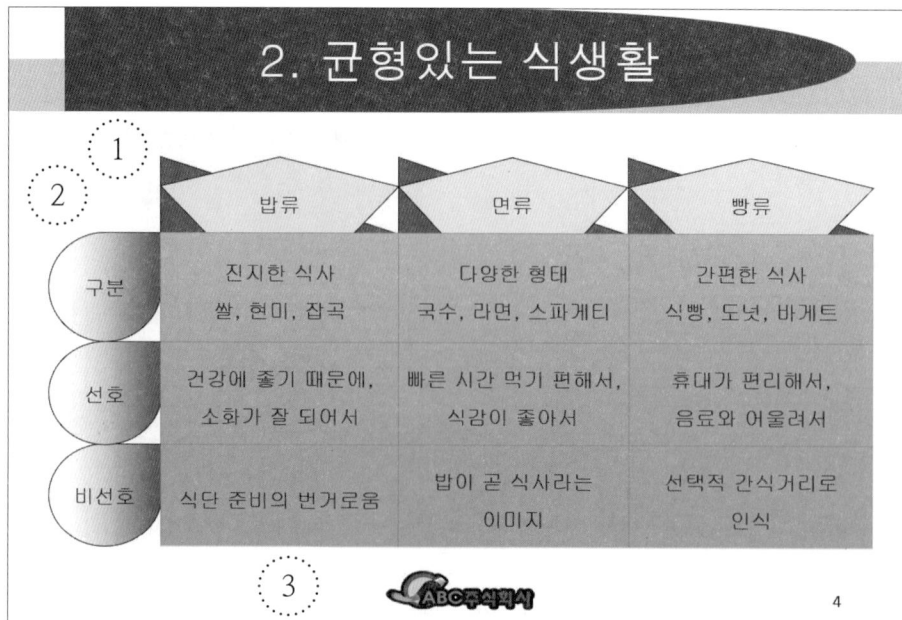

**2. 균형있는 식생활**

| 구분 | 밥류 | 면류 | 빵류 |
|---|---|---|---|
|  | 진지한 식사<br>쌀, 현미, 잡곡 | 다양한 형태<br>국수, 라면, 스파게티 | 간편한 식사<br>식빵, 도넛, 바게트 |
| 선호 | 건강에 좋기 때문에, 소화가 잘 되어서 | 빠른 시간 먹기 편해서, 식감이 좋아서 | 휴대가 편리해서, 음료와 어울려서 |
| 비선호 | 식단 준비의 번거로움 | 밥이 곧 식사라는 이미지 | 선택적 간식거리로 인식 |

| 슬라이드 5 | ≪차트 슬라이드≫ | (100점) |

(1) 차트 작성 기능을 이용하여 슬라이드를 작성한다.
(2) 차트 : 종류(묶은 세로 막대형), 글꼴(돋움, 16pt), 외곽선

**세부조건**

※ 차트 설명
- 차트 제목 : 궁서, 24pt, 굵게, 채우기(흰색), 테두리, 그림자(오프셋 왼쪽)
- 차트 영역 : 채우기(노랑) 그림 영역 : 채우기(흰색)
- 데이터 서식 : 음주율 계열을 표식이 있는 꺾은선형으로 변경 후 보조 축으로 지정
- 값 표시 : 20대의 음주율 계열만

① 도형 삽입
  - 스타일 : 미세 효과 - 주황, 강조 2
  - 글꼴 : 굴림, 18pt

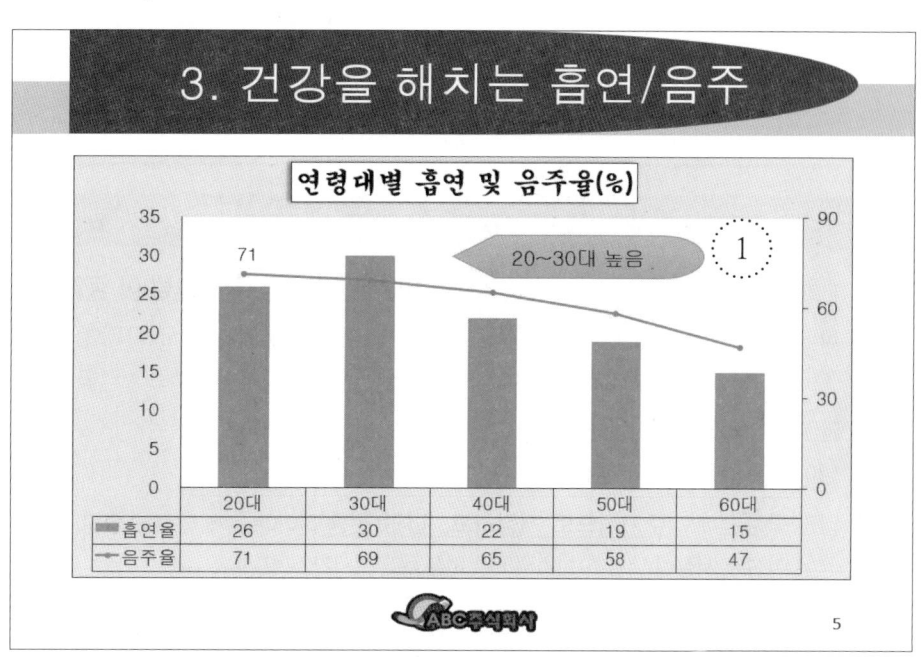

| 슬라이드 6 | ≪도형 슬라이드≫ | (100점) |

(1) 슬라이드와 같이 도형 및 스마트아트를 배치한다(글꼴 : 돋움, 18pt).
(2) 애니메이션 순서 : ① ⇒ ②

**세부조건**

① 도형 및 스마트아트 편집
  - 스마트아트 디자인 : 3차원 만화, 강한 효과
  - 그룹화 후 애니메이션 효과 : 닦아내기(위에서)

② 도형 편집
  - 그룹화 후 애니메이션 효과 : 회전

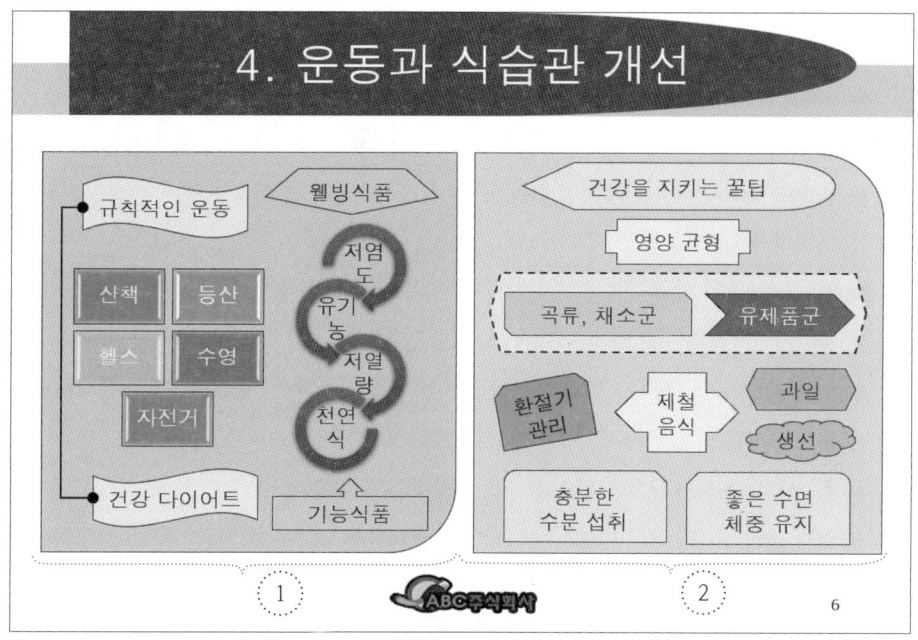

# 제 09 회 최신기출유형  — MS 오피스

| 과목 | 코드 | 문제유형 | 시험시간 | 수험번호 | 성명 |
|---|---|---|---|---|---|
| 한글파워포인트 | 1142 | A | 60분 | | |

## 수험자 유의사항

- 수험자는 문제지를 받는 즉시 문제지와 **수험표상의 시험과목(프로그램)이 동일한지 반드시 확인**하여야 합니다.
- 파일명은 본인의 "수험번호-성명"으로 입력하여 답안폴더(내 PC\문서\ITQ)에 하나의 파일로 저장해야 하며, 답안문서 파일명이 "수험번호-성명"과 일치하지 않거나, 답안파일을 전송하지 않아 미제출로 처리될 경우 실격 처리합니다(예:12345678-홍길동.pptx).
- 답안 작성을 마치면 파일을 저장하고, '답안 전송' 버튼을 선택하여 감독위원 PC로 답안을 전송하십시오. 수험생 정보와 저장한 파일명이 다를 경우 전송되지 않으므로 주의하시기 바랍니다.
- 답안 작성 중에도 **주기적으로 저장하고, '답안 전송'**하여야 문제 발생을 줄일 수 있습니다. 작업한 내용을 저장하지 않고 전송할 경우 이전에 저장된 내용이 전송되오니 이점 유의하시기 바랍니다.
- 답안문서는 지정된 경로 외의 다른 보조기억장치에 저장하는 경우, 지정된 시험 시간 외에 작성된 파일을 활용할 경우, 기타 통신수단(이메일, 메신저, 네트워크 등)을 이용하여 타인에게 전달 또는 외부 반출하는 경우는 부정 처리합니다.
- 시험 중 부주의 또는 고의로 시스템을 파손한 경우는 수험자가 변상해야 하며, 〈수험자 유의사항〉에 기재된 방법대로 이행하지 않아 생기는 불이익은 수험생 당사자의 책임임을 알려 드립니다.
- 문제의 조건은 MS오피스 2021 버전으로 설정되어 있으니 유의하시기 바랍니다.
- 시험을 완료한 수험자는 답안파일이 전송되었는지 확인한 후 감독위원의 지시에 따라 문제지를 제출하고 퇴실합니다.

## 답안 작성요령

- 온라인 답안 작성 절차
  수험자 등록 ➡ 시험 시작 ➡ 답안파일 저장 ➡ 답안 전송 ➡ 시험 종료
- 슬라이드의 크기는 A4 Paper로 설정하여 작성합니다.
- 슬라이드의 총 개수는 6개로 구성되어 있으며 슬라이드 1부터 순서대로 작업하고 반드시 문제와 세부 조건대로 합니다.
- 별도의 지시사항이 없는 경우 출력형태를 참조하여 글꼴색은 검정 또는 흰색으로 작성하고, 기타사항은 전체적인 균형을 고려하여 작성합니다.
- 슬라이드 도형 및 개체에 출력형태와 다른 스타일(그림자, 외곽선 등)을 적용했을 경우 감점 처리됩니다.
- 슬라이드 번호를 작성합니다(슬라이드 1에는 생략).
- 2~6번 슬라이드 제목 도형과 하단 로고는 슬라이드 마스터를 이용하여 출력형태와 동일하게 작성합니다(슬라이드 1에는 생략).
- 문제와 세부조건, 세부조건 번호 ○ (점선원)는 입력하지 않습니다.
- 각 개체의 위치는 오른쪽의 슬라이드와 동일하게 구성합니다.
- 그림 삽입 문제의 경우 반드시 「내 PC\문서\ITQ\Picture」 폴더에서 정확한 파일을 선택하여 삽입하십시오.
- 각 슬라이드를 각각의 파일로 작업해서 저장할 경우 실격 처리됩니다.

## 전체구성 (60점)

(1) 슬라이드 크기 및 순서 : 크기를 A4 용지로 설정하고 슬라이드 순서에 맞게 작성한다.
(2) 슬라이드 마스터 : 2~6 슬라이드의 제목, 하단 로고, 슬라이드 번호는 슬라이드 마스터를 이용하여 작성한다.
- 제목 글꼴(굴림, 40pt, 흰색), 가운데 맞춤, 도형(선 없음)
- 하단 로고(「내 PC₩문서₩ITQ₩Picture₩로고2.jpg」배경(회색) 투명색으로 설정)

## 슬라이드 1  ≪표지 디자인≫ (40점)

(1) 표지 디자인 : 도형, 워드아트 및 그림을 이용하여 작성한다.

**세부조건**
① 도형 편집
 - 도형에 그림 채우기 :
  「내 PC₩문서₩ITQ₩Picture₩그림3.jpg」, 투명도 50%
 - 도형 효과 :
  부드러운 가장자리 5포인트
② 워드아트 삽입
 - 변환 : 위로 기울기
 - 글꼴 : 돋움, 굵게
 - 텍스트 반사 : 근접 반사, 4pt 오프셋
③ 그림 삽입
 -「내 PC₩문서₩ITQ₩Picture₩로고2.jpg」
 - 배경(회색) 투명색으로 설정

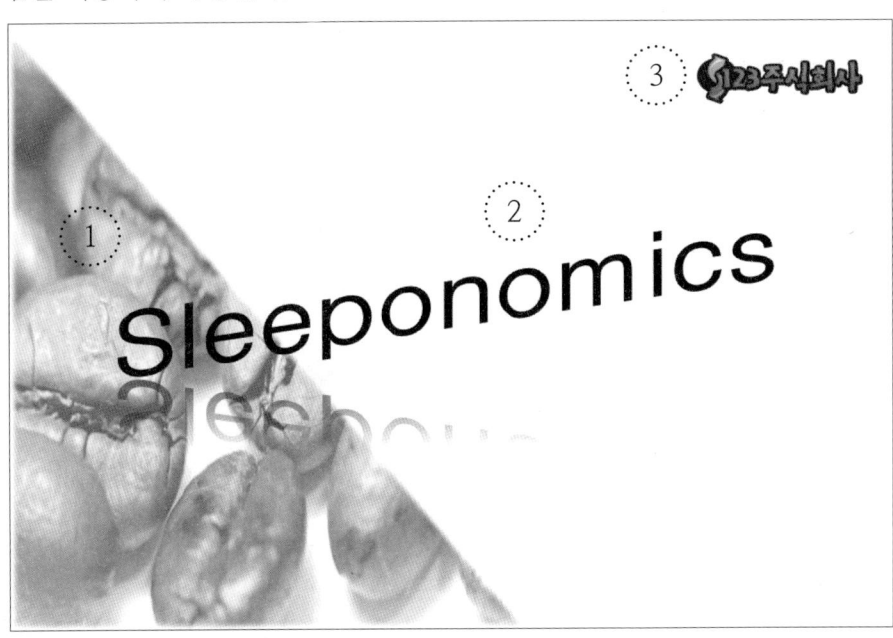

## 슬라이드 2  ≪목차 슬라이드≫ (60점)

(1) 출력형태와 같이 도형을 이용하여 목차를 작성한다(글꼴 : 돋움, 24pt).
(2) 도형 : 선 없음

**세부조건**
① 텍스트에 하이퍼링크 적용
 → '슬라이드 6'
② 그림 삽입
 -「내 PC₩문서₩ITQ₩Picture₩그림5.jpg」
 - 자르기 기능 이용

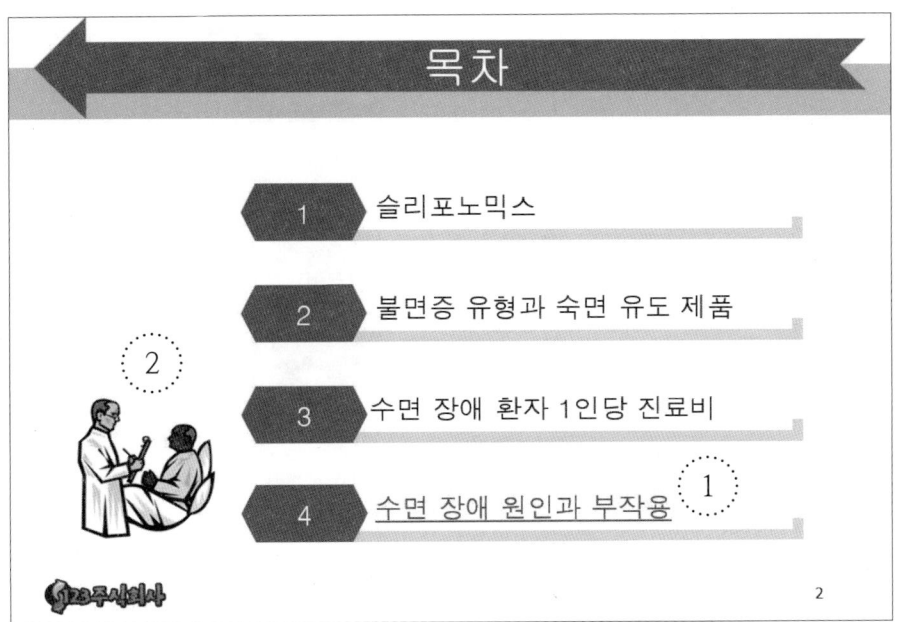

## 슬라이드 3  ≪텍스트/동영상 슬라이드≫  (60점)

(1) 텍스트 작성 : 글머리 기호 사용(❖, ■)
  ❖문단(굴림, 24pt, 굵게, 줄 간격 : 1.5줄), ■문단(굴림, 20pt, 줄 간격 : 1.5줄)

**세부조건**

① 동영상 삽입 :
  - 「내 PC₩문서₩ITQ₩Picture₩동영상.wmv」
  - 자동 실행, 반복 재생 설정

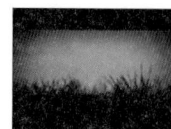

## 슬라이드 4  ≪표 슬라이드≫  (80점)

(1) 도형과 표 작성 기능을 이용하여 슬라이드를 작성한다(글꼴 : 돋움, 18pt).

**세부조건**

① 상단 도형 :
  2개 도형의 조합으로 작성
② 좌측 도형 :
  그라데이션 효과(선형 아래쪽)
③ 표 스타일 :
  테마 스타일 1 - 강조 5

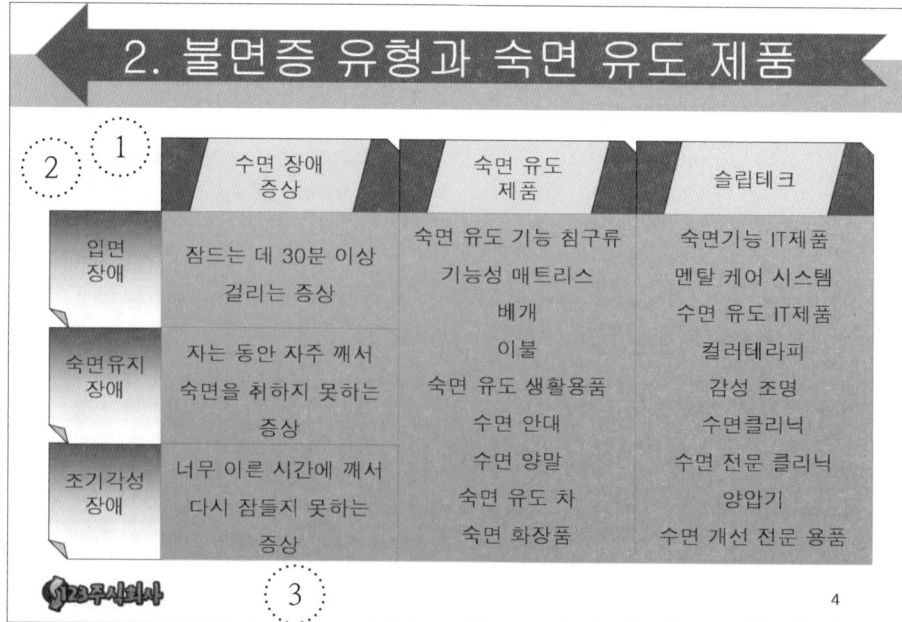

## 슬라이드 5  ≪차트 슬라이드≫  (100점)

(1) 차트 작성 기능을 이용하여 슬라이드를 작성한다.
(2) 차트 : 종류(묶은 세로 막대형), 글꼴(돋움, 16pt), 외곽선

**세부조건**

※ 차트 설명
- 차트 제목 : 궁서, 24pt, 굵게, 채우기(흰색), 테두리, 그림자(오프셋 오른쪽)
- 차트 영역 : 채우기(노랑) 그림 영역 : 채우기(흰색)
- 데이터 서식 : 1인당 진료비 계열을 표식이 있는 꺾은선형으로 변경 후 보조 축으로 지정
- 값 표시 : 2023년의 1인당 진료비 계열만
① 도형 삽입
  - 스타일 : 미세 효과 - 녹색, 강조 6
  - 글꼴 : 굴림, 18pt

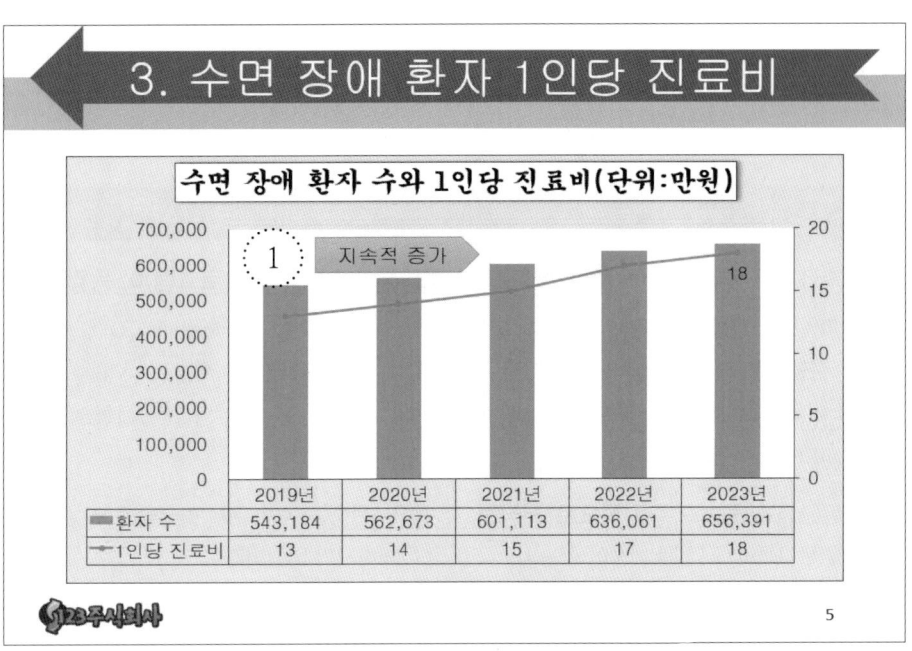

## 슬라이드 6  ≪도형 슬라이드≫  (100점)

(1) 슬라이드와 같이 도형 및 스마트아트를 배치한다(글꼴 : 굴림, 18pt).
(2) 애니메이션 순서 : ① ⇒ ②

**세부조건**

① 도형 및 스마트아트 편집
  - 스마트아트 디자인 : 3차원 경사, 3차원 벽돌
  - 그룹화 후 애니메이션 효과 : 나누기(세로 바깥쪽으로)
② 도형 편집
  - 그룹화 후 애니메이션 효과 : 바운드

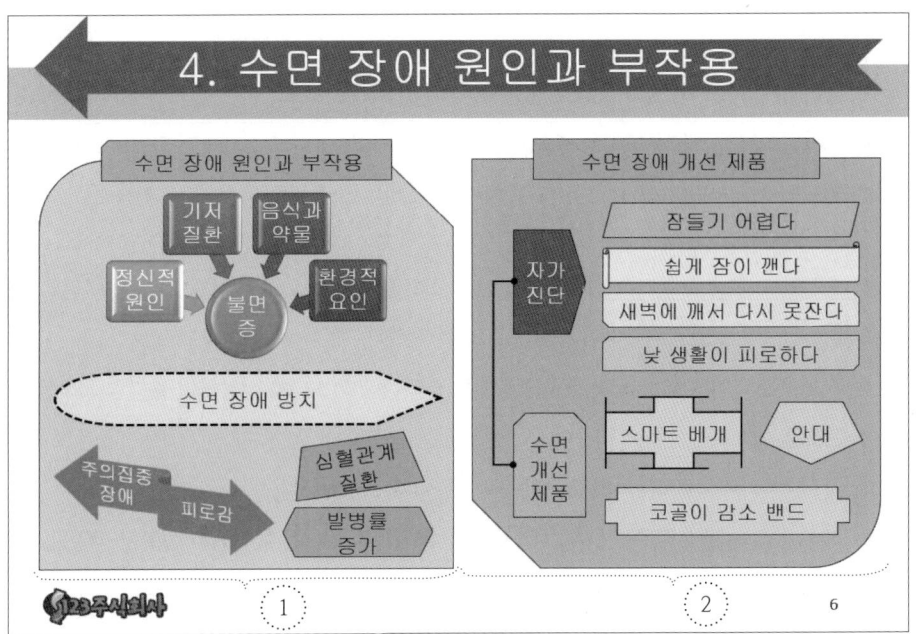

# 제10회 최신기출유형

**MS 오피스**

| 과목 | 코드 | 문제유형 | 시험시간 | 수험번호 | 성명 |
|---|---|---|---|---|---|
| 한글파워포인트 | 1142 | B | 60분 | | |

## 수험자 유의사항

- 수험자는 문제지를 받는 즉시 문제지와 **수험표상의 시험과목(프로그램)이 동일한지 반드시 확인**하여야 합니다.
- 파일명은 본인의 "수험번호-성명"으로 입력하여 답안폴더(내 PC\문서\ITQ)에 하나의 파일로 저장해야 하며, 답안문서 파일명이 "수험번호-성명"과 일치하지 않거나, 답안파일을 전송하지 않아 미제출로 처리될 경우 실격 처리합니다(예:12345678-홍길동.pptx).
- 답안 작성을 마치면 파일을 저장하고, '답안 전송' 버튼을 선택하여 감독위원 PC로 답안을 전송하십시오. 수험생 정보와 저장한 파일명이 다를 경우 전송되지 않으므로 주의하시기 바랍니다.
- 답안 작성 중에도 **주기적으로 저장하고, '답안 전송'**하여야 문제 발생을 줄일 수 있습니다. 작업한 내용을 저장하지 않고 전송할 경우 이전에 저장된 내용이 전송되오니 이점 유의하시기 바랍니다.
- 답안문서는 지정된 경로 외의 다른 보조기억장치에 저장하는 경우, 지정된 시험 시간 외에 작성된 파일을 활용할 경우, 기타 통신수단(이메일, 메신저, 네트워크 등)을 이용하여 타인에게 전달 또는 외부 반출하는 경우는 부정 처리합니다.
- 시험 중 부주의 또는 고의로 시스템을 파손한 경우는 수험자가 변상해야 하며, 〈수험자 유의사항〉에 기재된 방법대로 이행하지 않아 생기는 불이익은 수험생 당사자의 책임임을 알려 드립니다.
- 문제의 조건은 MS오피스 2021 버전으로 설정되어 있으니 유의하시기 바랍니다.
- 시험을 완료한 수험자는 답안파일이 전송되었는지 확인한 후 감독위원의 지시에 따라 문제지를 제출하고 퇴실합니다.

## 답안 작성요령

- 온라인 답안 작성 절차
  수험자 등록 ➡ 시험 시작 ➡ 답안파일 저장 ➡ 답안 전송 ➡ 시험 종료
- 슬라이드의 크기는 A4 Paper로 설정하여 작성합니다.
- 슬라이드의 총 개수는 6개로 구성되어 있으며 슬라이드 1부터 순서대로 작업하고 반드시 문제와 세부 조건대로 합니다.
- 별도의 지시사항이 없는 경우 출력형태를 참조하여 글꼴색은 검정 또는 흰색으로 작성하고, 기타사항은 전체적인 균형을 고려하여 작성합니다.
- 슬라이드 도형 및 개체에 출력형태와 다른 스타일(그림자, 외곽선 등)을 적용했을 경우 감점 처리됩니다.
- 슬라이드 번호를 작성합니다(슬라이드 1에는 생략).
- 2~6번 슬라이드 제목 도형과 하단 로고는 슬라이드 마스터를 이용하여 출력형태와 동일하게 작성합니다(슬라이드 1에는 생략).
- 문제와 세부조건, 세부조건 번호 ○ (점선원)는 입력하지 않습니다.
- 각 개체의 위치는 오른쪽의 슬라이드와 동일하게 구성합니다.
- 그림 삽입 문제의 경우 반드시 「내 PC\문서\ITQ\Picture」 폴더에서 정확한 파일을 선택하여 삽입하십시오.
- 각 슬라이드를 각각의 파일로 작업해서 저장할 경우 실격 처리됩니다.

**kpc 한국생산성본부**

## 전체구성 (60점)

(1) 슬라이드 크기 및 순서 : 크기를 A4 용지로 설정하고 슬라이드 순서에 맞게 작성한다.
(2) 슬라이드 마스터 : 2~6 슬라이드의 제목, 하단 로고, 슬라이드 번호는 슬라이드 마스터를 이용하여 작성한다.
  - 제목 글꼴(굴림, 40pt, 흰색), 가운데 맞춤, 도형(선 없음)
  - 하단 로고(「내 PC₩문서₩ITQ₩Picture₩로고2.jpg」 배경(회색) 투명색으로 설정)

## 슬라이드 1  ≪표지 디자인≫ (40점)

(1) 표지 디자인 : 도형, 워드아트 및 그림을 이용하여 작성한다.

**세부조건**

① 도형 편집
  - 도형에 그림 채우기 :
    「내 PC₩문서₩ITQ₩Picture₩그림2.jpg」, 투명도 50%
  - 도형 효과 :
    부드러운 가장자리 5포인트
② 워드아트 삽입
  - 변환 : 삼각형
  - 글꼴 : 돋움, 굵게
  - 텍스트 반사 : 근접 반사, 8pt 오프셋
③ 그림 삽입
  - 「내 PC₩문서₩ITQ₩Picture₩로고2.jpg」
  - 배경(회색) 투명색으로 설정

## 슬라이드 2  ≪목차 슬라이드≫ (60점)

(1) 출력형태와 같이 도형을 이용하여 목차를 작성한다(글꼴 : 돋움, 24pt).
(2) 도형 : 선 없음

**세부조건**

① 텍스트에 하이퍼링크 적용
  → '슬라이드 6'
② 그림 삽입
  - 「내 PC₩문서₩ITQ₩Picture₩그림5.jpg」
  - 자르기 기능 이용

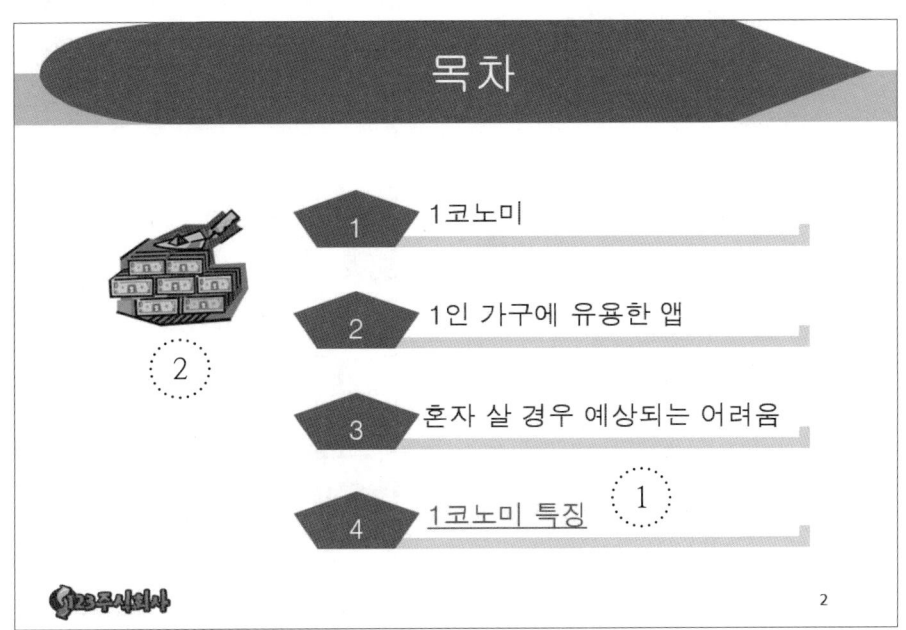

## 슬라이드 3  ≪텍스트/동영상 슬라이드≫                                    (60점)

(1) 텍스트 작성 : 글머리 기호 사용(❖, ■)

  ❖문단(굴림, 24pt, 굵게, 줄 간격 : 1.5줄), ■문단(굴림, 20pt, 줄 간격 : 1.5줄)

**세부조건**

① 동영상 삽입 :
  - 「내 PC\문서\ITQ\Picture\동영상.wmv」
  - 자동 실행, 반복 재생 설정

### 1. 1코노미

❖ 'Hon (Solo)' Economy
  ■ Recent socio-economic changes in Korea have given rise to the 'Hon (Solo)' Economy
  ■ As a consequence, phrases such as 'Hon-bab' have entered the lexicon

❖ 1코노미
  ■ 숫자 1과 경제(Economy)의 합성어로 혼밥(혼자 밥 먹기), 혼술(혼자 술 마시기) 등 혼자만의 생활을 즐기며 소비하는 경제활동

---

## 슬라이드 4  ≪표 슬라이드≫                                    (80점)

(1) 도형과 표 작성 기능을 이용하여 슬라이드를 작성한다(글꼴 : 돋움, 18pt).

**세부조건**

① 상단 도형 :
  2개 도형의 조합으로 작성
② 좌측 도형 :
  그라데이션 효과(선형 위쪽)
③ 표 스타일 :
  테마 스타일 1 – 강조 5

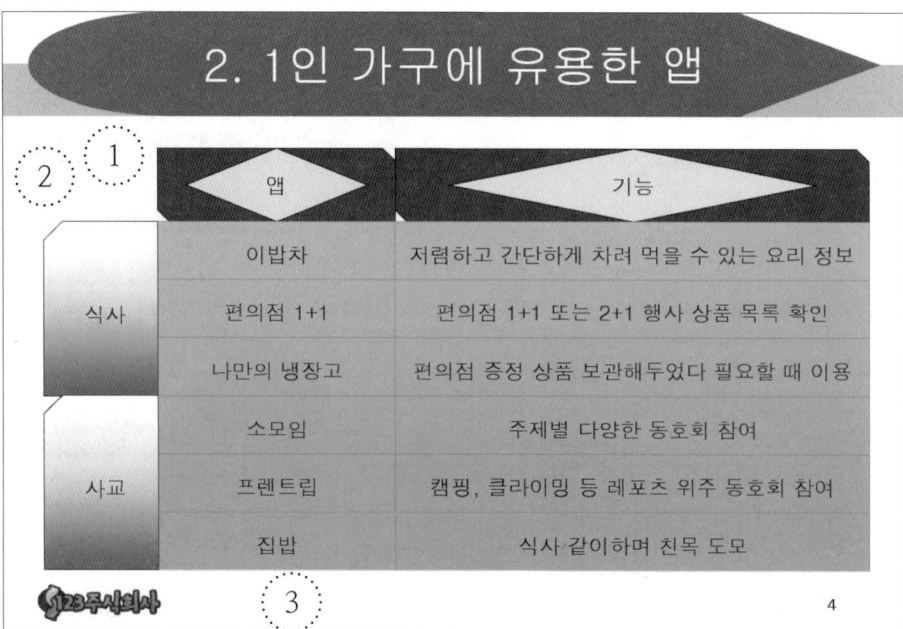

### 2. 1인 가구에 유용한 앱

| 앱 | 기능 |
|---|---|
| 이밥차 | 저렴하고 간단하게 차려 먹을 수 있는 요리 정보 |
| 편의점 1+1 | 편의점 1+1 또는 2+1 행사 상품 목록 확인 |
| 나만의 냉장고 | 편의점 증정 상품 보관해두었다 필요할 때 이용 |
| 소모임 | 주제별 다양한 동호회 참여 |
| 프렌트립 | 캠핑, 클라이밍 등 레포츠 위주 동호회 참여 |
| 집밥 | 식사 같이하며 친목 도모 |

(식사 / 사교)

| 슬라이드 5 | ≪차트 슬라이드≫ | (100점) |

(1) 차트 작성 기능을 이용하여 슬라이드를 작성한다.
(2) 차트 : 종류(묶은 세로 막대형), 글꼴(돋움, 16pt), 외곽선

**세부조건**

※ 차트 설명
- 차트 제목 : 돋움, 24pt, 굵게, 채우기(흰색), 테두리, 그림자(오프셋 왼쪽 아래)
- 차트 영역 : 채우기(노랑) 그림 영역 : 채우기(흰색)
- 데이터 서식 : 취업 계열을 표식이 있는 꺾은선형으로 변경 후 보조 축으로 지정
- 값 표시 : 건강악화의 취업 계열만
① 도형 삽입
  - 스타일 : 미세 효과 - 주황, 강조 2
  - 글꼴 : 굴림, 18pt

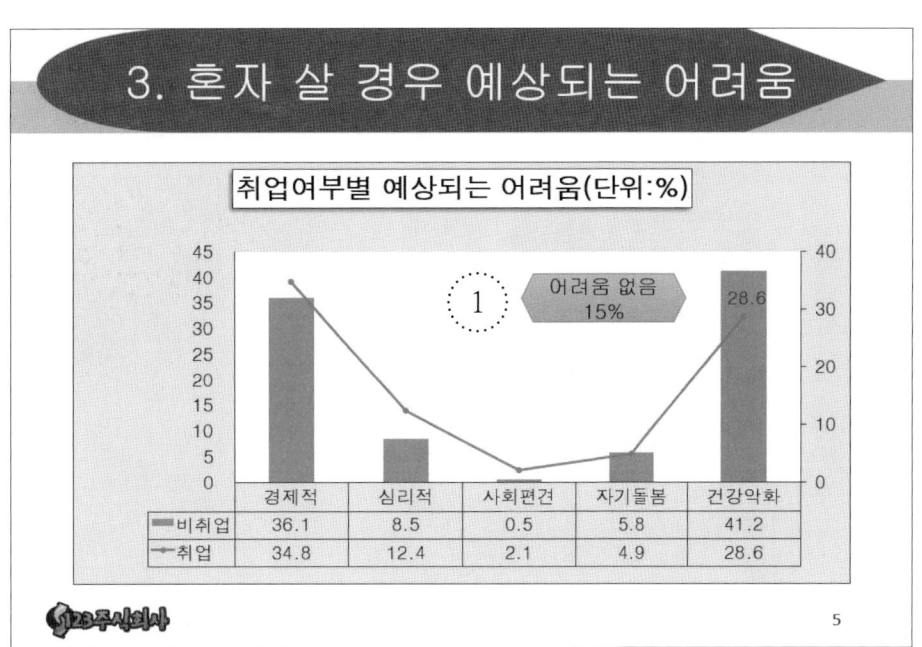

| 슬라이드 6 | ≪도형 슬라이드≫ | (100점) |

(1) 슬라이드와 같이 도형 및 스마트아트를 배치한다(글꼴 : 굴림, 18pt).
(2) 애니메이션 순서 : ① ⇒ ②

**세부조건**

① 도형 및 스마트아트 편집
  - 스마트아트 디자인 : 3차원 경사, 3차원 만화
  - 그룹화 후 애니메이션 효과 : 올라오기(서서히 아래로)
② 도형 편집
  - 그룹화 후 애니메이션 효과 : 시계 방향 회전

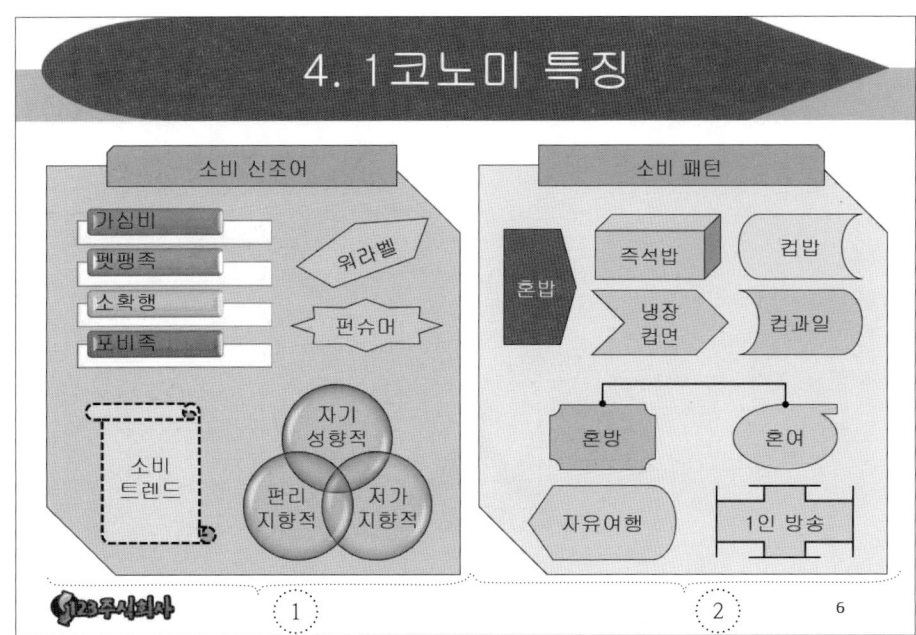

memo

초등 전과목
디지털학습 플랫폼

디지털 초코

# 첫 달 100원
## 무제한 스터디밍

지금 신규 가입하면
첫 달 ~~9,500원~~ → 100원!

초등 전과목
교과 학습

AI 문해력
강화 솔루션

AI 수학 실력
향상 프로그램

웹툰으로 만나는
학습 만화

초중고 교과서 발행 부수 1위 기업 **MiraeN**